개인재무관리 총서 1

재무계산기

김선호 · 조영삼 · 이형종 지음

서울출판미디어

이 책을 독자와

독자를 통하여 도움을 받을 독자의 미래 고객

그리고 저자에게 생명을 주시고

올곧은 자세로 살아갈 수 있도록 모범을 보이시고

끊임없이 저자의 생활을 성찰케 하시고

가치 있는 인생을 살아가도록 용기를 북돋아주신 부모님

고 김만철·노문자, 이의원·고 정순임

조진환·고 백말순, 최병대·정정숙

이경휘·문정자, 박영근·고 황서분 님께 바칩니다.

추천사

우리나라는 1997년 IMF 이후 여러 가지 급격한 사회변화를 겪고 있다. 자본시장의 국제화 정도가 커지고, 금융기관들의 흡수, 합병, 이전 등이 진행되면서 그 업무내용이나 전략들도 크게 변하고 있다. 한편, 회계기준에도 '국제적 표준(Global Standard)'이 도입되면서 그 내용과 이에 대한 관리방법에 대한 여러 가지 발상법들이 달라지고 있다. 이 중 대표적인 것은 그간 보수성을 근간으로 하여 장부가로 기입되던 모든 자산, 부채 항목들이 이제 그 '실체적 가치'라는 측면에서 시가로 평가되기 시작했다는 것이다. 이에 따라, 각 기업들은 장래 예상되는 변화에 현재의 경영전략이나 자세 — 재무상태 포함 — 가 어떤 영향을 미칠 것인가에 대해 보다 깊은 관심을 가지게 되었다.

이러한 발상의 전환은 이제 우리 사회 곳곳으로 확산되어가고 있다. 즉 '미래예측을 전제로 한 합리적·합목적적인 경영'이라는 발상은 단순히 기업뿐만 아니라, 정부, 공공부문과 개인 분야에까지도 그 필요성이 강하게 제기되고 있으며, 이제 개개인의 소비행동에 대한 여러 가지 합리적인 기준들이 제시되기에 이르렀다. 이러한 기준들은 그간 기업의 전유물이었던 여러 가지 재무적 지표, 기준, 보완적인 정책대안 등을 개인의 생애설계라는 이름으로 확대적용한 것이다.

그러나 이러한 개념들은 그간의 여러 등급의 교육 등을 통해서 이미 상당히 친숙한 것임에도, 그 계산상의 복잡성 때문에 — 아니, 오히려 계산 자체가 가지고 있는 견고성에 대한 두려움 때문에 — 그리 빠른 속도로 정착되지는 못하고 있는 것도 현실이다.

언어사회학자인 라캉은 인간에게 언어가 없다면 사고 자체가 있을 수 없다고 주장한다. 즉 언어에 의해 실제가 인간의 의식 속에 재현된다는 것이다. 따라서 "인간의 사고가 언어를 지배하는 것이 아니라, 언어가 곧바로 인간의 사고를 지배한다. 하나의 언어 속에는 그 언어를 소유한 집단의 종합적인 세계관이 스며들어 있으며, 그것의 감추어진

문법 속에는 움직일 수 없는 삶의 지혜, 즉 문화가 형성되어 있다"고 하였다.

이러한 라캉의 관점에서 보면, 이 책은 재무계산기의 매뉴얼이라기보다는 차라리 하나의 재무지표에 대한 언어 — 그것도 개념에 대한 추상적 해설이 아니라 실제 생활에서 사용하고 활용할 수 있는 살아있는 언어이다. 저자들은 계산기의 여러 키들을 설명하기보다는 이 계산기를 이용해 접근할 수 있는 재무적 개념들이 어떤 것이 있는가를 설명하는 데 더 주력하는 것 같다. 간단한 '현가(Present Value)'에서 복잡한 '듀레이션(Duration)', 단순한 비율의 산출에서 통계적 분석까지 다양한 재무지표에 접근하고 있다. 통상 컴퓨터가 있어야만 해결되던 이러한 개념들에 대한 접근이 일상적으로 휴대가 가능한 조그만 재무계산기로도 언제 어디서나 접근 가능하다면, 정말 라캉의 말대로, 이 책이 제시하고자 한 여러 가지 재무적 발상법들은 이제 하나의 언어로, 또 그 언어에 농축되어 있는 하나의 문화로 정착될 수 있을 것으로 보인다.

덤으로, 이 책은 이러한 계산들을 가장 간단한 방법으로 할 수 있는 여러 가지 키 조작법을 제시하고 있다. 복잡한 방정식의 수식을 최대한 압축할 수 있는 요약법들이 여러 가지 계산사례에서 제시되고 있으며, 이 또한 유용하게 사용될 수 있을 것이다. 다만, 흠이라면 지면 관계상 원 식을 상세하게 해설하지 않았다는 것이라고 할까?

2002년 10월

안용운 · 오두환 · 이준승

머리말

재무계산기는 우리나라 사람에게는 생소한 물건(?)이었다. 그러나 한국FP협회의 CFP 시험이 도입되면서 그 교재 중 하나로 『화폐의 시간가치』가 발간되었고, CFP 교재의 대부분이 사례를 포함하고 있으며, 더욱이 시험의 50%가 재무계산기를 사용하여 계산하는 것으로 구성됨에 따라 우리나라에서도 재무계산기의 사용이 보편화되는 계기가 되었다. 물론 CFP, CFA 등 일부 외국금융자격증을 공부하거나 금융공학을 공부하는 사람들은 오래 전부터 재무계산기를 사용하였지만, 그 사용 수준이나 활용 정도는 높지 않았다. 재무계산기의 사용이 시험을 준비하는 데 도움이 되는 것이 아니라 걸림돌이 되는 정도였다. 재무계산기를 올바로 사용하면 간단하게 풀 수 있는 문제도, 재무계산기에 대한 외경심이나 낯설음 그리고 올바른 활용에 대한 지식 부족 등으로 인해 어렵게 풀 수밖에 없는 게 현실이었다.

이러한 현실은 한편으로는 재무계산기를 사용하거나 활용하는 데 별도의 교육이 필요하다는 것을 인식하지 못한 점에서 기인하는 한편, 재무계산기를 본격적으로 배우거나 익힐 수 있는 참고 자료나 매뉴얼이 없다는 점도 일조를 하였다. 또 매뉴얼이 있지만 영문으로 되어 있어 사용자가 쉽게 접근할 수 없다는 점도 이러한 열악한 현실을 공고히 하는 데 한몫을 하였다. 일부 교육기관 등에서는 매뉴얼의 일부만 번역하여 재무계산기를 사용하는 사람에게 도움을 주려고 시도하였지만 내용이 빈약하여 별 도움을 주지 못한 것이 사실이다. 이러한 결과 재무계산기 사용자에게는 길거리에서 파는 일반계산기보다 못한 존재로 시험이나 필요에 따라 어쩔 수 없이 사용한다는 고정관념을 강화시켜 온 것이 주지의 사실이다.

재무계산기는 시험을 위해 사용될 뿐만 아니라, '화폐의 시간가치' 또는 '현금흐름'에 대한 개념을 이해하고 적용하는 데 커다란 역할을 수행한다. 특히 최근 금융가에 회자되는 파이낸셜 플래너, 웰스 매니저, 프라이빗 뱅커, 라이프 컨설턴트 등 고객의 재무목표를 달성하도록 컨설팅하고 고객의 재무적 독립을 성취하도록 지원하는 모든 재무상담사(Financial Advisors)에게는 화폐의 시간가치나 현금흐름의 개념은 아주 중요한 개념이다. 또한 대학에서 재무관리를 공부하거나 부동산금융 및 금융공학을 공부하거나 또는 실무에서 이러한 일을 접하고 있는 사람들에게 재무계산기는 쉽고도 효과적으로 활용될 수 있는 도구임에 의심할 여지가 없다.

이 책은 화폐의 시간가치 및 현금흐름에 대한 기본 개념을 알기 쉽게 소개하였을 뿐만 아니라 사례를 통해 실무 또는 시험에서 재무계산기를 이용해 계산하거나 활용할 수 있도록 구성하였다. 또한 일반적으로 가장 많이 사용하는 재무계산기 4기종을 선정하여 키 입력과 기종에 따른 특징 등을 구체적으로 설명하였다. 기본예제를 통해 화폐의 시간가치 및 현금흐름에 대한 개념을 이해할 수 있으며, 이것을 재무계산기를 이용해서 계산할 경우 구체적으로 어떤 키를 어떤 순서로 입력해야 하는지 자세히 표시되어 있다. 기본예제는 제1장은 재무계산기별로 30개 전후, 제2장은 60개, 제3장은 23개, 제4장은 43개, 제5장은 14개가 실려 있다. 이렇게 학습한 것을 유제를 통해 연습하면 개념과 계산이 동시에 체화될 수 있는 계기를 마련할 수 있을 것이다.

이 책의 구성은 구체적으로 다음과 같다. 제1장에서는 재무계산기의 기초에 대해 소개하였다. 초보자도 쉽게 배울 수 있도록 전원부터 4칙연산이나 날짜, 계산, 함수키 등을 다루었다. 제2장에서는 화폐의 시간가치로 주로 현가, 종가, 연금현가, 연금종가의 개념 및 활용 그리고 명목이율과 실효이율, 증가율 조정이율, 연금의 특수형태에 대하여 학습할 수 있도록 구성되었다. 제3장에서는 현금흐름에 대한 사례로 순현가와 내부수익률, 수정내부 수익률에 대하여 설명하였으며, 재무상담사로 고객의 재무 목표를 달성할 수 있도록 개인 재무관리계산에 대한 다양한 접근방법을 소개하였다. 제4장에서는 고급활용으로 상환, 감가상각, 채권, 주식, 부동산, 성과분석 등을 다루었다. 제5장에서는 각종 통계치를 재무계산기로 계산하는 방법뿐만 아니라 각종 수익률 평가 모형을 다루었다. 재무계산기의 사용이 어렵거나 혼란스러운 부분은 '쉬어가는 바닥'이나 '줄탁(啐啄)'을 통해 이해하기 쉽도록 설명하였다.

이 책은 시험을 준비하는 사람뿐만 아니라 재무관리의 제반 주제에 대해 공부하는 학생 및 전문가에게도 유용하도록 꾸며졌다. 또한 현장에서 재무상담사로 활동하고 있는 전문가들에게는 고객의 재무목표의 달성 및 재무적 독립을 성취할 수 있도록 지원하기 위해 필요한 금융공학의 제 측면을 새롭게 학습하거나 검토할 수 있는 기회가 될 수 있을 것이다. 금융기관의 임직원이 화폐의 시간가치나 현금흐름에 대한 개념을 이해하는 데도 유용하게 활용할 수 있을 것이다.

이 책은 일반인을 위한 최초의 재무계산기 입문서로서 부족함이 없도록 최선의 노력을 다해 만들었다. 독자 여러분이 이 책을 어떻게 활용하느냐에 따라 우리들의 노력은 달라질 수 있다. 책 속의 지식이나 지혜는 그 자체의 훌륭함보다는 독자의 필요에 부응하고 독자의 필요를 효과적으로 충족시킬 수 있을 때 그 가치가 있을 것이다. 독자 여러분의 애정 어린 활용과 따끔한 충고를 기다린다. 저자가 최선의 노력을 다 했다고 해서 이 책의 내용 중 일부 불충분한 설명이나 불명확한 기술에 대한 변명이 될 수는 없다. 화폐의 시간가치와 현금흐름에 대해 다양한 사례를 소개하였지만, 파생금융상품에 대해서는 의도적으로 제외시킨 점이 있다. 또한 일부 재무계산기는 프로그램 기능이 가능함에도 불구하고 프로그램에 대한 설명을 제외시켰다. 이 외에도 독자의 눈에 비치는 모든 오류나 불비는 모두 저자의 부족함 탓이다. 다음 기회에 보완하는 것으로 하겠다.

이 책이 나오도록 수고를 아끼지 않은 서울출판미디어 식구들에게 감사를 드린다. 재무계산기와 인연을 맺게 해준 한국FP협회의 임성락 전무, 임계희 위원, 서동우 국장에게도 고마움을 전한다. 언제나 애정과 충고를 아끼지 않은 안용운, 오두환, 이준승 선배를 비롯한 저자의 선후배 여러분과 저자가 개인재무관리에 대해 연구를 할 수 있도록 물심양면으로 도와주고 있는 저자의 가족 모두에게도 감사를 드린다. 마지막으로 이 책을 사용하시는 독자 여러분이야말로 최고의 찬사를 받으실 분이라는 말씀을 드리며, 진심으로 독자 여러분들이 이 책을 통해 원하는 바를 충분히 얻으시기를 바라마지 않는다.

2002년 10월

저자 일동

차례

추천사 5
머리말 7
일러두기 14

제1장 기초편

1. HP 12C 17
가. 자판형태 17
나. 유지관리 19
다. 표시 21
라. 함수키 28
마. 제거 및 저장 28
바. 사칙연산 30
사. 날짜계산 35
아. 비율 계산 37
자. 기타 키 41
차. 오류 43
2. BAII PLUS 47
가. 자판과 화면 47
나. 유지관리 49
다. 워크시트모드 53
라. 표시 54
마. 함수키 59
바. 제거 및 저장 60
사. 사칙연산 62
아. 날짜계산 67
자. 비율 계산 70
차. 난수 구하기 72
카. 오류 73

3. HP 10BII ······ 75
가. 자판과 화면 75
나. 유지관리 78
다. 표시 79
라. 함수 키 84
마. 제거 및 저장 84
바. 사칙연산 86
사. 비율 계산 89
아. 오류 92
4. HP 17BII ······ 93
가. 자판형태 93
나. 유지관리 95
다. 메뉴 구조 및 사용방법 97
라. 표시 99
마. 함수 키 104
바. 제거 및 저장 104
사. 사칙연산 108
아. 시간, 약속일정 및 날짜 계산 111
자. 비율 계산 113
차. 방정식 116
카. 오류 121

제2장 화폐의 시간가치

1. 화폐의 시간가치 및 현금흐름 개요 ······ 127
2. 화폐의 시간가치 계산을 위한 키 ······ 138
가. 기본 키 138
나. 재무계산기별 키 138
3. 단리 계산 ······ 139
4. 일시금 계산 ······ 145
5. 연금의 일반계산 ······ 180
6. 연금의 고급계산 ······ 224
가. 명목이율과 실효이율 224

나. 증가율 조정이율 241
다. 연금의 특수형태 267

제3장 현금흐름

1. 현금흐름의 현가와 종가 ······ 283
2. 현금흐름에 의한 투자분석 ······ 313
가. 순현가 313
나. 내부수익률 326
다. 수정내부수익률 344
3. 개인재무관리 계산 ······ 351

제4장 고급활용

1. 상환 ······ 391
2. 감가상각 ······ 398
가. 개요 398
나. 감가상각의 종류 398
3. 채권 ······ 413
가. 개요 413
나. 무이표채 416
다. 이표채 423
라. 콜옵션부 채권 433
마. 듀레이션 436
바. 볼록성 443
4. 주식 ······ 449
가. 배당모형의 기본형태 449
나. 정률배당 성장모형 453
다. 2단계 배당성장모형 457
5. 부동산 ······ 467
가. 비용접근법 467
나. 시장접근법 467

다. 수입접근법 468

6. **성과분석** ······ 489

가. 일반적 성과분석 489

나. 펀드의 성과분석 492

7. **기타** ······ 497

가. 손익분석 497

나. 세후수익률 501

다. 일실이익 506

제5장 통계

1. **개요** ······ 513

2. **평균** ······ 515

가. 산술평균 515

나. 기하평균 515

다. 조화평균 515

라. 가중평균 516

마. 이동평균 516

3. **분산과 표준편차** ······ 525

가. 분산 및 표준편차 525

나. 추정손익 528

다. 상대위험계수 530

라. 공분산과 상관계수 536

4. **포트폴리오** ······ 540

가. 포트폴리오 기대수익률과 분산 540

나. 최소분산 포트폴리오 543

다. 증권시장선 550

라. CAPM모형에 의한 자본비용 554

5. **회귀분석** ······ 558

참고문헌 562

일러두기

- 재무계산기 키입력에 대한 표기
  - 아라비아 숫자 : 아라비아 숫자 그대로 표기
  - 아라비아 숫자 외 : 꺽쇠("〔 〕") 안에 표기

- 상단키와 하단키 입력 표기
  - 상단키 : 〔상단키〕+〔해당키〕, 상단키를 누르고 난 후 해당키를 누름
  - 하단키 : 〔하단키〕+〔해당키〕, 하단키를 누르고 난 후 해당키를 누름

- 기시급과 기말급 표기
  - 별도의 입력 표기 없이 입력·표시 표 위에 "기말급 설정", 또는 "기시급 설정"으로 표기

- 자릿수 표시
  - 소수점 2자리까지 설정(통계 부분은 소수점 4자리까지 설정)
  - 금액은 1만 원 단위로 입력 및 표시(계산 단위를 1만 원 단위로 표시하였기 때문에 우리나라 어법과 어긋나게 되었음을 한글을 사랑하는 독자 여러분께서 널리 이해해주시길 바람)

- 계산방식 : BA Ⅱ PLUS는 연속계산방식, HP 17B Ⅱ는 ALG모드

제 1 장 기초편

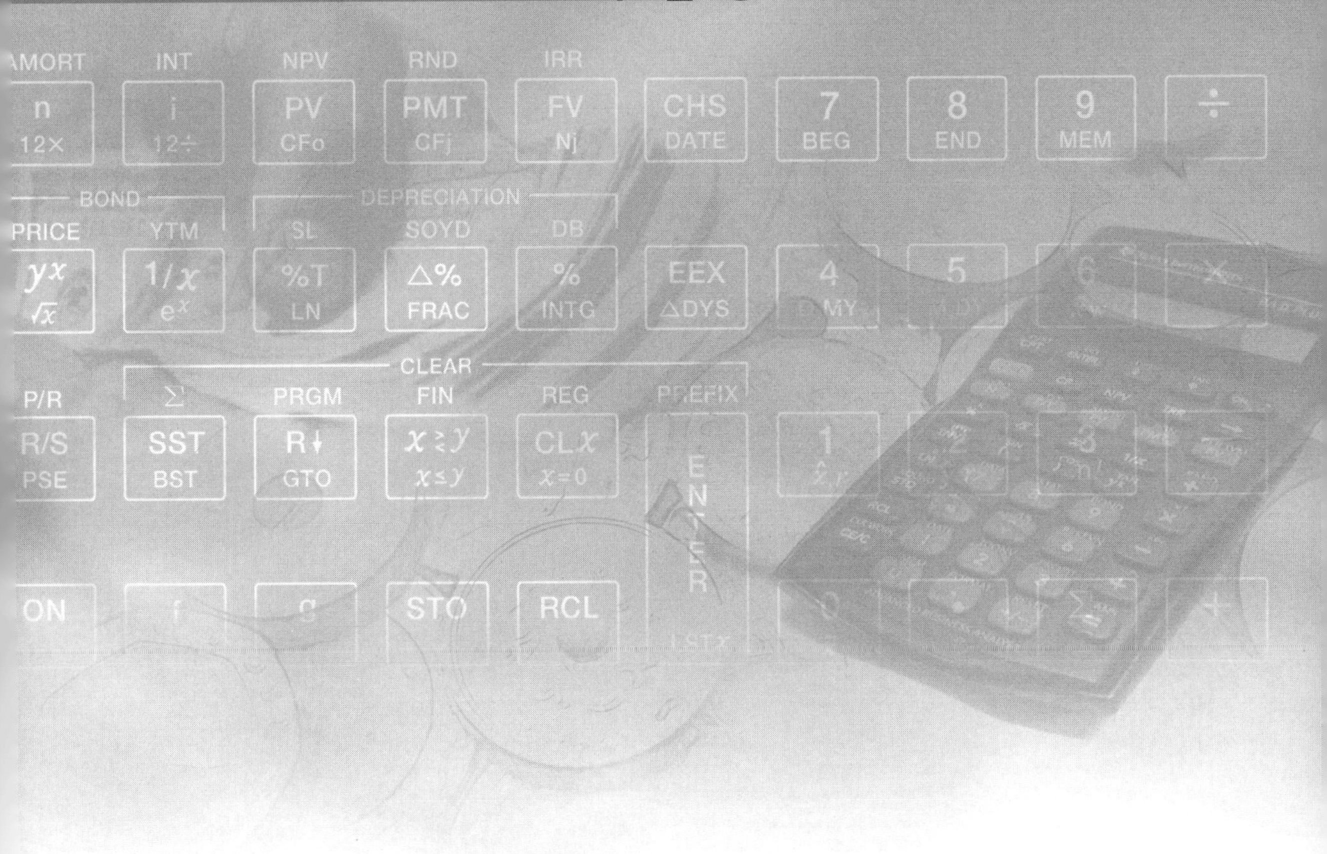
AMORT INT NPV RND IRR
n PV PMT FV CHS 7 8 9 ÷
12× CFo CFj Nj DATE BEG END MEM
BOND DEPRECIATION
PRICE YTM SL SOYD DB
y^x $1/x$ %T △% % EEX 4 5
$\sqrt{x}$ e^x LN FRAC INTG △DYS
CLEAR
P/R Σ PRGM FIN REG PREFIX
R/S SST R↓ $x \gtrless y$ CLx 1
PSE BST GTO $x \le y$ $x=0$
ENTER
ON f g STO RCL +

제1장 기초편

1. HP 12C

가. 자판형태

HP 12C 재무계산기는 하나의 키로 3가지 기능을 수행할 수 있도록 설계되어 있다. 예를 들어 좌측 상단의 첫번째 키를 보면, 중앙에 [n], 상단에 [AMORT], 하단에 [12×]가 표시되어 있다. 중앙의 [n]키를 사용하기 위해서는 그 키를 누르면 되지만, 상단 또는 하단의 키를 활용하기 위해서는 제1기능키(주황색)인 [f]키나 제2기능키(파란색)인 [g]키를 먼저 누르고 사용하여야 한다. 즉, 상단키인 [AMORT]를 사용하기 위해서는 먼저 [f]키를 누른 후 [AMORT]키를 눌러야 하며, 하단키인 [12×]키를 사용하기 위해서는 먼저 [g]키를 누른 후 [12×]키를 눌러야 한다.

AMORT	상단키 활용 : 제1기능키인 [f]키를 누르고 난 후 해당키를 누름
n	중앙키 활용 : 해당키를 그냥 누름
12×	하단키 활용 : 제2기능키인 [g]키를 누르고 난 후 해당키를 누름

【HP 12C 재무계산기 자판】

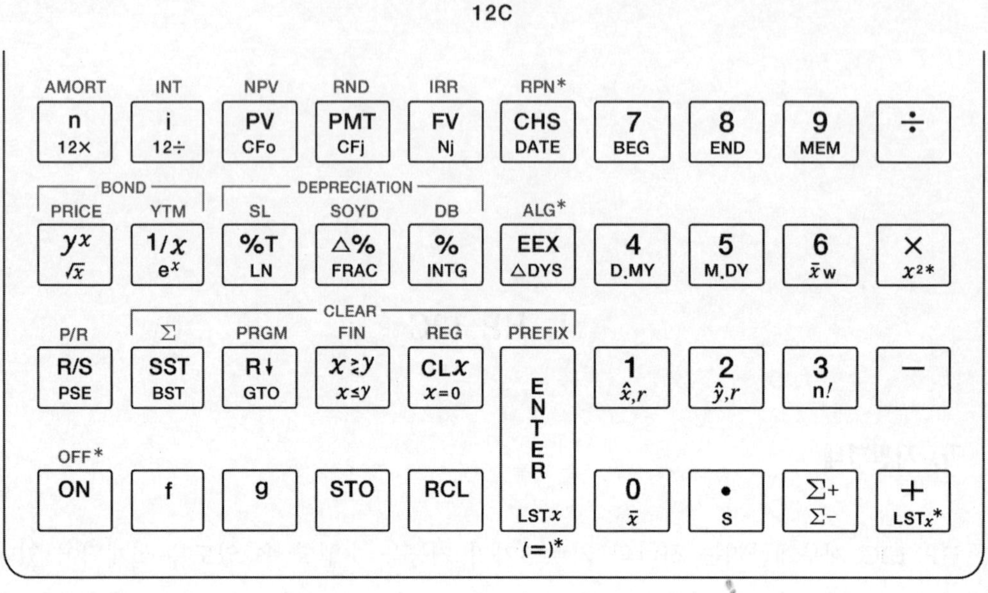

* HP12C Platinum의 경우 추가된 키

【HP 12C 키 구분】

구 분	입 력	해 당 키
중앙키	[해당키]	[n] [i] [PV] [PMT] [FV] [CHS] [7] [8] [9] [÷] [y^x] [1/x] [%T] [△%] [%] [EEX] [4] [5] [6] [×] [R/S] [SST] [R↓] [x≷y] [CLx] [ENTER] [1] [2] [3] [−] [ON] [f] [g] [STO] [RCL] [0] [·] [Σ+] [+]
상단키	[f]+[해당키]	채권 : [PRICE] [YTM] 감가상각 : [SL] [SOYD] [DB] 제거 : [Σ] [PRGM] [FIN] [REG] [PREFIX] 기타 : [AMORT] [INT] [NPV] [RND] [IRR] [P/R]
하단키	[g]+[해당키]	[12×] [12÷] [CFo] [CF_j] [N_j] [DATE] [BEG] [END] [MEM] [$\sqrt{x}$] [e^x] [LN] [FRAC] [INTG] [△DYS] [D.MY] [M.DY] [$\bar{x}$ w] [PSE] [BST] [GTO] [x≤y] [x=0] [$\hat{x}$,r] [$\hat{y}$,r] [n!] [LSTx] [$\bar{x}$] [s] [Σ−]

나. 유지관리

(1) 켜기와 끄기

전원은 [ON]키를 눌러 켠다. 전원을 끌 때도 [ON]키를 누른다. 자동끄기 기능이 있어 8분에서 17분간 사용하지 않으면 자동적으로 전원이 꺼진다. 그리고 화면의 좌측 하단에 “ * ”표시가 깜박거리면 건전지 전원이 거의 떨어진 것을 나타내므로 건전지를 교체해주어야 한다.

(2) 정상적 작동 여부 검증

(가) 전원 검증

전원이 제대로 들어오는지 확인하기 위하여는 [PMT]키와 [ON]키를 동시에 누르고 두 키에서 손을 뗀다. 화면에 아무런 표시가 나타나지 않으면, 다음 순서에 따라서 전원 검증을 실시한다.

① 건전지의 양극과 음극이 맞게 설치되었는지 확인한다.

② 건전지 연결 부위가 제대로 맞게 되었는지 확인한다.(만약 건전지 접촉 금속면이 헐렁하면 약간 벌려서 접속되도록 한다.)

③ 새로운 건전지로 교체한다.

④ 이와 같은 방법으로도 해결되지 않는 경우에는 A/S를 받아야 한다.

(나) 작동 검증

계산기가 제대로 작동하는지 여부는 다음과 같은 순서에 따라 검증한다.

① 재무계산기를 끈다.

② [ON]키를 누른 상태에서 [×]키를 누른다.

③ [ON]키에서 손을 떼고, 이어 [×]키에서 손을 뗀다.

④ 화면에 “running”표시가 반짝인다.(약 25초간 진행됨)

⑤ 화면에 “running”표시가 사라지고 “-8,8,8,8,8,8,8,8,8,8,”이 나타나며, 하단에는 “USER f g BEGIN GRD D.MY C PRGM”이라고 표시된다. 이것은 정상적으로 작동되는 것을 의미하며, 아무 키나 누르면 이 표시는 사라진다.

⑥ "Error 9"나 공백 또는 다른 표시가 나타나면 재무계산기가 정상적으로 작동되는 것이 아니기 때문에 A/S가 필요하다. 만약, 이 상태에서 계속 사용하기를 원할 경우에는 리셋을 하여야 한다.

(다) 키 작동 검증

키 작동은 다음과 같은 순서로 검증한다.

① 재무계산기를 끈다.

② [ON]키를 누른 상태에서 [÷]키를 누른다.

③ [ON]키에서 손을 뗀다. 이 때 화면의 일정 부분이 반짝인다.

④ 첫번째 줄의 키에서부터 좌에서 우로 하나씩 차례로 누르면 화면에 다른 일정 부분이 반짝인다. 첫번째 줄부터 차례로 하며 [ENTER]키는 세번째 줄과 네번째 줄에서 각각 눌러야 한다. 만약 순서가 틀렸을 경우에는 "Error 9"가 표시된다.

⑤ 마지막 키인 [+]키를 누르면 화면에 "12"가 표시된다.

⑥ 이 상태에서 아무 키나 누르면 종료된다.

⑦ 순서대로 키를 누르지 않거나 임의의 키를 누를 경우 "Error 9"가 표시된다(이 경우 A/S가 필요한 것은 아니다).

(3) 리셋

리셋은 재무계산기에 충격이 가해지거나 손상되었을 때 또는 전원이 중단되었을 때 필요하며, 이외에도 최초 재무계산기 구입시의 세팅상태로 돌리고 싶을 때 리셋을 실행한다.

리셋의 절차는 먼저 전원을 끈 다음, [−]키를 누른 상태에서 [ON]키를 누른다. 이 때 화면에 "Pr Error"가 표시되며, 아무 키나 누르면 이 표시는 사라진다.

리셋을 실행하면, 다음과 같이 된다.

① 모든 기억장치의 저장내용이 제거된다.

② 프로그램 메모리는 8줄의 프로그램을 제공한다.

③ 숫자 표시형식은 소숫점 2자리로 정해진다.

④ 날짜 표시형식은 월-일-연으로 정해진다.

⑤ 지급 모드는 기말급으로 설정된다.

다. 표시

(1) 숫자입력

(가) 정수입력

아라비아 숫자 키를 순서대로 입력한다. 중간에 숫자를 잘못 입력하였을 경우에는 [CLx]키를 누르고 다시 처음부터 입력한다. 이 때 화면에 나타나는 숫자의 끝에는 소수점이 표시되고 천 단위마다 쉼표가 자동적으로 표시된다.

기본예제 I-1-1

5,000을 입력하라.

입 력	표 시	비 고
5	5.	
0	50.	
0	500.	
0	5,000.	-소수점 및 자리표시

기본예제 I-1-2

45를 입력한다는 것이 잘못하여 46을 입력하였다. 정정하라.

입 력	표 시	비 고
4	4	잘못된 숫자를 입력하였다면 전체 숫자를 지우고 다시 처음부터 입력하여야 함.
6	46	
[CLx]	0.00	
4	4	
5	45	

(나) 소수입력

아라비아 숫자 키와 소수점 키를 차례대로 입력한다. 중간에 숫자를 잘못 입력하였으면 [CLx]키를 누르고 처음부터 입력한다. 이 때도 천 단위마다 쉼표가 자동적으로 표시된다. 만약 다른 계산에 사용하기 위하여 다른 키, 예를 들어 [ENTER]키 등을 누르면 저장된 소수점 이하 자릿수까지 표시된다.

기본예제 I-1-3

12.34567을 입력하라.

입 력	표 시	비 고
1	1.	
2	12.	
.	12.	
3	12.3	
4	12.34	
5	12.345	
6	12.3456	
7	12.34567	
[ENTER]	12.35	-저장된 소수점 이하 자릿수까지 표시

숫자를 입력하면 입력한 숫자가 그대로 나타나지만, [ENTER]키를 누르면 12.34567이 12.35로 바뀌어 표시된다. 이것은 재무계산기 구입시나 리셋한 경우 소수점 이하 2자리까지 나타내도록 설정되어 있기 때문에 소수점 이하 3자리에서 반올림되어 표시되기 때문이다. 만약, 사용자가 소수점 이하 자릿수를 변경하였다면, 그 변경된 형태로 표시된다.

표시내용은 설정에 따라 바뀌지만, 재무계산기 내부에는 원래의 숫자 12.34567이 그대로 남아 있으며, 이후 계산에 사용되는 것도 표시된 12.35가 아니라 원래 숫자인 12.34567이 사용된다. 이는 [f]키를 누른 후 [PREFIX]키를 눌러 보면 알 수 있는데, 전체 숫자가 10자리까지 나타난다. 이 경우는 "1234567000"이 화면에 나타난다. 손을 떼면 원래 표시 형태로 복귀된다.

기본예제 I-1-4

12.34567+76.54321을 계산하라.

입 력	표 시	비 고
12.34567	12.34567	
[ENTER]	12.35	
76.54321	76.54321	
[+]	88.89	

[f]	88.89	
5	88.88888	-소수점 이하 5자리까지 표시
[f]	88.88888	
2	88.89	-소수점 이하 2자리까지 표시

표시된 상태로만 보면, 12.35+76.54321 = 88.89321로 계산된 것처럼 보인다. 그러나 재무계산기 내부에서는 12.34567+76.54321 = 88.88888를 계산하게 되고, 이 결과인 88.89를 화면에 표시한다. 소수점 이하 3자리에서 반올림하여 소수점 이하 2자리까지만 보여준다.

[f]키를 누른 후 5를 누르면 소수점 이하 5자리까지, 즉 88.88888이 나타나며, 다시 [f]키를 누른 후 2를 누르면 소수점 이하 2자리까지 표시된다.

(다) 음수 입력

아라비아 숫자 키(또는 아라비아 숫자키와 소수점 키)를 차례대로 입력하고 난 이후 [CHS](Change Sign)키를 입력한다. 이 때 [CHS]키 대신 [−]키를 입력하여도 된다. 단 계산 도중에 음수를 입력하기 위해 [−]키를 누르면 앞에 입력된 숫자를 차감하는 것으로 되기 때문에 주의가 필요하다. 계산을 위해 다른 키를 누르면 저장된 소수점 이하 자릿수까지 표시된다.

기본예제 I-1-5

−12.34567을 입력하라.

입 력	표 시	비 고
12.34567	12.34567	
[CHS]	−12.34567	−음수로 전환
[ENTER]	−12.35	−저장된 소수점 이하 자릿수만 표시

입 력	표 시	비 고
12.34567	12.34567	−음수전환 및 소수점 이하 자릿수만 표시
[−]	−12.35	

(라) 큰 수와 작은 수 입력

아라비아수는 10자리까지 표시가 가능하므로, 큰 수는 9,999,999,999(10자리)까지, 작은 수는 0.000000001(소수점 9자리)까지 입력이 가능하다. 만약, 이 보다 큰 수 또는 작은 수를 입력하기 위해서는 지수로 입력하여야 한다. 큰 수는 소수의 형태로 소수점 자리 가수(Mantissa)를 입력하고 난 후 [EEX](Enter Exponent)키를 눌러 10의 지수부분에 해당하는 숫자를 입력한다. 작은 수는 소수형태의 가수를 입력하고 [EEX]키를 누른 다음, 지수 부분의 숫자를 입력한 후 [CHS]키를 누른다.

기본예제 I-1-6

'02년 M2 통화량의 평잔금액인 489,400,000,000,000원(489.4조 원)을 입력하라.

입 력	표 시	비 고
4.894	4.894	－소수점자리(mantissa) 입력
[EEX]	4.894 00	
14	4.894 14	－10의 지수 입력
[ENTER]	4.894000 14	

기본예제 I-1-7

우주탄생 후 급격한 팽창, 인플레이션이 시작된 시간인 10^{-36}초를 입력하라.

입 력	표 시	비 고
1.0	1.0	
[EEX]	1.0 00	
36	1.0 36	
[CHS]	1.0 −36	
[ENTER]	1.000000 −36	

(2) 숫자 표시

(가) 소수 표시

[f]키를 누른 후 소수점 이하 자릿수에 해당하는 수(0～9)를 입력한다. 이 때 화면에 표시되는 숫자는 입력된 숫자의 다음 자리에서 자동적으로 반올림된다.

표시는 반올림된 형태로 나타나지만, 이 값을 이용한 계산은 재무계산기 내부에 저장된 실제값에 의해 이루어진다.

기본예제 I-1-8

12.34567+76.54321을 계산하라.

입 력	표 시	비 고
12.34567	12.34567	
[ENTER]	12.35	
76.54321	76.54321	
[+]	88.89	
[f]	88.89	
5	88.88888	-소수점 이하 6자리에서 반올림
[f]	88.88888	
1	88.9	-소수점 이하 2자리에서 반올림
[f]	88.9	
0	89	-소수점 이하 1자리에서 반올림
[f]	89	
2	88.89	-소수점 이하 3자리에서 반올림

(나) 반올림, 정수값, 소수값

- 반올림 : 실제값이 아닌 반올림한 이후의 값을 활용하고자 하는 경우에는 먼저 소수점 이하 자릿수를 정한 다음, [f]키를 누른 후 [RND](Rounds Mantissa)키를 누른다. 실제값과 반올림한 이후의 값은 화면상 설정된 소수점 이하 자리만 나타나 동일해 보이지만, 실제로는 다른 값이다.

기본예제 I-1-9

12.34567+76.54321을 계산하여 소수점 3자리에서 반올림하라.

입 력	표 시	비 고
12.34567	12.34567	
[ENTER]	12.35	
76.54321	76.54321	
[+]	88.89	

입 력	표 시	비 고
[f]	88.89	
2	88.89	-소수점 이하 자릿수 표시
[f][PREFIX]	8888888000	
[f][RND]	88.89	-반올림한 이후 값만 활용
[f][PREFIX]	8889000000	-실제값과 다름을 확인

- 정수값: 정수값만을 나타내고자 하는 경우에는 [g]키를 누른 후 [INTG](Integer Portion)키를 누른다. 이 때 화면에는 계산된 숫자의 정수값만 표시된다.

기본예제 I-1-10

12.34567+76.54321을 계산하여 정수값만 구하라.

입 력	표 시	비 고
12.34567	12.34567	
[ENTER]	12.35	
76.54321	76.54321	
[+]	88.89	
[f]	88.89	
2	88.89	
[f][PREFIX]	8888888000	
[g][INTG]	88.00	-정수값만 표시
[f][PREFIX]	8800000000	

- 소수값: [g]키를 누른 후 [FRAC](Fraction Portion)키를 누르면 표시된 숫자의 1이하의 소수값만 표시된다.

기본예제 I-1-11

12.34567+76.54321을 계산하여 소수값만 구하라.

입 력	표 시	비 고
12.34567	12.34567	
[ENTER]	12.35	
76.54321	76.54321	
[+]	88.89	

입 력	표 시	비 고
[f]	88.89	
2	88.89	
[f][PREFIX]	8888888000	
[g][FRAC]	0.89	-표시된 숫자의 소수값만 구해짐
[f][PREFIX]	8888800000	

(다) 지수 표시

[f]키를 누른 후 [·]키를 누르면 10의 지수형태로 표시된다. 다시 소수표시로 바꾸려면 [f]키를 누른 후 원하는 소수점 이하 자릿수에 해당하는 아라비아 숫자를 누르면 된다.

기본예제 I-1-12

12.34567+76.54321을 계산하여 지수형태로 표시하라

입 력	표 시	비 고
12.34567	12.34567	
[ENTER]	12.35	
76.54321	76.54321	
[+]	88.89	
[f]	88.89	
[.]	8.888888 01	-10의 지수형태로 표시
[f][PREFIX]	8888888000	
[f]	8.888888 01	
2	88.89	-소수점 이하 2자리까지 표시

라. 함수키

키	설 명	입 력	표 시
$[y^x]$	y의 x승	2 [ENTER] 4 $[y^x]$	2.00 2.00 4. 16.00
$[1/x]$	x의 역수	10 $[1/x]$	10. 0.10
$[\sqrt{x}]$	x의 제곱근	4 $[g][\sqrt{x}]$	4. 2.00
$[e^x]$	무리수 e의 x승	2 $[g][e^x]$	2. 7.39
[LN]	자연로그	10 [g][LN]	10. 2.30
[n!]	계승(팩토리얼)	5 [g][n!]	5. 120.00

마. 제거 및 저장

(1) 제거

키	키 입 력	설 명
[CLx]	[CLx]	화면에 표시된 숫자 및 X리지스터 제거
[CLEAR ∑]	[f][CLEAR ∑]	통계 리지스터(R1~R6), 스택 리지스터 및 화면에 표시된 숫자 제거
[CLEAR PRGM]	[f][CLEAR PRGM]	프로그램 메모리 제거(프로그램 모드일 때만 가능)
[CLEAR FIN]	[f][CLEAR FIN]	TVM 리지스터 제거(화면에 표시된 숫자는 제거되지 않음)
[CLEAR REG]	[f][CLEAR REG]	데이터 저장내용, TVM 리지스터, 스택 및 LAST*x* 리지스터, 화면에 표시된 숫자 제거
[CLEAR PREFIX]	[f][CLEAR PREFIX]	기능키 [f] [g] [STO] [RCL] [GTO]의 취소 [PREFIX]키를 누르는 동안 숫자의 전체 숫자가 표시

(2) 저장 및 불러오기

데이터를 저장하고자 하는 경우에는 [STO](Store)키를 누른 후 원하는 데이터 저장번호를 입력한다. 저장은 0~9, .0~.9 등 총 20개까지 가능하다. 저장된 데이터를 불러올 때는 [RCL](Recall)키를 누른 후 원하는 데이터 저장번호를 입력한다.

모든 데이터 저장번호의 저장내용을 제거하고자 하는 경우는 [f][CLEAR][REG]를 누르며, 특정 데이터 저장번호의 저장내용만 제거하고자 하는 경우에는 [0]을 입력하고 [STO]키를 누른 후 원하는 저장번호를 입력한다.

기본예제 I-1-13

인플레이션율 4%를 데이터 저장번호 1에 저장하고, 세후투자수익률 7%를 데이터 저장번호 2에 저장한 후 인플레이션 조정수익률을 구하여 데이터 저장번호 0에 저장하라.

* 인플레이션 조정수익률 = {(1+투자수익률)/(1+인플레이션율)−1}×100

입 력	표 시	비 고
0.04	0.04	
[STO]1	0.04	−데이터 저장번호 1에 저장
0.07	0.07	
[STO]2	0.07	−데이터 저장번호 2에 저장
[RCL]2	0.07	−데이터 저장번호 2의 내용을 불러냄
[ENTER]	0.07	
1	1.	
[+]	1.07	
[RCL]1	0.04	−데이터 저장번호 1의 내용을 불러냄
[ENTER]	0.04	
1	1.	
[+]	1.04	
[÷]	1.03	
1	1	
[−]	0.03	
100	100	
[×]	2.88	
[STO]0	2.88	−데이터 저장번호 0에 저장
[CLx]	0.00	
[RCL]0	2.88	−데이터 저장번호 0의 내용을 불러냄

바. 사칙연산

HP 12C 재무계산기를 이용한 사칙연산은 일반계산방식(Algebraic Logic)을 사용하는 일반계산기와 달리 RPN방식(Reverse Polish Notion)을 사용하므로 키 입력 순서가 다르다. 키 입력은, ① 첫번째 숫자를 입력하고 난 후, ② [ENTER]키를 누른다. 여기서 [ENTER]키는 첫번째 숫자와 두번째 숫자를 구분하는 것이다. ③ 이어서 두번째 숫자를 입력하고, ④ 마지막으로 필요한 연산자(+, −, ×, ÷)를 누른다.

한편 이미 계산된 결과를 이용한 연속계산(chain calculation)도 가능한데, 이는 다른 사칙연산을 통하여 이미 산출된 숫자에다 계산할 숫자를 입력하고 이어서 연산자를 입력하면 된다. 이 때는 [ENTER]키를 사용하지 않는다. [ENTER]키를 사용하는 경우에는 최초의 두 숫자를 계산하거나 별도의 계산을 할 경우이며, [ENTER]로 구분한 것을 3개까지 연속하여 계산할 수 있다.

기본예제 I-1-14

75+25, 75-25, 75×25, 75÷25를 각각 계산하라.

입 력	표 시	비 고
75	75.	
[ENTER]	75.00	−첫번째 숫자 입력 후 [ENTER]키를 입력
25	25.	
[+]	100.00	
75	75.	
[ENTER]	75.00	
25	25.	
[−]	50.00	
75	75.	
[ENTER]	75.00	
25	25.	
[×]	1,875.00	
75	75.	
[ENTER]	75.00	
25	25.	
[÷]	3.00	

기본예제 I-1-15

수시입출금 계좌에 1,000,000원의 잔액이 있다.
1주일 후 100,000원을 출금하고, 2주일 후 150,000원을 출금하였다. 3주일 후 월급 2,000,000원을 입금하고 4주일 후 300,000원을 출금하였을 경우 이 계좌의 잔액은 얼마인가? (이자는 없는 것으로 한다.)

입 력	표 시	비 고
1000000	1,000,000.	
[ENTER]	1,000,000.00	
100000	100,000.	
[−]	900,000.00	
150000	150,000.	
[−]	750,000.00	−연속계산에서는 [ENTER]키를 사용하지 않는다.
2000000	2,000,000.	
[+]	2,750,000.00	
300000	300,000.	
[−]	2,450,000.00	

기본예제 I-1-16

(3×4)+(5×6)을 계산하라.

입 력	표 시	비 고
3	3.	
[ENTER]	3.00	
4	4.	
[×]	12.00	−3×4의 계산
5	5.	
[ENTER]	5.00	
6	6.	
[×]	30.00	−5×6의 계산
[+]	42.00	−3×4의 결과와 5×6의 결과를 더함

기본예제 I-1-17

(3×4) + (5×6) − (7×8)을 계산하라.

입 력	표 시	비 고
3	3.	
[ENTER]	3.00	
4	4.	
[×]	12.00	
5	5.	
[ENTER]	5.00	
6	6.	
[×]	30.00	
7	7.	
[ENTER]	7.00	
8	8.	
[×]	56.00	
[−]	−26.00	−(5×6)−(7×8) 계산
[+]	−14.00	−위의 값에 3×4를 더함
3	3.	
[ENTER]	3.00	
4	4.	
[×]	12.00	
5	5.	
[ENTER]	5.00	
6	6.	
[×]	30.00	
[+]	42.00	−(3×4)과 (5×6)을 더함
7	7.	
[ENTER]	7.00	
8	8.	
[×]	56.00	
[−]	−14.00	−위의 값에 7×8을 뺌

※ 저장기능을 활용한 사칙연산

연산 결과에 대해 [STO]키를 누르고 사칙연산 중 하나를 택한 후 데이터 저장번호를 입력한다. 이 때 저장번호는 0에서 4번 중에서 선택하여야 한다.

기본예제 I-1-18

(3×4)+(5×6)−(7×8)을 계산하라.

입 력	표 시	비 고
3	3.	
[ENTER]	3.00	
4	4.	
[×]	12.00	
[STO]0	12.00	−[STO]0에 12가 저장
5	5.	
[ENTER]	5.00	
6	6.	
[×]	30.00	
[STO][+]0	30.00	−[STO]0의 값에 30을 더함
7	7.	
[ENTER]	7.00	
8	8.	
[×]	56.00	
[STO][−]0	56.00	−[STO]0의 값에 56을 차감
[RCL]0	−14.00	−[STO]0에 12+30−56이 남음

줄탁(茁啄)

연산결과에 대해 [STO]키를 누르고 데이터 저장번호를 입력한 후 사칙연산 키를 누르면 사칙연산된 결과 값이 저장된다.

(2) 반복계산

HP 12C 재무계산기로 동일한 수로 반복하여 연산을 수행하는 경우 다음과 같이 한다.

① 상수를 입력하고 [ENTER]를 세 번 입력

② 계산 숫자 입력

③ 연산자 입력

④ [CLx]입력

⑤ ②~④과정 반복

기본예제 I-1-19

햄버거 가게에서 아르바이트생에게 시간당 1,800원씩 계산하여 주 1회 후불로 아르바이트 비용을 지급한다. A, B, C 세 아르바이트생의 근무시간이 각각 24시간, 27시간, 33시간이라면 각자가 지급받는 금액은 얼마인가?

입 력	표 시	비 고
1800[ENTER][ENTER][ENTER]	1,800.00	
24[×]	43,200.00	−24×1800의 계산
[CLx]	0.00	
27[×]	48,600.00	−27×1800의 계산
[CLx]	0.00	
33[×]	59,400.00	−33×1800의 계산

기본예제 I-1-20

어느 회계학원에서 강사들의 강사료 중 3%를 원천징수하였다. 강사들의 강사료가 다음과 같을 때 각 강사들의 실수령액은 얼마인가?

강사료 : 甲강사 150만 원, 乙강사 160만 원, 丙강사 175만 원

입 력	표 시	비 고
0.03[ENTER][ENTER][ENTER]	0.03	
1500000[×]	45,000.00	
[g][LSTx]	1,500,000.00	
[x$^{>}_{<}$y][−]	1,455,000.00	−150만 원에서 3% 차감
[CLx]	0.00	
1600000[×]	48,000.00	
[g][LSTx]	1,600,000.00	
[x$^{>}_{<}$y][−]	1,552,000.00	−160만 원에서 3% 차감
[CLx]	0.00	
1750000[×]	52,500.00	
[g][LSTx]	1,750,000.00	
[x$^{>}_{<}$y][−]	1,697,500.00	−175만 원에서 3% 차감

사. 날짜계산

(1) 날짜 형식

날짜를 입력하는 방식에는 일-월-연으로 입력하는 방식과 월-일-연으로 입력하는 방식 두 가지가 있다. HP 12C는 이 두 가지 방식 중에서 선택할 수 있도록 되어 있다.

- 일-월-연(Day–Month–Year) 방식: 먼저, [g][D.MY]키를 입력하고(화면하단에 D.MY가 표시됨), 날짜를 2자리 또는 1자리 숫자로 입력한다. 이어 점을 입력하고, 월에 해당하는 숫자 2자리와 연을 나타내는 숫자 4자리를 입력한다.
- 월-일-연(Month–Day–Year) 방식: 먼저, [g][M.DY]키를 입력하고(화면하단에 표시가 없음), 월을 2자리 또는 1자리 숫자로 입력한다. 이어 점을 입력하고, 일에 해당하는 숫자 2자리와 연을 나타내는 숫자 4자리를 입력한다.

기본예제 I-1-21

월드컵에서 처음으로 16강 진출이 확정된 날인 2002년 6월 14일을 입력하라.

〈일-월-연(Day–Month–Year) 방식〉

입 력	표 시	비 고
[g][D.MY]		
14	14.	－14일
[.]	14.	
06	14.06	－6월
2002	14.062002	－2002년

〈월-일-연(Month–Day–Year) 방식〉

입 력	표 시	비 고
[g][M.DY]		
6	6.	－6월
[.]	6.	
14	6.14	－14일
2002	6.142002	－2002년

(2) 특정 날짜 계산

특정 날짜를 계산하는 방법은 먼저 주어진 날짜를 입력하고 [ENTER]키를 누른 다음, 경과일수를 입력하고 [g][DATE]키를 입력한다. 만약 과거날짜를 계산한 경우에는 경과일수를 입력한 후 [CHS]키를 누른 다음 [g][DATE]키를 입력한다.

이 때 결과치는 날짜형식에 따라 일-월-연 방식일 경우 "일, 월, 연 요일(1은 월요일, …, 7은 일요일)"로, 월-일-연 방식일 경우 "월, 일, 연 요일(1은 월요일, …, 7은 일요일)"로 각각 표시된다.

기본예제 I-1-22

한국이 월드컵에서 처음으로 16강 진출이 확정된 날인 2002년 6월 14일로부터 8일 후에 4강 진출 시합이 있을 때, 이 시합일은 언제인가?

입 력	표 시	비 고
[g][D.MY]		
14.062002	14.062002	
[ENTER]	14.06	-소수 표시형식이 2자리이기 때문에 2자리만 나타남.
8	8.	
[g][DATE]	22,06,2002 6	-6은 토요일임을 의미

(3) 경과기간 계산

경과기간을 계산하고자 하는 경우 기시날짜와 [ENTER]키를 입력하고 난 후 기말날짜를 입력하고 [g][△DYS]를 누른다.

기본예제 I-1-23

1996년 5월 31일 2002년 월드컵이 한일공동개최로 결정된 날로부터 한국이 월드컵에서 처음으로 16강 진출이 확정된 날인 2002년 6월 14일까지 며칠이 경과되었는가?

입 력	표 시	비 고
[g][M.DY]		
5.311996	5.311996	
[ENTER]	5.31	
6.142002	6.142002	
[g][△DYS]	2,205.00	
[x><y]	2,174.00	−x><y는 한 달을 30일로 계산함

아. 비율 계산

(1) 비율

기본 숫자 및 [ENTER]키를 누른다. 이어서 원하는 비율(Percentages)을 입력하고 [%]키를 입력한다. 만약 화면에 표시된 숫자에 대한 비율을 계산할 경우에는 [ENTER]키를 누르지 않는다.

기본예제 I-1-24

가나주식의 현재가는 4,500원이다. 현재가의 7%는 얼마인가?

입 력	표 시	비 고
4500	4,500.	
[ENTER]	4,500.00	
7	7.	
[%]	315.00	

기본예제 I-1-25

가나주식을 3개월 전에 주당 4,500원으로 매입하였다. 매입가보다 7% 이상이 되면 매도할 것을 고려하고 있다. 매도시 수수료가 1%일 경우 주당 현금유입은 얼마인가?

입 력	표 시	비 고
4500	4,500.	
[ENTER]	4,500.00	
7	7.	
[%]	315.00	
[+]	4,815.00	
1	1.	
[%]	48.15	
[−]	4,766.85	

(2) 비율차

기본숫자와 [ENTER]를 입력하여 기본 숫자와 다음에 입력하는 숫자를 구분한 다음, 두번째 숫자를 입력한다. 이어서 [△%]키를 입력한다. 만약, 두번째 숫자가 기본숫자보다 크면 비율차(Percent Difference)는 양의 값, 작으면 음의 값을 나타낸다.

기본예제 I-1-26

가나주식의 주가가 어제 주당 4,500원에서 4,000원으로 하락하였다. 몇% 하락하였는가?

입 력	표 시	비 고
4500	4,500.	
[ENTER]	4,500.00	
4000	4,000.	
[△%]	−11.11	−11.11% 하락

기본예제 I-1-27

가나주식의 주가가 어제 주당 4,500원에서 5,100원으로 상승하였다. 몇% 상승하였는가?

입 력	표 시	비 고
4500	4,500.	
[ENTER]	4,500.00	
5100	5,100.	
[△%]	13.33	−13.33% 상승

기본예제 I-1-28

가나상품의 원가는 4,500원이고 소매가가 5,500원일 경우 마진율은 얼마인가?

※ 마진율 = (소매가 − 원가) / 소매가

입 력	표 시	비 고
5500	5,500.	
[ENTER]	5,500.00	
4500	4,500.	
[△%]	−18.18	
[CHS]	18.18	−양수값으로 전환

기본예제 I-1-29

가나상품의 소매가가 5,500원이고 원가가 4,500원일 경우 원가가산율(markup)은 몇 %인가? ※ 원가가산율=(소매가 − 원가) / 원가

입 력	표 시	비 고
4500	4,500.	
[ENTER]	4,500.00	
5500	5,500.	
[△%]	22.22	

기본예제 I-1-30

인플레이션율이 4%이고 세후투자수익률이 7%일 경우 인플레이션 조정 세후투자수익률은 얼마인가?

※ 인플레이션 조정 세후투자수익률={ (1+세후투자수익률) / (1+인플레이션율)−1}×100

입 력	표 시	비 고
1.04	1.04	
[ENTER]	1.04	
1.07	1.07	
[△%]	2.88	

줄탁(茁啄)

자리수를 소숫점 9자리까지로 설정하면 △%로 계산할 경우 2.884615385, 공식으로 계산할 경우 2.8846154000이 되어 △%로 계산한 것이 더 정확한 것을 표시하고 있음.

(3) 전체 비율

각 항목의 전체에 대한 비율(Percent of Total)을 산출하기 위해서는 먼저 개별항목의 합을 구한 다음, 비율을 구하고자 하는 항목을 입력하고 [%T]를 누른다.

기본예제 I-1-31

고객의 포트폴리오가 뮤추얼 펀드 10,000,000원, 주식 20,000,000원, 채권 30,000,000원으로 구성되어 있을 경우 각 투자상품의 포트폴리오에서 점유하는 비율은 얼마인가?

입 력	표 시	비 고
10000000	10,000,000.	
[ENTER]	10,000,000.00	
20000000	20,000,000.	
[+]	30,000,000.00	
30000000	30,000,000.	
[+]	60,000,000.00	- 전체의 합을 구함
10000000	10,000,000.	
[%T]	16.67	- 16.67%
[CLx]	0.00	
20000000	20,000,000.	
[%T]	33.33	- 33.33%
[CLx]	0.00	
30000000	30,000,000.	
[%T]	50.00	- 50.00%

기본예제 I-1-32

보유주식 시가총액 25,000,000원 중 7,500,000원을 매각하였을 경우 보유주식 중 몇 %를 매각하였는가?

입 력	표 시	비 고
25000000	25,000,000.	
[ENTER]	25,000,000.00	
7500000	7,500,000.	
[%T]	30.00	

자. 기타 키

(1) 〔x><y〕

첫번째 누른 숫자와 두번째 누른 숫자의 순서를 바꿀 때 사용한다. [x><y](Exchange) 키를 눌렀을 때 화면에 표시된 숫자가 두번째 입력한 숫자로 변경된다.

기본예제 I-1-33

25−3을 계산하는데 먼저 3을 입력하고 25를 다음에 입력하여 계산하라.

입 력	표 시	비 고
3	3.	
[ENTER]	3.00	
25	25.	
[x><y]	3.00	−3이 두번째 숫자로 변경
[−]	22.00	

기본예제 I-1-34

25÷50을 계산하는데 먼저 50을 입력하고 25를 다음에 입력하여 계산하라.

입 력	표 시	비 고
50	50.	
[ENTER]	50.00	
25	25.	
[x≷y]	50.00	−50이 두번째 숫자로 변경
[÷]	0.50	

(2) LST*x*

연산자([+], [-], [×], [÷])가 입력되기 전에 입력한 숫자를 표시한다(LAST*x*). 이것은 숫자를 잘못 입력한 것을 확인하거나 상수로 활용하는 경우에 이용된다.

기본예제 I-1-35

25÷50 계산하는데 먼저 50 대신 5를 입력하여 수정하라.

입 력	표 시	비 고
25	25.	
[ENTER]	25.00	
5	5.	
[÷]	5.00	
[g][LSTx]	5.00	−[÷] 이전의 잘못 입력된 숫자 5를 불러냄
25	25.	
[ENTER]	25.00	
50	50.	
[÷]	0.50	

기본예제 I-1-36

A 주식의 매매가가 25,000원일 경우 이 주식을 100주, 200주, 300주를 매입할 경우 필요한 금액은 각각 얼마인가?

입 력	표 시	비 고
100	100.	
[ENTER]	100.00	
25000	25,000.	
[×]	2,500,000.00	
200	200.	
[g][LSTx]	25,000.00	−25,000을 다시 불러 계산
[×]	5,000,000.00	
300	300.	
[g][LSTx]	25,000.00	−25,000을 다시 불러 계산
[×]	7,500,000.00	

차. 오류

≪Error 0≫: 수학

관련 키	오류 조건
[÷]	x = 0
[1/x]	x = 0
[$\sqrt{x}$]	x < 0
[LN]	x ≤ 0
[y^x]	y = 0 and x ≤ 0, y = 0 and x가 정수가 아닐 때
[△%]	y = 0
[%T]	y = 0
[STO][÷](0~4)	x = 0
[n!]	x가 정수가 아니거나 x < 0

≪Error 1≫: 스토리지 리지스터 오버플로우

관련 키	오류 조건
[STO][+](0~4)	계산 결과의 숫자가 $9.999999999 \times 10^{99}$ 보다 클 때
[STO][−](0~4)	
[STO][×](0~4)	
[STO][÷](0~4)	
[12×]	

≪Error 2≫: 통계

관련 키	오류 조건
$[\bar{x}]$	n(R_1의 숫자) = 0
$[\bar{x}w]$	$\sum x = 0$
[s]	$n = 0,\ n = 1,\ n\sum x^2-(\sum x)^2 < 0,\ n\sum y^2-(\sum y)^2 < 0$
$[\hat{y},\ r]$	$n = 0,\ n\sum x^2-(\sum x)^2 = 0$
$[\hat{x},\ r]$	$n = 0,\ n\sum y^2-(\sum y)^2 = 0$
$[\hat{y},r][x \gtrless y]$	$[n\sum x^2-(\sum x)^2][n\sum y^2-(\sum y)^2] \leq 0$
$[\hat{x},r][x \gtrless y]$	

≪Error 3≫: IRR

- 복수의 답이 나올 가능성이 있는 계산으로 계산이 매우 복잡하여 사용자가 IRR의 추정치를 계산하라고 하기까지는 계산을 계속하지 않음
- 사용자의 IRR 추정치 계산
  - ▸ 사용자가 추정한 IRR 추정치를 입력
  - ▸ [RCL][g][R/S]키를 누른다

≪Error 4≫: 메모리

- 99개 이상의 프로그램 라인을 실행할 경우
- 존재하지 않는 [GTO]명령을 실행할 경우
- R5～R9 또는 R.0～R.9로 스토리지 리지스터 계산을 할 경우

≪Error 5≫: 복리

<table>
<tr><th>관련 키</th><th>오류 조건</th></tr>
<tr><td>[n]</td><td>PMT $\le$ -PV × i, PMT = FV × i, i $\le$ -100,
n값이 존재하지 않는 i, PV, FV</td></tr>
<tr><td>[i]</td><td>PMT = 0 and n < 0, 현금흐름의 부호가 모두 동일</td></tr>
<tr><td>[PV]</td><td>i $\le$ -100</td></tr>
<tr><td>[PMT]</td><td>n = 0, i = 0, i $\le$ -100</td></tr>
<tr><td>[FV]</td><td>i $\le$ -100</td></tr>
<tr><td>[AMORT]</td><td>x $\le$ 0, x가 정수가 아닐 때</td></tr>
<tr><td>[NPV]</td><td>i $\le$ -100</td></tr>
<tr><td>[SL]</td><td rowspan="3">n $\le$ 0, n > 10^{10}, x $\le$ 0, x가 정수가 아닐 때</td></tr>
<tr><td>[SOYD]</td></tr>
<tr><td>[DB]</td></tr>
</table>

≪Error 6≫: 스토리지 리지스터

<table>
<tr><th>관련 키</th><th>오류 조건</th></tr>
<tr><td>[STO]</td><td rowspan="2">지정한 스토리지 리지스터가 존재하지 않거나 프로그램
라인으로 변경되었을 경우</td></tr>
<tr><td>[RCL]</td></tr>
<tr><td>[CFj]</td><td rowspan="2">지정한 n스토리지 리지스터가 존재하지 않거나 프로그램
라인으로 변경되었을 경우</td></tr>
<tr><td>[Nj]</td></tr>
<tr><td>[NPV]</td><td rowspan="2">n > 20, n > r(MEM에서 정의된), n < 0, n이 정수가 아닐 경우</td></tr>
<tr><td>[IRR]</td></tr>
<tr><td>[Nj]</td><td>x > 99, x < 0, x가 정수가 아닐 경우</td></tr>
</table>

≪Error 7≫: IRR

- 현금흐름의 크기, 부호, 연속적으로 일어나는 현금흐름의 숫자의 오류
- 양의 현금흐름과 음의 현금흐름이 최소한 각각 1개 이상 있지 않을 경우

≪Error 8≫: 날짜

<table>
<tr><th>관련 키</th><th>오류 조건</th></tr>
<tr><td>[△DYS]</td><td rowspan="2">잘못된 날짜 형식 또는 없는 날짜</td></tr>
<tr><td>[DATE]</td></tr>
<tr><td>[DATE]</td><td>재무계산기 계산 가능 날짜 범위(1582. 10. 15~4046. 11. 25)를 초과</td></tr>
<tr><td>[PRICE]</td><td rowspan="2">잘못된 날짜 형식 또는 없는 날짜, 만기 또는 상환기간이 500년 이상, 만기일이 상환일을 선행할 경우, 만기일에 해당하는 쿠폰지급일이 없을 경우</td></tr>
<tr><td>[YTM]</td></tr>
</table>

≪Error 9≫: 서비스

- 작동 검증이 제대로 안될 경우

≪Pr Error≫

- 연속 메모리가 리셋됨

2. BA Ⅱ PLUS

가. 자판과 화면

(1) 자판형태

BAⅡ PLUS 재무계산기는 하나의 키로 두 가지 기능을 수행할 수 있도록 되어 있다. 키 중앙에 표시된 기능은 표준계산모드에서 사용하는 기능을 나타내며, 사용할 때는 그 키를 그냥 누르면 된다. 반면, 키 상단에 금색으로 표시된 기능들은 워크시트작업이나 기타 특수한 기능을 수행할 때 시행할 수 있는 2차적 기능을 나타내며, 키 상단의 기능을 사용하기 위하여는 노란색 [2nd]키를 누른 후에 해당키를 눌러야 한다.

【BAⅡ PLUS 재무계산기 자판】

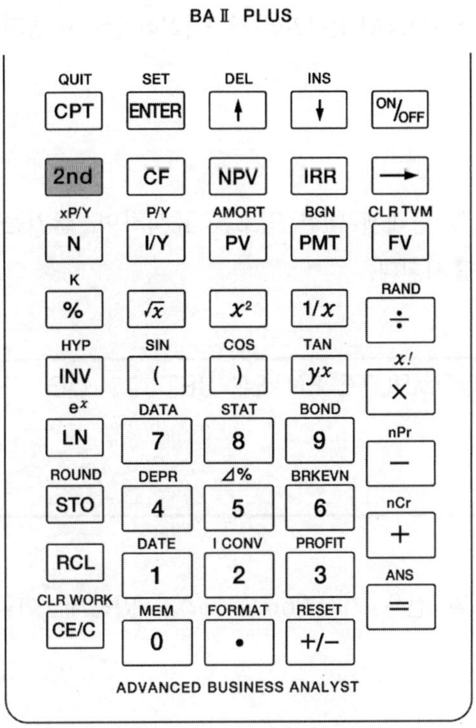

예를 들어, "AMORT"를 사용하기 위하여는 [2nd]를 누르고 난 이후 해당키의 상단에 금색으로 AMORT가 표시된 [PV]키를 눌러야 한다.

【BA II PLUS 키 구분】

구 분	입 력	해 당 키
중앙키	[해당키]	[CPT] [ENTER] [↑] [↓] [ON/OFF] [2nd] [CF] [NPV] [IRR] [→] [N] [I/Y] [PV] [PMT] [FV] [%] [$\sqrt{x}$] [x^2] [1/x] [÷] [INV] [(] [)] [y^x] [×] [LN] [7] [8] [9] [−] [STO] [4] [5] [6] [+] [RCL] [1] [2] [3] [=] [CE/C] [0] [·] [+/−]
상단키	[2nd] + [해당키]	[QUIT] [SET] [DEL] [INS] [xP/Y] [P/Y] [AMORT] [BGN] [CLR TVM] [K] [RAND] [HYP] [SIN] [COS] [TAN] [x!] [e^x] [DATA] [STAT] [BOND] [${}_nP_r$] [ROUND] [DEPR] [Δ%] [BRKEVN] [${}_nC_r$] [DATE] [ICONV] [PROFIT] [ANS] [CLR WORK] [MEM] [FORMAT] [RESET]

※ BA II PLUS PROFESSIONAL은 [2nd]키가 [2ND]로 변경되어 있음

(2) 화면표시

화면은 숫자와 계산기의 상태에 대한 정보를 표시하며, 글자는 좌측에 3자까지 표시되며, 숫자는 10개까지 표시된다.

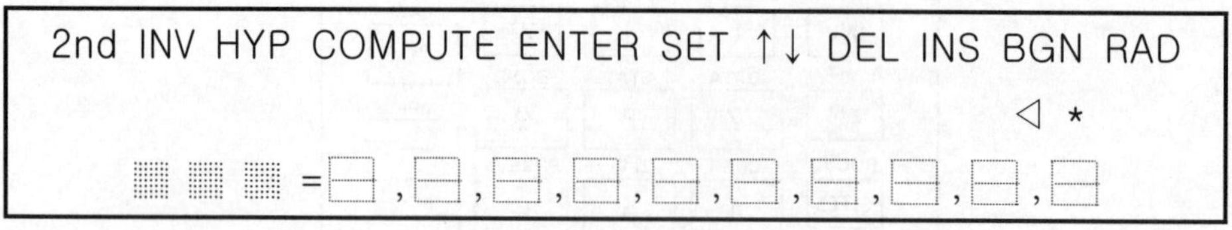

화면의 윗쪽에는 다음과 같은 지시자(indicator)가 있는데, 이들 각각은 다음과 같은 내용을 의미한다.

【화면 지시자 및 그 기능】

지시자	주 요 기 능
2nd	다음 키를 누르면 그 키의 2차적 기능이 수행됨을 표시
INV	다음 키의 역함수(inverse function)를 수행하는 경우에 표시
HYP	다음 키의 쌍곡선기능(hyperbolic function)을 수행하는 경우에 표시
COMPUTE	[CPT]키를 이용하여 숫자를 계산하는 경우 표시
ENTER	숫자를 누르고 난 후 [ENTER]키를 누름으로써 숫자를 입력
SET	표시되는 변수를 [2nd]와 [SET]키를 눌러 변경함
↑↓	현재의 워크시트상의 앞의 변수를 보고자하는 경우 [↑]를 누르며, 뒤의 변수를 보고자 하는 경우는 [↓]를 누름
DEL	현금흐름이나 통계의 데이타를 삭제하는 경우 표시
INS	현금흐름이나 통계의 데이타를 추가하는 경우 표시
BGN	화폐의 시간가치를 계산하는 경우 기시급임을 표시, 만약 화면에 BGN이 표시되지 않은 경우는 기말급임
RAD	계산기가 호도모드로 되어 있음을 표시. 이 때 모든 각은 호도로 입력되어야 함. RAD표시가 없는 경우 각은 360분법에 의해 입력되어야 함
◁	표시된 숫자가 워크시트에 입력되었다는 표시이며, 계산 후에는 없어짐
*	표시된 숫자가 워크시트에서 계산되었다는 표시이며, 이미 계산된 숫자를 입력숫자로 활용하는 경우 * 표시는 없어짐

나. 유지관리

(1) 켜기와 끄기

[ON/OFF]키를 누르면 켜진다. 계산기화면에 불이 들어오며, 화면에는 “0”이 표시된다. 이 때 숫자의 형식은 계산기를 끄기 전 상태와 같다.

계산기를 끌 때도 마찬가지로 [ON/OFF]키를 눌러 끈다. 배터리 보호를 위하여 자동끄기 기능이 있으며, 대략 10분 동안 아무런 키를 누르지 않은 경우에 자동적으로 계산기가 꺼지게 된다.

계산기를 끈 경우에는 화면상의 숫자가 지워지며 진행중이던 표준계산모드상의 기능이나 워크시트상의 작업은 모두 취소된다. 다만, 10개의 메모리와 기존에 세팅된 내용들, 작업이 완료된 워크시트의 내용들은 그대로 유지된다.

(2) 건전지 교환

건전지는 Eveready E-2032와 Duracell DL2032 등이 사용된다. 건전지를 교환하면 기존의 데이터가 사라지며, 리셋을 한 것과 같은 효과가 발생한다.

건전지의 교환은 다음과 같은 순서로 진행된다.

① 계산기를 끄고 뒤집는다.
② 작은 드라이버를 이용하여 나사를 돌려서 뺀다.
③ 뒷 케이스와 앞 케이스를 분리한다(내부를 손상하지 않도록 조심한다).
④ 나사를 돌려 금속 건전지 뚜껑을 연다.
⑤ 계산기를 가볍게 쳐서 건전지를 꺼낸다.
⑥ 새 건전지를 넣는다(이 때 +극이 아래를 향해야 한다).
⑦ 금속 건전지 뚜껑을 덮고 나사를 조인다.
⑧ 앞, 뒷 케이스를 붙이고 나사를 조인다.
※ BA II PLUS PROFESSIONAL은 탈착식으로 되어 있어 건전지 교체가 쉬움

(3) 리셋

리셋은 계산기를 최초 구입시의 상태로 되돌리는 것을 말한다.

리셋을 하는 방법은 [2nd]키를 누른 후, 하단의 [RESET]를 누르면 화면에 "RST?"라는 메시지가 뜨는데, 이 때 [ENTER]키를 누르면 리셋이 완료되며, [2nd] [QUIT]키를 누르면 리셋이 취소된다.

리셋 실행		리셋 실행 중 취소	
입 력	표 시	입 력	표 시
[2nd] [RESET] [ENTER]	0.00 RST ? RST 0.00	[2nd] [RESET] [2nd] [QUIT]	0.00 RST ? RST ? 0.00

리셋을 하면,

① 모든 기억장치의 저장내용이 삭제된다.
② 숫자표시는 소수점 2자리로 된다.
③ 각은 각도로 표시된다.
④ 날짜는 월-일-연도의 순으로 표시된다.
⑤ 숫자는 1,000.00으로 표시된다.
⑥ 계산방식은 연속계산방식(Chain Method)이 적용되며
⑦ 지급모드는 기말급, 지급횟수는 년 12회 표시된다.
(BA Ⅱ PLUS PROFESSIONAL은 지급횟수가 연 1회 표시됨)

줄탁(茁啄)

연속계산방식과 일반계산방식

연속계산방식(Chain Method)은 수식의 연산자와 관계없이 수식의 나열순서에 따라 계산하는 방법이다. 이와 달리 일반계산방식(AOS; Algebraic Operating System)은 수식순서와 관계없이 괄호, 지수, 곱하기와 나누기, 덧셈과 뺄셈 등의 연산자에 따라 계산순서가 결정된다. 예를 들어 "5+3×4"를 계산하는 경우 연속계산방식은 5+3을 먼저 계산하여 값이 "32"로 되는 데 반해, 일반계산방식은 3×4를 먼저 계산하고 5를 더해 값이 "17"로 된다. BA Ⅱ PLUS 재무계산기는 기본적으로 연속계산방식으로 세팅되어 있고, 필요에 따라 일반계산방식으로 변경하여 사용할 수 있다.

(4) 세팅 방법

계산기를 처음 구입하거나 필요에 따라 리셋한 후 기본적으로 설정되어 있는 세팅내용을 변경하고자 할 경우에는 [2nd] 및 [FORMAT]을 눌러서 실행한다.

- 소수점 이하 표시의 변경

입 력	표 시	비 고
[2nd]	0.00	
[FORMAT]	DEC=2.00	－소수점 2자리로 기본설정되어 있음
4	DEC 4	－원하는 소수점 이하를 입력
[ENTER]	DEC=4.0000	
[2nd][QUIT]		

- 각도표시의 변경

입 력	표 시	비 고
[2nd]	0.00	
[FORMAT]	DEC= 2.00	
[↓]	DEG	−360분법으로 기본설정되어 있음
[2nd]	DEG	
[SET]	RAD	−호도(radian)로 변경
[2nd][QUIT]		

- 날짜표시의 변경

입 력	표 시	비 고
[2nd]	0.00	
[FORMAT]	DEC=2.00	
[↓][↓]	US 12-31-1990	−미국식(월-일-연)으로 기본설정되어 있음
[2nd]	US 12-31-1990	
[SET]	EUR 31-12-1990	−유럽식(일-월-연)으로 변경
[2nd][QUIT]		

- 점, 소수점의 변경

입 력	표 시	비 고
[2nd]	0.00	
[FORMAT]	DEC= 2.00	
[↓][↓][↓]	US 1,000.00	−미국식 소수점표시로 기본설정되어 있음
[2nd]	US 1,000.00	
[SET]	EUR 1.000,00	−유럽식 소수점표시로 변경
[2nd][QUIT]		

- 계산방법의 변경

입 력	표 시	비 고
[2nd]	0.00	
[FORMAT]	DEC= 2.00	
[↓][↓][↓][↓]	Chn	−연속계산방식으로 기본설정되어 있음
[2nd]	Chn	
[SET]	AOS	−일반계산방식으로 변경
[2nd][QUIT]		

이외에도 기말급을 기시급으로 전환하고자 하거나 지급횟수를 연 1회 지급으로 변경하고자 할 경우도 있다. 이 때는 위와 같이 [2nd] 및 [FORMAT]을 눌러 실행하는 것이 아니라 다음과 같이 다른 방법을 활용하여야 한다.

- 기말급을 기시급으로 전환

입 력	표 시	비 고
[2nd]	0.00	
[BGN]	END	－기말급으로 기본설정되어 있음
[2nd]		
[SET]	BGN	－기시급으로 변경
[2nd][QUIT]		

- 연 12회 지급을 연 1회 지급으로 변경

입 력	표 시	비 고
[2nd]	0.00	
[P/Y]	P/Y=12.00	－연 12회 지급으로 기본설정되어 있음
1	P/Y 1	
[ENTER]	P/Y=1.00	－연 1회 지급으로 변경
[2nd][QUIT]		

※ BA II PLUS PROFESSIONAL은 연 1회 기본 설정되어 있음

다. 워크시트모드

BA Ⅱ PLUS 재무계산기는 사칙연산 등 일반적인 계산을 실행하는 표준계산모드이외 상환이나 채권가격의 계산과 같은 특수한 계산을 실행하기 위한 프롬프트방식의 워크시트모드가 있다. 다만, 화폐의 시간가치 워크시트의 경우에는 다른 워크시트처럼 프롬프트 방식이 아니라, 계산기의 세번째 줄의 키로 바로 접근할 수 있도록 되어 있다.

각각의 워크시트는 일련의 변수들로 구성되어 있으며, 각 변수들은 보이지는 않지만 상호간의 관계식으로 연결되어 있다. 프롬프트방식의 워크시트모드에서의 계산은 [↓]와 [↑]를 이용하여 한번에 하나씩 순서대로 주어진 정보를 입력하여 원하는 값을 구한다. 예를 들어 마진율을 구하고자 하는 경우 [2nd][PROFIT]으로 들어가서 [↓]와 [↑]를 이용하여 매출원가, 매출가격을 입력하면 마진율을 구할 수 있으며, 또한 마진율과 매출원

가를 아는 경우 [↓]와 [↑]를 이용하여 마진율과 매출원가를 입력하면 매출가격을 구할 수 있다. 또한, 특정변수를 수정하는 경우 즉각적으로 수정된 내용에 따른 값을 계산할 수 있다

각 워크시트는 다른 워크시트로부터 독립되어 있으며, 한 워크시트에서 이루어진 작업은 다른 워크시트의 변수에 영향을 주지 않는다. 만약 워크시트모드에서 작업중 다시 표준계산모드로 전환하고자 하는 경우는 [2nd] [QUIT]를 입력하며, 이 때는 워크시트의 데이터는 그대로 유지된다. 계산기를 끄는 경우에도 마찬가지이다.

라. 표시

(1) 숫자입력

(가) 정수입력

아라비아 숫자키를 순서대로 입력한다. 정수인 경우 숫자키만 누르면 천 단위마다 자릿수를 표시하는 쉼표가 나타나지만, 소수점 이하 부분은 표시되지 않는다. 그러나 이후 다른 키, 예를 들어 [+]를 누르면 기존에 세팅된 소수점 이하 자릿수만큼 표시된다. 한편, 잘못된 숫자를 입력하고 [+]나 [x^2] 등 기능키를 누르지 않은 경우에는 마지막 자리에서 [→]를 눌러 하나씩 없애거나, [CE/C]키를 눌러 한꺼번에 없앤 후 다시 입력하며, 기능키를 이미 누른 경우는 [CE/C]를 누르고 처음부터 다시 입력한다.

기본예제 I-2-1

5,000을 입력하라.

입 력	표 시	비 고
5	5	
0	50	
0	500	
0	5,000	-소수점 이하 표시되지 않음
[+]	5,000.00	-소수점 이하 표시됨

기본예제 I-2-2

45를 입력한다는 것이 잘못하여 46을 입력하였다. 정정하라.

입 력	표 시	비 고
4	4	
6	46	
[→]	4	-한 글자씩 지워짐
5	45	

(나) 소수입력

아라비아 숫자 키와 소수점 키를 차례대로 입력한다. 중간에 잘못 입력한 경우에는 [→]키를 활용하여 하나씩 지운다. 화면에는 입력한 숫자가 그대로 표시되지만, 계산을 위하여 다른 키를 누르면 반올림되어 세팅된 자릿수만큼만 표시된다. 만약 이 때 입력하는 수가 1보다 작은 수라면, 앞의 0은 생략하고 소수점부터 입력하여도 무방하다.

기본예제 I-2-3

12.34567을 입력하라.

입 력	표 시	비 고
1	1	
2	12	
[·]	12.	
3	12.3	
4	12.34	
5	12.345	
6	12.3456	
7	12.34567	-입력한 그대로 표시
[=]	12.35	-소수점 이하 3자리에서 반올림

(다) 음수입력

먼저, 양수인 것처럼 아라비아 숫자와 소수점을 차례대로 입력하고 난 이후 [+/−]키를 눌러 음수로 전환한다. 이 때 화면에는 입력한 소수점 이하 부분이 그대로 표시되지만, 계산을 위하여 다른 키를 누른 경우 세팅된 소수점 이하 자릿수만 표시된다.

기본예제 I-2-4

-12.34567을 입력하라.

입 력	표 시	비 고
12.34567	12.34567	-입력된 그대로 화면에 표시
[+/-]	-12.34567	-음수로 전환
[+]	-12.35	-소수점 이하 3자리에서 반올림

(라) 큰 수와 작은 수 입력

화면에 숫자가 표시될 수 있는 부분이 10개에 불과하다. 따라서 숫자가 10자리를 넘는 경우에는 가수(Mantissa)와 10의 지수형태(10^x)로 나타난다. 10의 지수는 최소 -99에서 최대 99까지만 가능하다. 즉, BAⅡ PLUS 재무계산기로 다룰 수 있는 숫자의 범위는 0.000001×10^{-99}에서 9.999999×10^{99}까지이다. 한편, 10자리를 넘는 숫자는 숫자키만을 이용하여 직접 입력하기는 곤란하며, [y^x]키를 이용하여 입력하여야 한다.

기본예제 I-2-5

'02년 M2 통화량의 평잔금액인 489,400,000,000,000원(489.4조 원)을 입력하라.

입 력	표 시	비 고
10	10	
[y^x]	10.00	
14	14	-자릿수를 세어 입력
[×]	1. 14	
4.894	4.894	-소수점자리(mantissa) 입력
[=]	4.894 14	-4.894×10^{14}를 나타냄

기본예제 I-2-6

우주탄생 후 급격한 팽창(인플레이션)이 시작된 시간인 10^{-36}초를 입력하라.

입 력	표 시	비 고
10	10	
[y^x]	10.00	
36	36	-자릿수를 세어 입력
[+/-]	-36	-음수로 전환
[=]	1. -36	-1.00×10^{-36}을 나타냄

(2) 숫자 표시

(가) 소수점 표시

소수점 이하 자릿수가 많은 숫자는 화면상에는 세팅된 자릿수만큼만 반올림되어 표시되지만 실제값을 그대로 보유하고 있기 때문에 계산시에는 실제값에 의하여 계산된다. 물론 계산후의 값도 세팅된 자릿수만큼만 반올림되어 화면에 표시되지만, 실제 계산 후의 값을 보유하고 있다. 이 때 만약 세팅된 자릿수 이하의 값을 보고자 할 경우에는 부득이 세팅을 변경하거나 10이나 100 등을 곱하여 화면상에 나타난 값을 확인한다.

기본예제 I-2-7

12.34567+76.54321을 계산하라.

입 력	표 시	비 고
12.34567	12.34567	-입력한 대로 표시
[+]	12.35	-소수점 3자리에서 반올림
76.54321	76.54321	
[=]	88.89	-계산결과 소수점 3자리 반올림

기본예제 I-2-8

12.34567+76.54321을 계산하고, 계산결과를 소수점 4자리까지 표시하라.

입 력	표 시	비 고
12.34567	12.34567	-입력한 대로 표시
[+]	12.35	-소수점 셋째 자리에서 반올림
76.54321	76.54321	
[=]	88.89	-계산결과 소수점 셋째 자리 반올림
[×]	88.89	
100	100	-추가로 보기 위한 자릿수 입력
[=]	8,888.89	-계산결과가 88.8889임을 알 수 있음

(나) 반올림

소수점 이하 자리가 많은 수의 경우 화면에는 세팅된 자릿수만큼만 표시되지만, 실제값을 그대로 보유하고 있다. 그러나 실제값을 사용하지 않고 세팅된 자릿수 밑에서 반올림한 값을 활용하고자 하는 경우에는 [2nd][ROUND]키를 활용한다.

기본예제 I-2-9

12.34567+76.54321을 계산하고, 계산결과를 소수점 3자리에서 반올림하라.

입 력	표 시	비 고
12.34567	12.34567	
[+]	12.35	
76.54321	76.54321	
[=]	88.89	
[2nd]	88.89	
[ROUND]	88.89	-소수점 3자리에서 반올림
[×]	88.89	
100	100	-반올림 여부를 확인한 결과, 실제값
[=]	8,889.00	(8,888.89)과 차이가 있음

마. 함수키

키	설 명	입 력	표 시
[x^2]	x의 제곱	4 [x^2]	4 16.00
[$\sqrt{x}$]	x의 제곱근	9 [$\sqrt{x}$]	9 3.00
[1/x]	x의 역수	10 [1/x]	10 0.10
[y^x]	y의 x승	3 [y^x] 2[=]	3 3.00 9.00
[x!]	x의 계승(팩토리얼)	4 [2nd][x!]	4 24.00
[LN]	자연로그	5 [LN]	5 1.61
[e^x]	무리수 e의 x승	6 [2nd][e^x]	6 403.43
[$_nP_r$]	순열(n개에서 r개를 순서대로 선택)	5 [2nd][$_nP_r$] 3[=]	5 5.00 60.00
[$_nC_r$]	조합(n개에서 r개를 순서를 고려하지 않고 선택)	5 [2nd][$_nC_r$] 3[=]	5 5.00 10.00
[SIN]	사인값, y=sin(x)	30 [2nd][SIN]	30 0.50
[COS]	코사인값, y=cos(x)	30 [2nd][COS]	30 0.87
[TAN]	탄젠트값, y=tan(x)	30 [2nd][TAN]	30 0.58
[INV][SIN]	아크사인값(사인의 역함수) $y=\sin^{-1}(x)$, $x=\sin(y)$	0.5 [INV][SIN]	0.5 30.00
[INV][COS]	아크코사인값(코사인의 역함수) $y=\cos^{-1}(x)$, $x=\cos(y)$	0.87 [INV][COS]	0.87 29.54
[INV][TAN]	아크탄젠트값(탄젠트의 역함수) $y=\tan^{-1}(x)$, $x=\tan(y)$	0.58 [INV][TAN]	0.58 30.11

바. 제거 및 저장

(1) 제거

키	키 입력	설 명
[→]	[→]	한번에 하나의 숫자를 지움
[CE/C]	[CE/C]	화면에 나타난 잘못된 숫자를 지우고 새로 처음부터 입력할 때
	[CE/C][CE/C]	워크시트모드에서 계산 도중 숫자를 입력한 후 [ENTER]를 누르지 않은 경우 화면에 나타난 숫자를 지움(이전 숫자 표시)
	[CE/C] (필요시 반복)	워크시트모드에서 표준계산모드로 전환, 워크시트모드의 값을 표준계산모드로 이전
[QUIT]	[2nd][QUIT]	워크시트모드에서 표준계산모드로 전환, 화면을 정리하여 '0'으로 표시
[CLR TVM]	[2nd][CLR TVM]	화폐의 시간가치에서 이전의 입력내용을 지우고 다시 계산을 하고자 하는 경우
[CLR WORK]	[2nd][CLR WORK]	화폐의 시간가치를 제외한 모든 워크시트에서 이전의 입력내용을 지우고 다시 계산하고자 하는 경우
	[2nd][MEM] [2nd][CLR WORK]	10개의 메모리를 모두 지움

(2) 저장 및 불러오기

BAⅡ PLUS 재무계산기는 총 10개의 데이터를 저장할 수 있으며, 각 데이터는 0에서 9까지의 번호를 붙여 저장한다.

저장하고자 하는 수를 입력하고 [STO](Store)를 누른 다음 저장번호 0에서 9 중 하나를 선택하여 데이터를 저장한다. 만약 이전에 저장한 내용이 있다면, 새로운 내용으로 대체된다. 한번 저장된 내용은 계산기가 꺼진 경우에도 그대로 유지되며, 저장내용을 모두 지우기 위하여는 [2nd][MEM][2nd][CLR WORK]를 누른다. 계산기를 리셋한 경우에도 데이터 저장내용은 모두 지워진다.

저장된 내용을 불러오기 위하여는 [RCL](Recall)키를 누른 다음 사용하고자 하는 데이터 저장번호(0에서 9까지)를 누르면 된다.

한편, 메모리 저장내용을 보고자 하는 경우에는 [2nd][MEM]을 누르면 된다. 처음에는 데이터 저장번호 0 (M0)의 내용이 나타나는데, 이 때 [↑]나 [↓]를 눌러 원하는 데이터 저장번호의 내용을 확인할 수 있다.

기본예제 I-2-10

인플레이션 4%를 데이터 저장번호1에 저장하고, 세후투자수익률 7%를 데이터 저장번호 2에 저장한 후 인플레이션 조정수익률을 구하여 데이터 저장번호 0에 저장하라.

※ 인플레이션 조정수익률 = {(1+투자수익률)/(1+인플레이션율)−1}×100

입 력	표 시	비 고
0.04	0.04	
[STO]1	0.04	
0.07	0.07	
[STO]2	0.07	
1[+]	1.00	
[RCL]2	0.07	
[÷]	1.07	
[(]	1.07	
1[+]	1.00	
[RCL]1	0.04	
[)]	1.04	
[−]	1.03	
1	0.03	
[×]100	100	
[=]	2.88	
[STO]0	2.88	

한편, 간단한 키 입력만으로 메모리에 저장된 수를 변경할 수 있다. 다음 표는 하나의 예로서 20이라는 수가 저장된 데이터 저장번호 5의 내용을 변경할 경우, 계산기 입력내용과 변경 후의 저장내용을 나타낸 것이다.

예 시	입 력	STO 5 저장내용
데이터 저장번호 5의 수를 4만큼 높임	4[STO][+]5	24
데이터 저장번호 5의 수를 4만큼 줄임	4[STO][−]5	16
데이터 저장번호 5의 수를 2만큼 곱함	2[STO][×]5	40
데이터 저장번호 5의 수를 2만큼 나눔	2[STO][÷]5	10
데이터 저장번호 5의 수를 세제곱 함	3[STO][y^x]5	8,000

[STO]나 [RCL] 기능 이외에 최근에 계산한 결과치를 불러오고자 하는 경우에 [2nd][ANS]를 사용한다. 이 때 [2nd][ANS]를 눌러 나타나는 수는 가장 최근에 [=]키에 의하여 나타난 계산값이다.

기본예제 I-2-11

1.234+5.678을 구한 다음, 그 결과치를 지수로 하고 2를 밑으로 하는 수 ($2^{1.234+5.678}$)의 값을 구하라

입 력	표 시	비 고
1.234	1.234	
[+]	1.23	
5.678	5.678	
[=]	6.91	−이후 [2nd][ANS]에 의하여 불려오는 수
2[y^x]	2.00	
[2nd][ANS]	6.91	
[=]	120.43	

사. 사칙연산

(1) 일반적인 사칙연산

일반계산기와 입력순서가 동일하다. ① 첫번째 숫자, ② 연산자, ③ 두번째 숫자, ④ [=]의 순서로 입력한다.

다만, 앞에서 설명한 바와 같이 세팅할 때, 계산방법을 “Chn”으로 설정했느냐, 아니

면 "AOS"로 설정했느냐에 따라 계산순서가 달라짐에 유의하여야 한다.

연속계산의 경우에도 앞 계산의 결과치에 이어서 연산자, 다음 숫자, [=]의 순으로 진행한다. 이 때 앞의 계산 결과치를 구하기 위해 [=]키를 누를 필요는 없다.

기본예제 I-2-12

75+25, 75-25, 75×25, 75÷25를 각각 계산하라.

입 력	표 시	비 고
75	75	-첫번째 숫자
[+]	75.00	-연산자
25	25	-두번째 숫자
[=]	100.00	-[=]
75	75	
[-]	75.00	
25	25	
[=]	50.00	
75	75	
[×]	75.00	
25	25	
[=]	1,875.00	
75	75	
[÷]	75.00	
25	25	
[=]	3.00	

기본예제 I-2-13

수시입출금 계좌에 1,000,000원의 잔액이 있다. 1주일 후 100,000원을 출금하고, 2주일 후 150,000원을 출금하였다. 3주일 후 월급 2,000,000원을 입금하고 4주일 후 300,000원을 출금하였을 경우 이 계좌의 잔액은 얼마인가? (이자는 없음)

입 력	표 시	비 고
1000000	1,000,000	
[−]	1,000,000.00	
100000	100,000	
[−]	900,000.00	−[=]를 입력하지 않아도 다음 연산자를 입력하면 앞 계산의 결과치가 표시됨
150000	150,000	
[+]	750,000.00	
2000000	2,000,000	
[−]	2,750,000.00	
300000	300,000	
[=]	2,450,000.00	

기본예제 I-2-14

(3×4)+(5×6)−(7×8)을 계산하라.

<방법 1> "AOS"로 설정된 경우

입 력	표 시	비 고
3	3	
[×]	3.00	
4	4	
[+]	12.00	
5	5	−[×]가 [+]에 우선 계산되므로 괄호가 필요없음
[×]	5.00	
6	6	
[−]	42.00	
7	7	
[×]	7.00	
8	8	
[=]	−14.00	

<방법 2> "Chn"으로 설정된 경우

입 력	표 시	비 고
3	3	
[×]	3.00	
4	4	
[+]	12.00	
[(]	12.00	-반드시 괄호가 필요
5	5	
[×]	5.00	
6	6	
[)]	30.00	
[−]	42.00	
[(]	42.00	
7	7	
[×]	7.00	
8	8	
[)]	56.00	
[=]	−14.00	

<방법 3> "Chn" 방식에서 저장기능을 활용하는 경우

입 력	표 시	비 고
3	3	
[×]	3.00	
4	4	
[=]	12.00	
[STO]0	12.00	-저장번호0에 저장
5	5	
[×]	5.00	
6	6	
[=]	30.00	
[STO][+]0	30.00	-저장번호0에 더하기
7	7	
[×]	7.00	
8	8	
[=]	56.00	
[STO][−]0	56.00	-저장번호0에서 차감
[RCL]0	−14.00	

(2) 반복계산

BAⅡ PLUS 계산기는 동일한 수로 반복하여 연산을 수행하는 경우 활용할 수 있는 반복계산기능을 제공하고 있다. 이 기능은 [2nd][K]키를 눌러서 실행하며, 사칙연산뿐만 아니라 제곱, %더하기, %빼기 등의 경우에도 사용할 수 있다. 처음의 계산은 일반적인 계산과 동일하게 하되, 연산자와 반복숫자 사이에 [2nd][K]키를 삽입한다. 이후 이어지는 계산은 계산하고자 하는 숫자를 입력하고 [=]를 누르기만 하면 된다.

① 숫자 1 입력
② 연산자 입력
③ [2nd][K] 입력
④ 반복숫자 입력
⑤ [=] 입력
⑥ 숫자 2와 [=] 입력
⑦ 숫자 3과 [=] 입력
⋮ <필요한 만큼 계속>

기본예제 I-2-15

햄버거가게에서 아르바이트생에게 시간당 1,800원씩 계산하여 주 1회 후불로 아르바이트비용을 지급한다. A, B, C 세 아르바이트생의 근무시간이 각각 24시간, 27시간, 33시간이라면 각자가 지급받는 금액은 얼마인가?

입 력	표 시	비 고
24	24	
[×]	24.00	
[2nd][K]	24.00	
1800	1,800	
[=]	43,200.00	− 24×1800의 계산
27	27	
[=]	48,600.00	− 27×1800의 계산
33	33	
[=]	59,400.00	− 33×1800의 계산

기본예제 I-2-16

어느 회계학원에서 강사들의 강사료 중 3%를 원천징수하였다. 강사들의 강사료가 다음과 같을 때 각 강사들의 실수령액은 얼마인가?

강사료 : 甲강사 150만 원, 乙강사 160만 원, 丙강사 175만 원

입 력	표 시	비 고
1500000	1,500,000	
[−]	1,500,000.00	
[2nd][K]	1,500,000.00	
3	3	
[%]	45,000.00	
[=]	1,455,000.00	−150만 원에서 3% 차감
1600000	1,600,000	
[=]	1,552,000.00	−160만 원에서 3% 차감
1750000	1,750,000	
[=]	1,697,500.00	−175만 원에서 3% 차감

아. 날짜계산

(1) 날찌 형식

앞의 세팅방법에서 언급한 바와 같이 계산기의 날짜표시형식은 월-일-연, 일-월-연 두 가지가 있으며, 사용자는 필요에 따라 [2nd][FORMAT]키를 이용하여 임의로 변경하여 사용할 수 있다.

월-일-연 방식인 경우에는 ① 월은 1자리 또는 2자리로 입력, ② 소수점 입력, ③ 일자는 2자릿수로 입력, ④ 연도는 뒷부분 두 자리만 입력한다([2nd][FORMAT]의 US방식).

일-월-연 방식인 경우에는 ① 일자는 1자리 또는 2자리로 입력, ② 소수점 입력, ③ 월은 2자릿수로 입력, ④ 연도는 뒷부분 두 자리를 입력한다([2nd][FORMAT]의 EUR방식).

결국 어떤 방식을 사용하더라도 반드시 소수점 위로는 한 자리 내지는 두 자리의 수

가, 소수점 아래는 4자리의 수가 표시되도록 하여야 한다.

날짜가 입력되는 경우는 주로 [2nd][DATE]에 의해 실행되는 날짜계산 워크시트나, [2nd][BOND]에 의해 실행되는 채권계산 워크시트에서 채권가격 등을 계산하는 경우이다. 이 때 입력할 수 있는 날짜의 범위는 1950년 1월 1일에서 2049년 12월 31일까지로 한정되어 있다는 점에 유의하여야 한다. 따라서, 이 범위를 넘는 날짜를 입력해야 하는 경우는 부득이 각 날짜의 연도를 범위 내로 수정하여야 한다.

기본예제 I-2-17

한국이 월드컵에서 처음으로 16강 진출이 확정된 날인 2002년 6월 14일을 입력하라.

<월-일-연 방식인 경우>

입 력	표 시	비 고
6	6	−6월
[·]	6.	
14	6.14	−14일
02	6.1402	−2002년
[ENTER]	6-14-2002◁	

<일-월-연 방식인 경우>

14	14	−14일
[·]	14.	
06	14.06	−6월
02	14.0602	−2002년
[ENTER]	14-06-2002◁	

(2) 특정 날짜의 계산

특정 날짜를 계산할 때에는 [2nd][DATE]에서 주어진 날짜와 경과일수를 입력하여 원하는 특정 날짜를 계산한다. 만약 과거의 날짜를 알고자 하는 경우에는 경과일수를 입력하고 [+/−]를 눌러 음수로 전환해주어야 한다.

결과치에는 영문자로 기재된 요일이 표시된다.

기본예제 I-2-18

한국이 월드컵에서 처음으로 16강 진출이 확정된 날인 2002년 6월 14일로부터 16일 후에 결승전이 있다면, 결승전 시합일은 언제인가?

입 력	표 시	비 고
[2nd][DATE]	DT1= 12-31-1990	
6.1402	DT1 6.1402	
[ENTER]	DT1=6-14-2002◁	
[↓][↓]	DBD= 0.00	
16	DBD 16	
[ENTER]	DBD= 16.00◁	
[↑]	DT2= 12-31-1990	
[CPT]	SUN=6-30-2002*	−2002년 6월 30일 (일요일)

(3) 경과기간 계산

경과기간의 계산은 [2nd][DATE]에서 기시 날짜와 기말 날짜를 입력하여 계산한다.

기본예제 I-2-19

1996년 5월 31일 2002년 월드컵이 한일공동개최로 결성된 날로부터 한국이 월드컵에서 처음으로 16강 진출이 확정된 날인 2002년 6월 14일까지 며칠이 경과하였는가?

입 력	표 시	비 고
[2nd][DATE]	DT1= 12-31-1990	
5.3196	DT1 5.3196	
[ENTER]	DT1=5-31-1996◁	
[↓]	DT2= 12-31-1990	
6.1402	DT2 6-14-2002	
[ENTER]	DT2=6-14-2002◁	
[↓]	DBD= 0.00	
[CPT]	DBD= 2,205.00*	−2,205일 경과

자. 비율 계산

(1) 비율을 이용한 계산

비율계산은 [%]키를 이용하여 주로 주어진 값의 일정비율에 해당하는 수를 구하거나, 반대로 주어진 값이 특정한 값의 일정비율에 해당하는 수일 때 특정한 값을 구하기 위하여 사용된다. 또한, 주어진 수의 일정비율에 해당하는 수를 가감할 때에도 사용된다.

계산순서는 ① 기본숫자 입력, ② 연산자([+], [−], [×], [÷]) 입력, ③ 계산할 비율 입력, ④ [%] 입력 후 [=]키를 눌러 실행한다.

기본예제 I-2-20

가나주식의 현재가는 4,500원이다. 현재가의 7%는 얼마인가?

입 력	표 시	비 고
4500	4,500	
[×]	4,500.00	
7[%]	0.07	
[=]	315.00	

기본예제 I-2-21

가나주식을 3개월 전에 주당 4,500원으로 매입하였다. 매입가보다 7% 이상이 되면 매도를 고려하고 있다. 매도시 수수료가 1%일 경우 주당 현금유입액은 얼마인가?

입 력	표 시	비 고
4500	4,500	
[+]	4,500.00	
7[%]	315.00	
[−]	4,815.00	
1[%]	48.15	
[=]	4,766.85	

(2) 비율차

BA II PLUS 재무계산기에서 비율차(Percent Difference)와 관련한 계산은 [2nd][Δ%]에 의한 비율계산 워크시트에서 수행된다. 이 워크시트 안으로 들어가면, 화면 좌측에 레이블(label)이 표시되는데, [↑], [↓]를 이용하여 주어진 자료에 대한 레이블값을 입력하고, 구하고자 하는 레이블에서 [CPT]를 눌러 값을 구한다.

【 BA II PLUS 비율계산 워크시트 레이블 】

레이블	내 용	비 고
OLD	변경 전 숫자 (기준값, 분모)	입력/계산
NEW	변경 후 숫자 (대상값, 분자)	입력/계산
%CH	단위기간당 변화율	입력/계산
#PD	기간(기본적으로 '1'로 주어져 있음)	입력/계산

기본예제 I-2-22

가나주식의 주가가 어제 주당 4,500원에서 4,000원으로 하락하였다. 몇 % 하락하였는가?

입 력	표 시	비 고
[2nd][Δ%]	OLD=0.00	
4500[ENTER]	OLD=4,500.00◁	
[↓]	NEW=0.00	
4000[ENTER]	NEW=4,000.00◁	
[↓]	%CH=0.00	
[CPT]	%CH=−11.11*	−11.11% 하락

기본예제 I-2-23

주가가 어제 주당 4,500원에서 5,100원으로 상승하였다. 몇 % 상승하였는가?

입 력	표 시	비 고
[2nd][Δ%]	OLD=0.00	
4500[ENTER]	OLD=4,500.00◁	
[↓]	NEW=0.00	
5100[ENTER]	NEW=5,100.00◁	
[↓]	%CH=0.00	
[CPT]	%CH=13.33*	-13.33% 상승

기본예제 I-2-24

가나상품의 소매가가 5,500원이고 원가가 4,500원일 경우 원가가산액(markup)은 몇 %인가? ※ 원가가산율 = (소매가 - 원가) / 원가

입 력	표 시	비 고
[2nd][Δ%]	OLD=0.00	
4500[ENTER]	OLD=4,500.00◁	
[↓]	NEW=0.00	
5500[ENTER]	NEW=5,500.00◁	
[↓]	%CH=0.00	
[CPT]	%CH=22.22*	-원가가산액 22.22%

차. 난수 구하기

난수(Random Number)를 구하고자 하는 경우 [2nd][RAND]를 누른다. 이 때 화면에는 0에서 1사이의 실수 중에서 무작위로 나타난다. 화면에는 세팅된 소수점 이하 자릿수만 표시되지만, 실제는 표시된 자릿수 이하의 자릿수에도 값을 지니고 있는 수이다.

입 력	표 시	비 고
[2nd]	0.00	
[RAND]	0.15	-무작위 추출된 난수가 세팅된 소수점 이하 자릿수만큼 표시
[2nd]	0.15	
[RAND]	0.66	
[2nd]	0.66	
[RAND]	0.06	

카. 오류

계산 도중 오류가 발생하면 에러표시와 함께 에러의 고유번호가 표시된다.

≪Error 1≫: 한도초과

- 결과치가 계산가능한도를 초과한 경우 (계산가능범위 : ± 9.999999×10^{99})
- '0'으로 나누는 경우
- 통계 워크시트에서 모든 x값 또는 모든 y값이 동일한 경우

≪Error 2≫ : 논리상 부적절

- 0에서 69까지의 범위를 벗어난 값에 대하여 계승(팩토리얼)을 구하는 경우
- 0이하의 값에 대하여 로그값을 구하는 경우
- y값이 음수이고 x가 정수가 아닌 상태에서 y^x를 구하는 경우
- 음수의 제곱근($\sqrt{x}$)을 구하는 경우
- 상환(Amortization)에서 최초지급시기(P_1)가 최종지급시기(P_2)보다 큰 수로 입력된 경우
- 감가상각에서 잔존가액을 취득원가보다 큰 수로 입력한 경우

≪Error 3≫: 과다작동

- 15개 이상의 괄호를 이용한 경우

≪Error 4≫: 범위초과

- 상환(Amortization)에서 지급시기가 입력범위(1～9,999)를 벗어난 경우
- 화폐의 시간가치 워크시트에서 연 지급회수를 음수로 입력한 경우
- 현금흐름 워크시트에서 동일 현금흐름의 반복횟수를 9,999 이상으로 한 경우
- 채권 워크시트에서 액면금액과 이표액을 음수로 입력하거나, 채권가격을 음수로 입력한 경우
- 1950년 1월 1일에서 2049년 12월 31일까지의 날짜 계산 범위를 벗어나는 경우
- 감가상각에서 매입원가, 잔존가액, 경과연수, 체감률 등을 음수로 입력하는 경우 및 매입월을 1 이하로 하거나 13 이상으로 입력하는 경우

≪Error 5≫: 해답 없음

- 화폐의 시간가치 워크시트에서 FV, PMT, PV 모두 양수이거나 모두 음수로 하여 I/Y를 구하는 경우
- 화폐의 시간가치, 채권, 현금흐름 워크시트에서 0 이하의 로그값을 입력한 경우
- 현금흐름 워크시트에서 한 번 이상의 부호변경이 없는 상태에서 내부수익률(IRR)을 구하고자 하는 경우

≪Error 6≫: 부적절한 날짜

- 채권이나 날짜계산 워크시트에서 1월 32일 등 부적절한 날짜를 입력한 경우
- 채권이나 날짜계산 워크시트에서 연도를 세 자리 이상으로 입력한 경우
- 채권 워크시트에서 채권거래일이 채권만기일보다 늦거나 같은 경우

≪Error 7≫: 반복한계 초과

- 화폐의 시간가치 워크시트에서 매우 복잡한 문제에 대해 이율(I/Y)을 구하는 경우
- 현금흐름 워크시트에서 여러 차례 부호가 변경되는 매우 복잡한 문제에 대해 내부수익률(IRR)을 구하는 경우
- 채권계산에서 매우 복잡한 문제에 대하여 만기수익률(YLD)을 구하는 경우

≪Error 8≫: 반복계산의 취소

- 화폐의 시간가치 워크시트에서 이율(I/Y)을 구하고 있는 중 [ON/OFF]를 누른 경우
- 상환(Amortization) 워크시트에서 원금상환액, 이자지급액을 구하고 있는 중 [ON/OFF]를 누른 경우
- 현금흐름 워크시트에서 내부수익률(IRR)을 산출하는 중 [ON/OFF]를 누른 경우
- 채권 워크시트에서 만기수익률(YLD)을 구하는 중 [ON/OFF]를 누른 경우
- 감가상각 워크시트에서 감가상각액을 산출하고 있는 중 [ON/OFF]를 누른 경우

3. HP 10B Ⅱ

가. 자판과 화면

(1) 자판형태

HP 10BⅡ 재무계산기는 다른 재무계산기와 마찬가지로 하나의 키로 2가지 이상의 기능을 실행할 수 있도록 되어 있다.

키 중앙에 있는 기능은 그냥 누르면 되지만, 키 상단 또는 하단에 있는 기능은 각 기능을 표시하는 단어의 색깔과 동일한 색의 기능키를 눌러야 실행할 수 있다. 기능키는 보라색의 [□]키와 오렌지색의 [■]키가 있으며, 이 중 보라색 [□]키는 키 상단의 통계 기능을 수행하는 데 활용되는 반면, 오렌지색 [■]키는 키 하단의 다양한 기능을 실행할 때 활용된다.

【 HP 10BⅡ 재무계산기 자판 】

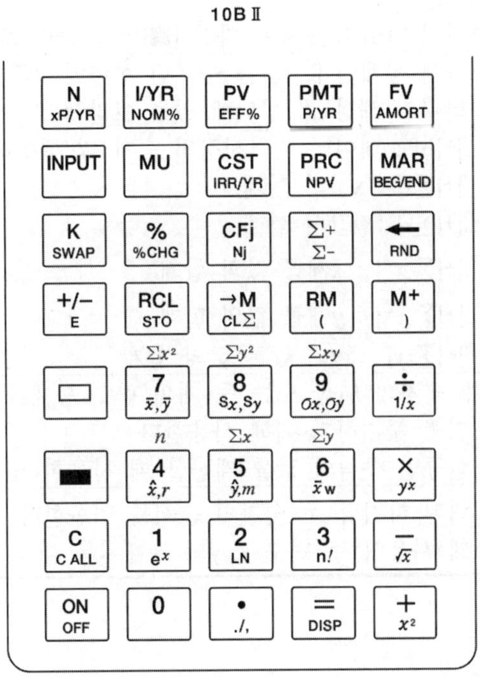

【HP 10BII키 구분】

구 분	입 력	해 당 키
중앙키	[해당키]	[N] [I/YR] [PV] [PMT] [FV] [INPUT] [MU] [CST] [PRC] [MAR] [K] [%] [CFj] [∑+] [⬅] [+/−] [RCL] [→M] [RM] [M+] [□] [7] [8] [9] [÷] [■] [4] [5] [6] [X] [C] [1] [2] [3] [−] [ON] [0] [·] [=] [+]
상단키	[□]+[해당키]	[$\sum x^2$] [$\sum y^2$] [$\sum xy$] [n] [$\sum x$] [$\sum y$]
하단키	[■]+[해당키]	[×P/YR] [NOM%] [EFF%] [P/YR] [AMORT] [IRR/YR] [NPV] [BEG/END] [SWAP] [%CHG] [Nj] [∑−] [RND] [E] [STO] [CL∑] [( )] [$\bar{x}, \bar{y}$] [Sx,Sy] [σ_x, σ_y] [$1/x$] [$\hat{x}$,r] [$\hat{y}$,m] [$\bar{x}$ w] [y^x] [C ALL] [e^x] [LN] [n!] [$\sqrt{x}$] [OFF] [./,] [DISP] [x^2]

(2) 주요 입력키의 기능

입력 키	표 시
[■] (오렌지색)	◆ [■]키를 누르면 키 하단에 표시된 오렌지색 키를 사용할 수 있다. ◆ 화면의 SHIFT 표시는 다시 [■]키를 눌러 제거한다.
[□] (보라색)	◆ 보라색 통계키 [□]키를 누르면 화면에 "STATS"라는 문자가 나타나고 해당 키 상단에 있는 보라색 키 기능을 사용할 수 있다. [□]+[n] : 데이터 입력시점의 숫자 및 데이터 숫자 [□]+[$\sum x$] : x값의 합계 [□]+[$\sum y$] : y값의 합계 [□]+[$\sum x^2$] : x제곱 값의 합계 [□]+[$\sum y^2$] : y제곱 값의 합계 [□]+[$\sum xy$] : xy의 곱한 값의 합계
INPUT 키	◆ 2개 숫자의 연산 또는 두 개의 변수 통계를 사용하고자 할 때 두 숫자를 분리하기 위해 사용한다. ◆ 계산중인 수식의 값을 계산할 때 사용한다([=]과 같은 기능).
SWAP 키	◆ 입력된 마지막 두 숫자의 순서를 변환한다. ◆ 통계 사용시 두 변수 x, y의 통계치를 계산한다.

(3) 화면표시 기호

입 력	표 시
SHIFT	Shift 키[■]가 눌러진 상태이며 오랜지색으로 표기된 키의 기능을 실행할 수 있음
STATS	통계키[□]가 활성화되어진 상태이며 보라색으로 표기된 키를 실행할 수 있음
PEND	다른 피연산 함수의 입력 대기 중인 상태를 나타냄
BEGIN	기시 지급시기를 나타냄
INPUT	[INPUT]키를 누르면 입력된 숫자 저장
AMORT	아래의 4가지 표시 중 하나와 함께 상환상태를 나타냄
BAL	대출잔액 표시
INT	이자상환액 표시
PRIN	원금상환액 표시
PER	상환 기간범위 표시
C-FLOW	아래 두 가지 표기와 함께 현금흐름 표시를 나타냄
CF	현금흐름 순서가 짧게 나타나고 현금흐름 금액표시
N	현금흐름 순서가 짧게 나타나고 현금흐름 반복 횟수를 나타냄
ERROR	아래의 4가지 표시와 함께 에러표시를 나타냄
TVM	화폐의 시간가치 에러
FULL	15개 이상의 현금흐름이 입력됨
STAT	통계 계산에 잘못된 데이터가 사용됨 (ERROR가 나타나지 않으면 통계계산은 실행됨)
FUNC	수학적 에러의 발생(예를 들면 "0"으로 나누기 실행)
STAT	통계계산이 실행됨

나. 유지관리

(1) 켜기/끄기

전원은 [ON]키를 눌러서 켠다. 끌 때는 오렌지색 기능키 [■]를 누른 다음 [ON]키를 눌러서 끈다. 다른 재무계산기와 마찬가지로 자동끄기 기능이 있어 약 10분간 사용하지 않으면 에너지 보전을 위해 자동적으로 전원이 꺼진다.

한편, HP 10BⅡ 계산기는 화면밝기를 조정할 수 있는데, 이것은 [ON]키를 누른 상태에서 [+]를 누르면 화면이 밝게 되고, [−]를 누르면 화면이 흐려지게 된다.

(2) 건전지

건전지는 2개의 3볼트 리듐(CRS2032)버튼셀 건전지를 사용한다. 건전지를 교환할 때는 반드시 새 건전지를 사용해야 하며 재충전 건전지를 사용해서는 안된다. 전원이 다 떨어져 갈 때는 화면에 막대기 모양의 건전지 표시가 나타나는데, 이 때에는 건전지를 교체해야 한다. 만약, 전원이 부족한 상태에서 사용할 경우 건전지가 켜져 있고 화면이 어두워지면서 데이터가 소실될 수도 있다. 전원부족으로 인해 데이터가 소실되면 화면에 "All Clear"라는 메시지가 나타난다.

(3) 계산기 점검

계산기가 작동되지 않을 경우에는 화면에 아무것도 나타나지 않는데, 이 경우는 대부분 건전지의 전원이 부족한 상태이므로 새 건전지로 교체하면 된다. 그러나 건전지를 교체해도 문제가 해결되지 않을 경우 계산기를 리셋하고 필요에 따라 메모리를 제거한다. 이 때 "All Clear"라는 메시지가 반드시 나타나야 한다.

계산기 키를 눌러도 반응이 없을 경우 계산기를 리셋하고 필요에 따라 메모리를 제거하여야 하며, 이렇게 하면 화면에 "All Clear"라는 메시지가 나와야 한다. 만약 이 메시지가 표시되지 않은 경우에는 A/S를 받아야 한다.

(4) 리셋 및 메모리 제거

계산기의 리셋은 다음 순서에 따라 한다.

① 계산기 뒷면에 있는 건전지 커버를 제거한다.

② 종이 클립 끝을 건전지 사이에 있는 작고 둥근 구멍에 넣는다. 이 때, 클립 끝이 최대한 닿는 데까지 넣고 1초 정도 멈춘 다음 클립을 뺀다.

③ [ON]키를 누른다.

④ 계산기가 반응이 없으면 메모리를 제거한 후 위 과정을 1～3회 반복한다.

계산기의 메모리 제거와 관련하여 제거하고자 하는 대상별로 다소 차이가 있다. 먼저 [ON]키를 누른 상태에서 [N]와 [FV]키를 누르고 세 개의 키에서 동시에 손을 뗀다. 그러면 화면에 "All Clear"라는 메시지가 나타나며 모든 메모리가 제거되고 리셋된다. 만약 리셋을 하지 않고 메모리만 모두 제거하고자 하는 경우에는 [■][C ALL]키를 누르며, 통계 메모리만 제거하고자 할 경우에는 [□][CL∑]키를 누른다.

다. 표시

(1) 숫자입력

(가) 정수입력

아라비아 숫자 키를 순서대로 입력한다. 숫자를 입력할 때 화면에는 "_" 모양의 커서가 나타난다. 커서의 위치에 입력된 숫자가 나타나며, 커서는 한 자리씩 뒤로 물러난다. 숫자를 잘못 입력한 경우 [⬅]키를 눌러서 가장 나중에 입력한 숫자부터 하나씩 제거할 수 있다. 입력된 숫자를 전부 지우고 싶을 때는 [C]키를 누른다.

기본예제 I-3-1

5,000을 입력하라.

입 력	표 시	비 고
5 0 0 0	5_ 50_ 500_ 5,000_	-다음수를 입력할 자리에 커서가 나타남 ※ 앞으로는 숫자 입력시 커서 표시는 생략함

※ [■][./,]를 입력하면 유럽식 쉼표와 마침표가 표기(예: 1.200,00)되고 다시 누르면 미국식으로 표기(예: 1,200.00)된다.

기본예제 I-3-2

12.34567을 입력하라.

입 력	표 시	비 고
1	1	
2	12	
[·]	12.	
3	12.3	
4	12.34	
5	12.345	
6	12.3456	
7	12.34567	
[+]	12.35	-지정된 소수점 이하 자릿수까지 표시

(나) 소수입력

아라비아 숫자 키와 소수점 키를 차례대로 입력한다. 중간에 숫자를 잘못 입력하였으면 [⬅]키를 눌러서 가장 나중에 입력한 숫자부터 하나씩 제거할 수 있다. 입력된 숫자를 전부 지우고 싶을 때는 [C]키를 누른다.

숫자 입력 후 연산자 등 다른 키를 누르면 지정된 자릿수까지만 화면상에 표시되나, 재무계산기 내부에는 원래의 숫자 12.34567이 그대로 남아 있다. 이를 확인하기 위하여는 [■][DISP][=]를 눌러 보면 알 수 있는데, 전체 숫자가 12자리까지 나타난다. 키에서 손을 떼면 원래상태로 돌아온다.

(다) 음수입력

아라비아 숫자 키(또는 아라비아 숫자키와 소수점 키)를 차례대로 입력 후 [+/−]키를 입력한다. 계산을 위해 다른 키를 누르면 저장된 소수점 이하 자릿수까지 표시된다.

기본예제 I-3-3

−12.34567을 입력하라.

입 력	표 시	비 고
12.34567	12.34567	
[+/−]	−12.34567	−음수로 전환

(라) 큰 수와 작은 수 입력

HP 10BⅡ는 12자리까지 표시된다. 따라서 12자리 이상의 큰 수는 소수점 자리(Mantissa)와 10의 지수 형태로 표시하여야 한다.

입력 순서는 다음과 같다.

① 소수점 자릿수를 입력한다.

② [■][E]키를 누른다.

③ 10의 지수에 해당하는 수를 입력한다.

만약 작은 수를 입력하는 경우에는 10의 지수에 해당하는 수를 입력하기 전에 [+/−]키를 눌러 지수를 음수로 변경한다.

기본예제 I-3-4

'02년 M2 통화량의 평잔금액인 489,400,000,000,000원(489.4조 원)을 입력하라.

입 력	표 시	비 고
4.894	4.894	−소수점 자리 표시
[■]	4.894	
[E]	4.894E	
14	4.894E14	−10의 지수 표시

기본예제 I-3-5

우주탄생 후 급격한 팽창(인플레이션)이 시작된 시간인 10^{-36}초를 입력하라.

입 력	표 시	비 고
1.0	1.0	-소수점 자리 표시
[■]	1.0	
[E]	1.0E	
[+/-]	1.0E-	-음수 표시
36	1.0E-36	-10의 지수 표시

(2) 숫자표시

(가) 소수점 표시

소수점 이하 자릿수를 지정하고자 할 때는 [■][DISP]키를 눌러 지정한다. 지정할 수 있는 범위는 0에서 9까지 가능하다. 이 때 지정된 자릿수보다 한 자리 아래에서 반올림된 수가 화면상에 나타난다. 화면상에는 숫자가 지정된 자리까지만 나타나지만, 계산기 내부에는 그 이하의 수까지 포함하고 있으며, 이후의 계산은 그 이하의 수를 포함한 실제값에 의하여 행해진다.

만약, 계산 도중 화면상에 나타난 수를 모든 자릿수까지 다 보고자 할 때는 [■][DISP][=]키를 누른다. 이 때는 소수점 표시 없이 12자리의 수가 다 나타난다. 이 때, 아랫자리의 수가 없는 경우에는 그 부분은 '0'으로 표시된다.

기본예제 I-3-6

12.34567+76.54321을 계산하라.

입 력	표 시	비 고
12.34567	12.34567	-입력한 대로 표시
[+]	12.35	-소수점 이하 3자리에서 반올림
76.54321	76.54321	
[=]	88.89	-계산결과 소수점 이하 3자리에서 반올림

기본예제 I-3-7

12.34567+76.54321을 계산하고, 계산결과를 소수점 4자리까지 표시하라.

입 력	표 시	비 고
12.34567	12.34567	-입력한 대로 표시
[+]	12.35	-소수점 셋째 자리에서 반올림
76.54321	76.54321	
[=]	88.89	-계산결과 소수점 셋째 자리 반올림
[■][DISP]4	88.8889	-소수점 넷째 자리까지 나타남
[■][DISP][=]	888888800000	-12자리 전체 자릿수가 나타남

(나) 반올림

계산된 숫자를 반올림하고자 할 때에는 [■][RND]키를 누른다. 이 때는 지정된 자리 한 자리 아래에서 반올림되며, 실제값도 반올림한 후의 숫자로 변경된다. 이것은 [■][DISP][=]키를 눌러 모든 자릿수를 보면 쉽게 확인된다.

기본예제 I-3-8

12.34567+76.54321을 계산하고 계산결과를 소수점 3자리에서 반올림하라.

입 력	표 시	비 고
12.34567	12.34567	
[+]	12.35	
76.54321[=]	88.89	
[■][RND]	88.89	-소수점 이하 3자리에서 반올림
[■][DISP][=]	88890000000	

(다) 숫자 바꾸기

계산기 사용중 실수로 앞의 숫자와 뒤의 숫자를 반대로 입력하는 경우가 있다. 이 경우 연산자의 앞과 뒤의 숫자를 서로 바꿀 필요가 있는데, 이 때 이용하는 키가 [■][SWAP]이다.

기본예제 I-3-9

25÷20을 계산할 것을 잘못하여 20÷로 입력하였다. 수정하라.

입 력	표 시	비 고
20[÷] 25[■][SWAP] [=]	20.00 20.00 1.25	 - 제수와 피제수를 서로 바꿈

라. 함수 키

키	설 명	입 력	표 시
[y^x]	y의 x승	2[■][y^x] 4[=]	2.00 16.00
[1/x]	x의 역수	10[■][1/x]	0.10
[$\sqrt{x}$]	x의 제곱근	4[■][$\sqrt{x}$]	2.00
[e^x]	무리수 e의 x승	2[■][e^x]	7.39
[LN]	자연로그	10[■][LN]	2.30
[n!]	계승(팩토리얼)	5[■][n!]	120.00

마. 제거 및 저장

(1) 제거

키	키 입력	설 명
[⬅]	[⬅]	한 번에 하나의 숫자를 지움
[C]	[C]	화면에 표시된 전체 숫자를 지움
[CL∑]	[■][CL∑]	통계 메모리를 지움
[C ALL]	[■][C ALL]	전체 메모리를 지움

(2) 저장 및 불러오기

HP 10BⅡ 계산기는 숫자의 저장과 관련하여 두 가지 기능을 제공하고 있다. 하나는 M리지스터 방법을 이용하는 것이고, 다른 하나는 [STO]와 [RCL]을 이용한 데이터 저장 기능이다.

(가) M리지스터 이용

M리지스터는 하나의 저장장소에 대하여 [→M], [RM], [M+] 등 세가지 키를 활용하여 저장기능을 수행토록 한 것이다. 먼저 [→M]키는 표시된 숫자를 M리지스터에 저장토록 하며, [RM]키는 M리지스터에서 숫자를 불러오며, [M+]키는 화면에 나타난 숫자만큼 M리지스터에 저장된 숫자를 더해준다.

기본예제 I-3-10

10, 15, 20을 더하고 13을 뺀 값을 계산하시오.

입 력	표 시	비 고
10[→M]	10.00	-M리지스터에 저장
15[M+]	15.00	-저장내용에 15 더하기
20[M+]	20.00	-저장내용에 20 더하기
13[+/-][M+]	-13.00	-저장내용에 13 빼기
[RM]	32.00	-현재 저장내용 불러오기

(나) [STO] 및 [RCL]을 이용

다수의 데이터를 저장할 필요가 있을 경우에는 [STO](Store) 기능을 활용하는 것이 좋다. 저장하는 방법은 숫자를 입력한 후 [■][STO]키를 누른 다음 데이터 저장번호를 입력한다. 저장번호는 0에서 9까지 10개를 임의로 지정할 수 있다. 저장된 내용을 불러낼 경우에는 [RCL](Recall)키를 누른 다음 저장번호를 누른다.

만약 저장된 내용을 가감승제하여 그 값을 다시 그 저장번호에 저장하고자 하는 경우에는 계산할 숫자를 화면에 입력한 다음, [■][STO]키와 연산자를 입력하고 데이터 저장번호를 누르면 된다.

기본예제 I-3-11

인플레이션 4%를 데이터 저장번호 1에 저장하고, 세후투자수익률 7%를 데이터 저장번호 2에 저장한 후 인플레이션 조정수익률을 구하여 데이터 저장번호 0에 저장하라.

※ 인플레이션 조정수익률 = {(1+투자수익률)/(1+인플레이션율) - 1}×100

입 력	표 시	비 고
0.04[■][STO]1	0.04	
0.07[■][STO]2	0.07	
1[+]	1.00	
[RCL]2	0.07	
[÷]	1.07	
[■][(]	1.07	
1[+]	1.00	
[RCL]1	0.04	
[■][)]	1.04	
[−]	1.03	
1[×]	0.03	
100[=]	2.88	
[■][STO]0	2.88	

바. 사칙연산

(1) 일반적인 사칙연산

일반계산기와 마찬가지로 처음 숫자를 입력하고 연산자([+], [−], [×], [÷])를 누르고 숫자를 입력한다. [=]키를 누르면 계산이 완료된다.

계산 도중 잘못된 숫자를 입력한 경우에는 [⬅]키를 이용하여 가장 나중에 입력한 숫자부터 하나씩 지우며, 음수를 입력하고자 할 때는 숫자를 입력하고 [+/−]키를 누른다.

연속계산을 하고자 하는 경우 각 계산단계에서 [=]키를 사용하지 않고 다음 연산자와 다음 숫자를 입력하기만 하면 된다.

정확한 수식계산을 위해 필요한 경우 괄호를 사용하며, 괄호는 각 계산에서 4개까지 사용할 수 있다. 괄호를 사용할 경우 [■]키와 [(]키를 입력하고 괄호안의 식을 입력하며, 괄호를 닫을 땐 [■]키 없이 [)]키만 누른다. 그리고 계산식 마지막 부분의 닫는 괄호는 생략할 수도 있다.

기본예제 I-3-12

75+25, 75-25, 75×25, 75÷25를 각각 계산하라.

입 력	표 시	비 고
75[+]25[=]	100.00	
75[−]25[=]	50.00	
75[×]25[=]	1,875.00	
75[÷]25[=]	3.00	

기본예제 I-3-13

수시입출금 계좌에 1,000,000원의 잔액이 있다. 1주일 후 100,000원을 출금하고, 2주일 후 150,000원을 출금하였다. 3주일 후 월급 2,000,000원을 입금하고 4주일 후 300,000원을 출금하였을 경우 이 계좌의 잔액은 얼마인가? (이자는 없는 것으로 가정한다.)

입 력	표 시	비 고
1000000[−]	1,000,000.00	
100000[−]	900,000.00	
150000[+]	750,000.00	
2000000[−]	2,750,000.00	
300000[=]	2,450,000.00	

기본예제 I-3-14

(3×4)+(5×6)을 계산하라.

입 력	표 시	비 고
[■][(]3[×]4[■][)][+]	12.00	
[■][(]5[×]6[=]	42.00	−마지막 닫는 괄호는 생략 가능

기본예제 I-3-15

(3×4)+(5×6)−(7×8)을 계산하라.

입 력	표 시	비 고
[■][(]3[×]4[■][)][+]	12.00	
[■][(]5[×]6[■][)][−]	42.00	
[■][(]7[×]8	56.00	−마지막 닫는 괄호는 생략 가능
[=]	−14.00	

기본예제 I-3-16

(3×4)+(5×6)−(7×8)을 〔STO〕키를 사용하여 계산하라.

입 력	표 시	비 고
3[×]4[=]	12.00	
[■][STO]0	12.00	
5[×]6[=]	30.00	
[■][STO][+]0	30.00	−저장번호 0의 저장내용에 30을 더함
7[×]8[=]	56.00	
[■][STO][−]0	56.00	−저장번호 0의 저장내용에 56을 뺌
[RCL]0	−14.00	

(2) 반복 계산

반복적인 계산숫자는 상수 [K]키를 사용한다. 입력순서는 처음 계산에 대하여는 첫 숫자를 입력하고 연산자를 누른 다음 다음 숫자를 입력하고 [K]키와 [=]키를 누른다. 이후의 계산은 첫 숫자만 입력하고 [=]키를 누르면 바로 그 결과가 나타난다.

기본예제 I-3-17

햄버거 가게에서 아르바이트생에게 시간당 1,800원씩 계산하여 주 1회 후불로 아르바이트비용을 지급한다. A, B, C 세 아르바이트생의 근무시간이 각각 24시간, 27시간, 33시간이라면 각자가 지급받는 금액은 얼마인가?

입 력	표 시	비 고
24[×]	24.00	
1800[K]	1,800.00	
[=]	43,200.00	−24×1800의 계산 결과
27[=]	48,600.00	−27×1800의 계산 결과
33[=]	59,400.00	−33×1800의 계산 결과

기본예제 I-3-18

어느 회계학원에서 강사들의 강사료 중 3%를 원천징수하였다. 강사들의 강사료가 다음과 같을 때 각 강사들의 실수령액은 얼마인가?

강사료 : 甲강사 150만 원, 乙강사 160만 원, 丙강사 175만 원

입 력	표 시	비 고
1500000	1,500,000	
[−]3[%][K]	45,000.00	
[=]	1,455,000.00	−150만 원에서 3% 차감
1600000[=]	1,552,000.00	−160만 원에서 3% 차감
1750000[=]	1,697,500.00	−175만 원에서 3% 차감

사. 비율 계산

(1) 비율 계산

기본 숫자를 입력하고 필요한 연산자([+], [−] [×], [÷])를 누른 다음, 원하는 비율과 [%][=]키를 누른다.

기본예제 I-3-19

가나주식의 현재가는 4,500원이다. 현재가의 7%는 얼마인가?

입 력	표 시	비 고
4500[×]	4,500.00	
7[%]	0.07	
[=]	315.00	

기본예제 I-3-20

가나주식을 3개월 전에 주당 4,500원으로 매입하였다. 현재 매입가의 7%가 되면 매도를 고려하고 있다. 매도시 수수료가 1%일 경우 주당 현금유입은 얼마인가?

입 력	표 시	비 고
4500[+]	4,500.00	
7[%]	315.00	
[=]	4,815.00	
[−]1[%]	48.15	
[=]	4,766.85	

(2) 비율 차

기본 숫자를 입력한 다음 [INPUT]을 입력하고 다음 숫자를 입력하고 [■][%CHG]키를 누른다. 이 때 두번째 숫자가 기본숫자보다 크면 비율차는 양의 값을 가지고, 작으면 음의 값을 가진다.

기본예제 I-3-21

가나주식의 주가가 어제 주당 4,500원에서 4,000원으로 하락하였다. 몇 % 하락하였는가?

입 력	표 시	비 고
4500[INPUT]	4,500.00	
4000[■][%CHG]	−11.11	−11.11% 하락

기본예제 I-3-22

가나주식의 주가가 어제 주당 4,500원에서 5,500원으로 상승하였다. 몇 % 상승하였는가?

입 력	표 시	비 고
4500[INPUT]	4,500.00	
5500[■][%CHG]	22.22	−22.22% 상승

기본예제 I-3-23

가나상품의 원가는 4,500원이고 소매가가 5,500원일 경우 마진율은 얼마인가?
※ 마진율 = (소매가 − 원가) / 소매가

입 력	표 시	비 고
5500[INPUT]	5,500.00	
4500[■][%CHG]	−18.18	
[+/−]	18.18	−양수값으로 전환

기본예제 I-3-24

가나상품의 소매가가 5,500원이고 원가가 4,500원일 경우 원가가산율(markup)은 몇 %인가? ※ 원가가산율=(소매가 − 원가)/원가

입 력	표 시	비 고
4500[INPUT]	4,500.00	
5500[■][%CHG]	22.22	

기본예제 I-3-25

인플레이션율이 4%이고 세후 투자수익률이 7%일 경우 인플레이션 조정 세후 투자수익률은 얼마인가?
※인플레이션 조정 세후 투자수익률={(1+세후 투자수익률)/(1+인플레이션율)−1}×100

입 력	표 시	비 고
1.04[INPUT]	1.04	
1.07[■][%CHG]	2.88	

아. 오류

메시지	내 용
All Clear	메모리가 제거되었음
Interrupted	IRR/YR, I/YR, 상환계산 도중 [C]가 입력되어 중단됨
No Solution	입력된 값에 대한 해답이 없음
Not Found	IRR/YR, I/YR의 해답이 없음. I/YR의 해답을 구하기 위해서는 추정치를 입력하여야 함
OFLO (Overflow)	결과의 값이 너무 커서 계산기로 처리할 수 없음 (±9.99999999999E499)
Pos Irr Also	IRR/YR 계산 결과가 음수 값으로 산출되며, 양수값도 존재
running	계산기 작동중
UFLO	화폐의 시간가치 중간값이 계산기로 처리하기에 너무 작음

4. HP 17BII

가. 자판형태

HP 17BⅡ 재무계산기는 메인메뉴에서 출발하여 화면하단에 위치한 메뉴 레이블을 선택하여 주어진 계산을 처리하는 구조로 되어있다. 주어진 계산 유형에 따라 적합한 메뉴를 선택하여 계산을 처리해야 하므로 계산기 전체 메뉴구조를 잘 파악하여야 한다.

꺾쇠(∧)하단에는 오렌지색 기능키[■]와 함께 사용할 수 있는 키들과 일반적인 키들로 구성되어 있다.

【HP 17BⅡ 재무계산기 자판】

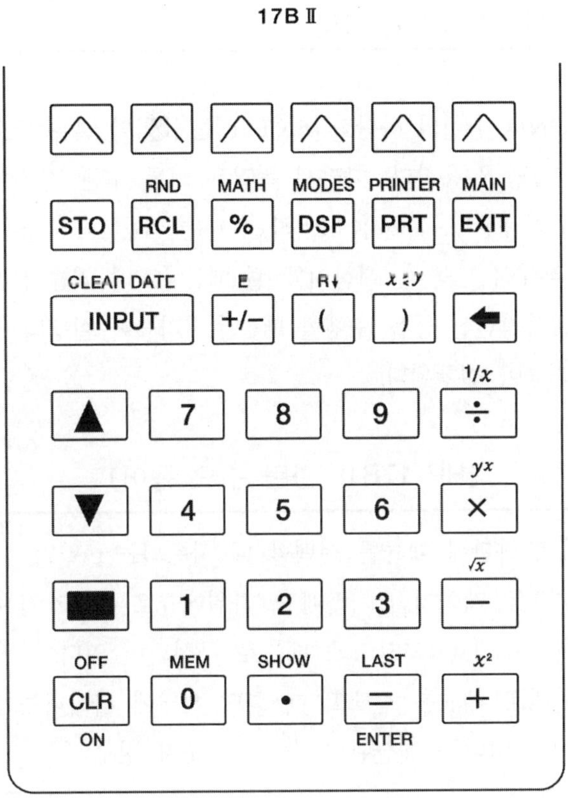

【HP 17BⅡ 재무계산기 화면】

2002.630+ ▮				
FIN	BUS	SUM	TIME	SOLVE

【HP 17BⅡ 키 구분】

구 분	입 력	해 당 키
중앙키	[해당키]	[∧] [STO] [RCL] [%] [DSP] [PRT] [EXIT] [INPUT] [+/−] [(] [)] [⬅] [▲] [7] [8] [9] [÷] [▼] [4] [5] [6] [×] [■] [1] [2] [3] [−] [CLR] [0] [·] [=] [+]
상단키	[■]+[해당키]	[RND] [MATH] [MODES] [PRINTER] [MAIN] [CLEAR DATA] [E] [R↓] [x<y] [1/x] [y^x] [$\sqrt{x}$] [OFF] [MEM] [SHOW] [LAST] [x^2]
하단키	[해당키]	[ON] [ENTER]

[CLR]의 하단키 [ON]과 [=]의 하단키 [ENTER]는 [■]와 같은 별도의 기능키를 누르지 않고 중앙키처럼 그냥 사용한다. 따라서 똑같은 키를 누른 경우에도 실행하는 내용에 따라 다른 기능이 작용된다. 가령 [CLR](하단[ON]) 키를 누른 경우, 화면의 데이터를 제거할 때는 [CLR] 본래의 기능이, 계산기를 켤 때는 [ON] 기능이 실행된다. 마찬가지로 동일한 키임에도, 사칙연산 등을 수행할 때는 [=]기능이 실행되지만, 데이터를 입력할 때는 [ENTER] 기능이 실행된다.

【HP 17BⅡ 관련 주요 용어】

- 메뉴키 : 화면 바로 하단에 메뉴를 선택할 때 사용되는 [∧]키
- 메인메뉴 : HP 17BⅡ 계산기의 기본메뉴, 하위메뉴로 들어가기 위한 출발메뉴이다. [FIN][BUS][SUM][TIME][SOLVE] 5개 메뉴로 구성되어 있다.
- 메뉴레이블 : 메뉴키로 메뉴를 선택할 때 화면 하단에 나타나는 메뉴
- 계산라인 : 화면에 나타나는 계산관련 숫자 및 문자 정보

나. 유지관리

(1) 켜기/끄기

계산기는 [CLR]키를 눌러서 켜며, [■][CLR]키를 눌러서 끈다.

자동끄기 기능이 있어 계산기를 약 10분간 사용하지 않으면 에너지를 보전하기 위해 자동적으로 꺼진다. 계산기는 지속적인 메모리 저장 기능이 있으므로 꺼진 상태에서도 저장된 데이터는 그대로 유지된다.

계산기의 전원이 약해지면 누운 막대 표시가 나타나며 건전지를 교체하여야 한다. 화면조정기능이 있어 [CLR]을 누른 상태에서 [+]키를 누르면 화면이 밝게 되며, [-]키를 누르면 화면이 흐려진다.

(2) 자가진단 테스트

계산기에 이상이 있을 경우 자가진단 테스트를 다음 순서에 따라 반복해서 실시한다.

① 계산기를 켠다
② 가능하다면 메인메뉴로 돌아간다([■][MAIN]).
③ [CLR]키를 누른 상태에서 왼쪽으로부터 5번째 메뉴키를 누르면 테스트가 시작된다. 일단 테스트가 끝날 때까지 어떤 키도 누르지 않도록 한다.
④ 테스트 도중에 정기적으로 "삐"소리가 나거나 화면에 다양한 형태의 모양과 문자가 나타난다. 테스트에 합격하면 "OK-17B II-E." 메시지가 나타나며, 다섯 자리 숫자와 "FAIL"표시가 나타나면 A/S가 필요하다.
⑤ [CLR]를 누른 채 왼쪽으로부터 3번째 메뉴키를 누르면 "MACHINE RESET" 메시지가 나타나고 테스트는 중지된다. 다른 키를 잘못 누른 경우에도 중지되고 화면에는 "FAIL"이라는 메시지가 나온다. 이 표시는 잘못된 키를 눌러 발생한 것이므로 A/S를 필요로 하지 않는다.
⑥ 계산기 테스트에 실패하면 테스트 시작부터 중지단계를 반복하여 실시한다. 프린터가 없다면 테스트 도중 나타난 메시지를 적어둘 필요가 있다.

(3) 계산기의 A/S 필요 여부 결정

계산기가 켜지지 않을 경우에는 계산기를 리셋하고 리셋 후 반응이 없으면 건전지를 교체한다. 이래도 해결되지 않을 때는 A/S가 필요하다.

계산기 키를 눌러도 반응이 없을 경우에도 계산기를 리셋하며, 이 때 반응이 없으면 보관된 메모리를 지운다. 이 과정에서 꼭 필요한 정보가 지워지지 않도록 주의할 필요가 있다. 이렇게 메모리를 지워도 해결되지 않는다면 A/S가 필요하다. 또한, 키를 눌러도 반응이 없고 기능 장애가 발생했다고 생각될 경우에는 앞에서 언급한 자가진단 테스트를 실시한다. 이 때 테스트를 통과하지 못하면 A/S가 필요한 것이고, 테스트를 통과하였다면 계산기 사용 도중 실수에 의한 것이므로, 정확한 사용법을 숙지한 후 사용하도록 한다.

(4) 리셋

리셋은 왼쪽에서 세번째 메뉴키를 누른 채, [CLR]키를 눌러 실행한다. 계산기를 리셋하면 진행중이던 계산은 중지되고 화면에 MAIN 메뉴가 나타나게 된다. 리셋이 완료되면 화면에 "MACHINE RESET"이라는 메시지가 나타나게 된다. 때에 따라서는 계산기를 떨어뜨리거나 건전지가 없을 경우 자동적으로 리셋되는 경우도 있다.

(5) 계산기 메모리 관리

계산기에 저장된 모든 정보는 일정한 저장공간을 차지하게 된다. 현재 사용 가능한 저장공간을 확인하려면 [■][MEM]키를 누르면 된다. HP 17BⅡ 계산기는 총 6,750유닛(바이트)의 메모리 용량을 제공하고 있다.

만약, 계산기가 제공 가능한 메모리 용량보다 많은 용량을 필요로 할 경우에는 화면에 "INSUFFICIENT MEMORY"라는 메시지가 나타나게 된다. 이 메시지가 나오면 다음과 같은 조치를 취하여야 한다.

- [=][CLR]키를 눌러 계산기 라인에 있는 계산을 완료한다.
- 아래와 같이 하여 메모리 용량을 최대한 증가시킨다.

- ▸ SUM, CFLO 메뉴에서 설정된 제목을 단축시킨다.
- ▸ 약속일정(Appointment)메시지를 단축시키거나 지운다.
- ▸ 불필요한 솔버(SOLVER) 변수 또는 방정식을 지운다.

(6) 모드

잘못된 키를 눌렀을 때나, 에러가 발생할 때, 약속시간 경보음이 설정되었을 때는 계산기에서 신호음이 발생한다. 신호음을 조정하기 위하여는, ① 먼저 [■][MODES]키를 누르고, ② [BEEP]키를 눌러 현재의 신호음 세팅상태를 확인하여 조정한 후 ③ [EXIT]키를 눌러 세팅을 종료하고 메인메뉴로 돌아온다. 이 때, [BEEP]키를 누를 때마다 다음과 같은 메시지가 나타난다.

표 시	메 시 지 내 용
BEEPER ON	에러, 약속일정을 알려준다
BEEPER ON : APPTS ONLY	약속일정만 알려준다
BEEPER OFF	신호음을 종료한다

이외에도 다음과 같은 여러 가지 모드가 있다.

모 드	표 시
[PRNT]	프린터 AC 어댑터가 사용중인지를 나타낸다
[DBL]	프린트가 더블스페이스인가를 나타낸다
[ALG]	대수입력 방법을 선택한다
[RPN]	RPN 숫자입력방식을 선택한다

다. 메뉴 구조 및 사용방법

계산기 화면 하단에 보이는 일련의 레이블을 메뉴레이블이라 하며, 메뉴레이블은 트리구조로 되어 있다. 즉, 메인메뉴에서 사용하고자 하는 기본 메뉴를 선택한 다음, 화면 하단에 나타나는 하위 메뉴를 선택하는 방식으로 진행된다. 각 메뉴의 선택은 자판의 첫번째 줄에 있는 [∧]키(메뉴 키) 중에서 선택하고자 하는 메뉴 밑에 있는 [∧]키를 누르면 된다. 메뉴선택방법을 순서대로 나열하면 다음과 같다.

① 5개 메인메뉴 중에서 사용하고자 하는 메뉴를 선택한다.

② 하위메뉴를 선택한다. 이 때 화면에 메시지가 나타나며, 화면하단에는 하위메뉴의 다음 메뉴가 나타난다. 메뉴가 6개 레이블 이상일 경우 5개의 레이블과 가장 오른쪽 메뉴에는 [MORE]라는 레이블이 나타나며, 이 [MORE] 레이블을 선택할 경우 동일단계의 나머지 레이블이 화면에 나타난다. 만약, 메뉴를 잘못 선택할 경우 [EXIT]를 누르면 이전메뉴로 돌아간다.

③ 원하는 하위메뉴가 나타나면 각 변수를 입력하여 계산한다.

④ 작업을 완료하거나 중지하고자 하면, [■][MAIN]를 눌러 메인메뉴로 돌아간다. [EXIT]를 누르면 이전의 상위메뉴로 이동하기 때문에, [EXIT]를 여러 번 눌러야 메인메뉴로 돌아갈 수 있다.

【메인메뉴 구성】

메 뉴	메 뉴 내 용
FIN	• 재무 ▸ TVM : 화폐의 시간가치(대출, 저축, 리스, 상환) ▸ ICVN : 이자율 전환 ▸ CFLO : 내부수익률과 순현가 현금흐름 리스트 ▸ BOND : 채권수익률 및 가격 ▸ DEPRC : SL, DB, SOYD 등을 이용한 감가상각
BUS	• 비즈니스 : 퍼센트, 퍼센트 변화, 비용 또는 가격인상
SUM	• 통계 : 데이터리스트, 합계, 중앙값, 기대값, 추정 등
TIME	• 시간 관리 : 시계, 달력, 약속일정, 날짜 계산
SOLVER	• 수식 : 자주 사용하는 방정식 만들기

기본예제 I-4-1

100만 원을 7%의 연복리로 부리하면 7년 후에는 얼마가 될까?

입 력	표 시	비 고
[FIN]	SELECT A MENU	-메인메뉴에서 FIN 선택
[TVM]	1 P/YR END MODE	-하위메뉴에서 TVM 선택
1000[PV]	PV=1,000.00	(이하 부분은 TVM 계산 예시임)
7[I%YR]	I%YR=7.00	
7[N]	N=7.00	
[FV]	FV=-1,605.78	

라. 표시

(1) 숫자 입력

(가) 정수입력

아라비아 숫자 키를 순서대로 입력한다. 중간에 숫자를 잘못 입력하였을 경우에는 [⬅]를 눌러 가장 나중에 입력한 숫자를 지운다. 입력된 모든 수를 지우고자 할 때에는 [CLR]키를 누른다.

기본예제 I-4-2

5,000을 입력하라.

입 력	표 시	비 고
5	5▮	-다음 입력할 위치에 커서 표시
0	50▮	※ 앞으로는 숫자 입력시 커서 표시는
0	500▮	생략함
0	5,000▮	-천 단위 자릿수 표시

(나) 소수입력

아라비아 숫자 키와 소수점 키를 차례대로 입력한다. 중간에 숫자를 잘못 입력하였으면 [⬅]를 눌러 가장 나중에 입력한 숫자를 지운다. 이 때 미리 설정된 소수점 이하 자릿수만큼만 표시된다.

기본예제 I-4-3

12.34567을 입력하라.

입 력	표 시	비 고
1	1.	
2	12.	
.	12.	
3	12.3	
4	12.34	
5	12.345	
6	12.3456	
7	12.34567	
[=]	12.35	-지정된 소수점 이하 자릿수까지 표시

숫자를 입력하면 입력한 숫자 그대로 있지만, 다른 키를 누르면 12.34567이 12.35로 바뀌어 표시된다. 이것은 재무계산기 구입시나 리셋한 경우 소수점 이하 2자리까지 나타내도록 설정되어 있기 때문에 소수점 이하 3자리에서 반올림되어 표시되기 때문이다. 만약, 사용자가 소수점 이하 자릿수를 변경하였다면, 그 변경된 형태로 표시된다.

화면상 표시내용은 설정에 따라 바뀌지만, 재무계산기 내부에는 원래의 숫자 12.34567이 그대로 남아 있으며, 이후 계산에 사용되는 것도 표시된 12.35가 아니라 원래 숫자인 12.34567이 사용된다. 이는 [■][SHOW]키를 눌러 보면 알 수 있다.

기본예제 I-4-4

45를 입력한다는 것이 잘못하여 46을 입력하였다. 정정하라.

입 력	표 시	비 고
4	4	
6	46	
[⬅]	4	-가장 나중에 입력한 내용부터 지움
5	45	

(다) 음수 입력

음수인 경우, 다른 계산기처럼 아라비아 숫자를 치고 [+/–]키를 눌러 부호를 바꾼다. 이 때, 다른 키를 누르면 지정된 소수점 이하 자릿수까지만 나타난다. 한편, 경우에 따라서는 [–]키를 먼저 치고 아라비아 숫자 키를 입력하여도 음수의 계산을 실행할 수 있다.

기본예제 I-4-5

–12.34567을 입력하라.

입 력	표 시	비 고
12.34567	12.34567	
[+/–]	–12.34567	–음수로 전환
[=]	–12.35	–저장된 소수점 이하 자릿수만 표시

기본예제 I-4-6

–12.34567을 입력하고 2를 곱하라.

입 력	표 시	비 고
[–]	0.00–	–[–]키를 먼저 눌러 음수를 입력
12.34567	0.00–12.34567	이 때는 0에서 차감하는 형식으로
[×]2	–12.35×2	표시됨
[=]	–24.69	

(라) 큰 수 및 작은 수 입력

계산결과가 12자리 이상일 때 그 숫자는 자동적으로 지수약자 "E"(Exponent)를 사용하여 소수점 자리(mantissa)와 10의 지수의 곱으로 나타난다. 즉, 1,234,500,000,000은 1.2345×10^{12}이므로 1.2345E12로 표시된다. 만약, 숫자가 아주 작은 경우에는 10의 지수는 음수로 나타난다. HP 17BⅡ 계산기에서 제공하는 가장 큰 수와 작은 수의 범위는 $\pm9.99999999999\times10^{499}$에서 $\pm1\times10^{-499}$까지이다.

기본예제 I-4-7

'02년 M2 통화량의 평잔 금액인 489,400,000,000,000원(489.4조 원)을 입력하라.

입 력	표 시	비 고
4.894	4.894	-소수점자리 입력
[■][E]	4.894E	
14	4.894E14	-10의 지수 입력

기본예제 I-4-8

우주탄생 후 급격한 팽창(인플레이션)이 시작된 시간인 10^{-36}초를 입력하라.

입 력	표 시	비 고
1.0	1.0	-지수가 음수인 경우 [−]키를 누르고 지수를 입력. 지수를 먼저 입력하고 [+/−]를 누르면, −1.0E36이 됨
[■][E]	1.0E	
[−]36	1.0E−36	

(2) 숫자표시

(가) 소수점 표시

소수점 이하 자리표시를 변경하고자 할 때는 두번째 키열의 [DSP]키를 누른 다음, 화면상의 [FIX]메뉴를 선택하고 원하는 자릿수(소수점 이하 0~11자리)를 입력 후 [INPUT]을 누른다. 이 때 화면에 표시되는 숫자는 입력된 숫자의 다음 자리에서 반올림한 것이다. 표시는 반올림된 형태로 나타나지만, 이후 계산은 재무계산기 내 실제값에 의해 행해진다. 정확한 실제값을 알고자 할 때는 [DSP][ALL]을 누르거나, [■][SHOW]키를 누른다.

기본예제 I-4-9

12.34567을 입력하고 소수점 이하 4자릿수로 나타낸 다음 정확한 값을 확인하라.

입 력	표 시	비 고
12.34567	12.34567	
[DSP][FIX]4[INPUT]	12.3457	
[DSP][ALL]	12.34567	
[■][SHOW]	FULL PRECISION IS:12.34567	－일시적으로 전체 수를 확인

(나) 반올림

반올림한 값을 구하고자 할 때는 먼저 소수점 이하 자릿수를 정한 다음, [■][RND](Round)키를 누른다. 화면상으로는 설정된 소수점 이하 자리만 나타나므로 실제값과 반올림한 이후의 값이 동일해 보이지만, 실제로는 다른 값이다.

기본예제 I-4-10

12.34567을 입력하고 소수점 이하 3자리에서 반올림하고 이를 확인하라.

입 력	표 시	비 고
12.34567	12.34567	
[DSP][FIX]2[INPUT]	12.35	
[■][RND]	12.35	－소수점 이하 3자리에서 반올림
[■][SHOW]	FULL PRECISION IS:12.35	

마. 함수 키

키	설 명	입 력	표 시
[1/*x*]	x의 역수	10[■][1/*x*]	0.10
[y^x]	y의 x승	2[■][y^x]4 [=]	2.00^4 16.00
[$\sqrt{x}$]	x의 제곱근	4[■][$\sqrt{x}$]	2.00
[x^2]	x의 제곱	3[■][x^2]	9.00
[LOG]	상용로그	[■][MATH] 3[LOG]	 0.48
[10^X]	10의 x승(10^x)	[■][MATH] 3[10^X]	 1,000.00
[LN]	자연로그	[■][MATH] 10[LN]	 2.30
[EXP]	무리수 e의 x승	[■][MATH] 2[EXP]	2. 7.39
[N!]	x의 계승(팩토리얼)	[■][MATH] 5[N!]	 120.00
[PI]	π값	[■][MATH][PI]	3.14

바. 제거 및 저장

(1) 제거

키	키 입 력	설 명
[⬅]	[⬅]	커서 앞에 있는 문자 또는 숫자 제거 커서가 나타나지 않을 경우는 마지막 숫자단위 제거
[CLR]	[CLR]	계산라인에 있는 내용을 모두 제거
[CLEAR DATA]	[■][CLEAR DATA]	현재 작업메뉴의 모든 데이터를 제거

(2) 저장과 불러오기

계산에 필요한 숫자를 [STO](Store)키를 이용하여 저장할 수 있다. ① 먼저 저장할 숫자를 입력한 다음, ② [STO]키와 저장번호(0~9)를 누른다. 계산라인에 숫자가 하나 이상 있는 경우 [STO]키는 화면의 마지막 숫자만 저장한다. 저장내용을 변경하고자 할 경우에는 그냥 새로운 수를 저장하면 기존의 수를 대체한다. 저장된 내용을 불러낼 경우에는 [RCL](Recall)키를 누르고 저장번호를 입력한다.

기본예제 I-4-11

인플레이션율 4%를 데이터 저장번호 1에 저장하고, 세후 투자수익률 7%를 데이터 저장번호 2에 저장한 후 인플레이션 조정수익률을 구하여 데이터 저장번호 0에 저장하라.

※ 인플레이션 조정수익률={(1+투자수익률) / (1+인플레이션율)−1}×100

입 력	표 시	비 고
0.04[STO]1	0.04	−데이터 저장번호 1에 저장
0.07[STO]2	0.07	−데이터 저장번호 2에 저장
1[+][RCL]2[=]	1.07	−데이터 저장번호 2의 내용을 불러냄
[÷][(]1[+][RCL]1[)]	1.07÷1.04	−데이터 저장번호 1의 내용을 불러냄
[−]1[)]	0.03	−여는 괄호 없이 닫는 괄호만 사용해도 됨
[×]100[=]	2.88	
[STO]0	2.88	−데이터 저장번호 0에 저장
[RCL]0	2.88	

[STO]키는 다음과 같은 연산자와 함께 사용할 수도 있다. 이 때는 화면상의 숫자를 계산하여 그 결과가 저장된 내용을 대체한다. 아래 표는 숫자 20이 저장된 데이터 저장번호 5의 내용을 변경할 경우 입력내용과 입력 후 저장내용을 나타내고 있다. 입력 후 변경된 저장된 값은 [RCL]5를 눌러 확인할 수 있다.

예 시	입 력	STO 5 저장내용
데이터 저장번호 5의 수를 4만큼 높임	4[STO][+]5	24
데이터 저장번호 5의 수를 4만큼 줄임	4[STO][−]5	16
데이터 저장번호 5의 수를 2만큼 곱함	2[STO][×]5	40
데이터 저장번호 5의 수를 2만큼 나눔	2[STO][÷]5	10
데이터 저장번호 5의 수를 세제곱 함	3[STO][■][y^x]5	8,000

한편, [STO]키와 [RCL]키는 변수와 함께 사용할 수 있다. 예를 들어 [STO][M%C]키는 화면의 가장 오른 쪽에 있는 숫자를 변수 M%C에 저장한다. [RCL][M%C]는 M%C 내용을 복사하여 계산기 라인으로 가져온다. 변수로 저장된 값을 이용하여 수식을 계산할 수도 있다. 3[STO][×][M%C]는 M%C의 현재 내용을 3으로 곱하여 그 결과를 다시 M%C에 저장한다는 의미이다.

(3) 숫자 과거기록스택

[▼][▲] 또는 [■][R↓]키를 누르면 화면에 나타나지 않은 이전의 계산 결과를 확인할 수 있다. 화면에 나타난 계산라인을 포함해 모두 4개의 계산라인을 저장하고 있으며, 필요한 경우 저장된 숫자를 한 라인씩 화면에 불러내어 사용할 수 있다. 다만, 계산이 완료되지 않은 것은 과거기록스택을 통해 볼 수가 없다. 또한 [SOLVE]메뉴를 사용하는 동안이나, ALG모드에서 [SUM], [CFLO]메뉴 사용 도중에도 스택에 접근할 수 없다. 과거기록스택의 내용을 전부 지우고자 할 때는 [■][CLEAR DATA]키를 누른다.

기본예제 I-4-12

(56.78－34.21), (34÷12)를 계산하고 난 후 앞의 계산결과에 22를 곱하라.

입 력	표 시	비 고
56.78[−]34.21[=]	22.57	
34[÷]12[=]	2.83	
[▼]	22.57	－이전의 계산결과를 불러옴
[×]22[=]	496.54	

(4) 최종결과의 재사용

[■][LAST]키는 최종 결과, 즉 과거기록스택의 계산라인 바로 전에 있는 숫자를 복사하여 현재 계산라인으로 불러온다. 이 키를 사용하면 다시 입력할 필요 없이 동일한 숫자를 다시 사용할 수 있고, 잘못 입력한 숫자를 확인할 수도 있어 복잡한 계산을 분해할 수 있다.

기본예제 I-4-13

25÷5를 계산한 후 50을 앞의 결과치로 나누어라.

입 력	표 시	비 고
25[÷]5	25.00÷5	
[=]	5.00	
50[÷]	50.00÷	
[■][LAST]	50.00÷5.00	-이전의 결과를 다시 불러냄
[=]	10.00	

기본예제 I-4-14

2,500,000원으로 A주식 100주를 매입할 수 있다. A주식 200주를 매입하는 데 얼마가 필요한가?

입 력	표 시	비 고
2500000[÷]	2,500,000.00÷	
100[=]	25,000.00	
200[×]	200.00×	
[■][LAST]	200.00×25,000.00	-25,000을 다시 불러 계산
[=]	5,000,000.00	

사. 사칙연산

(1) ALG모드와 RPN모드

HP 17BⅡ 재무계산기는 수식계산과 관련하여 ALG(Algebraic)모드, RPN(Reverse Polish Notation)모드 중에서 선택하여 사용할 수 있도록 되어 있다.

ALG모드는 일반적인 계산기와 같이 수식에 따라 왼쪽부터 차례로 ① 처음 숫자, ② 연산자, ③ 다음 숫자, ④ [=]의 순서에 따라 키를 입력하는 방식이다. 이에 비해, RPN 모드는 ① 처음 숫자, ② [ENTER], ③ 다음 숫자, ④ 연산자의 순서로 누르는 방식이다.

계산모드를 바꾸려면 [■][MODES]키를 누르고 [ALG] 또는 [RPN]을 선택한다. 수식계산의 순서를 명확히 하기 위해서는 필요에 따라 괄호를 사용하여야 한다.

기본예제 I-4-15

123.4+456.7을 ALG모드, RPN 모드에 의해 각각 계산하라.

ALG 모드		RPN 모드	
입 력	표 시	입 력	표 시
123.4[+]456.7	123.40+456.7	[■][MODES]	SELECT MODE
[=]	580.10	[RPN]	RPN MODE
		123.4[ENTER]	123.40
		456.7[+]	580.10

기본예제 I-4-16

(−789+456)×123을 RPN모드로 계산하라.

입 력	표 시	비 고
789[+/−][ENTER]	−789.00	
456[+]	333.00	−456을 더함
123[×]	−40,959.00	−123을 곱함

(2) 사칙연산

앞에서 설명하였듯이 HP 17BⅡ의 수식계산은 ALG모드, RPN모드 두 가지 방식으로 실행할 수 있다. 여기에서는 ALG모드를 사용한 키 입력을 중심으로 언급한다. 먼저 키 입력 순서는 앞에서 언급한 바와 같이 ① 처음 숫자 ② 연산자 ③ 다음 숫자 ④ [=]의 순서에 따라서 하며, [=]키를 누르면 계산이 완료된다. 연속계산인 경우 [=] 대신, 연산자와 숫자를 입력하여 계속된 연산을 실행할 수 있다. 이 때, [=]키를 마지막에 한번만 누르면 된다. 계산순서에 따라 필요한 경우 괄호를 사용하여야 한다.

한편, 자판에 없는 다른 계산기능은 [■]키와 [MATH]키를 눌러 필요한 메뉴를 선택해서 계산한다. [MATH]메뉴에서 제공하는 기능은 앞에 서술한 함수키에 관한 설명에 포함되어 있다. 다른 메뉴를 사용하고 있는 동안에도 [MATH]메뉴를 사용할 수 있다. 예를 들어 [SUM]기능을 사용하는 도중에 [MATH] 기능을 사용하고자 한다면 [■][MATH]키를 눌러 계산을 실행하고 [EXIT]키를 눌러 [SUM]메뉴로 돌아온다.

기본예제 I-4-17

75+25, 75-25, 75×25, 75÷25를 각각 계산하라.

입 력	표 시	비 고
75[+]25[=]	100.00	
75[−]25[=]	50.00	
75[×]25[=]	1,875.00	
75[÷]25[=]	3.00	

기본예제 I-4-18

수시입출금 계좌에 1,000,000원의 잔액이 있다.
1주일 후 100,000원을 출금하고, 2주일 후 150,000원을 출금하였다. 3주일 후 월급 2,000,000원을 입금하고 4주일 후 300,000원을 출금하였다. 이 계좌의 잔액은 얼마인가? (이자는 없는 것으로 한다.)

입 력	표 시	비 고
1000000[−] 100000[−] 150000[+] 2000000[−] 300000[=]	1,000,000.00− 900,000.00− 750,000.00+ 2,750,000.00− 2,450,000.00	

기본예제 I-4-19

(3×4)+(5×6)을 계산하라.

입 력	표 시	비 고
[(]3[×]4[)][+]	12.00+	
[(]5[×]6[=]	42.00	−마지막 닫는 괄호는 생략 가능

기본예제 I-4-20

(3×4)+(5×6)−(7×8)을 계산하라.

입 력	표 시	비 고
[(]3[×]4[)][+]	12.00+	
[(]5[×]6[)][−]	42.00−	
[(]7[×]8[=]	−14.00	−마지막 닫는 괄호는 생략 가능

기본예제 I-4-21

(3×4)+(5×6)−(7×8)을 〔STO〕키를 사용하여 계산하라.

입 력	표 시	비 고
3[×]4[=][STO]0	12.00	
5[×]6[=]	30.00	
[STO][+]0	30.00	−저장번호 0의 저장내용에 30을 더함
7[×]8[=]	56.00	
[STO][−]0	56.00	−저장번호 0의 저장내용에 56을 뺌
[RCL]0	−14.00	

아. 시간, 약속일정 및 날짜 계산

(1) 메뉴 및 주요기능

(가) 시간 설정

시간설정은 [TIME][SET]키를 눌러서 한다. 설정할 시간은 시간, 분, 초 단위를 "HH.MMSS" 형식으로 입력한 다음, [TIME]키를 누른다. 이 때, [12/24]키를 눌러 12시간 방식을 선택할 수 있는데, AM, PM의 구분은 [A/PM]을 눌러서 한다.

(나) 날짜설정

날짜는 월, 일, 연도를 "MM.DDYYYY" 형식으로 입력하거나 또는 일, 월, 연도를 "DD.MMYYYY" 형식으로 입력한 후, [DATE]키를 누른다. [M/D]키를 누를 때마다 "MM.DDYYYY" 표시형식과 "DD.MMYYYY" 표시형식이 변하므로 원하는 형식으로 설정하여 사용한다.

(다) 시계설정

시계설정을 변경하고자 할 경우, [TIME][ADJST]키를 누른다. 시간은 [HR], 분은 [MIN], 초는 [SEC]메뉴를 선택하며, 증가는 더하기 표시, 감소는 빼기 표시를 눌러 설정한다.

기본예제 I-4-22

한국의 월드컵 예선 마지막 경기는 2002년 6월 14일 오후 8시 30분에 포르투갈과 시합이 있었다. 날짜와 시간을 계산기에 설정하라.

입 력	표 시	비 고
[TIME][SET] 6.142002[DATE] 8.30[TIME][A/PM]	 FRI 06/14/02 FRI 06/14/02 20:30:00	 -[A/PM]레이블은 시간이 오전으로 표기된 경우 눌러서 변경

(2) 날짜 계산

(가) 특정일자 계산

특정 일자를 알기 위해서는 먼저 [TIME][CALC]를 누르고,

① 알고 있는 날짜를 입력하고 [DATE1]을 누른다.

② 경과일수를 입력하고 [DAYS]를 누른다. 이 때, 알려지지 않은 날짜가 알려진 날짜보다 앞선다면 음수를 입력해야 한다.

③ [DATE2]를 누른다. 이 때 계산은 항상 실제 달력일자를 사용해야 한다.

(나) 경과일자 계산

경과일자를 계산하고자 할 경우는 [TIME][CALC]를 누르고,

① 첫번째 날짜를 입력하고 [DATE1]을 누른다.

② 두번째 날짜를 입력하고 [DATE2]를 누른다.

③ [DAYS], [360D] 또는 [365D]를 선택하여 누른다.

여기서 [DAYS]는 실제 경과일수를, [360D]는 1년을 360일로 계산한 경과일수를, [365D]은 1년을 365일로 한 경과일수를 나타낸다.

기본예제 I-4-23

한국이 월드컵에서 처음으로 16강 진출이 확정된 날인 2002년 6월 14일로부터 11일 후에 독일과 준결승전이 있을 때, 이 시합일은 언제인가?

입 력	표 시	비 고
[TIME][CALC] 6.142002[DATE1] 11[DAYS] [DATE2]	KEY MM.DDYYYY;{DATE} DATE1=06/14/2002 FRI ACTUAL DAYS=11.00 DATE2=06/25/2002 TUE	-자동으로 요일 표시

기본예제 I-4-24

1996년 5월 31일 2002년 월드컵이 한일공동개최로 결정된 날로부터 한국이 월드컵에서 처음으로 16강 진출이 확정된 날인 2002년 6월 14일까지 며칠이 경과되었는가? 실제 달력일자와 365 달력일자를 사용하여 계산하라. 단, 일자 표시 형식은 월/일/연으로 한다.

입 력	표 시	비 고
[TIME][CALC]	KEY MM.DDYYYY;{DATE}	
5.311996[DATE1]	DATE1=05/31/1996 FRI	
6.142002[DATE2]	DATE2=06/14/2002 FRI	
[DAYS]	ACTUAL DAYS=2,205.00	-실제 경과일수를 표시
[365D]	365 DAYS=2,204.00	-1년을 365일로 계산한 일수를 표시

자. 비율 계산

(1) 퍼센트 키 사용

[%]키를 이용하여 기본숫자의 퍼센트 알아내기, 퍼센트 더하기, 퍼센트 빼기 등의 기능을 수행할 수 있다. 입력순서는 먼저 기본숫자를 입력하고 연산자를 누른 다음 비율 및 [%]키를 누른다.

기본예제 I-4-25

300의 25%를 산출한 다음, 300에서 25%를 더한 값과 뺀 값을 각각 구하라.

입 력	표 시	비 고
300[×]25[%]	300.00×0.25	
[=]	75.00	
300[+]25[%]	300.00+75.00	
[=]	375.00	
300[−]25[%]	300.00−75.00	
[=]	225.00	

(2) BUSINESS 메뉴

[BUS]메뉴에서는 일반적인 BUSINESS와 관련된 % 계산 기능을 제공하며, [BUS]메뉴의 하위메뉴에는 다음과 같은 레이블이 있다.

구 분	주 요 내 용
[%CHG]	이전 숫자와 나중 숫자의 차이를 이전 숫자에 대한 퍼센트 변화로 표시
[%TOTL]	어떤 숫자를 다른 숫자에 대한 %로 표시
[MU%C]	가격과 원가의 차이를 원가에 대한 비율로 표시
[MU%P]	가격과 원가의 차이를 가격에 대한 비율로 표시

앞의 4개의 [BUS]메뉴는 각각 3개의 변수를 가지고 있으며 그 중에 2개의 변수를 알고 있다면 나머지 하나의 값을 계산할 수 있다.

변수 값을 잘못 입력하여 지우고자 할 때에는 해당 메뉴 레이블에서 [■][CLEAR DATA]키를 눌러 변수를 지운다. [MU%P]의 변수 값을 지우려면 [MU%P][■][CLEAR DATA]키를 누르며, 이 때 [COST], [PRICE], [M%P]에 입력된 변수 값들이 지워진다.

또한, 현재 변수로 보관된 값을 알아보려면 변수가 화면에 나타난 상태에서 [RCL]키를 누르고 메뉴 레이블을 눌러 확인한다.

참고로 [MU%C]메뉴와 [MU%P]메뉴는 2개의 레이블, [COST]와 [PRICE]를 공통으로 가지고 있는데, 이 둘 메뉴 사이에 두 변수 값은 공유되고 있다. 즉, [MU%C]메뉴에서 [COST]와 [PRICE]값을 입력하고, [MU%P]메뉴로 들어가 그 값을 확인해보면 공유되고 있다는 것을 알 수 있다.

기본예제 I-4-26

가나주식의 주가가 어제 주당 4,500원에서 4,000원으로 하락하였다. 몇 % 하락하였는가? 또 주가가 15% 하락하였다면 현재 주가는 얼마인가?

입 력	표 시	비 고
[BUS][%CHG]	0.00	
4500[OLD]	OLD=4,500.00	
4000[NEW]	NEW=4,000.00	
[%CH]	%CHANGE=−11.11	−[OLD]값은 4,500 그대로 두고 다시 입력할 필요가 없다. [%CHG]만 입력하고 [NEW]키를 누르면 된다.
15[+/−][%CH]	%CHANGE=−15.00	
[NEW]	NEW=3,825.00	

기본예제 I-4-27

보유주식 시가총액 25,000,000원 중 7,500,000원을 매각하였을 경우 보유주식 중 몇 %를 매각하였는가?

입 력	표 시	비 고
[BUS][%TOTL]	0.00	
25000000[TOTAL]	TOTAL=25,000,000.00	
7500000[PART]	PART=7,500,000.	
[%T]	%TOTAL=30.00	

기본예제 I-4-28

가나상품의 소매가가 5,500원이고 원가가 4,500원일 경우 원가 가신액(markup)은 몇 %인가?

입 력	표 시	비 고
[BUS][MU%C]	0.00	
4500[COST]	COST=4,500.00	
5500[PRICE]	PRICE=5,500.00	
[M%C]	MARKUP%C=22.22	

기본예제 I-4-29

가나식품 주식회사는 원가가 4,500원하는 A식품을 5% 할인한 금액으로 구입하여 소매가 5,500원으로 팔았다. 이 경우 마진율은 얼마인가? 원가의 할인 전 금액으로 계산하면 마진율은 얼마인가?

입 력	표 시	비 고
[BUS][MU%P] 4500[−]5[%][COST] 5500[PRICE] [M%P]	0.00 COST=4,275.00 PRICE=5,500.0 MARKUP%P=22.27	
4500[COST] [M%P]	COST=4,500.00 MARKUP%P=18.18	

기본예제 I-4-30

다라소매점의 선물세트 원가가 8,600원이며 원가가산율(markup)이 12%라 할 때, 선물세트의 가격과 마진율은 각각 얼마인가?

입 력	표 시	비 고
[BUS][MU%C] 8600[COST] 12[M%C] [PRICE]	0.00 COST=8,600.00 MARKUP%C=12.00 PRICE=9,632.00	
[EXIT][MU%P] [M%P]	9,632.00 MARKUP%P=10.71	

차. 방정식

(1) 방정식 작성

(가) 방정식 문자입력

HP 17BⅡ 계산기의 여러 가지 유용하고 편리한 기능 가운데 하나가 바로 방정식 만들기(Equation Solver)기능이다. 사용자가 자주 사용하는 방정식을 만들어 보관해 놓고 필요할 때마다 사용할 수 있는 장점이 있다.

【방정식 문자 입력방법(예: "A" 입력)】

메뉴	표 시
[SOLVE] 선택	◆ 화면에 "〈TOP OF LIST〉"* 메시지가 나타남 ◆ [CALC] : 새로운 방정식의 변수를 메뉴로 구성 ◆ [EDIT] : 방정식의 편집기능 ◆ [DELET] : 방정식 변수제거 ◆ [NEW] : 새로운 방정식 만들기
[NEW] 선택	◆ TYPE EQUATION; [INPUT] ◆ [ABCDE] [FGHI] [JKLM] [NOPQ] [RSTUV] [WXYZ]
[ABCDE] 선택	◆ TYPE EQUATION; [INPUT] ◆ [A] [B] [C] [D] [E] [OTHER]**
[A] 선택	화면에 A가 나타난다

* 수식이 전혀 입력되지 않았을 경우 "[NEW} FOR NEW EQUATION" 표시
** 특수문자는 [OTHER]키를 선택하여 입력

(나) 방정식 작성 원칙

모든 방정식은 한 줄로 나타나므로 분자, 분모는 괄호 등으로 분리하여 그룹화하여야 한다. 계산순서는 보통 왼쪽부터 오른쪽으로 한다. 그러나 AOS(Algebraic Operating System)방식에 따라 지수, 곱하기, 나누기 등은 더하기, 빼기보다 먼저 계산되므로 방정식을 만들 때 괄호를 적절히 사용하여 정확한 값이 나오도록 해야 한다.

구 분	주 요 내 용
방정식 길이	◆ 방정식 길이, 변수 숫자에 제한이 없다. ◆ 문자가 22자 이상이면 생략부호(…)가 나타나고, 알파벳 편집 메뉴의 화살표 키로 이동한다.
공 간	◆ 변수, 숫자 사이에 사용자가 원하는 만큼 공간을 사용할 수 있다.
변수 제목	◆ 변수 제목은 10자까지 가능하며 +, -, ×, ÷, ^, (,), 〈, 〉, =, :, 스페이스 등은 사용할 수 없다. ◆ 처음 3~5개 문자가 변수 메뉴레이블이 된다. ◆ 기능상의 문제가 발생할 수 있으므로 AND, NOT, OR, XOR 또는 PI 등은 사용하지 않도록 한다.
숫자	◆ 숫자에 콤마나 문자를 사용할 수 없다(예를 들어 ₩2,000으로 입력하지 않고 2000으로 입력한다).

구 분	주 요 내 용
괄호	◆ 각 괄호(〔〕), 중괄호({})를 사용하지 않는다. ◆ 괄호는 계산순서를 결정하며 다른 기능은 없다.
함수 및 조건부 표시	◆ 방정식에는 많은 함수 및 조건부 표시 등이 있다.
수학연산자	◆ 키보드와 MATH 메뉴([■][MATH])에 있는 연산자를 방정식에서 사용할 수 있다(%는 제외, 솔버에서 %는 문자이다). ◆ 연산자가 방정식에 입력되면 기호로 나타난다. 예를 들어 [■][1/x]를 누르면 화면에 "INV("가 나오면 괄호안에 숫자, 변수를 입력하고 괄호를 닫으면 된다. ◆ 알파벳 메뉴의 문자를 사용할 수도 있으나 키보드, MATH 메뉴의 수학연산자를 사용하는 것이 더 빠르다.

기본예제 I-4-31

방정식에 9의 $\sqrt{x}$을 입력하라. 타이핑 입력 및 알파벳 메뉴를 사용한다.

<타이핑 입력: Typing Aid>

입 력	표 시	비 고
[SOLVE][NEW]	TYPE EQUATION; [INPUT]	
[■][$\sqrt{x}$]	SQRT(	
9[)][=]	SQRT(9)=	
[ABCDE]	SQRT(9)=	
[A]	SQRT(9)=A	

<알파벳 메뉴 사용>

입 력	표 시	비 고
[SOLVE][NEW]	TYPE EQUATION; [INPUT]	
[RSTUV][S]	S	
[NOPQ][Q]	SQ	
[RSTUV][R]	SQR	
[RSTUV][T]	SQRT	
[(]9[)][=]	SQRT(9)=	
[ABCDE][A]	SQRT(9)=A	

기본예제 I-4-32

$\frac{P-C}{P} \times 100 = MAR$ 방정식을 만들어 보자.

입 력	표 시	비 고
[SOLVE][NEW]	TYPE EQUATION; [INPUT]	
[(][NOPQ]][P][−]	(P−	
[ABCDE][C][)][÷]	(P−C)÷	
[NOPQ]][P][×]100[=]	(P−C)÷P×100=	
[JKLM][M]	(P−C)÷P×100=M	
[ABCDE][A]	(P−C)÷P×100=MA	
[RSTUV][R]	(P−C)÷P×100=MAR	
[INPUT]	(P−C)÷P×100=MAR	

(2) 방정식 계산

방정식을 입력한 후에 [CALC]를 누르면 새로운 방정식을 계산할 수 있는 변수가 화면에 나타난다. 다른 메뉴와 마찬가지로 [SOLVER]메뉴에서도 값을 계산하고 저장할 수 있다.

(P−C)÷P×100=MAR 방정식의 경우 [P], [C], [MAR] 변수가 화면에 나타나고 각 변수에 값을 입력하여 계산한다. 방정식 변수도 메뉴와 마찬가지로 6개까지 화면에 나타나고 그 이상의 변수가 있을 경우 [MORE] 레이블이 나타난다.

기본예제 I-4-33

가나상품의 원가는 4,500원이고 소매가가 5,500원일 경우 마진율은 얼마인가? 위에서 작성한 방정식을 사용하여 계산하라. (단, P=소매가, C=원가, MAR=마진율)

입 력	표 시	비 고
4500[C]	C=4,500.00	
5500[P]	P=5,500.00	
[MAR]	MAR=18.18	

(3) 방정식 문자 편집

[SOLVE][EDIT]를 눌러 알파벳 편집메뉴를 선택하여 편집한다.

【알파벳 편집메뉴】

편집메뉴	표 시 내 용
[DEL]	커서에 위치한 문자 지우기
[«-]	화면 표시상태에서 가장 왼쪽으로 커서 이동
[←]	커서를 한 단계씩 왼쪽으로 이동
[→]	커서를 한 단계씩 오른쪽으로 이동
[-»]	화면표시상태에서 가장 오른쪽으로 커서 이동
[ALPHA]	알파벳 메뉴를 다시 표시
[⬅]	뒤로 이동 및 커서 앞의 문자 지우기
[CLR]	계산기 라인 지우기
[EXIT]	편집하지 않거나 편집상태를 보관하지 않고 이전 상태로 돌아옴
[INPUT]	편집 후에 [INPUT]키를 눌러 이전 방정식을 대체

(4) 방정식 보관 및 활용

방정식을 작성한 후에 방정식 앞에 제목을 붙여두면 나중에 사용하고자 할 때 매우 편리하다. 방정식 제목은 방정식 맨 앞 부분에 기록하고 콜론(:)으로 구분한다.

여러 개의 방정식이 있을 경우 적당한 방정식을 찾아 사용하고자 할 때는 [SOLVE]메뉴를 누르고 [▲][▼]키를 사용하여 리스트를 확인한다. 이 때, [■][▲]키를 누르면 리스트의 맨 위로, [■][▼]키를 누르면 리스트 가장 아래로 이동한다.

2개 이상의 방정식 리스트에 동일한 변수가 사용되고 있다면 그 변수는 방정식간에 공유된다. [SOLVER]메뉴 내 동일한 변수만이 공유되며 [SOLVER]메뉴 밖에서는 공유되지 않은 점에 유의해야 한다. 예를 들어 [SOLVER]에 있는 [PRICE]변수는 [BUS]메뉴의 [PRICE]변수와 공유되지 않는다.

【방정식 및 변수 지우기】

구 분	주 요 내 용
변수 값 지우기	변수를 가진 메뉴가 화면에 나타나면 [■][CLEAR DATA]를 누른다. 각 변수 값은 "0"으로 되고 변수의 위치는 메모리의 저장 위치를 그대로 보유한다. 변수 값을 지워도 메모리 공간은 보전되지 않는다.
변수 삭제	변수를 삭제하면 그 값과 저장위치가 완전히 없어지며 메모리 공간이 늘어난다.
방정식 또는 그 변수 삭제	① 삭제하고자 하는 방정식을 불러온다. ② [SOLVE]메뉴에서 [DELET]키를 누른다. ③ 방정식을 삭제할 경우, 다음 두 가지 질문에 [YES]를 선택한다. DELETE THE VARIABLES ? DELETE THE EQUATION ? ④ 변수만 삭제할 경우 DELETE THE EQUATION?에 [NO] 선택
모든 방정식 또는 모든 변수 삭제	① [SOLVE]메뉴를 선택한다 ② 모든 방정식을 삭제할 경우 [■][CLEAR DATA]를 누르고 다음과 같은 질문이 나오면 [YES] 선택 DELETE THE VARIABLES ? DELETE THE EQUATION ? ③ 변수만 삭제할 경우 DELETE THE EQUATION?에 [NO] 선택

카. 오류

계산기를 사용하는 동안 잘못된 키를 누르거나 계산할 숫자를 소실한 경우에 계산기에서 신호음이 나거나 다음과 같은 에러메시지가 나타난다. 이 때는 [CLR] 또는 [⬅]키를 사용하여 에러 메시지를 지운 다음 올바른 키를 누르면 작업을 계속 진행할 수 있다.

관련 키	오 류 조 건
BAD GUESSES PRESS [CLR] TO VIEW	솔버는 숫자 검색을 시작할 수 없음
BATT TOO LOW TO PRINT	자료를 전송하기 위해 새로운 건전지가 설치되어야 함
CURRENT LIST UNNAMED; NAME OR CLEAR THE LIST	현재 리스트를 지우거나 제목을 붙이지 않고 다른 리스트를 만들려고 함. 지우려면 [■][CLEAR DATA], 제목을 붙이려면 [NAME]을 누름

관련 키	오 류 조 건
EMPTY LIST	비어 있는 [CFLO], [SUM]을 이용하여 계산을 시도함
ERROR: LOGARITHM(NEG) ERROR: LOGARITHM(0)	음수의 로그값 또는 0의 로그값을 구하려고 함
ERROR: NEG^NONINTEGER	음수를 정수가 아닌 수로 제곱함
ERROR: OVERFLOW	계산결과가 계산기가 처리하기에 너무 큼
ERROR: SQRT(NEG)	음수의 제곱근을 계산하려고 함
ERROR: UNDERFLOW	계산결과가 계산기가 처리하기에 너무 작음
ERROR: 0^NEG	0에 대한 음수승
ERROR: 0÷0	0을 0으로 나누려고 함
ERROR: 0^0	0에 대한 0승
ERROR: ÷0	0으로 나누려고 함
INPUT CAUSED÷0	변수에 저장된 숫자가 계산과정에서 0으로 나누어졌음
INSUFFICIENT DATA	리스트에 있는 단 하나의 값으로 표준편차를 계산하려고 함 모든 값이 동일한 X변수를 사용하여 최적의 곡선도표를 시도함
INSUFFICIENT MEMORY	계산을 실행하기에 불충분한 메모리 보유
INTEREST ⇒ -100%	다음과 같은 값이 -100보다 같거나 작음 ◆ TVM 메뉴 : I%YR÷P/YR ◆ PER 메뉴 : NOM%÷P(EFF% 계산) : EFF%(NOM% 계산) ◆ CONT 메뉴 : EFF% 계산 ◆ CFLO 메뉴 : I%(NPV, NUS 또는 NFV) 또는 IRR% 추정
INTERRUPTED	I%YR와 IRR%의 계산, 상환 계산결과 솔버변수 또는 SUM 리스트가 중단됨
INVALID DATE	입력된 숫자는 적절한 데이터 형식으로 입력되지 않았음 1987년 1월 1일과 2086년 12월 31일 범위를 벗어난 데이터를 설정하려고 하였거나 1582년 10월 15일과 9999년 12월 31일 범위이외의 수식 데이터를 사용하려고 시도함
INVALID EQUATION	수식작성 오류, 변수 제목이 적절하지 않음

관련 키	오 류 조 건
INVALID INPUT	변수에 대해 허용된 값의 범위를 벗어난 숫자를 입력하려고 함. 입력된 숫자는 적정한 시간으로 해석 불가. 약속일정의 반복간격이 범위를 벗어남. 소수점 표시할 때, 음수 또는 비정수 사용
INVALID N	N≤0.99999 또는 $N \geq 10^{10}$으로 I%YR을 계산함.
IRR%>0 EXIST; KEY IN GUESS; [STO]{IRR%}	IRR% 계산은 음수의 결과를 산출하였으나, 하나의 양수 값도 있음
MACHINE RESET	계산기가 리셋되었음
MANY OR NO SOLUTION	계산기는 I%YR을 계산할 수 없음. PV, PMT, FV에 저장된 값을 점검할 것. 숫자의 부호가 올바른지 확인할 것. PV, PMT, FV값이 옳다면 TVM메뉴로 계산하기에는 너무 복잡함. IRR%를 계산하기 위하여 CFLO메뉴를 사용하여 계산할 수 있음
MANY/NO SOLUTION; KEY IN GUESS; [STO]{IRR%}	IRR% 계산이 너무 복잡하여 추정치를 저장할 필요가 있음
MEMORY LOST	연속 메모리가 지워짐
NAME ALREADY USED: TYPE A NAME; [INPUT]	입력하려는 리스트 제목이 이미 사용 중이므로 새로운 제목을 입력하고 [INPUT]을 누를 것
NO SOLUTION	현재 메뉴 또는 리스트에 저장된 값을 사용할 경우 어떤 해답을 얻을 수 없음. 가장 일반적인 현상은 현금흐름이나 화폐의 시간가치에서 유입·유출기호가 잘못 표기된 상태에서 계산
N! N<0 OR N NONINTEGER	음수 또는 정수가 아닌 값의 팩토리얼을 계산하려 함
OVERFLOW	계산결과가 계산기로 처리하기에 너무 크다는 경고(에러가 아님)
SOLUTION NOT FOUND	변수에 저장된 현재 값을 사용할 경우 솔버방정식의 해답을 얻을 수 없음
UNDERFLOW	계산결과가 계산기로 처리하기에 너무 작다는 경고(에러가 아님)
UNEQUAL LIST LENGTH	리스트 길이가 동일하지 않은 것을 사용하여 2개의 SUM리스트를 계산하려고 함

제 2 장 화폐의 시간가치

AMORT INT NPV RND IRR
n 12× i 12÷ PV CFo PMT CFj FV Nj CHS DATE 7 BEG 8 END 9 MEM ÷
BOND DEPRECIATION
PRICE YTM SL SOYD DB
%T LN △% FRAC % INTG EEX △DYS
CLEAR
P/R Σ PRGM FIN REG PREFIX
R/S PSE SST BST GTO CLx
ENTER
ON STO RCL

제2장 화폐의 시간가치

1. 화폐의 시간가치 및 현금흐름 개요

이 장과 다음 장에서 배우게 될 화폐의 시간가치(Time Value of Money) 및 현금흐름(Cash Flow)은 재무계산기를 활용하여 현재 또는 미래의 화폐에 대한 가치를 계산하는 것이다. 재무계산기를 활용하여 계산하는 방법을 소개하기에 앞서, 우리가 계산하게 될 화폐의 시간가치나 현금흐름이 무엇이고 어떤 방법으로 계산하는지에 대해 개략적으로 설명하고자 한다.

일상생활에서 화폐(money)란 말은 다양한 용도로 사용되고 있다. 먼저 돈 그 자체로 단순한 통화나 주화를 의미할 수 있다. 한국은행에서 위조를 막기 위해 5천 원권 지폐 도안을 변경한다거나 10만 원권의 고액 지폐를 발행한다거나 할 때 논의되는 화폐는 돈 그 자체를 의미한다. 만약 어떤 사람이 당신은 얼마나 돈을 많이 버느냐고 묻는다면, 그것은 당신에게 소득을 묻는 것이다. 만약 어떤 사람이 "나는 많은 돈을 가지고 있다"고 한다면, 그것은 현금을 많이 가지고 있다는 뜻이 아니라 부자라는 의미이다. 또한 어떤 사람이 기업은 "돈 버는 데만 관심이 있다"고 비난한다면, 그것은 기업이 이윤추구에만 열중한다는 의미이다(『스티글리츠의 경제학』, 599쪽).

이렇듯 화폐라는 말은 통화, 소득, 부, 이윤 등 다의적으로 사용되고 있어 정확한 화폐의 의미는 그 문맥에서 살펴보아야 한다. 경제학자 맨큐는 화폐에 대해 "사람들이 다른 사람들로부터 재화와 서비스를 구입하기 위해 통상적으로 사용되는 몇 가지 자산"으로 정의하고 있다(『맨큐의 경제학』, 588쪽). 이 책에서 화폐는 현금흐름과 동일하게 재화와 서비스를 구입하기 위해 사용되는 자산뿐만 아니라 미래의 재무 목표를 달성하기 위하여 축적하는 데 사용되는 자산으로 폭 넓게 사용되고 있다. 매달 벌어오는 월급이나 미래의 생활을 위해 필요한 생활비, 자녀의 대학교육비를 마련하기 위한 저축, 그리고 본인의 은퇴생활을 준비하기 위하여 투자된 주식이나 부동산도 화폐 또는 현금흐름으로 간주된다. 또한 주택구입이나 자동차 구입시 금융기관으로부터 차입하는 대출금이나 매달 상환하는 원금과 이자도 화폐나 현금흐름으로 간주된다.

이러한 화폐 또는 현금흐름은 시간에 따라 가치가 달라진다. 미국의 국부이자 과학자이고 철저한 자기관리자이며, 미국의 100달러짜리 지폐에 초상화가 도안된 벤자민 프랭클린이 젊은 시절 서점의 종업원으로 일했을 때의 일화가 화폐의 시간가치에 대한 적절한 예가 될 수 있을 것이다. 고객이 책을 할인해 달라고 하자, 프랭크린은 시간의 경과에 따라 할인을 해주는 것이 아니라 본인의 시간을 소비하게 하였다고 하여 오히려 책값을 올렸다. 이렇듯 만인에게 동등한 시간은 가치가 있으며, 특히 화폐의 경우 발생시점에 따라 가치가 달라진다. 예를 들어 오늘의 10,000원과 1주일 후의 10,000원은 금액크기로는 동등하지만, 둘 중 하나를 선택하라고 하면 대부분의 사람은 오늘의 10,000원을 선택한다. 즉 오늘의 10,000원이 1주일 후의 10,000원보다 더 가치있는 것으로 생각한다. 이는 경제학에서 경제주체들이 현재소비를 미래소비보다 더 선호하는 시간선호(time preference)의 개념으로 설명될 수 있으며, 시간 선호 개념은 소비자가 확실한 현재의 소비를 불확실한 미래의 소비보다 더 선호한다고 보는 경제학의 가정에서 도출된 개념이다.

재무관리에서는 동일한 금액이라면 미래의 현금보다 현재의 현금을 더 선호하는 유동성 선호(liquidity preference)로 화폐의 시간가치를 설명한다. 유동성 선호는 다음과 같이 설명된다.

- **시차선호**: 사람들은 현금으로 소비하는 데 인간의 생명은 유한하기 때문에 동일금액의 소비일 경우 미래의 소비보다 현재의 소비를 선호한다.
- **실물 투자기회의 존재**: 수익성이 있는 실물 투자기회가 존재하는 경우 현재의 현금은 투자기회를 통하여 가치를 증대시킬 수 있다.
- **인플레이션**: 인플레이션이 발생하면 미래의 현금은 현재의 현금보다 구매력이 떨어진다.
- **미래의 불확실성**: 미래의 불확실성으로 인하여 미래의 현금은 실현되지 않을 가능성이 있다.

화폐의 시간가치는 측정시점에 따라 현가(현재가치, PV: present value)와 종가(미래가치, FV: future value)로 구분할 수 있다. 현가는 미래의 화폐를 현재 시점에서 평가한 가치이며, 종가는 현재의 화폐가치를 미래의 일정시점에서 평가한 가치이다. 즉 1년 후 500만 원을 받을 권리가 있을 경우 이 권리를 현재 시점에서 평가한 것이 현가이다. 만약 오늘 500만 원을 은행에 저축할 경우 1년 경과한 시점에서 받을 수 있는 금액은 미래 시점에서 평가한 것으로 종가를 의미한다.

이러한 현가와 종가를 계산함에 있어 부딪치는 문제는 서로 다른 시점의 화폐에 대해 어떤 기준으로 평가하느냐이다. 현재의 500만 원과 1년 후의 500만 원에 대한 평가와 같이 동일한 금액의 화폐에 대해서는 현재의 500만 원이 미래의 동일한 금액보다 가치가 있다고 쉽게 판단할 수 있다. 그러나 현재의 500만 원에 대한 1년 후 525만 원 아니면 575만 원일 경우, 즉 현가 500만 원과 종가 525만 원, 종가 575만 원 중 어떤 것이 더 가치있는가는 판단하기 어렵다. 물론 종가만 비교할 경우에는 525만 원보다 575만 원이 가치가 더 있다는 것은 알 수 있지만, 현가와 종가를 각각 비교할 때는 선택이 쉽지 않다.

이렇게 서로 다른 시점의 화폐에 대한 가치를 평가하기 위해 고안된 것이 이자(interest)이다. 이자는 화폐에 대한 현재의 가치를 포기하고 그 대가로 추가로 받을 수 있는 가치를 의미한다. 만일 현재의 500만 원에 대하여 1년 후 각각 25만 원과 75만 원의 이자를 지급하는 투자대상이 있을 경우 75만 원의 이자를 지급하는 투자대상이 25만 원을 지급하는 투자대상 보다 더 가치가 있다. 그러나 만약 현가가 다른 경우에는 이자만으로 비교하는 것은 의미가 없을 수 있다. 예를 들어 현재의 500만 원에 대해 1년 후에 25만 원의 이자를 지급하는 은행저축과 현재의 1,000만 원에 대해 1년 후에 30만 원을 지급하는 채권이 있을 경우 투자자는 1년 후에 이자를 5만 원 더 지급하는 채권에 투자하지는 않을 것이다. 왜냐하면 이자는 분명 채권이 많지만 이 채권은 은행저축에 비해 500만 원이라는 화폐의 가치를 추가적으로 포기하여야 하기 때문이다.

- 이자 = 종가 − 현가
- 종가 = 현가 + 이자
- 현가 = 종가 − 이자

서로 다른 현가에 대한 가치를 측정하기 위해서는 이자를 창출하는 현가를 동일한 기준으로 비교하여야 한다. 이를 위해 이자를 현가로 나눈 것, 즉 현가에 대한 이자의 비율을 이자율(이율, interest rate)이라고 한다(이자율 = 이자 / 현가). 이자율을 통해 앞의 은행저축과 채권을 비교하면 은행저축은 5%(25만 원 / 500만 원)이며, 채권은 3%(30만 원 / 1,000만 원)이다. 따라서 투자자 입장에서는 다른 상황이 동일하다면 은행저축에 투자하는 것이 화폐의 시간가치를 최대화할 수 있다. 또한 시장에서 1년간의 이자율이 몇 %이냐에 따라 앞의 현가 500만 원, 종가 525만 원, 종가 575만 원의 가치는 다를 수 있다.

- 이자율 = 이자 / 현가

【시장 이자율에 따른 화폐의 시간가치】

1년 시장이자율	화폐의 시간가치
2.5%	현가 500만 원 < 종가 525만 원 < 종가 575만 원
5%	현가 500만 원 = 종가 525만 원 < 종가 575만 원
7.5%	종가 525만 원 < 현가 500만 원 < 종가 575만 원
10%	종가 525만 원 < 현가 500만 원 < 종가 575만 원
12.5%	종가 525만 원 < 현가 500만 원 < 종가 575만 원
15%	종가 525만 원 < 현가 500만 원 = 종가 575만 원
17.5%	종가 525만 원 < 종가 575만 원 < 현가 500만 원
20%	종가 525만 원 < 종가 575만 원 < 현가 500만 원

이자가 창출되는 형태는 단위 기간에 창출된 이자가 현가에 추가되어 현가 금액을 증가시킴으로써 새로 추가되는 이자의 금액을 증가시키거나, 또는 단위기간에 창출된 이자가 현가에 추가되지 않고 기간 중 일정한 이자를 지급하는 것으로 구분할 수 있다. 전자와 같이 이자가 다시 현가에 추가되는 것을 복리(compounding interest)라 하고, 후자와 같이 이자가 현가에 추가되지 않는 것을 단리(simple interest)라 한다. 예를 들어 연이자율이 10%일 경우 500만 원의 현가에 대해 5년 동안의 이자와 종가를 계산하면 단리와 복리 사이에 차이가 있음을 알 수 있다.

【단리와 복리의 비교】

기 간	단 리			복 리		
	현 가	이 자	종 가	현 가	이 자	종 가
1년 후	5,000,000	500,000	5,500,000	5,000,000	500,000	5,500,000
2년 후	5,000,000	500,000	6,000,000	5,500,000	550,000	6,050,000
3년 후	5,000,000	500,000	6,500,000	6,050,000	605,000	6,655,000
4년 후	5,000,000	500,000	7,000,000	6,655,000	665,500	7,320,500
5년 후	5,000,000	500,000	7,500,000	7,320,500	732,050	8,052,550

금융상품이나 투자의 경우 복리가 일반적임에 비해, 단리는 일상생활의 금전대차나 호프만식 일실이익 계산과 같이 한정적으로 활용되고 있다. 아인슈타인이 사석에서 20세기 최고의 발견을 양자역학이나 상대성원리 또는 원자폭탄이 아니라 "복리"라고 한 것은 다음 사례를 보면 쉽게 알 수 있다.

【복리의 힘】

	연도	기말 잔고(단위: 달러)
미국 맨해튼 섬은 미국의 주요 금융기관이 밀집되어 있는 곳으로 부동산가격이 높기로 유명하다. 원주민들이 이 섬을 1626년에 피터 미니트(Peter Minuit)에게 약 24달러 가치의 조개염주와 담요로 매도하였다. 원주민들이 이 돈을 매년 6%의 복리를 지급하는 은행계좌에 입금하고 계속 남겨두었다고 가정하였을 경우, 원주민들이 24달러로 맨해튼 섬을 매도한 것이 적정한 거래였는가?	1626	25
	1676	469(+9)
	1726	8,632(+163)
	1776	159,000(+3,007)
	1826	2,928,803(+55,396)
	1876	53,949,003(+1,020,404)
	1926	993,748,958(+18,795,999)
	1976	18,305,000,000(+346,225,021)
	1986	32,781,480,000(+1,447,648,000)
	1996	58,706,640,000(+2,592,516,000)
	2002	83,276,490,000(+4,094,975,000)

※ (　) 안은 은행계좌의 단순 연평균 증가액

지금까지 현가에 일정한 이자율을 곱하여 종가를 계산하였으나, 반대로 미래 일정 시점의 종가를 현가로 계산할 수 있다. 종가를 현가로 계산하는 것을 할인(discount)이라고 하며, 이 때 사용되는 이자율을 할인율이라고 한다. 일반적으로 현가를 PV, 종가를 FV,

이자율을 i, 기간을 n이라 하면 다음과 같은 식이 성립된다. 이자율과 할인율은 동전의 양면과 같이 동일한 의미를 갖고 있다.

- $FV = PV \times (1+i)^n$
- $PV = FV \ / \ (1+i)^n$

앞에서 본 바와 같이 동일한 이자율과 현가라도 복리로 부리되는가 아니면 단리로 부리되는가에 따라 종가가 달라진다. 이렇게 종가에 미치는 영향은 단리와 복리뿐만 아니라, 동일한 복리이더라도 이자 지급횟수 또는 복리횟수에 따라 달라진다. 예를 들어 500만 원을 연 이자율 12%의 신탁상품 가나와 다라에 투자할 경우를 살펴보자. 가나신탁은 1년에 1번 이자를 지급하는 연복리 상품이고 다라신탁은 1년에 2번 이자를 지급하는 반기복리 상품으로 이자율이나 현가는 동일하다.

- 가나신탁의 종가

  $FV = PV \times (1+i)^n$ = 500만 원$\times(1+0.12)^1$ = 560만 원

- 다라신탁의 종가

  ▶ 6개월 후 종가(연 이자율이 12%이기 때문에 6개월 동안 이자는 0.12%×6/12 = 0.06%임): $FV = PV \times (1+i)^n$ = 500만 원$\times(1+0.06)^1$ = 530만 원

  ▶ 1년 후 종가: $FV = PV \times (1+i)^n$ = 530만 원$\times(1+0.06)^1$ = 561만 8,000원

연 이자율이 동일하더라도 복리횟수가 1번인 가나신탁의 종가는 560만 원이나 복리횟수가 2번인 다라신탁의 종가는 561만 8,000원으로 차이가 발생함을 알 수 있다. 가나신탁은 연 이자율 12%와 이자율 계산에 의한 이자율(이자율=이자/현가=60만 원/500만 원=12%)이 동일하다. 다라신탁은 연 이자율은 12%이나 이자율 계산에 의한 이자율(이자율=이자/현가=61만 8,000원/500만 원=12.36%)은 12.36%로 연 이자율이 다르게 나타난다. 이와 같이 단위 기간(보통 1년)에 대한 이자율, 투자대상에 명기된 이자율 또는 복리횟수를 고려하지 않은 이자율을 명목이자율(명목이율, nominal or stated interest rate)이라고 한다. 이에 비해 실효이자율(실효이율, effective rate of interest)은 기간이나 복리횟수를 고려하여 계산된 이자율로 서로 다른 기간의 투자 대상이나 복리횟수가 다른 투자 대상의 비교시 활용된다. 동일한 명목이자율 하에서 복리횟수가 많을

수록 실효이자율은 높게 나타난다. 할인의 경우에는 복리와는 반대로 동일한 명목할인 이자율과 종가하에서 복리횟수가 많을수록 현가는 적어진다.

【명목이자율과 실효이자율】

	복리횟수	종 가	실효이자율
500만 원을 연명목이자율 12%인 마바신탁에 투자할 경우 1년 후 종가 및 실효이자율	1(연 복리)	5,600,000	12.00%
	2(반기 복리)	5,618,000	12.36%
	4(분기 복리)	5,627,544	12.55%
	12(월복리)	5,634,125	12.68%
	365(일 복리)	5,637,373	12.75%

이제까지 설명한 것은 현가와 이자율이 얼마일 때 종가계산 또는 종가와 할인율이 얼마일 때 현가계산이었다. 이 때 현가나 종가는 원금이거나 원리합계이거나 하나의 금액을 의미하였다. 그러나 매월 10만 원씩 저축하거나 또는 매월 연금으로 50만 원을 받을 경우와 같이 현금흐름이 일정한 기간에 동일하게 반복되는 것이 있다. 이러한 것을 연금(Annuity)이라 하며 현금흐름이 기시(연초, 월초, annuity due, beginning mode)에 발생하는가 아니면 기말[연말, 월말, (ordinary) annuity, ending mode]에 발생하는가에 따라 값이 달라진다. 예를 들어 매년초에 100만 원을 저축하고, 연명목이자율이 6%이고 연복리인 기시급 연금(annuity due)의 5년말 종가를 계산하면 5,975,319원이 된다.

【기시연금의 종가 계산】

구 분	1년말	2년말	3년말	4년말	5년말
1년초 저축	1,000,000× $(1+0.06)^1$ =1,060,000	1,000,000× $(1+0.06)^2$ =1,123,600	1,000,000× $(1+0.06)^3$ =1,191,016	1,000,000× $(1+0.06)^4$ =1,262,477	1,000,000× $(1+0.06)^5$ =1,338,226
2년초 저축		1,000,000× $(1+0.06)^1$ =1,060,000	1,000,000× $(1+0.06)^2$ =1,123,600	1,000,000× $(1+0.06)^3$ =1,191,016	1,000,000× $(1+0.06)^4$ =1,262,477
3년초 저축			1,000,000× $(1+0.06)^1$ =1,060,000	1,000,000× $(1+0.06)^2$ =1,123,600	1,000,000× $(1+0.06)^3$ =1,191,016
4년초 저축				1,000,000× $(1+0.06)^1$ =1,060,000	1,000,000× $(1+0.06)^2$ =1,123,600
5년초 저축					1,000,000× $(1+0.06)^1$ =1,060,000
합 계					5,975,319

만약 저축을 매년 말에 할 경우 저축 시기만 제외하고 앞의 경우와 동일하다면 5년말의 종가는 5,637,093원이 된다. 기시급의 연금 종가는 기말급의 연금 종가에 비해 하나의 단위기간만큼 더 복리로 부리됨을 알 수 있다.

【기말연금의 종가 계산】

구 분	1년말	2년말	3년말	4년말	5년말
1년말 저축	$1{,}000{,}000\times(1+0.06)^0$ =1,000,000	$1{,}000{,}000\times(1+0.06)^1$ =1,060,000	$1{,}000{,}000\times(1+0.06)^2$ =1,123,600	$1{,}000{,}000\times(1+0.06)^3$ =1,191,016	$1{,}000{,}000\times(1+0.06)^4$ =1,262,477
2년말 저축		$1{,}000{,}000\times(1+0.06)^0$ =1,000,000	$1{,}000{,}000\times(1+0.06)^1$ =1,060,000	$1{,}000{,}000\times(1+0.06)^2$ =1,123,600	$1{,}000{,}000\times(1+0.06)^3$ =1,191,016
3년말 저축			$1{,}000{,}000\times(1+0.06)^0$ =1,000,000	$1{,}000{,}000\times(1+0.06)^1$ =1,060,000	$1{,}000{,}000\times(1+0.06)^2$ =1,123,600
4년말 저축				$1{,}000{,}000\times(1+0.06)^0$ =1,000,000	$1{,}000{,}000\times(1+0.06)^1$ =1,060,000
5년말 저축					$1{,}000{,}000\times(1+0.06)^0$ =1,000,000
합 계					5,637,093

기시급과 기말급 여부에 따라 연금 종가의 값이 달라지듯이 연금 현가 또한 기시급이냐 기말급이냐에 따라 달라진다. 연금 계산에 있어 기시급이냐 기말급이냐의 구분과 마찬가지로, 미래의 현금흐름이 불규칙한 현금흐름 계산에 있어서도 현금흐름의 발생시기를 명확히 인식하는 것이 중요하다. 이를 위하여 일반적으로 현금흐름도표(cash flow diagram)를 이용하면 계산의 오류를 줄일 수 있다.

현금흐름도표를 그릴 때 횡축은 시간을 종축은 현금흐름을 표시하되, 현금흐름이 유입이면 횡축 위로, 현금흐름이 유출이면 아래로 표시한다. 또한 재무계산기로 계산할 때는 현금유출일 경우에는 음의 숫자를 입력하여야 하고, 현금유입일 경우에는 양의 숫자를 입력하여야 한다. 현금유출과 현금유입은 하나의 기준, 즉 현금흐름에 대해 채권자의 입장에서 보든지 아니면 채무자(금융기관)의 입장에서 보든지 하나의 입장으로 일관성 있게 보면 된다. 예를 들어 매년초 100만 원을 저축하여 5년 말의 종가를 구할 경우에, 본인을 채권자로 보면 매년 지급되는 100만 원은 현금유출로 음의 숫자이고, 5년말에 받는 종가는 양의 숫자가 된다. 반대로 채무자로 볼 경우 금융기관에서는 매년 100만 원의 현금유입이 있고 5년말에는 현금유출이 발생하게 된다. 만약 재무계산기를 사용시 이러한 규칙을 어길 경우에는 오류 표시가 나오거나 잘못된 값이 산출될 수 있음을 유의하여야 한다.

현금흐름도표를 작성시 일부 도서나 매뉴얼에서는 현가는 현금유출로 표시하고 종가는 현금유입으로 일관되게 표시하는 경우도 있다. 이 때에는 연금액이 현금유출인지 현금유입인지는 종가 또는 현가의 현금흐름과 반대인지 아니면 동일한 방향인지에 따라 부호가 결정된다.

앞의 기시급과 기말급의 현금흐름도표를 그리면 아래와 같다.

【기시급의 현금흐름도표】

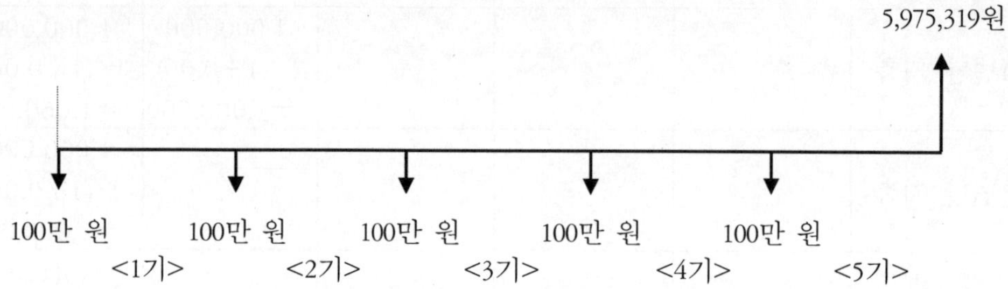

【기말급의 현금흐름도표】

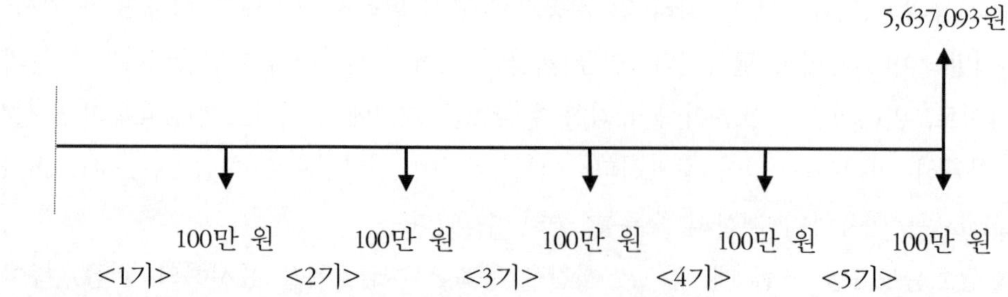

화폐의 시간가치나 현금흐름은 광의적으로 동일한 의미를 갖고 있다. 그러나 재무계산기로 계산할 경우 화폐의 시간가치와 현금흐름은 계산 대상이 서로 다르다. 앞에서 본 바와 같이 일시금의 종가나 연금의 현가와 같이 일시금 또는 일정한 금액이 일정한 기간 동일하게 지급되거나 지출되는 경우에는 화폐의 시간가치에서 계산을 한다. 이에 비해 현금흐름은 금액이 동일하지 않거나 기간이 연속적이지 않은 것의 현가를 계산하거나 수익률을 계산하는 데 사용된다. 즉, 매년초 100만 원을 받는 연금의 현가를 계산하는 경우에는 화폐의 시간가치로 계산되고, 주택을 구입하여 매매하였을 경우와 같이

현금흐름이 불규칙하게 발생할 때의 현가계산은 현금흐름으로 계산된다. 물론 화폐의 시간가치로 계산할 수 있는 것은 대부분 현금흐름으로 쉽게 계산할 수 있다(재무계산기의 용량을 벗어난 것을 제외하고). 그러나 현금흐름으로 계산할 수 있는 문제를 화폐의 시간가치로 계산할 경우에는 계산이 불가능하지는 않지만 아주 비효율적인 경우가 대부분이다.

- 화폐의 시간가치

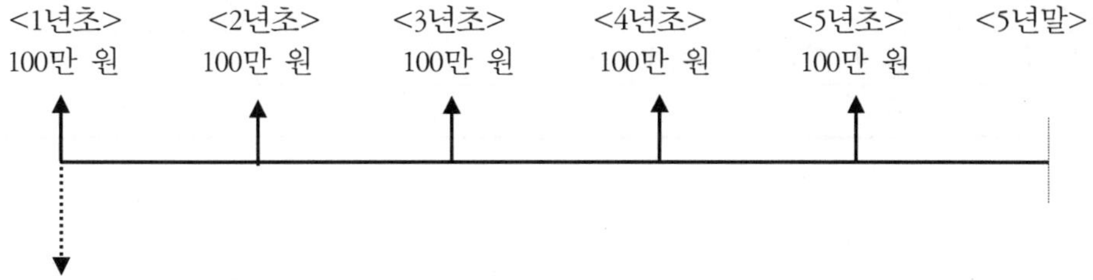

- 현금흐름

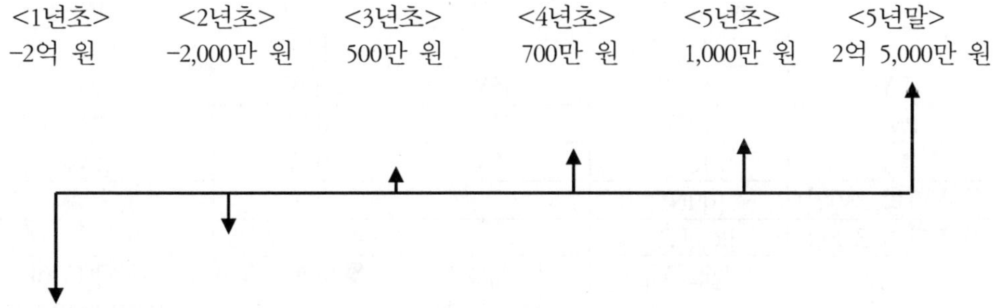

2. 화폐의 시간가치 계산을 위한 키

가. 기본 키

구 분	키 설 명
n	현가, 종가의 기간 또는 연금 지급 횟수
i	명목 이율
PV	현가
PMT	연금액, 정기적 지출액 (저축액)
FV	종가

나. 재무계산기별 키

구 분	HP 12C	BAⅡ PLUS	HP 10BⅡ	HP 17BⅡ
n	[n], [g][12×]	[N]	[N]	[N]
i	[i], [g][12÷]	[I/Y]	[I/YR]	[I%YR]
PV	[PV]	[PV]	[PV]	[PV]
PMT	[PMT]	[PMT]	[PMT]	[PMT]
FV	[FV]	[FV]	[FV]	[FV]
이자(단리, 360일)	[f][INT]			
이자(단리, 365일)	[R↓][x≷y]			
기시	[g][BEG]	[2nd][BGN] [2nd][SET]	[■][BEG/END]	[FIN][TVM] [OTHER][BEG]
기말	[g][END]	[2nd][BGN] [2nd][SET]	[■][BEG/END]	[FIN][TVM] [OTHER][END]
제거	[f][CLEAR FIN] [f][CLEAR REG]	[2nd][CLR TVM]	[■][C ALL]	[■][CLEAR DATA]

줄탁(茁啄)

기시급인 경우에는 HP 12C는 화면하단에 "BEGIN", BAⅡ PLUS는 화면 상단에 "BGN", HP 10BⅡ는 화면 하단에 "BEGIN"이라는 표시가 나타나며, 기말 급인 경우는 아무런 메시지가 나타나지 않는다.

3. 단리 계산

단리(Simple Interest)는 현가(또는 원금)에 이자가 추가되지 않는 것으로 일반적으로 개인간의 채무관계 등 제한적인 용도에 사용된다.

공식
• 이자 계산 : $I = PV \times i \times n$ • 이자율 계산 : $i = I / (PV \times n)$ • 기간 계산 : $n = I / (PV \times i)$ • 종가 계산 : $FV = PV + I$ $= PV + PV \times i \times n$ $= PV(1 + i \times n)$ • 현가계산 : $PV = FV - I$ $= FV / (1 + i \times n)$
I: 이자, i: 이자율, n: 기간 (일수)

재무계산기 사용 키	
HP 12C	BA II PLUS
• [n] : 경과 일자 • [i] : 연명목이율 • [PV] : 현가(원금) • [f][INT] : 이자(360일 기준) • [R↓][x≷y] : 이자(365일기준)	• 단리계산에 관한 키가 별도로 있지 않음
HP 10B II	HP 17B II
• 단리계산에 관한 키가 별도로 있지 않음	• 단리계산에 관한 키가 별도로 있지 않음

기본예제 II-3-1 이자

김경수씨는 장남인 김차돌씨가 스포츠카를 구입하면서 계약금으로 필요한 500만 원을 빌려달라고 함에 따라 자녀의 재무적 독립심을 키우기 위해 계약서를 작성하고 500만 원을 빌려주었다.
계약서에는 1년 후 원금과 이자를 모두 상환하는 조건이며, 이자는 연이율 7% 단리로 하기로 하였다. 1년 후 김경수씨가 장남인 김차돌씨에게 받을 이자는 얼마인가?

HP 12C		BA II PLUS	
키 입력	화면 표시	키 입력	화면 표시
365[n]	365.00	5000000	5,000,000
7[i]	7.00	[×]	5,000,000.00×
5000000[CHS][PV]	−5,000,000.00	7[%]	0.07
[f][INT][R↓][$x^{>}_{<}y$]	350,000.00	[=]	350,000.00

HP 10B II		HP 17B II	
키 입력	화면 표시	키 입력	화면 표시
5000000	5,000,000	5000000	5,000,000
[×]	5,000,000.00	[×]	5,000,000.00×
7[%]	0.07	7[%]	5,000,000.00×0.07
[=]	350,000.00	[=]	350,000.00

답 350,000원

유제 1 강동수씨는 주택을 수리하기 위해 친구로부터 700만 원을 빌렸다. 차입조건이 연이율 8% 단리일 경우 1년 후 갚아야 할 이자는 얼마인가?

답 56만 원

유제 2 고남규씨는 2,000만 원을 연이율 5%의 단리로 부리되는 은행계좌에 입금하였다. 1년 후에 이자는 얼마인가?

답 100만 원

기본예제 II-3-2 종가

앞의 기본예제 II-3-1에서 1년 후 김경수씨가 장남인 김차돌씨에게 받을 원금과 이자의 합은 얼마인가?

HP 12C		BA II PLUS	
키 입력	화면 표시	키 입력	화면 표시
365[n]	365.00	5000000	5,000,000
7[i]	7.00	[+]	5,000,000.00
5000000[CHS][PV]	−5,000,000.00	7[%]	350,000.00
[f][INT][R↓][x⪌y]	350,000.00	[=]	5,350,000.00
[+]	5,350,000.00		

HP 10B II		HP 17B II	
키 입력	화면 표시	키 입력	화면 표시
5000000	5,000,000	5000000	5,000,000
[+]	5,000,000.00	[+]	5,000,000.00+
7[%]	350,000.00	7[%]	5,000,000.00+350,000.00
[=]	5,350,000.00	[=]	5,350,000.00

답 5,350,000원

유제 1 곽지영씨는 1,500만 원을 7년 전에 은행에 예금하였다. 연 9.5% 단리를 시급하는 예금상품이라면 이 계좌의 현재 잔액은 얼마인가?

답 2,497.5만원

유제 2 구본성씨는 3년 전에 김기홍씨에게 2,500만 원을 8% 단리를 받기로 하고 빌려주었다. 오늘 현재 구본성씨가 받을 원금과 이자의 합계는 얼마인가?

답 3,100만 원

기본예제 II-3-3 현가(원금)

이재정씨는 단리로 돈을 빌려주고 나서 1년 후에 10,700,000원을 받았다. 적용이율이 단리 연 7%일 경우, 이재정씨는 1년 전 얼마를 빌려주었는가?

HP 12C		BA II PLUS	
키 입력	화면 표시	키 입력	화면 표시
10700000[ENTER]	10,700,000.00	10700000	10,700,000
1[ENTER]	1.00	[÷]	10,700,000.00
0.07[ENTER]1[×]	0.07	1.07	1.07
[+]	1.07	[=]	10,000,000.00
[÷]	10,000,000.00		

HP 10B II		HP 17B II	
키 입력	화면 표시	키 입력	화면 표시
10700000	10,700,000	10700000	10,700,000
[÷]	10,700,000.00	[÷]	10,700,000.00÷
1.07	1.07	1.07	10,700,000.00÷1.07
[=]	10,000,000.00	[=]	10,000,000.00

답 10,000,000원

유제 1 김경수씨는 단리로 돈을 빌려주고 나서 2년 후에 11,600,000원을 받았다. 적용이율이 단리 연 8%일 경우, 김경수씨는 2년 전 얼마를 빌려주었는가?

답 10,000,000원

유제 2 홍대연씨는 1년 전에 은행의 단리 예금상품에 예금하여 오늘 12,720,000원을 받았다. 적용이율이 단리 연 6%일 경우, 홍대연씨는 1년 전 얼마를 예금하였는가?

답 12,000,000원

기본예제 II-3-4 이자율

신영철씨는 1년 전 단리이율로 다른 사람에게 10,000,000원을 빌려주었다. 1년 후 10,800,000원을 상환받았을 경우 빌려준 돈의 연 이자율은 얼마인가?

HP 12C		BA II PLUS	
키 입력	화면 표시	키 입력	화면 표시
10800000[ENTER]	10,800,000.00	10800000[−]	10,800,000.00
10000000[−]	800,000.00	10000000	10,000,000
10000000[ENTER]	10,000,000.00	[÷]	800,000.00
1[×]	10,000,000.00	10000000[=]	0.08
[÷]	0.08		

HP 10B II		HP 17B II	
키 입력	화면 표시	키 입력	화면 표시
10800000[−]	10,800,000.00	10800000[−]	10,800,000.00−
10000000	10,000,000	10000000	0,800,000.00−10,000,000
[÷]	800,000.00	[÷]	800,000.00÷
10000000[=]	0.08	10000000[=]	0.08

답 8%

유제 1 한기영씨는 1년 전 단리이율로 친구에게 20,000,000원을 빌려주었다. 1년 후 21,800,000원을 상환받았을 경우 빌려준 돈의 연 이자율은 얼마인가?

답 9%

유제 1 김경민씨는 3년 전 단리 예금상품에 18,000,000원을 저금하였다. 3년 후 22,050,000원을 받았다면 이 예금계좌의 연 이자율은 얼마인가?

답 7.5%

기본예제 II-3-5 기간

지영은씨는 다른 사람에게 10,000,000원을 연 단리 5%로 하여 원금과 이자를 일시상환 조건으로 빌려주었다. 원금과 이자를 합쳐 총 11,000,000원이 되려면 얼마의 기간이 필요한가?

HP 12C		BA II PLUS	
키 입력	화면 표시	키 입력	화면 표시
11000000[ENTER]	11,000,000.00	11000000[−]	11,000,000.00
10000000[−]	1,000,000.00	10000000[÷]	1,000,000.00
10000000[ENTER]	10,000,000.00	[(]10000000[×]	10,000,000.00
0.05[×]	500,000.00	0.05[)]	500,000.00
[÷]	2.00	[=]	2.00

HP 10B II		HP 17B II	
키 입력	화면 표시	키 입력	화면 표시
11000000[−]	11,000,000.00	11000000[−]	11,000,000.00−
10000000[÷]	1,000,000.00	10000000[÷]	1,000,000.00÷
[■][(]10000000[×]	10,000,000.00	[(]10000000[×]	10,000,000.00÷
0.05[■][)]	500,000.00	0.05[)]	500,000.00
[=]	2.00	[=]	2.00

답 2년

유제 1 박정수씨는 이웃 사람에게 20,000,000원을 연 단리 6.5%로 하고 원금과 이자는 동시에 받기로 약속하고 빌려주었다. 원금과 이자를 합쳐 총 25,200,000원이 되려면 어느 정도의 기간이 필요한가?

답 4년

유제 1 손혜경씨는 오늘 은행의 연 6% 단리 예금상품에 100만 원을 입금하고 150만 원이 되려면 찾기로 하였다. 손혜경씨는 얼마나 기다려야 하는가?

답 8.33년

4. 일시금 계산

앞에서 공부한 단리를 이용한 화폐의 시간가치는 실생활에 적용되는 경우가 적다. 이에 비해 지금부터 배우는 일시금(Single Sum) 계산이나 연금계산 등은 복리를 사용하여 화폐의 시간가치를 계산하기 때문에 실생활의 다방면에 적용이 가능하다. 단순한 종가의 계산을 통해 저축이나 투자결과를 예측하고, 다양한 저축 및 투자수단을 비교하여 선택할 수 있을 뿐만 아니라, 현명한 재무의사결정을 내리는 기초를 익힐 수 있다.

공식
• 종가 계산 : $FV = PV\ (1+i)^n$ • 현가계산 : $PV = FV / (1+i)^n$ • 이자 계산 : $I = FV - PV = PV\ (1+i)^n - PV = PV\ \{(1+i)^n - 1\}$ • 이자율 계산 : $i = (FV/PV)^{1/n} - 1$ • 기간 계산 : $n = ln(FV/PV)\ /\ ln(1+i)$
I: 이자, i: 이자율, n: 기간(일수), PV: 현가, FV: 종가

재무계산기 사용 키	
HP 12C	BA II PLUS
[n] : 경과기간 [i] : 연 이율 [PV] : 현가 (원금) [FV] : 종가 (원리금 합계) [f][12×] : 월 경과기간 [f][12÷] : 월 이율	[N] : 경과기간 [I/Y] : 연 이율 [PV] : 현가 (원금) [FV] : 종가 (원리금 합계) [P/Y] : 연간 지급횟수 [C/Y] : 연간 복리횟수 [×P/Y] : 총 경과기간
HP 10B II	HP 17B II
[N] : 경과기간 [I/YR] : 1기간당 이율 [PV] : 현가 (원금) [FV] : 종가 (원리금 합계) [■][P/YR] : 연간 지급횟수 및 복리횟수	[N] : 경과기간 [I%YR] : 1기간당 이율 [PV] : 현가 (원금) [FV] : 종가 (원리금 합계) [P/YR] : 연간 지급횟수 및 복리횟수

기본예제 II-4-1 종가

강순심씨는 결혼 전에 회사를 그만두면서 받은 퇴직금 중 500만 원을 연 9% 복리로 부리되는 예금상품에 예치해 두었다. 7년이 지난 지금, 강순심씨의 예금통장의 원리금 합계는 얼마인가?

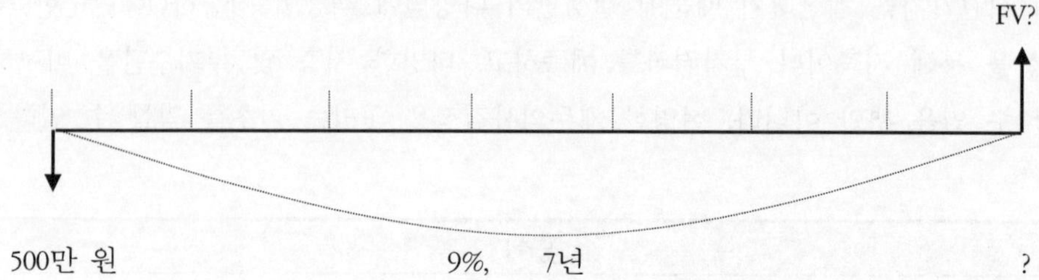

$$FV = 500\text{만 원} \times (1+0.09)^7 = 500\text{만 원} \times 1.83 = 914.02\text{만 원}$$

HP 12C		BA II PLUS	
키 입력	화면 표시	키 입력	화면 표시
[f][CLEAR FIN]	0.00	[2nd][CLR TVM]	0.00
7[n]	7.00	7[N]	N=7.00◁
9[i]	9.00	9[I/Y]	I/Y=9.00◁
500[PV]	500.00	500[PV]	PV=500.00◁
[FV]	−914.02	[CPT][FV]	FV=−914.02*

HP 10B II		HP 17B II	
키 입력	화면 표시	키 입력	화면 표시
[■][C ALL]	0.00	[FIN][TVM]	
7[N]	7.00	[■][CLEAR DATA]	1 P/YR END MODE
9[I/YR]	9.00	7[N]	N=7.00
500[PV]	500.00	9[I%YR]	I%YR=9.00
[FV]	−914.02	500[PV]	PV=500.00
		[FV]	FV=−914.02

답 914.02만 원

줄탁(茁啄)

화폐의 시간가치 계산을 위해서는 매번 메모리를 지우는 습관이 필요함. HP 12C의 경우 〔f〕〔CLEAR FIN〕을 하면 "0.00"이 표시되는 것이 아니라 그 전에 표시된 숫자가 그대로 있으나, 화폐의 시간가치 계산을 위한 제 변수는 제거되어 있는 상태임.

유제 1 김지성씨는 하늘은행에 100,000원을 예금한 후 100년 동안 그 계좌에 넣어 두면 얼마가 되겠는가? 이자는 연 7% 복리로 부리된다.

답 86,771,633원

유제 2 축구선수 김정환씨는 상금으로 받은 돈 2억 원을 은행 신탁상품에 예금하였다. 신탁상품이 연 6% 복리로 부리된다면 5년 후에 그 계좌의 잔액은 얼마인가?

답 267,645,116원

기본예제 II-4-2 기간

현재 은행예금에 1,200만 원의 잔고를 두고 있는 나준호씨는 이 예금계좌의 잔고가 1,500만 원을 넘으면 자동차 구입을 위해 예금을 인출하려고 한다. 예금이자가 연복리 7.5%일 때, 예금잔고가 1,500만 원을 넘으려면 얼마나 걸릴까?

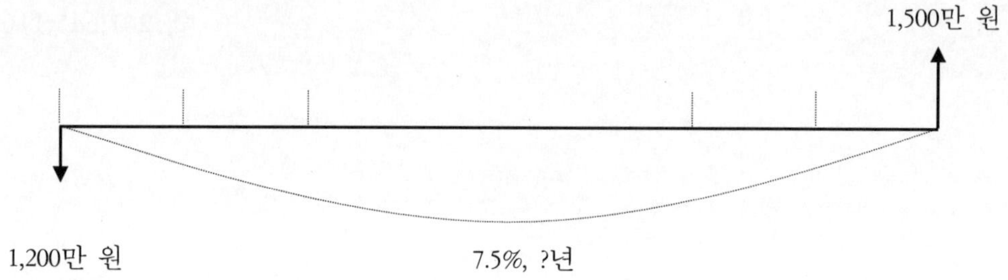

$$1,500만\ 원 = 1,200만\ 원 \times (1 + 0.075)^n$$

HP 12C		BA II PLUS	
키 입력	화면 표시	키 입력	화면 표시
[f][CLEAR FIN]	0.00	[2nd][CLR TVM]	0.00
7.5[i]	7.50	7.5[I/Y]	I/Y=7.50◁
1200[CHS][PV]	−1,200.00	1200[+/−][PV]	PV=−1,200.00◁
1500[FV]	1,500.00	1500[FV]	FV=1,500.00◁
[n]	4.00	[CPT][N]	N=3.09*
		[×]12[=]	37.03

HP 10B II		HP 17B II	
키 입력	화면 표시	키 입력	화면 표시
[■][C ALL]	0.00	[FIN][TVM]	
7.5[I/YR]	7.50	[■][CLEAR DATA]	1 P/YR END MODE
1200[+/−][PV]	−1200.00	7.5[I%YR]	I%YR=7.50
1,500[FV]	1,500.00	1200[+/−][PV]	PV=−1,200.00
[N]	3.09	1500[FV]	FV=1,500.00
[×]12[=]	37.03	[N]	N=3.09
		[×]12[=]	37.03

답 3년 2개월

줄탁(茁啄)

HP 12C의 경우 151쪽의 "쉬어가는 바닥" 참조

유제 1 김선홍씨는 일시금 2,000만 원을 입금하고 2,500만 원이 되면 인출하여 해외여행을 하려고 한다. 예금이자가 연복리 6.5%이라면 얼마나 기다리면 해외여행이 가능한가?

답 3.54년 또는 4년

유제 2 7% 연복리를 가정할 때 원금이 세 배가 되기 위해서 필요한 기간은 얼마인가?

답 16.24년 또는 17년

쉬어가는 바닥

현금유입은 양수, 현금유출은 음수?

기본예제 Ⅱ-4-1과 기본예제 Ⅱ-4-2를 주의 깊게 살펴 본 독자는 의아심을 가질 것입니다. 기본예제 Ⅱ-4-1에서는 저축액인 현가를 양수로 표현하였으나, 기본예제 Ⅱ-4-2에서는 동일한 저축액 현가를 음수로 표현하였습니다. 투자자의 입장에서는 두 저축액 모두 현금 유출에 해당되어 음수로 표현되어야 할 것 같은데….

앞의 현금흐름도표 설명에서 제일 먼저 설명한 것은 현금유입이면 양수, 현금유출이면 음수로 표현하여야 한다고 하였습니다. 그러나 두번째 설명에서는 일관성 있게 적용하는 것이 중요하며, 현금흐름에 대해서는 채권자와 채무자의 관계가 있음을 설명하였습니다. 동일한 현금흐름에 대해 채권자와 채무자의 입장에서 현금흐름의 부호는 다르지만 계산하는 결과는 동일하게 나타납니다.

기본예제 Ⅱ-4-1의 경우 금융기관 입장에서 계산한 종가나 채권자인 강순심씨 입장에서 현가를 음수로 표현하여 계산한 종가나 동일한 값임을 알 수 있습니다. 다만, 종가의 부호만 다를 뿐이지요.

독자들께서는 책의 일관성이나 이해의 용이성을 위해 채권자의 입장에서 계산하고 표시하는 것이 좋지 않을까라는 생각을 할 수 있습니다. 이에 대해서는 경제성이라는 측면과 함께 현금흐름에 대해 일관성있는 표시가 중요하다는 것을 강조하기 위해서 기본예제 Ⅱ-4-1과 기본예제 Ⅱ-4-2의 현가의 부호를 달리 하였습니다. 즉, 기본예제 Ⅱ-4-1은 채무자인 금융기관 입장에서 본 것이고, 기본예제 Ⅱ-4-2는 채권자 입장에서 본 것이지요.

또 하나, 경제성이라는 측면에서 일시금에 대한 현가나 종가를 구하는 경우, 즉 현가를 통해 종가를 구하거나, 종가를 통해 현가를 구할 때는 알고 있는 현가 또는 종가를 현금흐름과 상관없이 양수(현금유입)로 보고 입력할 수도 있습니다. 물론 계산결과는 음수로 표시되겠지만, 재무계산기의 부호 전환키를 누르지 않으므로 그만큼 빠른 계산이 가능하겠지요. 이 때 조심하실 것은 결과치가 반드시 현금유출을 의미하지는 않는다는 점이지요. 또한, 현가나 종가를 구하는 것이 아니라 기간이나 이율을 계산하는 경우에는 둘 중에 하나는 현금유출이기 때문에 반드시 음수 키를 입력하여야 한다는 것입니다.

일부 서적 또는 매뉴얼에서는 현가는 현금유출, 종가는 현금유입으로 일률적으로 적용하도록 암묵적으로 종용하는 경우도 있는데, 조심하시길….

쉬어가는 바닥

HP 12C 재무계산기로 n을 계산하면 오답…

기본예제 Ⅱ-4-2에서 다른 계산기는 n값이 3.09로 정확(?)하고 동일한 값을 산출하는데, 유독 HP 12C만 4.00라는 다른 결과가 나타납니다. HP 12C를 사용하는 독자들께서는 계산기가 잘못되지 않았나, 아니면 키를 잘못 누르지 않았나 하는 의구심이 있을 수 있습니다.

그러나, HP 12C를 사용하는 독자들께서 잘못하신 것은 하나도 없습니다. HP 12C를 생산하는 휴렛팩커드사의 깊은 배려(?)로 화폐의 시간가치 계산시 기간 n을 산출할 때는 언제나 HP 12C는 정수만 나오게 설계되었습니다. 즉 n의 소수값이 0.005 이상이면 절상이 되고, 이 값 미만이면 절사가 됩니다. 따라서 기본예제 Ⅱ-4-2의 값이 3.09이기 때문에 소수점 이하 숫자가 0.005 이상이기 때문에 절상이 되어 4로 표시됩니다. 만약 소수점 이하의 수치가 0.005 미만이면 소수점 이하의 수치가 절사되어 결국 정수로 표시됩니다.

휴렛팩커드사의 깊은 배려(?)의 논지는 이렇습니다. 기본예제 Ⅱ-4-2의 경우 복리기간이 연간입니다. 종가가 1,500만 원이 넘는 시기는 3년 2개월이지만 복리기간이 연간이기 때문에 4년이 된 시점에서 인출하거나 해약하여야만 연복리를 적용받을 수 있습니다. 만약 3년 2개월 된 시점에서 인출을 할 경우 2개월 경과된 것에 대한 이율은 연복리가 적용되지 않을 수 있고, 조기 인출에 대한 페널티가 적용될 수 있습니다. 계산상으로는 3년 2개월이면 목표하는 금액에 도달할 수 있지만, 현실 세계에서는 4년이 경과되어야만 원래의 이율을 그대로 적용받아 인출할 수 있습니다. 휴렛팩커드사의 깊은 배려(?)가 이해가 되시는지요?

만약 HP 12C로 소수점 이하의 값까지 정확히 계산하고자 할 경우에는 부득이 자연로그(LN)를 사용하는 수밖에 없습니다(공식 참조).

기본예제 II-4-3 이자율

5년 후 결혼을 생각하고 있는 민수경씨는 현재 가지고 있는 1,000만 원을 예치하여 결혼시 1,500만 원의 자금을 마련할 수 있는 연복리 예금상품을 찾고 있다. 민수경씨에게 필요한 예금의 연간 수익률은 얼마인가? 이자소득세는 감안하지 않는다.

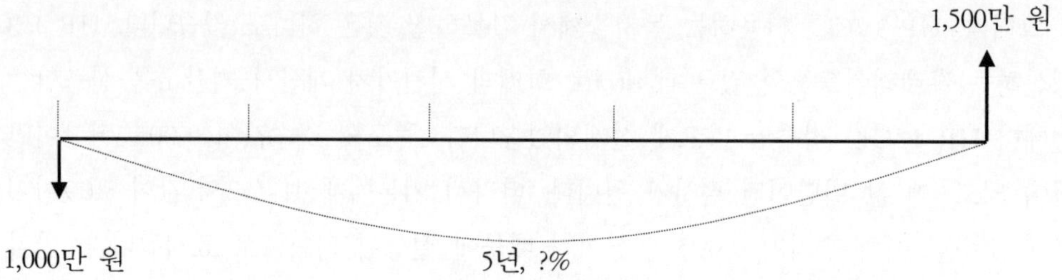

$$1,500\text{만 원} = 1,000\text{만 원} \times (1+i)^5$$

HP 12C		BA II PLUS	
키 입력	화면 표시	키 입력	화면 표시
[f][CLEAR FIN]	0.00	[2nd][CLR TVM]	0.00
5[n]	5.00	5[N]	N=5.00 ◁
1000[CHS][PV]	−1,000.00	1000[+/−][PV]	PV=−1,000.00 ◁
1500[FV]	1,500.00	1500[FV]	FV=1,500.00 ◁
[i]	8.45	[CPT][I/Y]	I/Y=8.45*

HP 10B II		HP 17B II	
키 입력	화면 표시	키 입력	화면 표시
[■][C ALL]	0.00	[FIN][TVM]	
5[N]	5.00	[■][CLEAR DATA]	1 P/YR END MODE
1000[+/−][PV]	−1,000.00	5[N]	N=5.00
1500[FV]	1,500.00	1000[+/−][PV]	PV=−1,000.00
[I/YR]	8.45	1500[FV]	FV=1,500.00
		[I%YR]	I%YR=8.45

답 8.45%

유제 2 김효진씨는 1,000만 원을 예금하여 3년 후 1,300만 원의 자금을 마련하려고 한다. 김효진씨에게 필요한 연간 예금수익률(연복리)은 얼마인가? 이자소득세는 감안하지 않는다.

답 9.14%

유제 2 오경은씨는 4년 전 500만 원의 여유돈을 은행 예금상품(연복리)에 예금해 두었다가 오늘 인출하였다. 예금계좌에서 800만 원을 인출하였다면 이 예금상품의 연간 수익률은 얼마인가?

답 12.47%

쉬어가는 바닥

72법칙

72법칙이란 복리이율로 그 어떤 금액의 가치가 두 배로 증가하는 데 어느 정도의 시간이 걸리는 지를 추정하는 방법입니다. 72를 적용되는 이자율로 나누었을 때 그 몫은 구하고자 하는 기간이 됩니다. 예를 들어 9%의 연복리로 계산되는 100원의 원금이 200원 되는 데 걸리는 시간은 약 8년(72÷9)입니다. 다시 200원이 400원으로 증가하는 데 8년 걸리고, 또 400원이 800원으로 증가하는 데 8년이 걸리게 될 것입니다. 만약 연복리 이율이 6%인 경우에는 두 배가 되는 데 걸리는 시간은 약 12년(72÷6)으로 더 오래 걸릴 겁니다.

역으로, 기간이 주어질 경우 원금이 2배로 되는 복리 이자율도 72법칙으로 추정될 수 있습니다. 즉, 72를 주어진 기간으로 나누면 그 몫이 구하고자 하는 이율이 됩니다. 예를 들어 6년 만에 원금을 두 배로 하기 위해서는 약 12%(72÷6)의 연복리 이율이 필요하지요.

72법칙은 정확한 값을 나타내지는 못합니다. 그러나 꽤 유용하게 사용할 수 있는 주먹구구식 계산방법 중의 하나입니다. 그러나 재무계산기를 사용하는 여러분은 굳이 이 72법칙에 의지할 필요는 없을 겁니다. 재무계산기로 간단하면서도 정확하게 값을 산출할 수 있으니까요….

- 6년 만에 원금을 두 배로 하기 위한 연이율은?
  n : 6, PV : 1, FV : −2, i : ? (12.2462%)
- 연 9% 복리일 경우 100원의 원금이 200원 되는 데 걸리는 시간은?
  i : 9%, PV : 100, FV : −200, n : ? (8.04년)
- 연 6% 복리일 경우 원금이 두 배로 되는 데 걸리는 시간은?
  i : 6%, PV : 1, FV : −2, n : ? (11.90년)

기본예제 II-4-4 반기복리의 종가

민수경씨가 여유자금 1,000만 원을 연 2회 이자가 복리로 부리되는 청솔저축 은행의 정기예금상품(연이율 6%)에 5년간 예치한다면, 5년 후 결혼시 민수경씨의 예금계좌의 잔고는 전부 얼마가 될까?

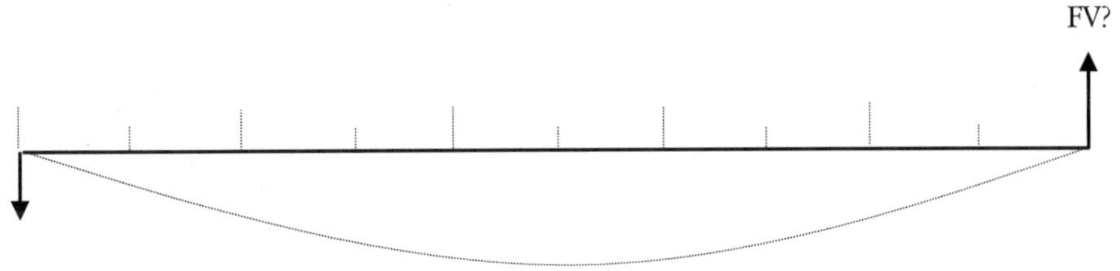

1,000만 원　　　　5년 : 10회,　　6% 반기복리

$$FV = 1,000\text{만 원} \times \left(1 + \frac{0.06}{2}\right)^{10} = 1,343.92\text{만 원}$$

HP 12C		BA II PLUS	
키 입력	화면 표시	키 입력	화면 표시
[f][CLEAR FIN]	0.00	[2nd][CLR TVM]	0.00
5[ENTER]2[×][n]	10.00	5[×]2[=][N]	N=10.00◁
6[ENTER]2÷[i]	3.00	6[÷]2[=][I/Y]	I/Y=3.00◁
1000[PV]	1,000.00	1000[PV]	PV=1,000.00◁
[FV]	−1,343.92	[CPT][FV]	FV=−1,343.92*

HP 10B II		HP 17B II	
키 입력	화면 표시	키 입력	화면 표시
[■][C ALL]	0.00	[FIN][TVM]	
5[×]2[N]	10.00	[■][CLEAR DATA]	1 P/YR END MODE
6[÷]2[I/YR]	3.00	5[×]2[N]	N=10.00
1,000[PV]	1,000.00	6[÷]2[I%YR]	I%YR=3.00
[FV]	−1,343.92	1,000[PV]	PV=1,000.00
		[FV]	FV=−1,343.92

답 1,343.92만 원

유제 1 임미영씨는 은행 예금상품을 선택하려고 한다. 연이율 8.7%의 반기복리 상품과 연이율 8.75%의 연복리 상품 중에서 선택한다면 어느 것이 임미영씨에게 유리한가?

답 반기 복리상품이 유리

유제 2 1960년초 100만 원을 연 12%의 반기복리 예금계좌에 예금하였다면 2010년말에는 얼마가 될까?

답 3억 3,930.21만 원

기본예제 II-4-5 연복리 현가

오갑수씨는 초등학생인 아들의 10년 후 대학등록금으로 1,000만 원이 필요하다고 보아 이를 미리 준비하기로 하였다. 오갑수씨가 가입을 고려하고 있는 저축상품이 7% 연복리라면, 오갑수씨는 아들의 대학등록금을 위해 현재 일시금으로 얼마를 저축하여야 하는가?

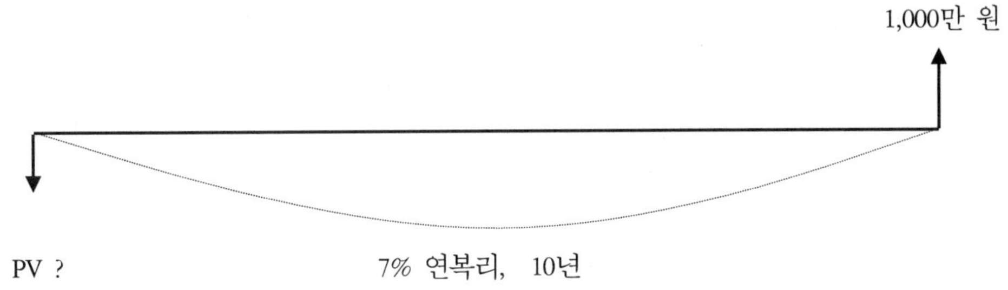

$$PV = \frac{1,000\text{만 원}}{(1+0.07)^{10}} = 508.35\text{만 원}$$

HP 12C		BA II PLUS	
키 입력	화면 표시	키 입력	화면 표시
[f][CLEAR FIN]	0.00	[2nd][CLR TVM]	0.00
10[n]	10.00	10[N]	N=10.00 ◁
7[i]	7.00	7[I/Y]	I/Y=7.00 ◁
1000[FV]	1,000.00	1000[FV]	FV=1,000.00 ◁
[PV]	−508.35	[CPT][PV]	PV=−508.35*

HP 10B II		HP 17B II	
키 입력	화면 표시	키 입력	화면 표시
[■][C ALL]	0.00	[FIN][TVM]	
10[N]	10.00	[■][CLEAR DATA]	1 P/YR END MODE
7[I/YR]	7.00	10[N]	N=10.00
1000[FV]	1,000.00	7[I%YR]	I%YR=7.00
[PV]	−508.35	1000[FV]	FV=1,000.00
		[PV]	PV=−508.35

답 508.35만 원

유제 1 윤지선씨는 오늘부터 10년 후에 계좌에 1,000만 원을 모으기로 계획하였다. 예금계좌가 연 7.5% 연복리로 부리된다면 오늘 현재 일시금으로 얼마를 저축해야 하는가?

답 485.19만 원

유제 2 최은영씨는 유럽여행을 위해 2년 후에 1,000만 원이 필요하다. 예금계좌가 연 8% 연복리로 부리된다면 오늘 현재 최은영씨는 일시금으로 얼마를 저축해야 하는가?

답 857.34만 원

기본예제 II-4-6 반기복리 현가

기본예제 II-4-5의 오갑수씨가 가입을 고려하고 있는 저축상품이 연 7% 반년마다 이자가 부리되는 반기 복리 상품이라면, 오갑수씨는 아들의 대학등록금을 위해 현재 얼마의 목돈을 저축하여야 하는가?

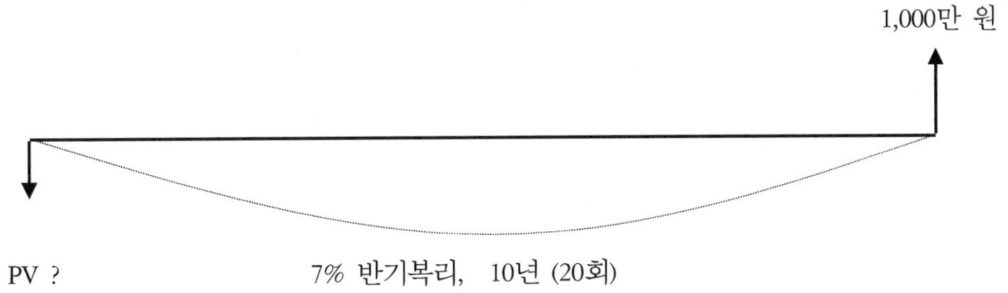

$$PV = \frac{1,000\text{만 원}}{(1+\frac{0.07}{2})^{20}} = 502.57\text{만 원}$$

HP 12C		BA II PLUS	
키 입력	화면 표시	키 입력	화면 표시
[f][CLEAR FIN]	0.00	[2nd][CLR TVM]	0.00
10[ENTER]2[×][n]	20.00	10[×]2[=][N]	N=20.00◁
7[ENTER]2[÷][i]	3.50	7[÷]2[=][I/Y]	I/Y=3.50 ◁
1000[FV]	1,000.00	1000[FV]	FV=1,000.00◁
[PV]	−502.57	[CPT][PV]	PV=−502.57*

HP 10B II		HP 17B II	
키 입력	화면 표시	키 입력	화면 표시
[■][C ALL]	0.00	[FIN][TVM]	
10[×]2[N]	20.00	[■][CLEAR DATA]	1 P/YR END MODE
7[÷]2[I/YR]	3.50	10[×]2[N]	N=20.00
1000[FV]	1,000.00	7[÷]2[I%YR]	I%YR=3.50
[PV]	−502.57	1000[FV]	FV=1,000.00
		[PV]	PV=−502.57

답 502.57만 원

유제 1 최우수씨는 연 6% 반기복리 예금상품에 입금하여 5년 후에 2,000만 원을 인출할 계획이다. 현재 일시금으로 얼마를 입금하여야 하는가?

답 1,488.19만 원

유제 2 김지숙씨는 5년 후 자동차 구입자금으로 1,500만 원을 모으려고 한다. 은행 예금상품이 연 7.5% 반기복리로 부리된다면 일시금으로 얼마를 입금하여야 하는가?

답 1,038.03만 원

기본예제 II-4-7 월복리의 현가

서요한씨는 10개월 후 유럽 여행을 계획하고 있다. 유럽 여행 경비는 약 1,000만 원이 필요할 것으로 예상된다. 연 8% 월복리로 부리되는 예금에 가입할 경우, 현재 서요한씨가 예치하여야 할 일시금은 얼마인가?

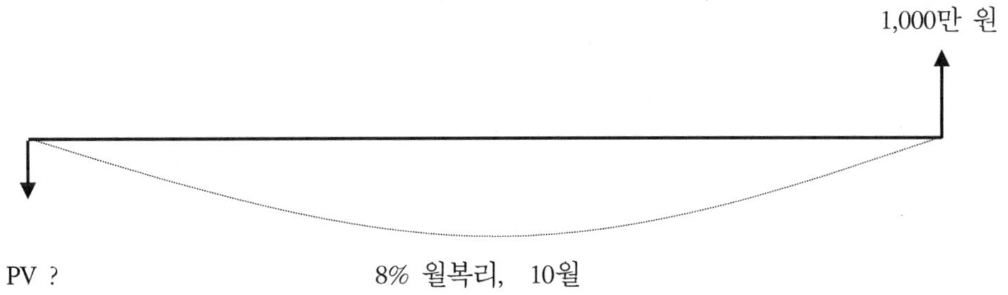

$$PV = \frac{1,000\text{만 원}}{(1+\frac{0.08}{12})^{10}} = 935.71\text{만 원}$$

HP 12C		BA II PLUS	
키 입력	화면 표시	키 입력	화면 표시
[f][CLEAR FIN]	0.00	[2nd][CLR TVM]	0.00
10[n]	10.00	10[N]	N=10.00◁
8[ENTER]12[÷][i]	0.67	8[÷]12[=][I/Y]	I/Y=0.67◁
1000[FV]	1,000.00	1000[FV]	FV=1,000.00◁
[PV]	−935.71	[CPT][PV]	PV=−935.71*

HP 10B II		HP 17B II	
키 입력	화면 표시	키 입력	화면 표시
[■][C ALL]	0.00	[FIN][TVM]	
10[N]	10.00	[■][CLEAR DATA]	1 P/YR END MODE
8[÷]12[I/YR]	0.67	10[N]	N=10.00
1000[FV]	1,000.00	8[÷]12[I%YR]	I%YR=0.67
[PV]	−935.71	1000[FV]	FV=1,000.00
		[PV]	PV=−935.71

답 935.71만 원

유제 1 김두리씨는 2년 후 결혼자금으로 1,300만 원이 필요할 것으로 예상하고 있다. 이 자금을 마련하기 위해 연 6.5% 월복리로 부리되는 예금에 가입할 경우, 현재 일시금으로 얼마를 예금해야 하는가?

답 1,141.92만 원

유제 2 홍민철씨는 연 9% 월복리로 부리되는 예금계좌에서 오늘 1,000만 원을 인출하였다면 5년 전 최초 입금액은 얼마인가?

답 638.70만 원

기본예제 II-4-8 반기복리의 기간

조진아씨는 최근 예금이 만기가 되었음을 알고 계좌를 확인해보니 원리금이 총 682만 원이었다. 이 예금은 과거 조진아씨가 500만 원으로 가입한 연 7% 반기복리 상품이었다. 조진아씨는 이 예금에 가입한 지 대략 얼마나 되었을까?

682만 원

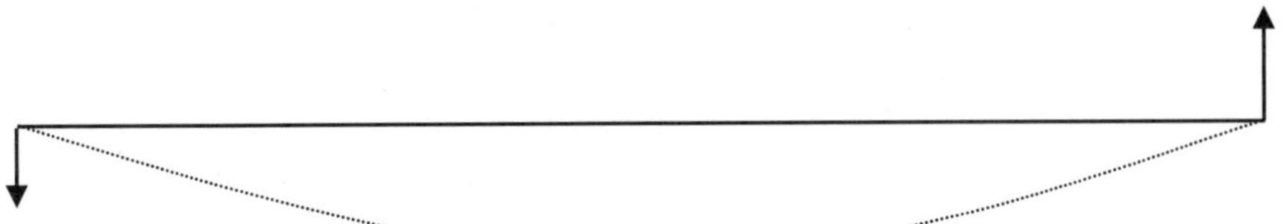

500만 원　　　7% 반기 복리,　? 개월

$$682\text{만 원} = 500\text{만 원}\left(1 + \frac{0.07}{2}\right)^{2n} \rightarrow n\text{년 또는 } 12n\text{개월}$$

HP 12C		BA II PLUS	
키 입력	화면 표시	키 입력	화면 표시
[f][CLEAR FIN]	0.00	[2nd][CLR TVM]	0.00
7[ENTER]2[÷][i]	3.50	7[÷]2[=][I/Y]	I/Y=3.50◁
500[CHS][PV]	−500.00	500[+/−][PV]	PV=−500.00◁
682[FV]	682.00	682[FV]	FV=682.00◁
[n]	10.00	[CPT][N]	N=9.02*
[×]6	60.00	[×]6[=]	54.14

HP 10B II		HP 17B II	
키 입력	화면 표시	키 입력	화면 표시
[■][C ALL]	0.00	[FIN][TVM]	
7[÷]2[I/YR]	3.50	[■][CLEAR DATA]	1 P/YR END MODE
500[+/−][PV]	−500.00	7[÷]2[I%YR]	I%YR=3.50
682[FV]	682.00	500[+/−][PV]	PV=−500.00
[N]	9.02	682[FV]	FV=682.00
[×]6[=]	54.14	[N]	N=9.02
		[×]6[=]	54.14

답 54개월 또는 4년 6개월

유제 1 김태현씨는 연 7% 반기복리 예금상품에 1,000만 원을 예금하고 1,200만 원이 되어 인출하였다면 얼마나 걸렸을까?

답 32개월

유제 2 이남일씨는 연 8.5% 반기복리 예금상품에 500만 원을 입금한 후 800만 원이 되어 인출하였다. 이남일씨가 800만 원을 모으는 데 소요된 기간은 얼마인가?

답 68개월

기본예제 II-4-9 월복리의 기간

앞의 기본예제 II-4-8에서 조진아씨 계좌의 원금과 원리금이 각각 500만 원, 692만 원이고, 이 예금의 이자율이 연 6.5% 월복리라면, 조진아씨는 이 예금에 가입한 지 대략 얼마나 되었을까?

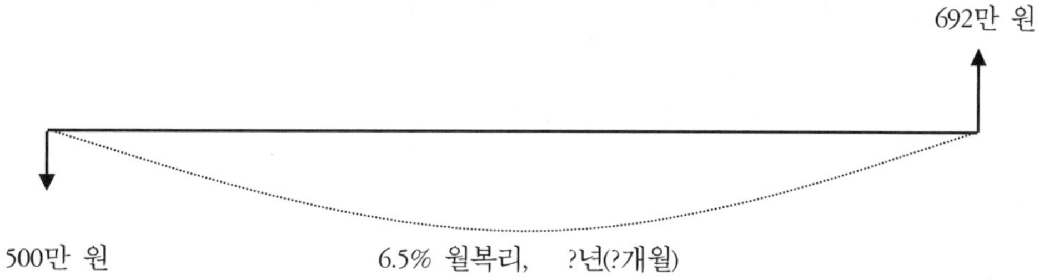

$$692\text{만 원} = 500\text{만 원}\left(1+\frac{0.065}{12}\right)^{12n} \rightarrow n\text{년 또는 } 12n\text{개월}$$

HP 12C		BA II PLUS	
키 입력	화면 표시	키 입력	화면 표시
[f][CLEAR FIN]	0.00	[2nd][CLR TVM]	0.00
6.5[ENTER]12[÷][i]	0.54	6.5[÷]12[=][I/Y]	I/Y=0.54◁
500[CHS][PV]	−500.00	500[+/−][PV]	PV=−500.00◁
692[FV]	692.00	692[FV]	FV=692.00◁
[n]	61.00	[CPT][N]	N=60.16*

HP 10B II		HP 17B II	
키 입력	화면 표시	키 입력	화면 표시
[■][C ALL]	0.00	[FIN][TVM]	
6.5[÷]12[I/YR]	0.54	[■][CLEAR DATA]	1 P/YR END MODE
500[+/−][PV]	−500.00	6.5[÷]12[I%YR]	I%YR=0.54
692[FV]	692.00	500[+/−][PV]	PV=−500.00
[N]	60.16	692[FV]	FV=692.00
		[N]	N=60.16

답 60개월

유제 1 김진수씨는 연 8.5% 월복리 예금상품에 500만 원을 입금한 후 700만 원이 되어 인출하였다. 김진수씨의 투자기간은 얼마인가?

답 48개월

유제 2 설기형씨는 연 7.25% 월복리 예금상품에 1,000만 원을 예금하고 1,400만 원이 되어 인출하였다면 이 예금상품의 가입기간은 얼마인가?

답 56개월

기본예제 II-4-10 반기복리의 이자율

정은영씨가 은행에 저축해 두었던 300만 원이 3년 경과시점에서 이자를 합쳐 420만 원이 되었다. 정은영씨가 가입한 저금은 반기복리로 부리되는 것이다. 이 저축의 연명목이율은 얼마인가?

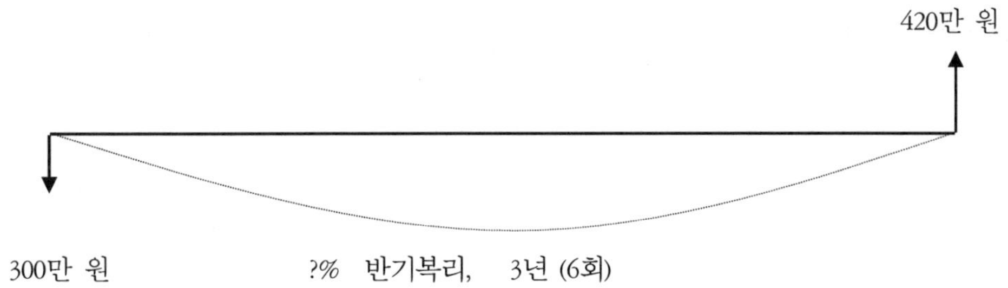

$$420만\ 원 = 300만\ 원\left(1+\frac{i}{2}\right)^{2n}$$

HP 12C		BA II PLUS	
키 입력	화면 표시	키 입력	화면 표시
[f][CLEAR FIN]	0.00	[2nd][CLR TVM]	0.00
3[ENTER]2[×][n]	6.00	3[×]2[=][N]	N=6.00◁
300[CHS][PV]	−300.00	300[+/−][PV]	PV=−300.00◁
420[FV]	420.00	420[FV]	FV=420.00◁
[i]	5.77	[CPT][I/Y]	I/Y=5.77*
2[×]	11.54	[×]2[=]	11.54

HP 10B II		HP 17B II	
키 입력	화면 표시	키 입력	화면 표시
[■][C ALL]	0.00	[FIN][TVM]	
3[×]2[N]	6.00	[■][CLEAR DATA]	1 P/YR END MODE
300[+/−][PV]	−300.00	3[×]2[N]	N=6.00
420[FV]	420.00	300[+/−][PV]	PV=−300.00
[I/YR]	5.77	420[FV]	FV=420.00
[×]2[=]	11.54	[I%YR]	I%YR=5.77
		[×]2[=]	11.54

답 11.54%

유제 1 박재훈씨가 4년 전 일시금으로 예금한 500만 원이 오늘 현재 850만 원이 되었다. 박재훈씨가 가입한 예금계좌가 반기복리 상품이라면 이 상품의 연명목이율은 얼마인가?

답 13.72%

유제 2 문성환씨가 반기 복리 예금상품에 1,000만 원을 예금하고 5년 후에 1,450만 원을 인출하였다. 이 상품의 연명목이율은 얼마인가?

답 7.57%

기본예제 II-4-11 월복리의 이자율

앞의 기본예제 II-4-10에서 정은영씨가 가입한 저금이 월복리로 부리되는 것이었다면, 이 저축의 연명목이율은 얼마인가?

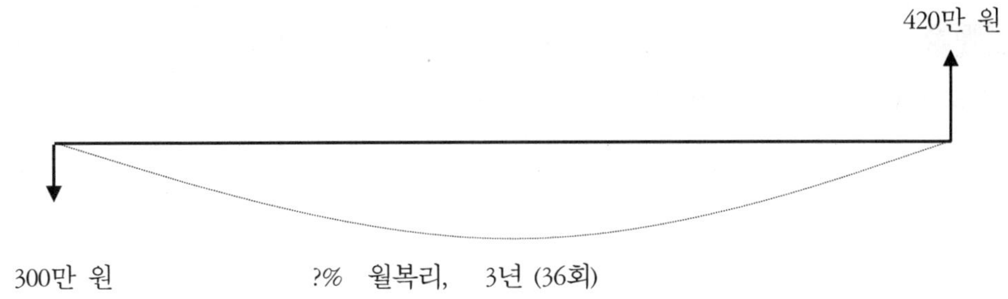

$$420\text{만 원} = 300\text{만 원}\left(1+\frac{i}{12}\right)^{12n}$$

HP 12C		BA II PLUS	
키 입력	화면 표시	키 입력	화면 표시
[f][CLEAR FIN]	0.00	[2nd][CLR TVM]	0.00
3[ENTER]12[×][n]	36.00	3[×]12[=][N]	N=36.00◁
300[CHS][PV]	−300.00	300[+/−][PV]	PV=−300.00◁
420[FV]	420.00	420[FV]	FV=420.00◁
[i]	0.94	[CPT][I/Y]	I/Y=0.94*
12[×]	11.27	[×]12[=]	11.27

HP 10B II		HP 17B II	
키 입력	화면 표시	키 입력	화면 표시
[■][C ALL]	0.00	[FIN][TVM]	
3[×]12[N]	36.00	[■][CLEAR DATA]	1 P/YR END MODE
300[+/−][PV]	−300.00	3[×]12[N]	N=36.00
420[FV]	420.00	300[+/−][PV]	PV=−300.00
[I/YR]	0.94	420[FV]	FV=420.00
[×]12[=]	11.27	[I%YR]	I%YR=0.94
		[×]12[=]	11.27

답 11.27%

유제 1 박영수씨가 4년 전 일시금으로 예금한 500만 원이 오늘 현재 900만 원이 되었다. 박영수씨가 가입한 예금계좌가 월복리 상품이라면 이 상품의 연명목이율은 얼마인가?

답 14.79%

유제 2 문동욱씨가 월복리 예금상품에 1,000만 원을 예금하고 5년 후에 1,600만 원을 인출하였다. 이 상품의 연명목이율은 얼마인가?

답 9.44%

쉬어가는 바닥

i, I/Y, P/Y

이율을 표시하는데 재무계산기마다 약간의 차이가 있습니다. HP 12C는 [i]와 [12÷]로, BAⅡ PLUS는 [I/Y], [P/Y], [C/Y]로, HP 10BⅡ는 [I/YR]로, HP 17BⅡ는 [I%YR], [P/YR]로 각각 표시되어 있습니다. HP 12C를 제외하고는 연간 이자(Y, YR)를 기본으로 하고 있습니다. 이에 비해 HP 12C는 단위기간의 이율을 표시하되 연이율을 월이율로 환산할 경우에는 [12÷]를 할 수 있도록 되어 있습니다. 즉 연이율 12%로 월복리일 경우 이자율은 12를 입력한 후 [g][12÷]를 입력하면 자동적으로 월복리이율이 입력됩니다. HP 12C를 제외한 재무계산기는 월이율을 자동적으로 입력시키는 방법이 없지만, 대신 [P/Y], [P/YR]을 사용하면 월뿐만 아니라 분기, 반기 등도 쉽게 계산할 수 있습니다.

예를 들어 기본예제 Ⅱ-4-7의 경우는 아래 표의 오른쪽과 같이 키 입력을 달리해도 결과는 같습니다.

【복리횟수 설정에 의한 계산방법 비교】

HP 12C		HP 12C	
키 입력	화면 표시	키 입력	화면 표시
[f][CLEAR FIN]	0.00	[f][CLEAR FIN]	0.00
10[n]	10.00	10[n]	10.00
8[ENTER]12[÷][i]	0.67	8[g][12÷]	0.67
1000[FV]	1,000.00	1000[FV]	1,000.00
[PV]	−935.71	[PV]	−935.71

BAⅡ PLUS		BAⅡ PLUS	
키 입력	화면 표시	키 입력	화면 표시
[2nd][CLR TVM]	0.00	[2nd][CLR TVM]	0.00
10[N]	N=10.00◁	[2nd][P/Y]12[ENTER]	P/Y=12.00
8[÷]12[=][I/Y]	I/Y=0.67◁	[2nd][QUIT]	0.00
1000[FV]	FV=1,000.00◁	10[N]	N=10.00◁
[CPT][PV]	PV=−935.71*	8[I/Y]	I/Y=8.00◁
		1000[FV]	FV=1,000.00◁
		[CPT][PV]	PV=−935.71*

HP 10BⅡ		HP 10BⅡ	
키 입력	화면 표시	키 입력	화면 표시
[■][C ALL]	0.00	[■][C ALL]	0.00
10[N]	10.00	12[■][P/YR]	12.00
8[÷]12[I/YR]	0.67	10[N]	10.00
1000[FV]	1000.00	8[I/YR]	8.00
[PV]	−935.71	1000[FV]	1000.00
		[PV]	−935.71

HP 17BⅡ		HP 17BⅡ	
키 입력	화면 표시	키 입력	화면 표시
[FIN][TVM]		[FIN][TVM]	
[■][CLEAR DATA]	1 P/YR END MODE	[■][CLEAR DATE]	1 P/YR END MODE
10[N]	N=10.00	[OTHER]12[P/YR][EXIT]	12 P/YR END MODE
8[÷]12[I%YR]	I%YR=0.67	10[N]	N=10.00
1000[FV]	FV=1,000.00	8[I%YR]	I%YR=0.67
[PV]	PV=−935.71	1000[FV]	FV=1,000.00
		[PV]	PV=−935.71

HP 12C가 월 단위만 간단하게 이율을 계산함에 비해, 다른 계산기는 월 단위뿐만 아니라 원하는 단위 기간으로 이율을 환산할 수 있습니다. 다만 이 기능을 사용함에 있어 다음 두 가지 점에 주의할 필요가 있습니다.

첫째, n입력을 주의하여야 합니다. [n]키를 누를 경우에는 단위기간으로 환산된 값을 입력하여야 합니다. 예를 들어 연이율 12% 월복리로 3년 후의 종가를 구하는 경우 [P/Y(YR)]을 설정하면 연이율을 [I/Y(YR)]에 입력할 수 있지만 기간은 3×12의 값을 넣어야 합니다. n 값을 연이율처럼 입력하기 위해서는 [×P/Y(YR)]키를 입력하여야 합니다(HP 17BⅡ에는 이 기능이 없음).

둘째, 재무계산기를 사용하여 많은 계산을 할 경우에는 [P/Y(YR)]이 무엇으로 설정되었는지 늘 확인하여야 하는 번거로움이 있습니다. 따라서 시험 또는 문제 풀이를 위해서는 [P/Y(YR)]에 1을 입력하여 사용하는 것이 훨씬 효율적이며 계산의 오류를 줄일 수 있습니다.

기본예제 II-4-12 복수의 현금흐름시 현가

주택구입을 앞두고 장하곤씨는 은행으로부터 대출을 받기로 하였다. 은행에서는 장하곤씨의 대출금에 대하여 연 7%, 월복리 이자가 부과된다고 한다. 향후 장하곤씨는 30개월 후 1,000만 원, 60개월 후 2,000만 원을 각각 나누어 원리금을 일시에 상환할 예정이다. 현재 장하곤씨가 은행으로부터 빌릴 수 있는 일시금은 얼마일까?

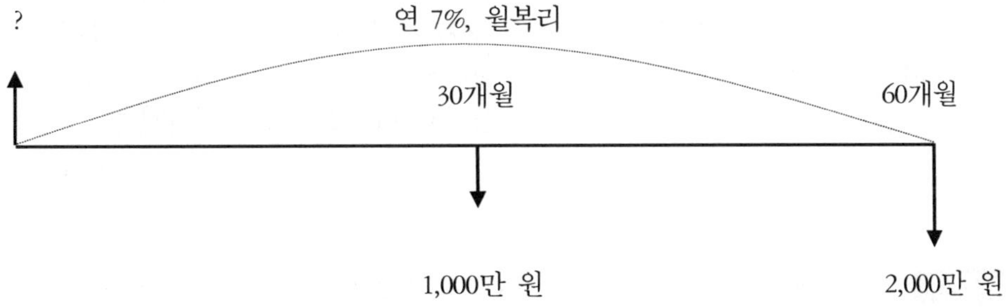

$$PV = 1,000\text{만 원} / (1+\frac{0.07}{12})^{30} + 2,000\text{만 원} / (1+\frac{0.07}{12})^{60}$$

HP 12C		BA II PLUS	
키 입력	화면 표시	키 입력	화면 표시
[f][CLEAR FIN]	0.00	[2nd][CLR TVM]	0.00
30[n]	30.00	30[N]	N=30.00◁
7[g][12÷]	0.58	7[÷]12[=][I/Y]	I/Y=0.58◁
1000[CHS][FV]	−1,000.00	1000[+/−][FV]	FV=−1,000.00◁
[PV]	839.88	[CPT][PV]	PV=839.88*
[STO]1	839.88	[STO]1	839.88
60[n]	60.00	60[N]	N=60.00◁
2000[CHS][FV]	−2,000.00	2000[+/−][FV]	FV=−2,000.00◁
[PV]	1,410.81	[CPT][PV]	PV=1,410.81*
[RCL]1[+]	2,250.69	[+][RCL]1[=]	2,250.69

HP 10BⅡ		HP 17BⅡ	
키 입력	화면 표시	키 입력	화면 표시
[■][C ALL]	0.00	[FIN][TVM]	
30[N]	30.00	[■][CLEAR DATA]	1 P/YR END MODE
7[÷]12[I/YR]	0.58	30[N]	N=30.00
1000[+/−][FV]	−1,000.00	7[÷]12[I%YR]	I%YR=0.58
[PV]	839.88	1000[+/−][FV]	FV=−1,000.00
[■][STO]1	839.88	[PV]	PV=839.88
60[N]	60.00	[STO]1	PV=839.88
2000[+/−][FV]	−2,000.00	60[N]	N=60.00
[PV]	1,410.81	2000[+/−][FV]	FV=−2,000.00
[+][RCL]1[=]	2,250.69	[PV]	PV=1,410.81
		[+][RCL]1[=]	2,250.69

답 2,250.69만 원

유제 1 오동주씨는 주택구입 용도로 연 8% 월복리 이자가 부과되는 대출을 받았다. 오동주씨는 2년 후 1,000만 원, 4년 후 1,000만 원으로 2회 분할하여 원리금을 일시에 상환하고자 한다. 현재 오동주씨의 대출금은 얼마일까?

답 1,579.52만 원

유제 2 이기영씨는 1년 후 100만 원, 2년 후 200만 원, 3년 후 300만 원의 빚을 갚아야 한다. 이자율은 연 8% 월복리를 가정한다면 현재 필요한 일시금은 얼마일까?

답 499.03만 원

쉬어가는 바닥

메모리 제거

화폐의 시간가치 계산시 5가지 변수, 즉 [n], [i], [PV], [PMT], [FV]의 조합을 입력하게 됩니다. 적게는 3개의 변수를 입력하고 하나의 변수 값을 구하거나 아니면 4개의 변수를 입력하고 나머지 하나의 변수 값을 구하게 됩니다. 이 때 일부 사람들은 불필요한 변수에 0을 입력하고 계산하는 경우가 있습니다. 예를 들어 연이율 6%, 연복리의 투자상품에 1,000만 원을 투자할 경우 5년 후 종가를 구하는 경우 불필요한 변수 [PMT]에 0을 입력하는 것입니다. 메모리를 제대로 제거하였다면 [PMT]에 0을 입력하거나 입력하지 않거나 결과는 동일합니다. 따라서 불필요한 변수에 0을 입력하기보다는 메모리를 제거하는 습관을 기르는 것이 좋습니다.

이를 위해 계산 시작 전에 메모리를 제거하는 습관을 기르는 것이 효율적입니다. 메모리를 제거하는데 HP 12C나 BAⅡ PLUS는 용도에 따라 방법이 다릅니다. 예를 들어 HP 12C의 경우 통계 메모리, 프로그램 메모리, 화폐의 시간가치 메모리, 전체 메모리 제거로 구분되어 있습니다. 닭을 잡는 데 쓰는 칼과 소 잡는 데 쓰는 칼이 다르듯이 메모리 제거방법도 그 용도에 따라 사용하는 것이 효율적입니다. 화폐의 시간가치를 계산하는 경우, 즉 [n], [i], [PV], [PMT], [FV]를 사용할 경우에는 화폐의 시간가치 메모리 제거기능([f][CLEAR FIN])을 사용하고, 현금흐름을 계산할 때는 전체 메모리 제거기능([f] [REG])을 사용하는 것이 좋습니다. 물론 화폐의 시간가치 계산시 전체 메모리 제거를 사용하여도 5가지 변수를 제거하는 데 문제가 없지만 기본예제 Ⅱ-4-12와 같이 중간 계산한 값을 나중에 다시 사용하기 위하여 [STO]기능을 사용할 때는 전체 메모리 제거를 사용하면 [STO]에 입력된 값도 제거됨을 유의하여야 합니다.

이렇게 계산하기 전에 메모리를 제거하는 것이 재무계산기 사용 규칙 중 하나이지만, 모든 법칙에는 예외가 있습니다. 기본예제 Ⅱ-4-9와 같이 동일한 유형의 문제를 변수 하나만 바꾸어 재계산할 경우에는 메모리를 제거하지 말고 기존의 변수 값을 그대로 활용하고 변경되는 값만 입력하여 계산하면 효율적일 수 있습니다.

화폐의 시간가치의 변수에 대한 값을 입력시 언제나 재무계산기의 키보드 순서 즉 [n], [i], [PV], [PMT], [FV]의 순서로 입력하는 습관을 기르는 것이 좋습니다. 이렇게 습관을 들일 경우 필요한 변수의 입력을 누락시키거나 불필요하게 동일한 변수를 중복으로 입력하는 비효율성을 줄일 수 있습니다.

기본예제 II-4-13 **복수의 현금흐름시 종가**

우정호씨는 본인 사망시 은행에 있는 예금을 두 아들이 20세가 되는 때에 동일한 금액으로 지급하도록 유언을 남겼다. 만약 우정호씨 사망시 은행의 금융자산이 5,000만 원이고, 두 아들이 20세가 될 때까지 각각 132개월, 192개월 남았다면, 이 두 아들이 받을 수 있는 금액은 얼마인가? (우정호씨의 예금은 연 8%, 월복리로 부리되는 예금이다.)

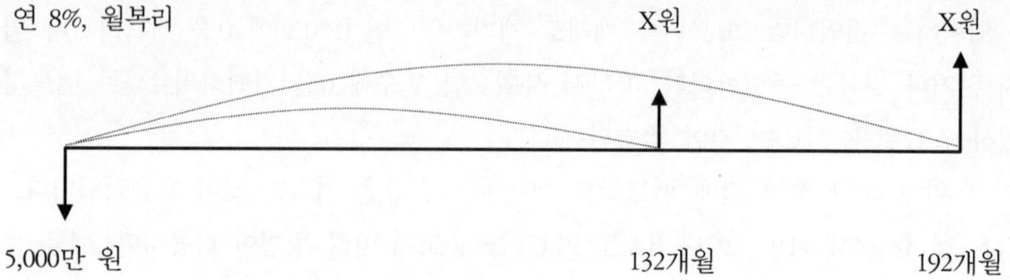

$$5{,}000\text{만 원} = \frac{X}{(1+\frac{0.08}{12})^{132}} + \frac{X}{(1+\frac{0.08}{12})^{192}}$$

따라서, $X = 5{,}000\text{만 원} \div \left(\frac{1}{(1+\frac{0.08}{12})^{132}} + \frac{1}{(1+\frac{0.08}{12})^{192}}\right)$로 된다.

그러므로, X를 구하기 위하여는 X 대신 1을 두고 각각의 PV를 구한 다음, 이 둘을 더한 값으로 5,000만 원을 나누어 계산한다.

HP 12C		BA Ⅱ PLUS	
키 입력	화면 표시	키 입력	화면 표시
[f][CLEAR FIN]	0.00	[2nd][CLR TVM]	0.00
132[n]	132.00	132[N]	N=132.00◁
8[g][12÷]	0.67	8[÷]12[=][I/Y]	I/Y=0.67◁
1[CHS][FV]	−1.00	1[+/−][FV]	FV=−1.00◁
[PV]	0.42	[CPT][PV]	PV=0.42*
[STO]1	0.42	[STO]1	0.42
192[n]	192.00	192[N]	N=192.00◁
[PV]	0.28	[CPT][PV]	PV=0.28*
[RCL]1[+]	0.70	[+][RCL]1[=]	0.70
[1/x]	1.44	[1/x][×]	1.44
5000[×]	7,192.00	5000[=]	7,192.00

HP 10B Ⅱ		HP 17B Ⅱ	
키 입력	화면 표시	키 입력	화면 표시
[■][C ALL]	0.00	[FIN][TVM]	
132[N]	132.00	[■][CLEAR DATA]	1 P/YR END MENU
8[÷]12[I/YR]	0.67	132[N]	N=132.00
1[+/−][FV]	−1.00	8[÷]12[I%YR]	I%YR=0.67
[PV]	0.42	1[+/−][FV]	FV=−1.00
[■][STO]1	0.42	[PV]	PV=0.42
192[N]	192.00	[STO]1	PV=0.42
[PV]	0.28	192[N]	N-192.00
[+][RCL]1[=]	0.70	[PV]	PV=0.28
[■][1/x][×]	1.44	[+][RCL]1[=]	0.70
5000[=]	7,192.00	[■][1/x][×]	1.44×
		5000[=]	7,192.00

답 7,192만 원

유제 1 김영민씨는 두 딸이 21살이 되면 동일한 금액을 지급한다는 가정하에 은행의 7.5% 월복리 예금계좌에 7,000만 원을 예금해 두었다. 두 딸이 각각 21세가 되기까지 각각 120개월, 156개월이 남았다면, 두 딸은 얼마를 받을 수 있는가?

답 8,217.81만 원

유제 2 어떤 사람이 현재 9살, 13살인 두 아이에게 1억 원을 남기고 교통사고로 사망하였다. 그 돈이 연 9% 월복리로 예금하였다면 두 아이가 20살에 받을 수 있는 동일한 금액은 얼마인가?

답 1억 1,027.83만 원

쉬어가는 바닥

화폐의 시간가치 검산은?

만약 기본예제 II-4-5에서 이자율을 실수로 8%로 입력한 경우, 저축금액이 508만 3,500원이 아니라 463만 1,900원이 나와 이 계산결과에 따라 저축을 하였을 경우 10년 후 낭패를 볼 것입니다. 463만 1,900원을 저축할 경우 10년 후에는 911만 1,700원이 되어 대학등록금 1,000만 원에서 100만 원 가까이 모자라게 됩니다. 그 때 가서 등록금을 깎아 달라고 할 수도 없고 그렇다고 아들보고 등록금이 모자라니 등록금이 마련될 때 대학교에 들어가라고 할 수도 없고….

실생활에서 뿐만 아니라 재무계산기를 활용하여 시험을 볼 경우 계산한 결과가 보기에 없으면 틀렸다는 것을 확실히 알 수 있지만, 계산 결과가 보기에 있어도 틀릴 가능성은 있습니다.

이러한 것은 우리가 초등학교 산수 시간에 배운 기본 원칙 즉 계산 후 검산을 하지 않아 발생하는 것입니다. 더하기 문제는 빼기로 검산을 하듯 재무계산기로 계산한 후에는 검산을 하는 것이 좋습니다. 검산 중 하나는 다시 한 번 계산을 해보는 것입니다. 그러나 이 경우 조용필씨의 노래 가사 "웃고 있어도 눈물이 난다"와 같이 눈으로는 7이라는 숫자를 보면서 8을 입력할 가능성이 있습니다. 한 번 계산한 후 다시 할 경우 우리의 머리에는 잔상이 남아 있어 눈은 지문에 있는 7을 보지만 조금 전에 입력한 8을 입력하도록 명령하기도 합니다.

화폐의 시간가치 계산시 검산하는 방법은 간단합니다. [RCL]키를 사용하기만 하면 됩니다. 위의 기본예제에서 [i]를 7%가 아니라 8%로 입력하였을 경우 재무계산기에는 [n] : 10, [i] : 8, [FV] : 1,000이 입력되고 [PV] : 463.19가 됩니다. 이 경우 [RCL][n]을 입력하면 10이, [RCL][i]를 입력하면 8이 나와 이율이 잘못 입력되었음을 바로 알 수 있습니다. 7을 [i]에 입력하고 [PV]를 누르면 508만 3,500원으로 수정된 값이 나옵니다. 즉 화폐의 시간가치 계산시 검산하는 방법은 [RCL]키를 누른 후 다섯 가지 변수 중 하나를 누르기만 하면 됩니다. 이렇게 검산하는 중 틀린 값이 입력되어 있으면 그 변수만 다시 입력하고 구하는 변수 키를 누르면 수정된 값이 산출됩니다.

5. 연금의 일반계산

• 종가계산

연금은 연금의 지급시기에 따라 매기말에 지급되는 기말급(ordinary annuity, annuity)과 매기초에 연금이 지급되는 기시급(annuity due)으로 구분된다.

매기말에 일정 지급액(payment)이 n년간 납입된 경우 n년말 시점의 기말급 연금종가는 다음과 같다.

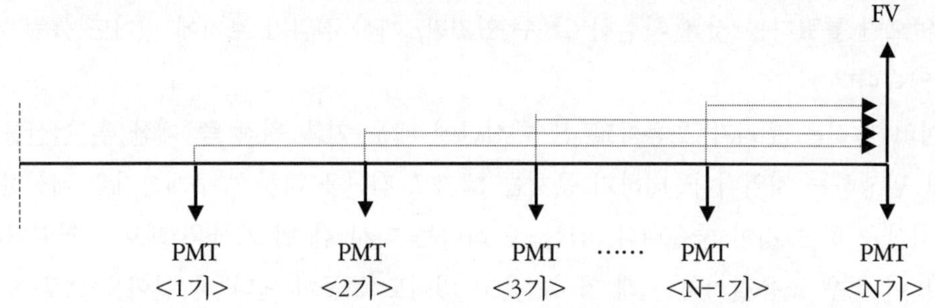

$$FV = PMT(1+i)^{n-1} + PMT(1+i)^{n-2} + \cdots\cdots + PMT(1+i) + PMT$$

$$= \sum_{t=0}^{n-1} PMT(1+i)^t = PMT \times \frac{(1+i)^n - 1}{i}$$

반면, 지급이 매기초에 이루어지는 기시급의 연금종가는 매기의 지급액이 1기간만큼 더 부리되므로 연금종가의 값도 기말급 연금종가보다 1+i만큼 큰 수로 나타난다.

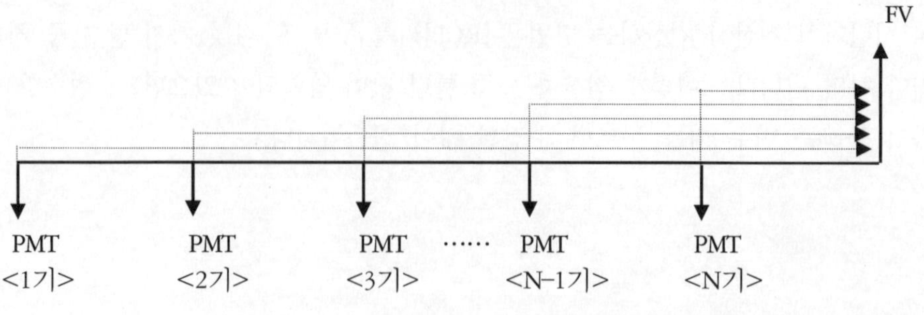

$$FV = PMT(1+i)^n + PMT(1+i)^{n-1} + \cdots\cdots + PMT(1+i)^2 + PMT(1+i)$$
$$= \sum_{t=1}^{n} PMT(1+i)^t = PMT \times \frac{(1+i)^n - 1}{i} \times (1+i)$$

공식
• 기말급 연금종가 : $FV = PMT \times \frac{(1+i)^n - 1}{i}$ • 기시급 연금종가 : $FV = PMT \times \frac{(1+i)^n - 1}{i} \times (1+i)$
PMT : 연금지급액, i :이자율, n : 기간 (일수), FV : 종가

재무계산기 사용 키

HP 12C	BA II PLUS
[n] : 경과기간 [i] : 연이율 [PV] : 현가 (원금) [PMT] : 연금지급액 [FV] : 종가 (원리금 합계) [f][12×] : 월 경과기간 [f][12÷] : 월이율	[N] : 경과기간 [I/Y] : 연이율 [PV] : 현가 (원금) [PMT] : 연금지급액 [FV] : 종가 (원리금 합계) [P/Y] : 연간 지급횟수 [C/Y] : 연간 복리횟수 [×P/Y] : 총 경과기간
HP 10B II	**HP 17B II**
[N] : 경과기간 [I/YR] : 연이율 [PV] : 현가 (원금) [PMT] : 연금지급액 [FV] : 종가 (원리금 합계) [■][P/YR] : 연간 지급횟수 및 복리횟수	[N] : 경과기간 [I%YR] : 연이율 [PV] : 현가 (원금) [PMT] : 연금지급액 [FV] : 종가 (원리금 합계) [P/YR] : 연간 지급횟수 및 복리횟수

• 현가계산

매기말에 일정지급액(payment)이 n번 납입(지급)한 경우 현재시점의 기말급 연금현가는 다음과 같다.

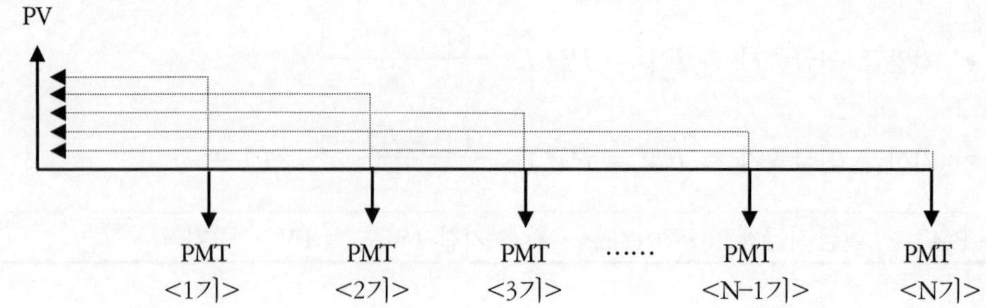

$$PV=\frac{PMT}{(1+i)}+\frac{PMT}{(1+i)^2}+\frac{PMT}{(1+i)^3}\cdots\cdots+\frac{PMT}{(1+i)^{n-1}}+\frac{PMT}{(1+i)^n}$$

$$=\sum_{t=1}^{n}\frac{PMT}{(1+i)^t}=PMT\times\frac{1-(1+i)^{-n}}{i}$$

반면, 지급이 매기초에 이루어지는 기시급 연금현가는 매기의 지급액이 1기간만큼 덜 할인되므로, 연금현가의 값도 기말급 연금현가보다 1+i 만큼 큰 수로 나타난다.

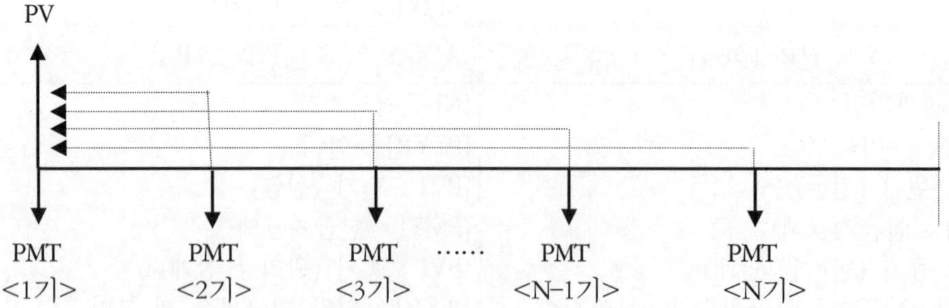

$$PV=PMT+\frac{PMT}{(1+i)}+\frac{PMT}{(1+i)^2}+\cdots\cdots+\frac{PMT}{(1+i)^{n-2}}+\frac{PMT}{(1+i)^{n-1}}$$

$$=\sum_{t=0}^{n-1}\frac{PMT}{(1+i)^t}=PMT\times\frac{1-(1+i)^{-n}}{i}\times(1+i)$$

공식
• 기말급 연금현가 : $PV = PMT \times \frac{1-(1+i)^{-n}}{i}$ • 기시급 연금현가 : $PV = PMT \times \frac{1-(1+i)^{-n}}{i} \times (1+i)$
PMT : 연금지급액, i : 이자율, n : 기간 (일수)

※ 재무계산기 사용키는 종가 계산과 동일

기시급 연금현가는 기시급 연금종가를, 기말급 연금현가는 기말급 연금종가를 각각 $(1+i)^n$로 나눈 것과 동일하다.

기시급(기시모드)과 기말급(기말모드)의 전환방법	
HP 12C	BA II PLUS
[g][BEG] : 기시모드(화면 하단에 BEGIN 표시가 있음) [g][END] : 기말모드(화면 하단에 표시가 없음)	[2nd][BGN]을 누른 후, [2nd][SET]을 눌러 기말모드를 기시모드로 변경한다. 이 때 화면 윗부분에 "BGN"이란 표시가 나타난다. 마지막으로 [2nd][QUIT]을 입력한다.
HP 10B II	HP 17B II
[■][BEG/END]를 누른 후 화면 하단에 "BEGIN"메시지가 나타나면 기시급이다. 아무 표시도 없다면 기말급이며 기시급으로 바꾸려면 [■][BEG/END]한번 더 누른다.	기시급 : [FIN][TVM][OTHER][BEG] 기말급 : [FIN][TVM][OTHER][END]

※ 향후 키 입력 및 화면표시에는 기시급과 기말급이 생략됨.

기본예제 II-5-1 기말급 연복리 종가

최주영씨는 아들의 대학등록금 마련을 위하여 5년 동안 연말마다 100만 원씩 7%의 연복리 이율이 적용되는 예금계좌에 저축하였다. 5년말 시점에서 최주영씨의 예금계좌의 잔고는 얼마가 되는가?

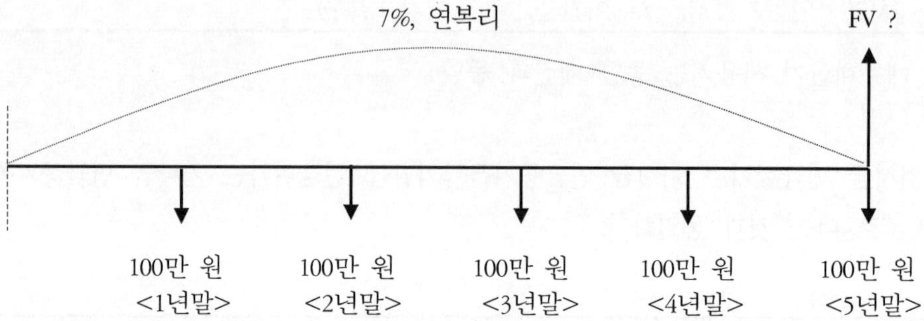

$$FV = \frac{100\text{만 원} \times [(1+0.07)^5 - 1]}{0.07}$$

※ 기말급 설정

HP 12C		BA II PLUS	
키 입력	화면 표시	키 입력	화면 표시
[f][CLEAR FIN]	0.00	[2nd][CLR TVM]	0.00
5[n]	5.00	5[N]	N=5.00◁
7[i]	7.00	7[I/Y]	I/Y=7.00◁
100[CHS][PMT]	−100.00	100[+/−][PMT]	PMT=−100.00◁
[FV]	575.07	[CPT][FV]	FV=575.07*

HP 10B II		HP 17B II	
키 입력	화면 표시	키 입력	화면 표시
[■][C ALL]	0.00	[FIN][TVM]	
5[N]	5.00	[■][CLEAR DATA]	
7[I/YR]	7.00	5[N]	N=5.00
100[+/−][PMT]	−100.00	7[I%YR]	I%YR=7.00
[FV]	575.07	100[+/−][PMT]	PMT=−100.00
		[FV]	FV=575.07

답 575.07만 원

유제 1 이수영씨는 결혼자금을 마련하기 위해 5년 동안 매년말 300만 원씩 6.5%의 연복리 이율이 적용되는 예금계좌에 저축하였다. 5년말 이수영씨의 예금계좌의 잔고는 얼마인가?

답 1,708.09만 원

유제 2 김도현씨는 7년 동안 매년말 1,000만 원을 예금계좌에 입금하였다. 이 예금계좌는 6.3% 연복리로 부리된다면 7년 후 예금계좌의 잔액은 얼마인가?

답 8,471.00만 원

기본예제 II-5-2 기말급 월복리 종가

한영희씨는 연 6% 월복리 은행계좌에 5년 동안 매달 말 30만 원씩 입금하기로 하였다. 5년이 지난 후 마지막 30만 원을 입금하였을 때 이 계좌의 잔고는 얼마일까?

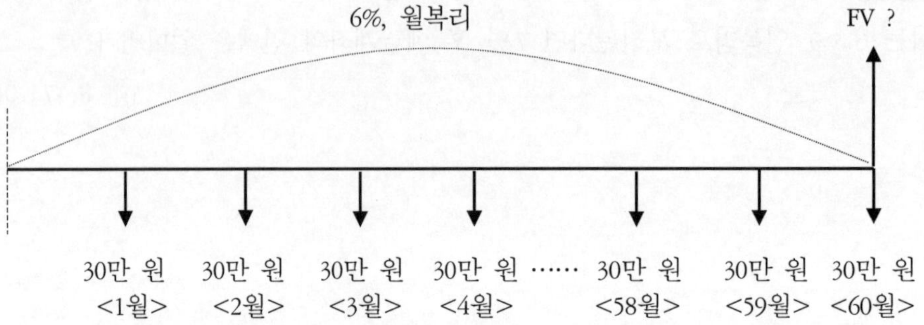

$$FV = 30\text{만 원} \times \left[\left(1+\frac{0.06}{12}\right)^{60} - 1 \right] \Big/ \frac{0.06}{12}$$

※ 기말급 설정

HP 12C		BA II PLUS	
키 입력	화면 표시	키 입력	화면 표시
[f][CLEAR FIN]	0.00	[2nd][CLR TVM]	0.00
5[g][12×]	60.00	5[×]12[=][N]	N=60.00◁
6[g][12÷]	0.50	6[÷]12[=][I/Y]	I/Y=0.50◁
30[CHS][PMT]	−30.00	30[+/−][PMT]	PMT=−30.00◁
[FV]	2,093.10	[CPT][FV]	FV=2,093.10*

HP 10B II		HP 17B II	
키 입력	화면 표시	키 입력	화면 표시
[■][C ALL]	0.00	[FIN][TVM]	
60[N]	60.00	[■][CLEAR DATA]	
6[÷]12[I/YR]	0.50	5[×]12[N]	N=60.00
30[+/−][PMT]	−30.00	6[÷]12[I%YR]	I%YR=0.50
[FV]	2,093.10	30[+/−][PMT]	PMT=−30.00
		[FV]	FV=2,093.10

답 2,093.10만 원

유제 1 은수진씨는 결혼자금을 마련하기 위해 3년 동안 매월말 30만 원씩 연 7.5%의 월복리 예금상품에 예금하려고 한다. 은수진씨가 예금상품에 3년간 저축을 하면 얼마인가?

답 1,206.94만 원

유제 2 정희준씨는 10년 동안 매년말 500만 원을 6.25% 연복리로 부리되는 예금계좌에 입금하였다. 10년 후 정희준씨 예금계좌의 잔고는 얼마일까?

답 6,668.29만 원

기본예제 II-5-3 기시급 연복리 종가

박성준씨는 향후 주택구입을 위하여 지금부터 5년간 매년초 1,000만 원을 저축하려고 한다. 계좌가 7.5% 연복리로 부리된다고 하면 5년 후 얼마를 모을 수 있는가?

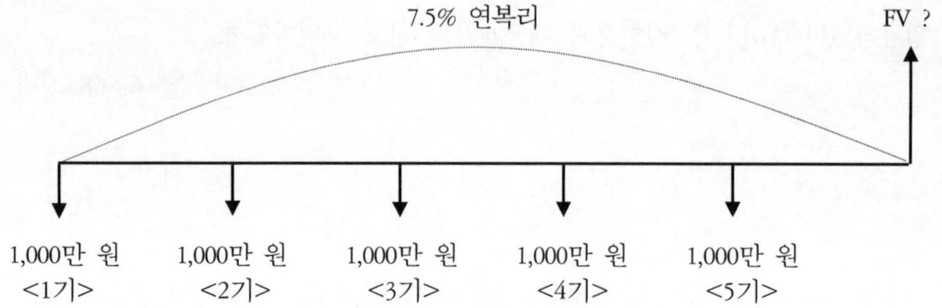

$$FV = 1,000\text{만 원} \times \frac{(1+0.075)^5 - 1}{0.075} \times (1+0.075)$$

※ 기시급 설정

HP 12C		BA II PLUS	
키 입력	화면 표시	키 입력	화면 표시
[f][CLEAR FIN]	0.00	[2nd][CLR TVM]	0.00
5[n]	5.00	5[N]	N=5.00◁
7.5[i]	7.50	7.5[I/Y]	I/Y=7.50◁
1000[CHS][PMT]	−1,000.00	1000[+/−][PMT]	PMT=−1,000.00◁
[FV]	6,244.02	[CPT][FV]	FV=6,244.02*

HP 10B II		HP 17B II	
키 입력	화면 표시	키 입력	화면 표시
[■][C ALL]	0.00	[FIN][TVM]	
5[N]	5.00	[■][CLEAR DATA]	
7.5[I/YR]	7.50	5[N]	N=5.00
1000[+/−][PMT]	−1,000.00	7.5[I%YR]	I%YR=7.50
[FV]	6,244.02	1000[+/−][PMT]	PMT=−1,000.00
		[FV]	FV=6,244.02

답 6,244.02만 원

유제 2 조성기씨는 주택구입을 위하여 5년 동안 매년초 900만 원씩 7%의 연복리 예금상품에 예금하였다. 5년 후 조성기씨의 예금잔고는 얼마인가?

답 5,537.96만 원

유제 2 허인호씨는 10년 동안 매년초 600만 원을 6.8% 연복리로 부리되는 예금계좌에 저축하였다. 10년 후 허인호씨 예금계좌의 잔액은 얼마인가?

답 8,770.38만 원

기본예제 II-5-4 기시급 월복리 종가

김현성씨는 오늘 은행에 가서 3년짜리 정기적금에 가입하였다. 매달 불입액은 10만 원이며, 이자율은 연 6.5% 월복리이다. 3년 후 만기시에 적금계좌의 잔고는 얼마일까?

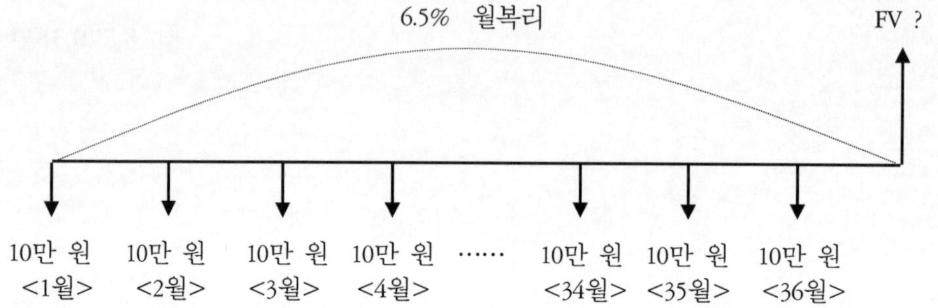

$$FV = 10\text{만 원} \times \frac{\left(1+\frac{0.065}{12}\right)^{3\times12} - 1}{\frac{0.065}{12}} \times \left(1+\frac{0.065}{12}\right)$$

※ 기시급 설정

HP 12C		BA Ⅱ PLUS	
키 입력	화면 표시	키 입력	화면 표시
[f][CLEAR FIN]	0.00	[2nd][CLR TVM]	0.00
3[g][12×]	36.00	3[×]12[=][N]	N=36.00◁
6.5[g][12÷]	0.54	6.5[÷]12[=][I/Y]	I/Y=0.54◁
10[CHS][PMT]	−10.00	10[+/−][PMT]	PMT=−10.00◁
[FV]	398.46	[CPT][FV]	FV=398.46*

HP 10B Ⅱ		HP 17B Ⅱ	
키 입력	화면 표시	키 입력	화면 표시
[■][C ALL]	0.00	[FIN][TVM]	
36[N]	36.00	[■][CLEAR DATA]	
6.5[÷]12[I/YR]	0.54	3[×]12[N]	N=36.00
10[+/−][PMT]	−10.00	6.5[÷]12[I%YR]	I%YR=0.54
[FV]	398.46	10[+/−][PMT]	PMT=−10.00
		[FV]	FV=398.46

답 398.46만 원

유제 1 홍석현씨는 매월초 10만 원을 입금하는 3년만기 예금상품을 구입하였다. 이 예금상품이 연 6% 월복리로 부리된다면 3년 후 홍석현씨가 받게 될 금액은 얼마인가?

답 395.33만 원

유제 2 황지호씨는 5년 동안 매월초 50만 원을 연 7.3% 월복리로 부리되는 예금계좌에 저축하였다. 5년 후 황지호씨 예금계좌의 잔액은 얼마인가?

답 3,629.52만 원

기본예제 II-5-5 기말급 연복리 현가

주진철씨는 은퇴생활에 필요한 자금을 추산한 결과 퇴직 후 1년 후부터 20년간 매년 2,400만 원의 현금이 필요함을 알게 되었다. 이에 퇴직 1년 후부터 20년간 매년 2,400만 원을 지급하는 확정연금을 가입하고자 한다. 만약 가입하고자 하는 연금이 7% 연복리로 부리되는 것이라 한다면, 퇴직시점에서 일시금으로 납입하여야 하는 금액은 얼마인가? 단, 세금은 고려하지 않는다.

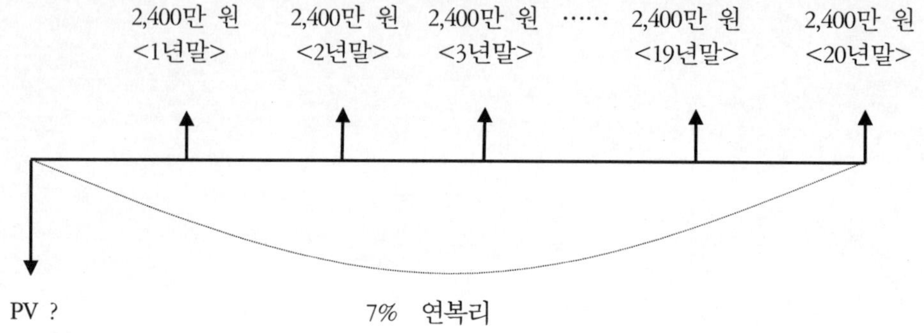

$$PV = 2,400\text{만 원} \times \frac{1-(1+0.07)^{-20}}{0.07}$$

※ 기말급 설정

HP 12C		BA II PLUS	
키 입력	화면 표시	키 입력	화면 표시
[f][CLEAR FIN]	0.00	[2nd][CLR TVM]	0.00
20[n]	20.00	20[N]	N=20.00◁
7[i]	7.00	7[I/Y]	I/Y=7.00◁
2400[PMT]	2,400.00	2400[PMT]	PMT=2,400.00◁
[PV]	−25,425.63	[CPT][PV]	PV=−25,425.63*

HP 10BⅡ		HP 17BⅡ	
키 입력	화면 표시	키 입력	화면 표시
[■][C ALL]	0.00	[FIN][TVM]	
20[N]	20.00	[■][CLEAR DATA]	
7[I/YR]	7.00	20[N]	N=20.00
2400[PMT]	2,400.00	7[I%YR]	I%YR=7.00
[PV]	−25,425.63	2400[PMT]	PMT=2,400.00
		[PV]	PV=−25,425.63

답 2억 5,425.63만 원

유제 1 이동호씨는 5년 동안 매년말 1,000만 원을 인출할 계획이다. 8.7% 연복리 계좌라면 현재 얼마를 적립해야 하는가?

답 3,920.12만 원

유제 2 운동선수 장은주씨는 국제대회에서 메달을 획득하여 20년 동안 매년말 1,000만 원의 포상금을 받기로 하였다. 이 포상금을 6.35% 연복리 이자율을 적용하여 현재 일시금으로 받는다면 얼마인가?

답 1억 1,151.01만 원

기본예제 II-5-6 기말급 월복리 현가

앞의 기본예제 II-5-5의 주진철씨가 퇴직 1개월 후부터 20년간 매월 200만 원을 지급하는 확정연금(연 7%, 월복리)에 가입하고자 하는 경우 퇴직시 일시금으로 불입하여야 하는 금액은 얼마인가?

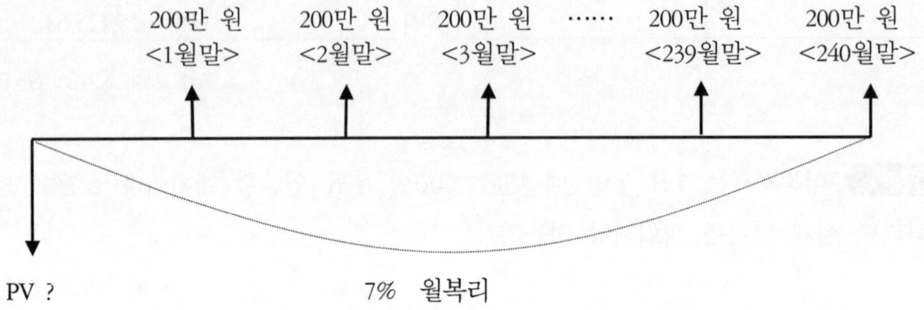

$$PV = 200\text{만 원} \times \frac{1-(1+\frac{0.07}{12})^{-240}}{\frac{0.07}{12}}$$

※ 기말급 설정

HP 12C		BA II PLUS	
키 입력	화면 표시	키 입력	화면 표시
[f][CLEAR FIN]	0.00	[2nd][CLR TVM]	0.00
20[g][12×]	240.00	20[×]12[=][N]	N=240.00 ◁
7[g][12÷]	0.58	7[÷]12[=][I/Y]	I/Y=0.58 ◁
200[PMT]	200.00	200[PMT]	PMT=200.00 ◁
[PV]	-25,796.50	[CPT][PV]	PV=-25,796.50*

HP 10B II		HP 17B II	
키 입력	화면 표시	키 입력	화면 표시
[■][C ALL]	0.00	[FIN][TVM]	
20[×]12[N]	240.00	[■][CLEAR DATA]	
7[÷]12[I/YR]	0.58	20[×]12[N]	N=240.00
200[PMT]	200.00	7[÷]12[I%YR]	I%YR=0.58
[PV]	-25,796.50	200[PMT]	PMT=200.00
		[PV]	PV=-25,796.50

답 2억 5,796.50만 원

유제 1 김보라씨는 부모로부터 유산을 상속받아 연 5.5% 월복리 계좌에 입금하려고 한다. 김보라씨는 계좌의 잔고가 모두 인출할 때까지 100개월 동안 매월말 100만 원씩 인출할 수 있다. 김보라씨는 현재 얼마의 유산을 상속받았는가?

답 8,007.29만 원

유제 2 송명진씨는 12개월 동안 매월말 70,000원의 할부금을 지급하기로 하고 에어콘을 구입하였다. 송명진씨는 그 돈으로 연 8% 월복리의 수입을 얻을 수 있다고 가정한다면 오늘 현재 에어콘의 가격은 얼마가 되겠는가?

답 804,704.73원

기본예제 II-5-7 기시급 연복리 현가

회사에서 대출을 받은 김석윤씨는 원리금 상환을 대출받은 날로부터 시작하여 5년 동안 매년 100만 원씩 지급하기로 하였다. 회사의 직원대출 이자율이 8% 연복리라 한다면, 김석윤씨는 회사로부터 얼마를 빌렸을까?

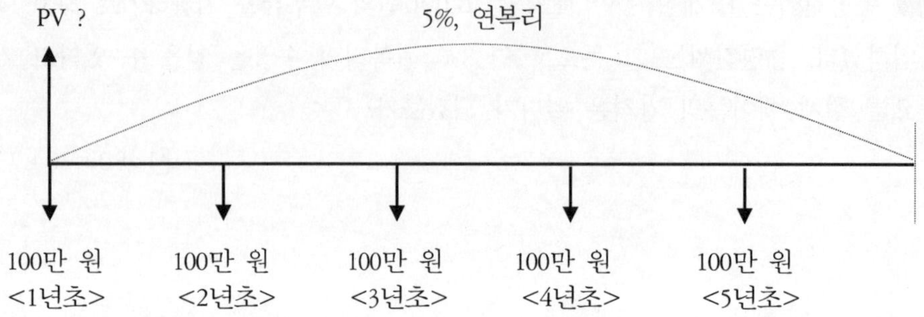

$$PV = 100\text{만 원} \times \frac{1-(1+0.08)^{-5}}{0.08} \times (1+0.08)$$

※ 기시급 설정

HP 12C		BA II PLUS	
키 입력	화면 표시	키 입력	화면 표시
[f][CLEAR FIN]	0.00	[2nd][CLR TVM]	0.00
5[n]	5.00	5[N]	N=5.00 ◁
8[i]	8.00	8[I/Y]	I/Y=8.00 ◁
100[CHS][PMT]	−100.00	100[+/−][PMT]	PMT=−100.00 ◁
[PV]	431.21	[CPT][PV]	PV=431.21*

HP 10B II		HP 17B II	
키 입력	화면 표시	키 입력	화면 표시
[■][C ALL]	0.00	[FIN][TVM]	
5[N]	5.00	[■][CLEAR DATA]	
8[I/YR]	8.00	5[N]	N=5.00
100[+/−][PMT]	−100.00	8[I%YR]	I%YR=8.00
[PV]	431.21	100[+/−][PMT]	PMT=−100.00
		[PV]	PV=431.21

답 431.21만 원

유제 1 당신이 20년 동안 매년초 2,000만 원을 받는 복권에 당첨되었다고 가정하자. 이 금액을 이자율 6.7% 연복리를 적용하여 오늘 현재 일시금으로 받는다면 얼마인가?

답 2억 3,144.49만 원

유제 2 신동철씨는 대출상환을 위해 오늘부터 10년 동안 매년초 300만 원을 상환하기로 했다. 7.5% 연복리를 가정한다면 신동철씨가 신청한 대출금은 얼마인가?

답 2,213.67만 원

기본예제 II-5-8 기시급 월복리 현가

황윤태씨는 사업을 하던 중 급하게 자금이 필요하여 사채업자로부터 자금을 빌렸다. 이자율은 연 15% 월복리이며, 원리금은 18개월에 걸쳐 매월 300만 원씩 상환키로 하였다. 첫 달 상환액은 차입시 원금에서 공제되었다. 황윤태씨가 차입한 금액은 얼마인가?

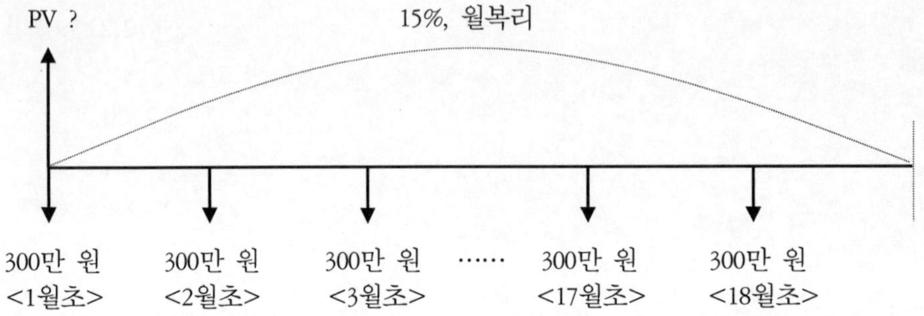

$$PV = 300\text{만 원} \times \frac{1-(1+\frac{0.15}{12})^{-18}}{\frac{0.15}{12}} \times (1+\frac{0.15}{12})$$

※ 기시급 설정

HP 12C		BA II PLUS	
키 입력	화면 표시	키 입력	화면 표시
[f][CLEAR FIN]	0.00	[2nd][CLR TVM]	0.00
18[n]	18.00	18[N]	N=18.00◁
15[g][12÷]	1.25	15[÷]12[=][I/Y]	I/Y=1.50◁
300[CHS][PMT]	−300.00	300[+/−][PMT]	PMT=−300.00◁
[PV]	4,868.98	[CPT][PV]	PV=4,868.98*

HP 10B II		HP 17B II	
키 입력	화면 표시	키 입력	화면 표시
[■][C ALL]	0.00	[FIN][TVM]	
18[N]	18.00	[■][CLEAR DATA]	
15[÷]12[I/YR]	1.50	18[N]	N=18.00
300[+/−][PMT]	−300.00	15[÷]12[I%YR]	I%YR=1.50
[PV]	4,868.98	300[+/−][PMT]	PMT=−300.00
		[PV]	PV=4,868.98

답 4,868.98만 원

유제 1 양동철씨는 15개월 동안 매월초 300만 원의 빚을 상환해야 한다. 빚의 이자율이 연 15% 월복리라고 가정하면 양동철씨가 빌린 대출금은 얼마인가?

답 4,131.17만 원

유제 2 30년간 매월초 200만 원씩 연금을 지급하는 상품이 있다. 연이율 8% 월복리일 경우 일시금으로 가입하기 위해서 필요한 금액은 얼마인가?

답 2억 7,438.41만 원

기본예제 II-5-9 기말급 연복리 PMT

차주철씨는 주택마련을 위하여 은행으로부터 5,000만 원의 빚을 졌다. 원금과 이자는 차입일 1년 후부터 10년간에 걸쳐 동일액을 지급하기로 하였다. 대출이자율이 9% 연복리라면 매년 얼마씩 갚아야 할까?

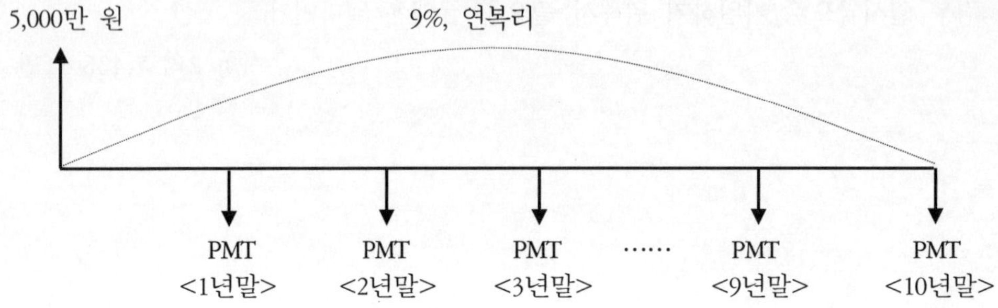

$$5,000\text{만 원} = PMT \times \frac{1-(1+0.09)^{-10}}{0.09}$$

※ 기말급 설정

HP 12C		BA II PLUS	
키 입력	화면 표시	키 입력	화면 표시
[f][CLEAR FIN]	0.00	[2nd][CLR TVM]	0.00
10[n]	10.00	10[N]	N=10.00◁
9[i]	9.00	9[I/Y]	I/Y=9.00◁
5000[PV]	5,000.00	5000[PV]	PV=5,000.00◁
[PMT]	−779.10	[CPT][PMT]	PMT=−779.10*

HP 10B II		HP 17B II	
키 입력	화면 표시	키 입력	화면 표시
[■][C ALL]	0.00	[FIN][TVM]	
10[N]	10.00	[■][CLEAR DATA]	
9[I/YR]	9.00	10[N]	N=10.00
5000[PV]	5,000.000	9[I%YR]	I%YR=9.00
[PMT]	−779.10	5000[PV]	PV=5,000.00
		[PMT]	PMT=−779.10

답 779.10만 원

유제 1 김수철씨는 3,000만 원의 대출금을 10년에 걸쳐 매년말 일정한 금액을 상환하기로 하였다. 이자율은 6.4% 연복리라면 매년 얼마를 상환해야 할까?

답 415.36만 원

유제 2 유상호씨는 10년간에 걸쳐 매년말 일정금액을 정기적으로 입금하여 2억 원을 모으려고 한다. 계좌의 이자율은 7% 연복리라면 갑은 매년 얼마를 저축해야 하는가?

답 1,447.55만 원

기본예제 II-5-10 기말급 월복리 PMT

장주영씨는 5년 후 주택마련을 계획하고 있다. 1달 후부터 매년 일정한 금액을 정기적으로 저축하여 2억 원을 모으려고 한다. 만약 계좌의 이자율이 연 7% 월복리라 하면, 장주영씨는 매월 얼마를 저축해야 하는가?

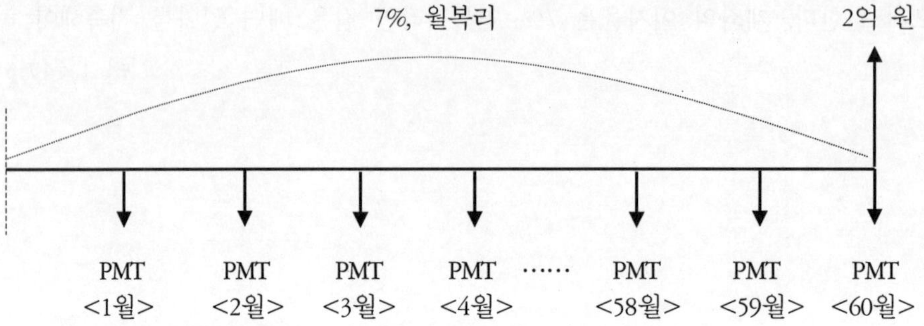

$$2\text{억 원} = PMT \times \frac{(1+\frac{0.07}{12})^{60}-1}{\frac{0.07}{12}}$$

※ 기말급 설정

HP 12C		BA II PLUS	
키 입력	화면 표시	키 입력	화면 표시
[f][CLEAR FIN]	0.00	[2nd][CLR TVM]	0.00
5[g]12[×]	60.00	5[×]12[=][N]	N=60.00◁
7[g][12÷]	0.58	7[÷]12[=][I/Y]	I/Y=0.58◁
20000[FV]	20,000.00	20000[FV]	FV=20,000.00◁
[PMT]	−279.36	[CPT][PMT]	PMT=−279.36*

HP 10B II		HP 17B II	
키 입력	화면 표시	키 입력	화면 표시
[■][C ALL]	0.00	[FIN][TVM]	
5[×]12[N]	60.00	[■][CLEAR DATA]	
7[÷]12[I/YR]	0.58	5[×]12[N]	N=60.00
20000[FV]	20,000.00	7[÷]12[I%YR]	I%YR=0.58
[PMT]	−279.36	20000[FV]	FV=20,000.00
		[PMT]	PMT=−279.36

답 279.36만 원

유제 1 임동우씨는 은행으로부터 7,000만 원의 주택담보대출금을 받아 10년에 걸쳐 매월말 일정한 금액을 상환하기로 하였다. 이자율은 연 6.5% 월복리라면 매월말 얼마를 상환해야 할까?

답 79.48만 원

유제 2 장혜림씨는 10년 동안 매년 일정금액을 저축하여 1억 원을 모아 은퇴자금으로 사용하고자 한다. 계좌의 이자율이 연 7.3% 월복리라면 장혜림씨는 매월말 얼마를 입금해야 하는가?

답 56.83만 원

기본예제 II-5-11 기시급 연복리 PMT

홍상우씨는 며칠 전 정년퇴직하면서 퇴직금으로 1억 5,000만 원을 받았다. 홍상우씨는 파이낸셜 어드바이저와 의논 끝에 이를 연복리 8.5%의 확정이율이 적용되는 연금에 일시납으로 가입하고, 예치당일부터 20년간 매년 동일한 금액을 지급하는 연금을 받기로 하였다. 매년 받을 수 있는 연금액은 얼마인가?

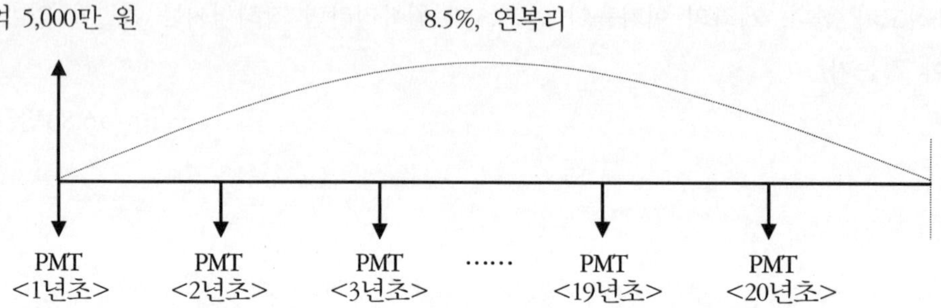

$$1억\ 5{,}000만\ 원 = PMT \times \frac{1-(1+0.085)^{-20}}{0.085} \times (1+0.085)$$

※ 기시급 설정

HP 12C		BA Ⅱ PLUS	
키 입력	화면 표시	키 입력	화면 표시
[f][CLEAR FIN]	0.00	[2nd][CLR TVM]	0.00
20[n]	20.00	20[N]	N=20.00◁
8.5[i]	8.50	8.5[I/Y]	I/Y=8.50◁
15000[CHS][PV]	−15,000.00	15000[+/−][PV]	PV=−15,000.00◁
[PMT]	1,460.89	[CPT][PMT]	PMT=1,460.89*

HP 10B Ⅱ		HP 17B Ⅱ	
키 입력	화면 표시	키 입력	화면 표시
[■][C ALL]	0.00	[FIN][TVM]	
20[N]	20.00	[■][CLEAR DATA]	
8.5[I/YR]	8.50	20[N]	N=20.00
15000[+/−][PV]	−15,000.00	8.5[I%YR]	I%YR=8.50
[PMT]	1,460.89	15000[+/−][PV]	PV=−15,000.00
		[PMT]	PMT=1,460.89

답 1,460.89만 원

유제 1 진선미씨는 시가 3억 5,000만 원의 아파트를 구입하려고 한다. 은행의 대출 조건은 7% 연복리이며, 7년 동안 매년초 균등액 상환이라면 진선미씨가 매년 상환할 금액은 얼마인가?

답 6,069.50만 원

유제 2 정선혜씨는 현재 연복리 5% 계좌에 5년 동안 매년초 일정금액을 입금하여 5,000만 원을 모으려고 한다. 정선혜씨가 매년 입금할 금액은 얼마인가?

답 861.78만 원

기본예제 II-5-12 기시급 월복리 PMT

유영철씨는 큰 아들의 대학입학금 마련을 위하여 3년짜리 정기적금에 가입키로 하였다. 3년 후 아들이 들어가고자 하는 대학의 입학금은 물가상승을 고려할 때 약 500만 원 정도가 될 것으로 추정된다. 정기적금의 이자율이 연 6.8% 월복리일 때 유영철씨가 매월초 불입하여야 할 금액은 얼마 정도일까?

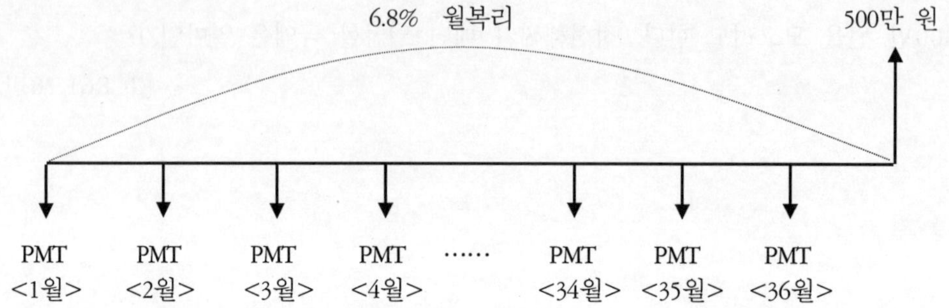

$$500\text{만 원} = PMT \times \frac{\left(1+\frac{0.068}{12}\right)^{3\times 12}-1}{\frac{0.068}{12}} \times \left(1+\frac{0.068}{12}\right)$$

※ 기시급 설정

HP 12C		BA II PLUS	
키 입력	화면 표시	키 입력	화면 표시
[f][CLEAR FIN]	0.00	[2nd][CLR TVM]	0.00
3[g]12[×]	36.00	3[×]12[=][N]	N=36.00 ◁
6.8[g][12÷]	0.57	6.8[÷]12[=][I/Y]	I/Y=0.57 ◁
500[FV]	500.00	500[FV]	FV=500.00 ◁
[PMT]	−12.49	[CPT][PMT]	PMT=−12.49*

HP 10B II		HP 17B II	
키 입력	화면 표시	키 입력	화면 표시
[■][C ALL]	0.00	[FIN][TVM]	
3[×]12[N]	36.00	[■][CLEAR DATA]	
6.8[÷]12[I/YR]	0.57	3[×]12[N]	N=36.00
500[FV]	500.00	6.8[÷]12[I%YR]	I%YR=0.57
[PMT]	−12.49	500[FV]	FV=500.00
		[PMT]	PMT=−12.49

답 12.49만 원

유제 1 채시영씨는 딸의 대학 교육비로 4,000만 원을 마련하고자 다음달 초부터 6년 동안 연 8% 월복리 예금계좌에 매월초 예금하려고 한다. 채시영씨가 매월 입금해야할 금액은 얼마인가?

답 43.18만 원

유제 2 방실씨는 현재 연 7% 월복리 계좌에 3년 동안 매월초 예금하여 3,000만 원을 모아 결혼자금으로 사용할 계획이다. 방실씨는 매월초 얼마씩 저축해야 하는가?

답 74.70만 원

기본예제 II-5-13 기말급 연복리 기간

정년퇴임을 하는 주남일씨는 퇴직금 2억 원을 일시금으로 받지 않고 1년 후부터 매년 2,000만 원씩, 잔액이 2,000만 원 미만인 경우 나머지 잔액을 연금으로 지급받기를 원하고 있다. 만약 6.5% 연복리의 이율이 적용된다면, 향후 몇 년 동안 주남일씨에게 연금이 지급되겠는가? 그리고 마지막 연금지급시 금액은 얼마가 되겠는가?

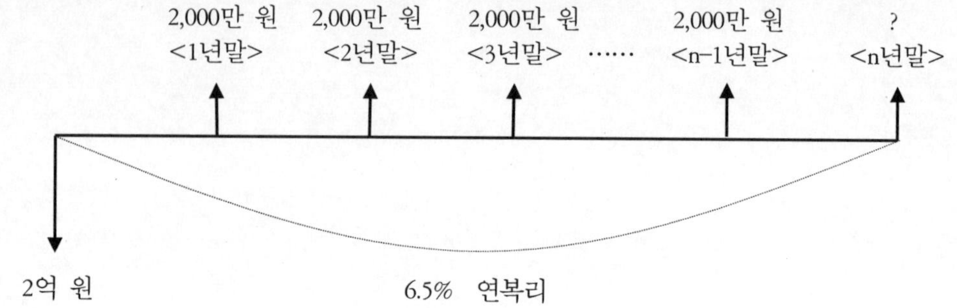

$$2억\ 원 = 2,000만\ 원 \times \frac{1-(1+0.065)^{-n}}{0.065}$$

줄탁(茁啄)

n을 구한 다음, n보다 큰 정수 중 가장 작은 값을 다시 n으로 입력하여 FV를 구하고, 이를 PMT와 더해서 마지막 해의 지급액을 구하면 된다.(또는 n보다 작은 가장 큰 정수 값을 다시 n으로 입력하여 FV를 구하고 이를 1년간 부리(1+0.065)를 하면 마지막 해의 지급액이 됨)

※ 기말급 설정

HP 12C		BA II PLUS	
키 입력	화면 표시	키 입력	화면 표시
[f][CLEAR FIN]	0.00	[2nd][CLR TVM]	0.00
6.5[i]	6.50	6.5[I/Y]	I/Y=6.50◁
20000[CHS][PV]	−20,000.00	20000[+/−][PV]	PV=−20,000.00◁
2000[PMT]	2,000.00	2000[PMT]	PMT=2,000.00◁
[n]	**17.00**	[CPT][N]	N=16.67*
17[n]	17.00	17[N]	N=**17.00**◁
[FV]	−645.11	[CPT][FV]	FV=−645.11*
2000[+]	**1,354.89**	[+]2000[=]	**1,354.89**

HP 10BⅡ		HP 17BⅡ	
키 입력	화면 표시	키 입력	화면 표시
[■][C ALL]	0.00	[FIN][TVM]	
6.5[I/YR]	6.50	[■][CLEAR DATA]	
20000[+/−][PV]	−20,000.00	6.5[I%YR]	I%YR=6.50
2000[PMT]	2,000.00	20000[+/−][PV]	PV=−20,000.00
[N]	**16.67**	2000[PMT]	PMT=2,000.00
17[N]	17.00	[N]	N=**16.67**
[FV]	−645.11	17[N]	N=17.00
[+]2000[=]	**1,354.89**	[FV]	FV=−645.11
		[+]2000[=]	**1,354.89**

답 17년, 1,354.89만 원

유제 1 강성규씨는 시가 2억 원의 아파트를 경매로 낙찰받고 낙찰금액의 80%를 대출금으로 지불할 계획이다. 은행의 대출조건은 7% 연복리이며, 매년말 2,000만 원씩 상환하기로 하였다. 강성규씨는 몇 년에 걸쳐 상환해야 하는가?

답 12.13년

유제 2 남궁성씨는 퇴직금 3억 원을 일시금으로 받지 않고 1년 후부터 매년 3,000만 원씩 지급받기를 원하고 있다. 만약 6% 연복리의 이율이 적용된다면, 향후 몇 년 동안 남궁성씨에게 연금이 지급되겠는가?

답 15.73년

기본예제 II-5-14 기말급 월복리 기간

만약, 앞의 예제에서 주남일씨가 매월말 170만 원씩 연금으로 받기로 하였고, 그 연금의 이율이 연 6.3% 월복리라 한다면, 주남일씨는 얼마의 기간 동안 연금을 받게 되며, 마지막 달의 연금액은 얼마가 되겠는가?

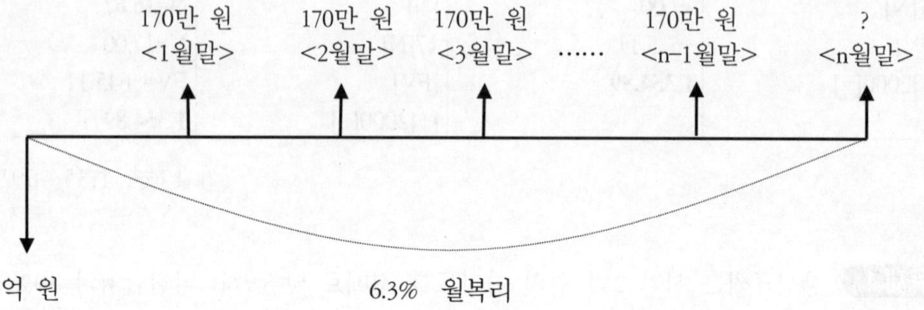

$$2억\ 원 = 170만\ 원 \times \frac{1-(1+\frac{0.063}{12})^{-n}}{\frac{0.063}{12}}$$

※ 기말급 설정

HP 12C		BA II PLUS	
키 입력	화면 표시	키 입력	화면 표시
[f][CLEAR FIN]	0.00	[2nd][CLR TVM]	0.00
6.3[g][12÷]	0.53	6.3[÷]12[=][I/Y]	I/Y=0.53◁
20000[CHS][PV]	−20,000.00	20000[+/−][PV]	PV=−20,000.00◁
170[PMT]	170.00	170[PMT]	PMT=170.00◁
[n]	**184.00**	[CPT][N]	N=**183.61***
184[n]	184.00	184[N]	N=184.00◁
[FV]	−66.84	[CPT][FV]	FV=−66.84*
170[+]	**103.16**	[+]170[=]	**103.16**

HP 10B Ⅱ		HP 17B Ⅱ	
키 입력	화면 표시	키 입력	화면 표시
[■][C ALL]	0.0	[FIN][TVM]	
6.3[÷]12[I/YR]	0.53	[■][CLEAR DATA]	
20000[+/−][PV]	−20,000.00	6.3[÷]12[I%YR]	I%YR=0.53
170[PMT]	170.00	20000[+/−][PV]	PV=−20,000.00
[N]	**183.61**	170[PMT]	PMT=170.00
184[N]	184.00	[N]	N=**183.61**
[FV]	−66.84	184[N]	N=184.00
[+]170[=]	**103.16**	[FV]	FV=−66.84
		[+]170[=]	**103.16**

답 184개월(15년 4개월), 103.16만 원

유제 1 이종범씨는 2억 원을 일시금으로 연금상품에 가입하고 다음달부터 매월 200만 원씩 연금으로 지급받기를 원하고 있다. 만약 연 6.5% 월복리의 이율이 적용된다면, 이종범씨는 향후 몇 년 동안 연금을 받을 수 있는가? 그리고, 마지막 연금 지급시 금액은 얼마가 되겠는가?

답 144.42개월, 83.93만 원

유제 2 지승원씨는 700만 원의 카드 대출금이 있다. 매월말 50만 원씩 갚아 나간다면 얼마나 걸릴까? 단, 이자율은 연 12% 월복리로 가정한다.

답 15.16개월

기본예제 II-5-15 기시급 연복리 기간

중소기업을 경영하는 허정훈씨는 2002년 6월 새 기계를 도입하기 위해 상호저축은행에서 4,000만 원을 빌리기로 하였다. 동 저축은행에서 적용한 허정훈씨에 대한 대출이율은 연 12.5% 연복리이며, 원리금 상환은 대출시부터 매년 850만 원씩 지급하기로 하였다. 허정훈씨가 원리금을 전부 상환하는 데 소요되는 기간은 총 얼마일까? 마지막 해에는 대출잔액만 지급한다.

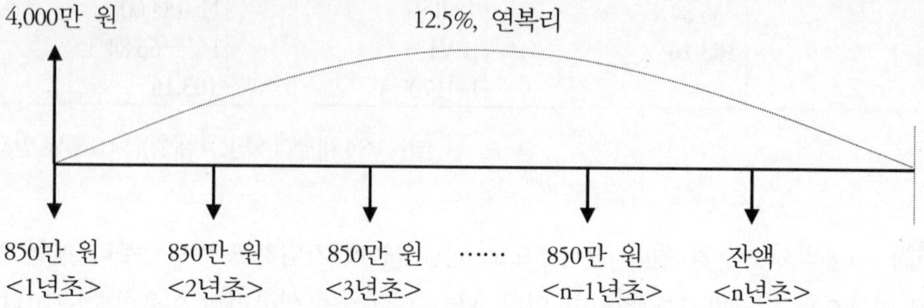

$$4,000\text{만 원} = 850\text{만 원} \times \frac{1-(1+0.125)^{-n}}{0.125} \times (1+0.125)$$

※ 기시급 설정

HP 12C		BA II PLUS	
키 입력	화면 표시	키 입력	화면 표시
[f][CLEAR FIN]	0.00	[2nd][CLR TVM]	0.00
12.5[i]	12.50	12.5[I/Y]	I/Y=12.50◁
4000[PV]	4,000.00	4000[PV]	PV=4,000.00◁
850[CHS][PMT]	−850.00	850[+/−][PMT]	PMT=−850.00◁
[n]	7.00	[CPT][N]	N=6.28*

HP 10B II		HP 17B II	
키 입력	화면 표시	키 입력	화면 표시
[■][C ALL]	0.00	[FIN][TVM]	
12.5[I/YR]	12.50	[■][CLEAR DATA]	
4000[PV]	4,000.00	12.5[I%YR]	I%YR=12.50
850[+/−][PMT]	−850.00	4000[PV]	PV=4,000.00
[N]	6.28	850[+/−][PMT]	PMT=−850.00
		[N]	N=6.28

답 6.28년 또는 7년

유제 1 홍성민씨는 대출금 3,000만 원을 매년초 700만 원씩 상환하기로 하였다. 이자율은 7.25% 연복리라면 얼마 동안 상환해야 하는가?

답 4.89년 또는 5년

유제 2 함상욱씨는 매년초 1,000만 원을 입금하여 2억 원을 저축하려고 한다. 계좌의 이자율은 7% 연복리라고 가정하면 함상욱씨는 몇 년 동안 입금해야 하는가?

답 12.36년 또는 13년

기본예제 II-5-16 기시급 월복리 기간

앞의 예제 허정훈씨에 대하여 상호저축은행에서 자금대여를 거절하자, 부득이 허정훈씨는 사채업자에게 4,000만 원의 자금을 빌리기로 하였다. 사채업자 마창현씨가 요구하는 조건은 이자율 연 15% 월복리에 자금 차입시부터 매달 원리금 60만 원을 지급하여야 한다는 것이다. 허정훈씨가 원리금을 상환하는 데 소요되는 기간은 얼마인가?

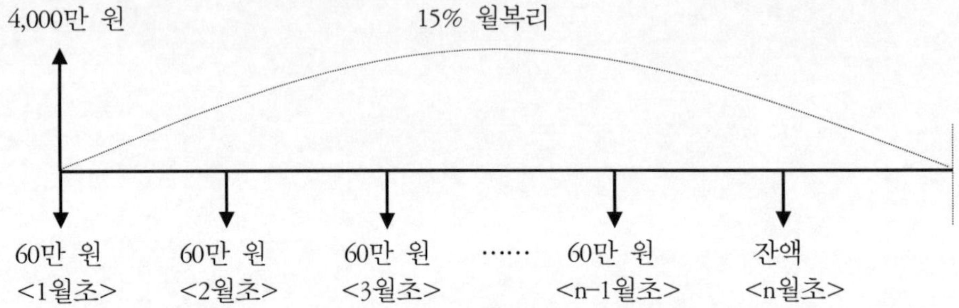

$$4,000\text{만 원} = 60\text{만 원} \times \frac{1-(1+\frac{0.15}{12})^{-n}}{\frac{0.15}{12}} \times (1+\frac{0.15}{12})$$

※ 기시급 설정

HP 12C		BA Ⅱ PLUS	
키 입력	화면 표시	키 입력	화면 표시
[f][CLEAR FIN]	0.00	[2nd][CLR TVM]	0.00
15[g][12÷]	1.25	15[÷]12[=][I/Y]	I/Y=1.25◁
4000[PV]	4,000.00	4000[PV]	PV=4,000.00◁
60[CHS][PMT]	−60.00	60[+/−][PMT]	PMT=−60.00◁
[n]	140.00	[CPT][N]	N=139.41*

HP 10B Ⅱ		HP 17B Ⅱ	
키 입력	화면 표시	키 입력	화면 표시
[■][C ALL]	0.00	[FIN][TVM]	
15[÷]12[I/YR]	1.25	[■][CLEAR DATA]	
4000[PV]	4,000.00	15[÷]12[I%YR]	I%YR=1.25
60[+/−][PMT]	−60.00	4000[PV]	PV=4,000.00
[N]	139.41	60[+/−][PMT]	PMT=−60.00
		[N]	N=139.41

답 139.41개월 또는 140개월

유제 1 정영훈씨는 1,500만 원짜리 자동차를 할부로 구입하고, 이자율 연 9.5% 월복리를 적용하여 매월초 30만 원씩 상환하기로 하였다. 정영훈씨는 몇 개월간 상환해야 하는가?

답 63.25개월 또는 64개월

유제 2 현영길씨는 매월초 100만 원을 입금하여 1억 원의 은퇴자금을 마련하고자 한다. 계좌의 이자율은 연 5.8% 월복리라면 현영길씨는 몇 개월 동안 저축해야 하는가?

답 81.45개월 또는 82개월

기본예제 II-5-17 기말급 연복리 이율

구하성씨는 은퇴자금으로 3억 원을 모았다. 이것을 일시금으로 하여 연금에 가입하고 1년 후부터 매년 2,500만 원씩 연금을 지급받기로 하였다. 향후 구하성씨가 25년간 연금을 지급받기 위하여는 연금의 연 이자율이 얼마이어야 하겠는가?

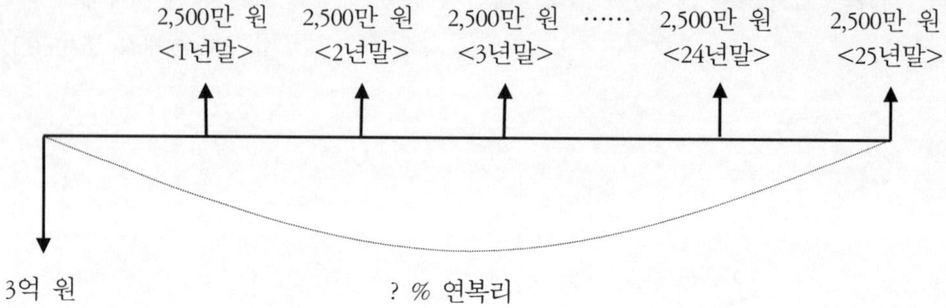

$$3\text{억 원} = 2{,}500\text{만 원} \times \frac{1-(1+i)^{-25}}{i}$$

※ 기말급 설정

HP 12C		BA II PLUS	
키 입력	화면 표시	키 입력	화면 표시
[f][CLEAR FIN]	0.00	[2nd][CLR TVM]	0.00
25[n]	25.00	25[N]	N=25.00◁
30000[CHS][PV]	−30,000.00	30000[+/−][PV]	PV=−30,000.00◁
2500[PMT]	2,500.00	2500[PMT]	PMT=2,500.00◁
[i]	6.68	[CPT][I/Y]	I/Y=6.68*

HP 10B II		HP 17B II	
키 입력	화면 표시	키 입력	화면 표시
[■][C ALL]	0.00	[FIN][TVM]	
25[N]	25.00	[■][CLEAR DATA]	
30000[+/−][PV]	−30,000.00	25[N]	N=25.00
2500[PMT]	2,500.00	30000[+/−][PV]	PV=−30,000.00
[I/YR]	6.68	2500[PMT]	PMT=2,500.00
		[I%YR]	I%YR=6.68

답 6.68%

유제 1 김승민씨는 매년말 500만 원씩 입금하여 5년 동안 3,000만 원을 모을 수 있는 금융상품을 찾고 있다. 김승민씨에게 필요한 금융상품의 연복리 이자율은 얼마인가?

답 9.13%

유제 2 김미옥씨는 퇴직금 2억 원을 일시금으로 연금상품에 가입한 뒤 1년 후부터 20년 동안 매년 2,000만 원씩 지급받기로 하였다. 이 연금상품이 연복리 상품일 경우 연 이율은 얼마인가?

답 7.75%

기본예제 II-5-18 기말급 월복리 이율

고재종씨는 은퇴자금으로 1억 원을 모으려고 한다. 1개월 후부터 매달 30만 원씩을 월복리로 부리되는 저축에 예치할 생각이다. 은퇴시까지 15년 남았다면 목표를 달성하기 위해 연명목이자율이 얼마이어야 할까?

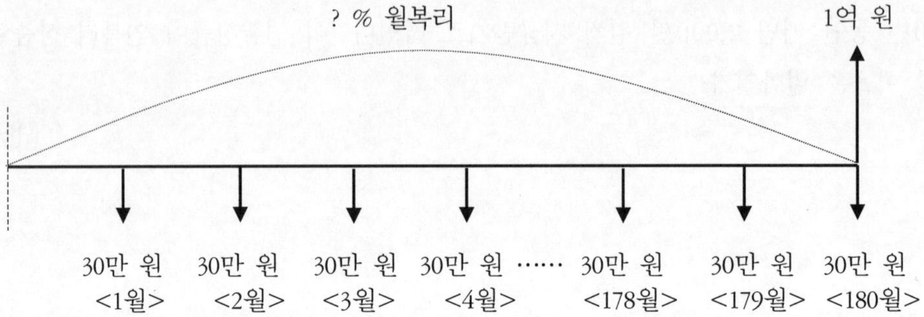

$$1억\ 원 = 30만\ 원 \times \frac{(1+\frac{i}{12})^{180}-1}{\frac{i}{12}}$$

※ 기말급 설정

HP 12C		BA II PLUS	
키 입력	화면 표시	키 입력	화면 표시
[f][CLEAR FIN]	0.00	[2nd][CLR TVM]	0.00
15[g][12×][n]	180.00	15[×]12[=][N]	N=180.00◁
30[CHS][PMT]	−30.00	30[+/−][PMT]	PMT=−30.00◁
10000[FV]	10,000.00	10000[FV]	FV=10,000.00◁
[i]	0.63	[CPT][I/Y]	I/Y=0.63*
12[×]	7.58	[×]12[=]	7.58

HP 10B II		HP 17B II	
키 입력	화면 표시	키 입력	화면 표시
[■][C ALL]	0.00	[FIN][TVM]	
15[×]12[N]	180.00	[■][CLEAR DATA]	
30[+/−][PMT]	−30.00	15[×]12[N]	N=180.00
10000[FV]	10,000.00	30[+/−][PMT]	PMT=−30.00
[I/YR]	0.63	10000[FV]	FV=10,000.00
[×]12[=]	7.58	[I%YR]	I%YR=0.63
		[×]12[=]	7.58

답 7.58%

유제 1 최경배씨는 다음 달부터 매월 300만 원씩 저축하여 은퇴시에 10억 원을 모으려고 한다. 은퇴시까지 15년 남았다면 목표를 달성하기 위해서는 얼마의 연 이자율이 필요할까?(이 상품은 월복리 상품임)

답 7.58%

유제 2 장윤정씨는 금융기관으로부터 5,000만 원의 돈을 빌려 2년 동안 매월말 230만 원씩 갚기로 하였다. 월복리를 적용한다면 장윤정씨가 부담하는 연 이자율은 얼마인가?

답 9.69%

기본예제 II-5-19 기시급 연복리 이율

채지만씨는 매년초 1,000만 원씩 7년간 채권펀드에 투자하였다. 7년이 경과한 시점에서 채지만씨의 펀드자산은 1억 250만 원이 되었다. 연간 수익률은 얼마인가?

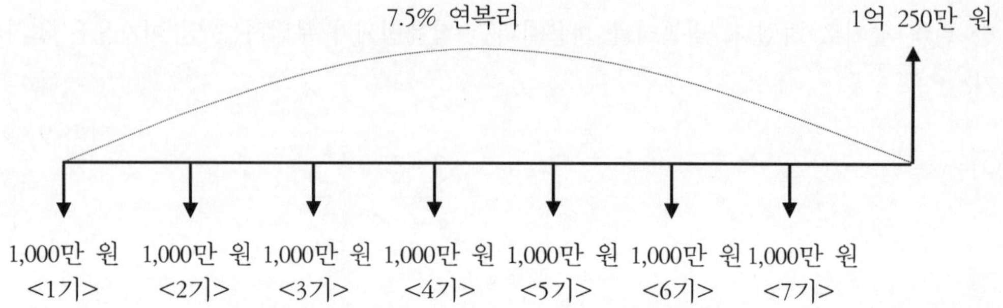

$$1\text{억 } 250\text{만 원} = 1,000\text{만 원} \times \frac{(1+i)^7 - 1}{i} \times (1+i)$$

※ 기시급 설정

HP 12C		BA II PLUS	
키 입력	화면 표시	키 입력	화면 표시
[f][CLEAR FIN]	0.00	[2nd][CLR TVM]	0.00
7[n]	7.00	7[N]	N=7.00◁
1000[CHS][PMT]	−1,000.00	1000[+/−][PMT]	PMT=−1,000.00◁
10250[FV]	10,250.00	10250[FV]	FV=10,250.00◁
[i]	9.55	[CPT][I/Y]	I/Y=9.55*

HP 10B II		HP 17B II	
키 입력	화면 표시	키 입력	화면 표시
[■][C ALL]	0.00	[FIN][TVM]	
7[N]	7.00	[■][CLEAR DATA]	
1000[+/−][PMT]	−1,000.00	7[N]	N=7.00
10250[FV]	10,250.00	1000[+/−][PMT]	PMT=−1,000.00
[I/YR]	9.55	10250[FV]	FV=10,250.00
		[I%YR]	I%YR=9.55

답 9.55%

유제 1 이현경씨는 매년초 1,000만 원씩 입금하여 5년 동안 7,000만 원을 저축하려고 한다. 이현경씨의 목표달성에 필요한 연 이자율은 얼마인가?

답 11.43%

유제 2 김지호씨는 매년초 700만 원씩 6년간 채권펀드에 투자하였다. 6년이 지나 김지호씨의 펀드자산은 5,500만 원이 되었다면 연간 수익률은 얼마인가?

답 7.76%

기본예제 II-5-20 기시급 월복리 이율

황보석씨는 일시금 2억 원으로 연금을 가입하여 가입시부터 매월 200만 원씩 20년간 지급받기로 하였다. 황보석씨가 가입한 연금의 이자율을 연단위 명목이율로 나타내면 얼마인가?(이 연금상품은 월복리로 부리됨)

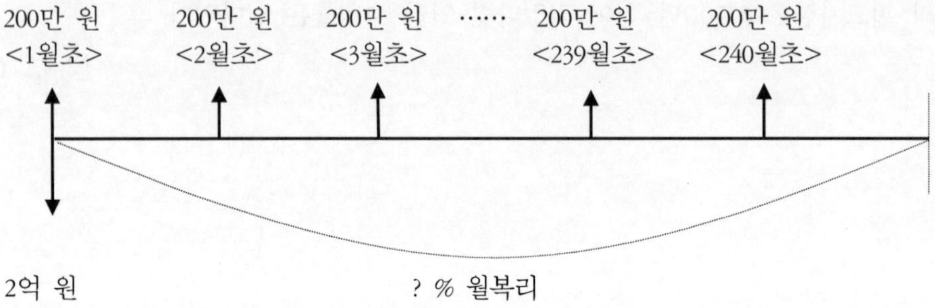

$$2억\ 원 = 200만\ 원 \times \frac{1-(1+\frac{i}{12})^{-240}}{\frac{i}{12}} \times (1+\frac{i}{12})$$

※ 기시급 설정

HP 12C		BA Ⅱ PLUS	
키 입력	화면 표시	키 입력	화면 표시
[f][CLEAR FIN]	0.00	[2nd][CLR TVM]	0.00
20[g][12×]	240.00	20[×]12[=][N]	N=240.00◁
20000[CHS][PV]	−20,000.00	20000[+/−][PV]	PV=−20,000.00◁
200[PMT]	200.00	200[PMT]	PMT=200.00◁
[i]	0.89	[CPT][I/Y]	I/Y=0.89*
12[×]	10.66	[×]12[=]	10.66

HP 10B Ⅱ		HP 17B Ⅱ	
키 입력	화면 표시	키 입력	화면 표시
[■][C ALL]	0.00	[FIN][TVM]	
20[×]12[N]	240.00	[■][CLEAR DATA]	
20000[+/−][PV]	−20,000.00	20[×]12[N]	N=240.00
200[PMT]	200.00	20000[+/−][PV]	PV=−20,000.00
[I/YR]	0.89	200[PMT]	PMT=200.00
[×]12[=]	10.66	[I%YR]	I%YR=0.89
		[×]12[=]	10.66

답 10.66%

유제 1 유지혜씨는 매월초 50만 원씩 입금하여 3년 후 2,000만 원을 저축하려고 한다. 2,000만 원을 모으기 위해 필요한 연명목이자율은 얼마인가?(이 상품은 월복리로 부리됨)

답 6.74%

유제 2 남윤성씨는 5,000만 원의 대출금을 받아 7년 동안 원리금 균등분할상환으로 매월초 80만 원씩 상환하기로 하였다. 남윤성씨가 부담하는 연명목이자율은 얼마인가?(이 대출은 월복리임)

답 9.06%

6. 연금의 고급계산

가. 명목이율과 실효이율

• 명목이율(Nominal Interest rate)과 실효이율(Effective Interest rate)의 관계식

$$(1+i_E)^n=\left[1+\frac{i_N}{m}\right]^{m\cdot n}$$

• 연속복리 (Continuous Compounding)

$$(1+i_E)^n=\lim_{m\to\infty}\left(1+\frac{i_N}{m}\right)^{m\cdot n}=e^{i_N\cdot n}$$

e : 2.718281828……

공식
• 실효이율 계산 : $i_E=\left(1+\frac{i_N}{m}\right)^m-1$
• 명목이율 계산 : $i_N=m\cdot\sqrt[m]{1+i_E}-m$
• 연속복리의 실효이율 : $i_E=e^{i_N}-1$
• 연속복리의 명목이율 : $i_N=\ln(1+i_E)$
i_E : 실효이율, i_N : 명목이율, m : 연단위 복리횟수, n : 경과기간

화폐의 시간가치에서 설명한 바와 같이 단위기간(보통 1년)에 대한 이자율, 투자대상에 명기된 이자율 또는 복리횟수를 고려하지 않은 이자율을 명목이율 또는 명목이자율이라고 하고, 복리횟수를 고려하여 계산된 이자율을 실효이율 또는 실효이자율이라고 한다.

1년에 한 번의 복리횟수가 있을 경우에는 명목이율과 실효이율이 동일하지만 복리횟

수가 1회를 초과함에 따라 명목이율과 실효이율에는 차이가 발생한다. 예를 들어 연명목이율 12%인 경우 복리횟수에 따라 다음과 같이 실효이율에 차이가 발생한다.

명목이율	복리횟수	실효이율
연 12%	연복리 (연 1회)	12.0000%
	반기복리 (연 2회)	12.3600%
	분기복리 (연 4회)	12.5509%
	월복리 (연 12회)	12.6825%
	주 복리 (연 52회)	12.7341%
	일 복리 (연 360회)	12.7474%
	일 복리 (연 365회)	12.7475%
	연속복리 (무한)	12.7497%

재무계산기로 실효이율 또는 명목이율을 계산하기 위해서는 일부 재무계산기(BA II PLUS, HP 10B II, HP 17B II)의 기능 키로 간단하게 계산할 수 있다. 기능 키를 사용하지 않을 경우 다음과 같이 하면 쉽게 원하는 명목이율 또는 실효이율을 계산할 수 있다.

n에 복리횟수, i에 연명목이율/복리횟수, PV에 −100을 입력하여 FV를 구하여 100을 차감하면 그것이 명목이율과 복리횟수에 해당하는 실효이율이 된다.

반대로 복리횟수와 실효이율이 주어졌을 경우에 연명목이율을 계산하는 것은 FV에는 실효이율에 100을 곱한 값에다 100을 더한 수, 즉 {(1+실효이율)×100}을 입력하고, PV에는 −100을 입력하고, n에 복리횟수를 입력한 후 i를 구한 다음, 이 값에 복리횟수만큼을 곱하여주면 연명목이율이 계산된다.

기본예제 II-6-1 실효이율

연명목이율이 6%인 분기복리상품의 연실효이율은 얼마인가?

$$1+i_E=\left(1+\frac{0.06}{4}\right)^4$$

HP 12C		BA II PLUS	
키 입력	화면 표시	키 입력	화면 표시
[f][CLEAR FIN]	0.00	[2nd][CLR TVM]	0.00
4[n]	4.00	4[N]	N=4.00◁
6[ENTER]4[÷][i]	1.50	6[÷]4[=][I/Y]	I/Y=1.50◁
100[CHS][PV]	−100.00	100[+/−][PV]	PV=−100.00◁
[FV]	106.14	[CPT][FV]	FV=106.14*
100[−]	6.14	[−]100[=]	6.14

HP 10B II		HP 17B II	
키 입력	화면 표시	키 입력	화면 표시
[■][C ALL]	0.00	[FIN][ICNV][PER]	0.00
4[■][P/YR]	4.00	4[P]	P=4.00
6[■][NOM%]	6.00	6[NOM%]	NOM%=6.00
[■][EFF%]	6.14	[EFF%]	EFF%=6.14

답 6.14%

유제 1 연명목이율 10%인 월복리상품의 연실효이율은 얼마인가?

답 10.47%

유제 2 연명목이율 8.5%의 일복리상품의 연실효이율은 얼마인가(365일 기준)?

답 8.87%

기본예제 II-6-2 명목이율간의 비교 1

연명목이율 6%인 반기복리상품인 월드컵 정기예금상품과 연명목이율 5.95%인 월복리상품인 대한민국 정기예금상품 중 어느 것의 수익률이 더 높은가?

월드컵정기예금 : $1+i_E=\left(1+\dfrac{0.06}{2}\right)^2$

대한민국정기예금 : $1+i_E=\left(1+\dfrac{0.0595}{12}\right)^{12}$

HP 12C		BA II PLUS	
키 입력	화면 표시	키 입력	화면 표시
[f][CLEAR FIN]	0.00	[2nd][CLR TVM]	0.00
2[n]	2.00	2[N]	N=2.00◁
6[ENTER]2[÷][i]	3.00	6[÷]2[=][I/Y]	I/Y=3.00◁
100[CHS][PV]	−100.00	100[+/−][PV]	PV=−100.00◁
[FV]	**106.09**	[CPT][FV]	FV=**106.09***
12[n]	12.00	12[N]	N=12.00◁
5.95[ENTER]12[÷][i]	0.50	5.95[÷]12[=][I/Y]	I/Y=0.50◁
[FV]	**106.11**	[CPT][FV]	FV=**106.11***

HP 10B II		HP 17B II	
키 입력	화면 표시	키 입력	화면 표시
[■][C ALL]	0.00	[FIN][ICNV][PER]	
2[■][P/YR]	2.00	[■][CLEAR DATA]	0.00
6[■][NOM%]	6.00	2[P]	P=2.00
[■][EFF%]	**6.09**	6[NOM%]	NOM%=6.00
12[■][P/YR]	12.00	[EFF%]	EFF%=**6.09**
5.95[■][NOM%]	5.95	12[P]	P=12.00
[■][EFF%]	**6.11**	5.95[NOM%]	NOM%=5.95
		[EFF%]	EFF%=**6.11**

답 대한민국 정기예금상품이 연실효수익률 2bp 높음

유제 1 연명목이율 10.3%의 월복리와 연명목이율 9.6%의 일복리(365일 기준)를 비교할 때 어느쪽의 수익률이 더 높은가?

답 연명목이율 10.3% 월복리가 73bp 높음

유제 2 연명목이율 7.5%인 반기복리 정기예금상품과 연명목이율 7.2%인 월복리 정기예금상품 중 연실효이율을 기준으로 할 때, 어느 것의 수익률이 더 높은가?

답 7.5% 반기복리상품이 20bp 높음

기본예제 II-6-3 명목이율간의 비교 2

연명목이율이 6%인 반기복리상품 월드컵 정기예금과 동일한 실효이율을 갖는 일복리상품(365일 기준)인 오필승코리아 정기예금의 연명목이율은 몇 %인가?

$$\left(1+\frac{0.06}{2}\right)^{2}(\text{월드컵 정기예금})=\left(1+\frac{i_N}{365}\right)^{365}(\text{오필승코리아 정기예금})$$

HP 12C		BA II PLUS	
키 입력	화면 표시	키 입력	화면 표시
[f][CLEAR FIN]	0.00	[2nd][CLR TVM]	0.00
2[n]	2.00	2[N]	N=2.00◁
6[ENTER]2[÷][i]	3.00	6[÷]2[=][I/Y]	I/Y=3.00◁
100[CHS][PV]	−100.00	100[+/−][PV]	PV=−100.00◁
[FV]	106.09	[CPT][FV]	FV=106.09*
365[n]	365.00	365[N]	N=12.00◁
[i]	0.02	[CPT][I/Y]	I/Y=0.02*
365[×]	5.91	[×]365[=]	5.91

HP 10B II		HP 17B II	
키 입력	화면 표시	키 입력	화면 표시
[■][C ALL]	0.00	[FIN][ICNV][PER]	
2[■][P/YR]	2.00	[■][CLEAR DATA]	0.00
6[■][NOM%]	6.00	2[P]	P=2.00
[■][EFF%]	6.09	6[NOM%]	NOM%=6.00
365[■][P/YR]	365.00	[EFF%]	EFF%=6.09
[■][NOM%]	5.91	365[P]	P=365.00
		[NOM%]	NOM%=5.91

답 5.91%

유제 1 연명목이율이 7%인 반기복리상품과 동일한 연실효이율을 갖는 월복리상품의 연명목이율은 어떻게 되나?

답 6.90%

유제 2 부자아빠 정기예금은 연명목이율 8.0%의 월복리 상품이다. 이 상품의 수익률과 동일한 수익률을 나타내는 분기복리상품의 연명목이율은 얼마인가?

답 8.05%

기본예제 II-6-4 명목이율간의 전환

김동호씨는 은행에 분기 복리로 부리되는 예금계좌에 일시금을 예치해 두고 한 달 후부터 10년 동안 매월 150만 원씩을 인출하여 생활비에 보태고자 한다. 만약 이 예금계좌의 이자율이 연 7.5% 분기복리라 한다면 김동호씨는 오늘 현재 얼마의 일시금을 예금해야 하는가?

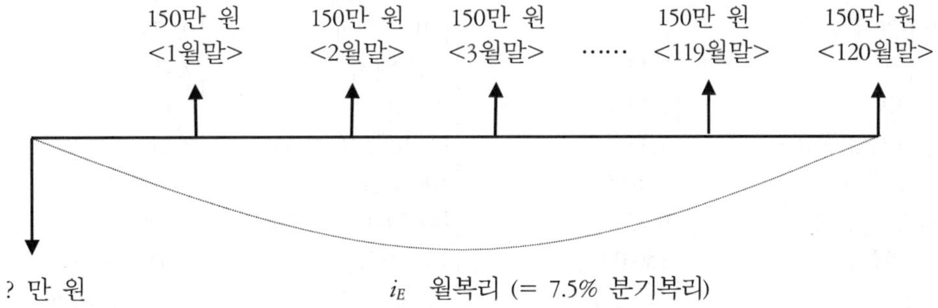

$$\left(1+\frac{0.075}{4}\right)^4=1+i_E=\left(1+\frac{i_{12}}{12}\right)^{12},\quad i_{12}\ :\ \text{월복리에 대한 명목이율}$$

<방법 1> 공식에 따라 계산

※ 기말급 설정

HP 12C		BA Ⅱ PLUS	
키 입력	화면 표시	키 입력	화면 표시
1[ENTER]0.075[ENTER]	0.08	0.075[÷]4[+]	0.02
4[÷][+]4[y^x]	1.08	1[y^x]4[=]	1.08
1[ENTER]12[÷][y^x]	1.01	[y^x][(]1[÷]12[)]	0.08
1[−]12[×]	0.07	[−]1[×]12[=]	0.07
100[×]	7.45	[×]100[=]	7.45
[STO]1	7.45	[STO]1	7.45
[f][CLEAR FIN]	7.45	[2nd][CLR TVM]	7.45
10[g][12×]	120.00	10[×]12[=][N]	N=120.00◁
[RCL]1[g][12÷]	0.62	[RCL]1[÷]12[=][I/Y]	I/Y=0.62◁
150[PMT]	150.00	150[PMT]	PMT=150.00◁
[PV]	−12,662.53	[CPT][PV]	PV=−12,662.53*

HP 10B Ⅱ		HP 17B Ⅱ	
키 입력	화면 표시	키 입력	화면 표시
[■][C ALL]	0.00	0.075[÷]4[+]	0.02+
0.075[÷]4[+]	0.02	1[■][y^x]4[=]	1.08
1[■][y^x]4[=]	1.08	[■][y^x][(]1[÷]12[)]	0.08
[■][y^x][■][(]1[÷]		[−]1[×]12[=]	0.07
12[■][)]	0.08	[×]100[=]	7.45
[−]1[×]12[=]	0.07	[STO]1	7.45
[×]100[=]	7.45	[FIN][TVM]	I P/YR END MODE
[■][STO]1	7.45	[■][CLEAR DATA]	7.45
10[×]12[N]	120.00	10[×]12[N]	N=120.00
[RCL]1[÷]12[I/YR]	0.62	[RCL]1[÷]12[I%YR]	I%YR=0.62
150[PMT]	150.00	150[PMT]	PMT=150.00
[PV]	−12,662.53	[PV]	PV=−12,662.53

답 1억 2,662.53만 원

<방법 2> TVM의 반복활용

※ 기말급 설정

HP 12C		BA II PLUS	
키 입력	화면 표시	키 입력	화면 표시
[f][CLEAR FIN]	0.00	[2nd][CLR TVM]	0.00
4[n]	4.00	4[N]	N=4.0◁
7.5[ENTER]4[÷][i]	1.88	7.5[÷]4[=][I/Y]	I/Y=1.88◁
100[CHS][PV]	−100.00	100[+/−][PV]	PV=100.00◁
[FV]	107.71	[CPT][FV]	FV=107.71*
12[n]	12.00	12[N]	N=12.00◁
[i]	0.62	[CPT][I/Y]	I/Y=0.62*
10[g][12×]	120.00	10[×]12[=][N]	N=120.00◁
150[PMT]	150.00	150[PMT]	PMT=150.00◁
0[FV]	0.00	0[FV]	FV=0.00◁
[PV]	−12,662.53	[CPT][PV]	PV=−12,662.53*

HP 10B II		HP 17B II	
키 입력	화면 표시	키 입력	화면 표시
[■][C ALL]	0.00	[FIN][ICNV][PER]	
4[■][P/YR]	4.00	[■][CLEAR DATA]	0.00
7.5[■][NOM%]	7.50	4[P]	P=4.00
[■][EFF%]	7.71	7.5[NOM%]	NOM%=7.50
12[■][P/YR]	12.00	[EFF%]	EFF%=7.71
[■][NOM%]	7.45	12[P]	P=12.00
10[■][×P/YR]	120.00	[NOM%]	NOM%=7.45
150[PMT]	150.00	[STO]1	NOM%=7.45
[PV]	−12,662.53	[EXIT][EXIT]	7.45
		[TVM]	
		[■][CLEAR DATA]	
		[OTHER]12[P/YR]	
		[END][EXIT]	
		10[×]12[N]	N=120.00
		[RCL]1[I%YR]	I%YR=7.45
		150[PMT]	PMT=150.00
		[PV]	PV=−12,662.53

줄탁(茁啄)

HP 10B II의 NOM%와 I/YR은 값을 공유하며, BA II PULS, HP 10B II, HP 17B II는 기능키를 활용하여 명목이율과 실효이율을 쉽게 계산할 수 있음.

<방법 3> 지급횟수와 이자부리횟수에 대한 셋팅 변경(BA II PLUS)

※ 기말급 설정

BA PLUS II	
키 입력	화면 표시
[2nd][P/Y]	P/Y=1.00
12[ENTER]	P/Y=12.00◁
[↓]4[ENTER]	C/Y=4.00◁
[2nd][QUIT]	0.00
[2nd][CLR TVM]	0.00
10[2nd][xP/Y][N]	N=120.00◁
7.5[I/Y]	I/Y=7.5◁
150[PMT]	PMT=150.00◁
[CPT][PV]	PV=−12,662.53*

유제 1 전준복씨는 분기복리로 부리되는 예금계좌에 일시금을 예치해 놓고 한달 후부터 5년간 매월 200만 원씩을 인출하여 생활비에 보태고자 한다. 만약 이 예금계좌의 이자율이 연 8% 분기복리라 한다면, 전준복씨는 오늘 현재 얼마의 일시금을 예치해야 하나?

답 9,875.98만 원

유제 2 신성준씨는 반기복리로 부리되는 예금계좌에 1억 원을 예치하여 두고 다음달부터 향후 10년간 매월 일정액씩 인출하고자 한다. 이 예금계좌의 이자율이 연 6.5% 반기복리라 한다면, 신성준씨는 매월 얼마씩 인출할 수 있는가?

답 113.11만 원

기본예제 II-6-5 명목이율간의 전환 2

이장주씨가 매월초 25만 원을 7년간 저축할 경우 7년말 시점의 저축계좌는 얼마인가? 이 계좌는 연명목이율 5%이며, 일복리상품이다.

$$\left(1+\frac{0.05}{365}\right)^{365}=1+i_E=\left(1+\frac{i_{12}}{12}\right)^{12},\quad i_{12} : \text{월복리에 대한 명목이율}$$

※ 기시급 설정

HP 12C		BA II PLUS	
키 입력	화면 표시	키 입력	화면 표시
[f][CLEAR FIN]	0.00	[2nd][CLR TVM]	0.00
365[n]	365.00	365[N]	N=365.00◁
5[ENTER]365[÷][i]	0.01	5[÷]365[=][I/Y]	I/Y=0.01◁
100[CHS][PV]	−100.00	100[+/−][PV]	PV=−100.00◁
[FV]	105.13	[CPT][FV]	FV=105.13*
12[n]	12.00	12[N]	N=12.00◁
[i]	0.42	[CPT][I/Y]	I/Y=0.42*
7[g][12×]	84.00	7[×]12[=][N]	N=84.00◁
0[PV]	0.00	0[PV]	PV=0.00◁
25[PMT]	25.00	25[PMT]	PMT=25.00◁
[FV]	−2,519.61	[CPT][FV]	PV=−2,519.61*

HP 10B II		HP 17B II	
키 입력	화면 표시	키 입력	화면 표시
[■][C ALL]	0.00	[FIN][ICNV][PER]	
365[■][P/YR]	365.00	[■][CLEAR DATA]	0.00
5[■][NOM%]	5.00	365[P]	P=365.00
[■][EFF%]	5.13	5[NOM%]	NOM%=5.00
12[■][P/YR]	12.00	[EFF%]	EFF%=5.13
[■][NOM%]	5.01	12[P]	P=12.00
7[■][×P/YR]	84.00	[NOM%]	NOM%=5.01
25[PMT]	25.00	[STO]1	NOM%=5.01
[FV]	−2,519.61	[EXIT][EXIT]	
		[TVM]	
		[■][CLEAR DATA]	
		[OTHER]12[P/YR]	
		[BEG][EXIT]	
		7[×]12[N]	N=84.00
		[RCL]1[I%YR]	I%YR=5.01
		25[PMT]	PMT=25.00
		[FV]	FV=−2,519.61

답 2,519.61만 원

유제 1 신일영씨가 지금부터 매월초 30만 원씩 10년간 연명목이율 9%인 분기복리 상품에 저축할 경우 10년말 시점의 저축계좌의 원리금 합계는 얼마인가?

답 5,826.65만 원

유제 2 진승근씨는 매월초 50만 원을 저축하기로 하였다. 저축계좌는 연명목이율 7.2%인 반기복리 상품이다. 진승근씨가 1억 원을 모으는 데 소요되는 시간은 얼마인가?

답 11년 또는 132개월

기본예제 II-6-6 **연속복리 종가**

1,000만 원을 연 6%, 연속복리인 계좌에 예치한 경우 3년 후 계좌의 잔고는 얼마가 되나?

$FV = 1,000\text{만 원} \times e^{0.06\times 3}$

HP 12C		BA II PLUS	
키 입력	화면 표시	키 입력	화면 표시
0.06[ENTER]3[×]	0.18	0.06[×]3[=]	0.18
[g][e^x]	1.20	[2nd][e^x]	1.20
1000[×]	1,197.22	[×]1000[=]	1,197.22

HP 10B II		HP 17B II	
키 입력	화면 표시	키 입력	화면 표시
0.06[×]3[=]	0.18	[FIN][ICNV][CONT]	
[■][e^x]	1.20	[■][CLEAR DATA]	0.00
[×]1000[=]	1,197.22	6[NOM%]	NOM%=6.00
		[EFF%]	EFF%=6.18
		[STO]1	EFF%=6.18
		[EXIT][EXIT]	
		[TVM]	
		[■][CLEAR DATA]	
		[OTHER]1[P/YR]	
		[END][EXIT]	
		3[N]	N=3.00
		[RCL]1[I%YR]	I%YR=6.18
		1000[+/−][PV]	PV=1,000.00
		[FV]	FV=1,197.22

답 1,197.22만 원

유제 1 100만 원을 연 4.5% 연속복리인 계좌에 예치한 경우 5년 후에는 얼마가 되나?

답 125.23만 원

유제 2 350만 원을 연 10% 연속복리로 운용한 경우 30년 후에는 얼마가 되나?

답 7,029.94만 원

기본예제 II-6-7 연속복리 현가

성유곤씨는 연속복리 연 8% 수익률이 예상되는 투자자산을 통하여 3년 후 1,000만 원을 마련코자 한다. 현재 이 투자자산에 얼마를 투자하여야 성유곤씨의 목표를 달성할 수 있는가?

$$PV=\frac{1,000\text{만 원}}{e^{0.08\times3}}$$

HP 12C		BAⅡ PLUS	
키 입력	화면 표시	키 입력	화면 표시
0.08[ENTER]3[×]	0.24	0.08[×]3[=]	0.24
[g][e^x][1/x]	0.79	[2nd][e^x][1/x]	0.79
1000[×]	786.63	[×]1000[=]	786.63

HP 10BⅡ		HP 17BⅡ	
키 입력	화면 표시	키 입력	화면 표시
1000[÷][■][(]0.08		[FIN][ICNV][CONT]	
[×]3[■][)]	0.24	[■][CLEAR DATA]	0.00
[■][e^x]	1.27	8[NOM%]	NOM%=8.00
[=]	786.63	[EFF%]	EFF%=8.33
		[STO]1	EFF%=8.33
		[EXIT][EXIT]	
		[TVM]	
		[■][CLEAR DATA]	
		[OTHER]1[P/YR]	
		[END][EXIT]	
		3[N]	N=3.00
		[RCL]1[I%YR]	I%YR=8.33
		1000[FV]	FV=1,000.000
		[PV]	PV=−786.63

답 786.63만 원

유제 1 연 9% 연속복리의 수익이 예상되는 투자안을 통해 7년 후 1억 원을 만들려고 한다. 이 투자안에 현재 얼마를 투자하여야 할까?

답 5,325.92만 원

유제 2 현재 일시금을 예치하고 연 13%의 연속복리로 부리하여 20년 후 1억 원을 마련코자 한다. 현재 얼마를 예치하여야 하나?

답 742.74만 원

기본예제 II-6-8 연속복리 수익률

한정식씨는 3년 전 1,000만 원을 어떤 투자자산에 투자하여 1,700만 원을 획득하였다. 이 투자자산의 수익률을 연속복리의 연명목이율로 표시하라.

$$i_N = \ln(1 + i_E) = \ln \sqrt[3]{\frac{1,700}{1,000}}$$

HP 12C		BA II PLUS	
키 입력	화면 표시	키 입력	화면 표시
1700[ENTER]1000[÷]	1.70	1700[÷]1000[y^x]	1.70
1[ENTER]3[÷][y^x]	1.19	[(]1[÷]3[)][=]	1.19
[g][LN]100[×]	17.69	[LN][×]100[=]	17.69

HP 10B II		HP 17B II	
키 입력	화면 표시	키 입력	화면 표시
1700[÷]1000[■][y^x]	1.70	1700[÷]1000	
[■][(]1[÷]3[■][)][=]	1.19	[■][y^x]	1.70
[■][LN][×]100[=]	17.69	[(]1[÷]3[)][=]	1.19
		[■][MATH][LN]	0.18
		[×]100[=]	17.69

답 17.69%

유제 1 지우남씨는 7년전 1,000만 원을 투자하여 2,300만 원을 획득하였다. 이것의 수익률을 연속복리의 연명목이율로 표시하라.

답 11.90%

유제 2 연명목이율 12%인 반기복리와 동일한 연속복리의 연명목이율은 무엇인가?

답 11.65%

나. 증가율 조정이율

연금액이 일정비율로 증가하거나 감소하는 것을 누가연금이라고 한다. 예를 들어 매년 저축액을 10%씩 증가시켰을 때의 일정기간 후 종가라든가 생활비를 매년 인플레이션율 만큼 증가시켰을 때 이를 충족시키기 위한 일시금 계산 등에 사용된다.

일반연금의 계산과 차이는 이율을 $\dfrac{1+i}{1+g}-1$, 즉 증가율 조정이율로 사용한다는 점이다

- 누가연금 기시급 현가

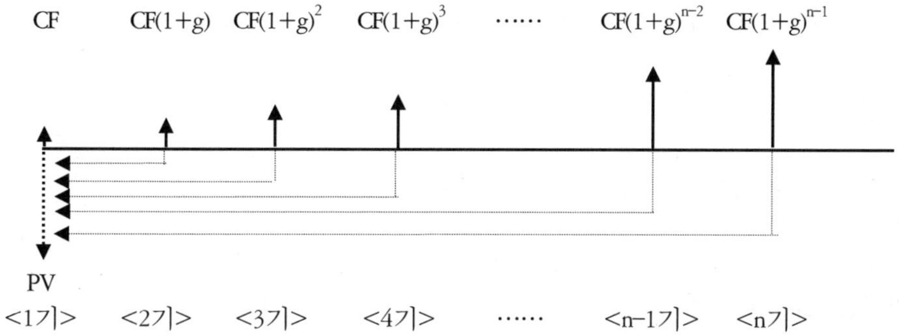

$$PV = CF + \frac{CF(1+g)}{(1+i)} + \frac{CF(1+g)^2}{(1+i)^2} + \cdots\cdots + \frac{CF(1+g)^{n-1}}{(1+i)^{n-1}}$$

$$= CF\left\{1 + \frac{(1+g)}{(1+i)} + \frac{(1+g)^2}{(1+i)^2} + \cdots\cdots + \frac{(1+g)^{n-1}}{(1+i)^{n-1}}\right\}$$

$$= CF\left\{ \text{이율이 } \frac{1+i}{1+g} - 1\text{인 기시급 연금현가}\right\}$$

$$= CF \cdot \frac{1-\left(\frac{1+g}{1+i}\right)^n}{i-g} \cdot (1+i)$$

- 누가연금 기시급 종가

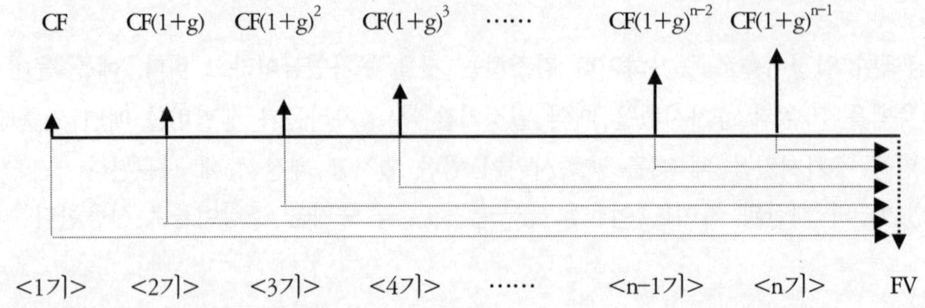

$$
\begin{aligned}
FV &= CF(1+i)^n + CF(1+g)(1+i)^{n-1} + \cdots\cdots + CF(1+g)^{n-1}(1+i) \\
&= (1+i)^n \left\{ CF + CF\frac{(1+g)}{(1+i)} + CF\frac{(1+g)^2}{(1+i)^2} + \cdots\cdots + CF\frac{(1+g)^{n-1}}{(1+i)^{n-1}} \right\} \\
&= (1+i)^n \cdot \text{누가연금 기시급 현가} \\
&= (1+i)^n \cdot CF \cdot \frac{1-\left(\frac{1+g}{1+i}\right)^n}{i-g} \cdot (1+i)
\end{aligned}
$$

- 누가연금 기말급 현가

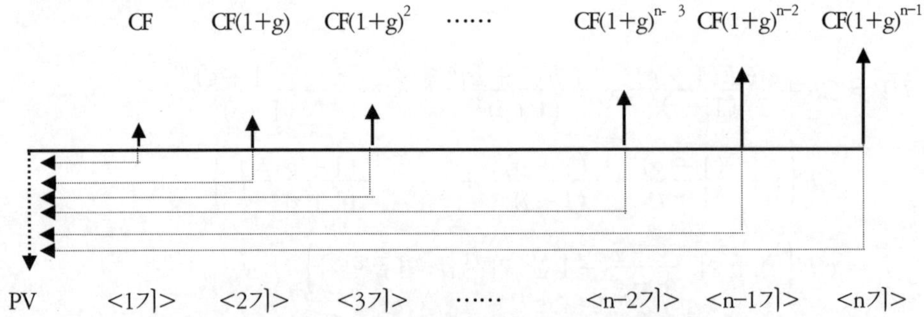

$$
\begin{aligned}
PV &= \frac{CF}{1+i} + \frac{CF(1+g)}{(1+i)^2} + \frac{CF(1+g)^2}{(1+i)^3} + \cdots\cdots + \frac{CF(1+g)^{n-1}}{(1+i)^n} \\
&= \frac{1}{1+i} \cdot \left\{ CF + CF\frac{1+g}{1+i} + CF\frac{(1+g)^2}{(1+i)^2} + \cdots\cdots + CF\frac{(1+g)^{n-1}}{(1+i)^{n-1}} \right\} \\
&= \frac{1}{1+i} \cdot \text{누가연금 기시급 현가} \\
&= \frac{1}{1+i} CF \cdot \frac{1-\left(\frac{1+g}{1+i}\right)^n}{i-g} \cdot (1+i)
\end{aligned}
$$

$$= CF \cdot \frac{1-\left(\frac{1+g}{1+i}\right)^n}{i-g}$$

$$PV = \frac{CF}{(1+i)} + \frac{CF(1+g)}{(1+i)^2} + \frac{CF(1+g)^2}{(1+i)^3} + \cdots\cdots + \frac{CF(1+g)^{n-1}}{(1+i)^n}$$

$$= \frac{CF}{1+g} \cdot \left\{ \frac{1+g}{1+i} + \frac{(1+g)^2}{(1+i)^2} + \frac{(1+g)^3}{(1+i)^3} + \cdots\cdots + \frac{(1+g)^n}{(1+i)^n} \right\}$$

$$= \frac{CF}{1+g} \cdot \left\{ \text{이율이 } \frac{1+i}{1+g} - 1\text{인 기말급 연금현가} \right\}$$

$$= CF \cdot \frac{1-\left(\frac{1+g}{1+i}\right)^n}{i-g}$$

- 누가연금 기말급 종가

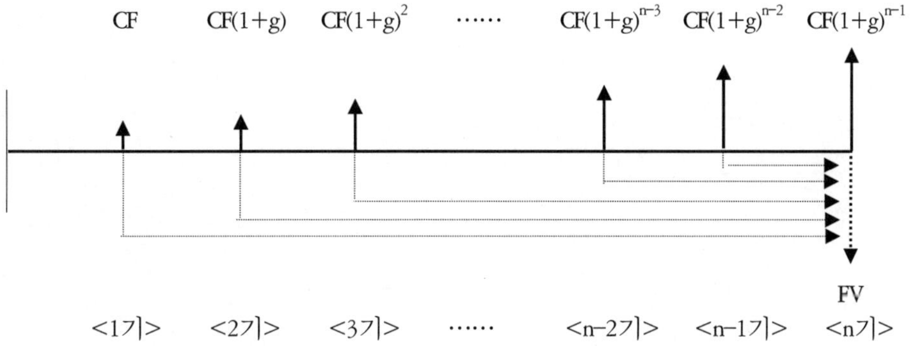

$$FV = CF(1+i)^{n-1} + CF(1+g)(1+i)^{n-2} + \cdots\cdots + CF(1+g)^{n-1}$$

$$= \frac{1}{(1+i)} \{ CF(1+i)^n + CF(1+g)(1+i)^{n-1} + \cdots\cdots + CF(1+g)^{n-1}(1+i) \}$$

$$= \frac{1}{(1+i)} \{\text{누가연금 기시급 종가}\}$$

$$FV = CF(1+i)^{n-1} + CF(1+g)(1+i)^{n-2} + \cdots\cdots + CF(1+g)^{n-1}$$

$$= (1+i)^n \cdot \left\{ CF\frac{1}{1+i} + CF\frac{1+g}{(1+i)^2} + \cdots\cdots + CF\frac{(1+g)^{n-1}}{(1+i)^n} \right\}$$

$$= (1+i)^n \cdot \{\text{누가연금 기말급 현가}\}$$

$$FV = CF(1+i)^{n-1} + CF(1+g)(1+i)^{n-2} + \cdots\cdots + CF(1+g)^{n-1}$$

$$= (1+i)^n \cdot \left\{ CF\frac{1}{1+i} + CF\frac{1+g}{(1+i)^2} + \cdots\cdots + CF\frac{(1+g)^{n-1}}{(1+i)^n} \right\}$$

$$= (1+i)^n \cdot \frac{CF}{1+g} \cdot \left\{ \frac{1+g}{1+i} + \frac{(1+g)^2}{(1+i)^2} + \cdots\cdots + \frac{(1+g)^n}{(1+i)^n} \right\}$$

$$= (1+i)^n \cdot \frac{CF}{1+g} \cdot \left\{ \text{이율이 } \frac{1+i}{1+g} - 1\text{인 기말급 연금 현가} \right\}$$

쉬어가는 바닥

실효이율은?

가끔 길거리에서 나누어주는 전단에 이런 문구가 있는 것을 발견할 수 있습니다. "1,000,000원 즉시 신용대출, 상환은 매일 11,000원씩 100일간. 하루에 커피 한 잔만 덜 마시면 이 비용으로 이자를 갚을 수 있는 업계 최저이율"

표면적으로 보면 커피 한 잔 값이 1,000원이 넘으니 매일 커피 한 잔만 덜 마시면 이 돈으로 이자를 충분히 낼 수 있고, 그러면 1,000,000원을 그냥 빌릴 수 있다는 이야기인데, 금융기관에서 대출받을 수 없는 사람에게는 너무나 반가운 소식이 아닐 수 없어 보입니다. 굳이 이율을 계산하면 100일간 대출상환금이 1,100,000원이니 10%로 오해(?)할 수 있는 것입니다.

그러나 화폐의 시간가치를 아시는 분은 이 대출의 실제이자를 계산할 수 있습니다. n : 100, PV : 1,000,000, PMT : −11,000 i : ?(0.1919…) 일이율이 0.19%이기 때문에 연이율로 환산하면 70.06%(365를 곱함)가 됩니다. 하지만 이것도 명목이율에 불과한 것으로 연실효이율을 구하면, n : 365, i : 0.1919 그대로 PV : −100, PMT : 0, FV : ? (201.36), 즉 연 101.36%에 달하는 것을 알 수 있습니다. 100일간 10%이니 1년으로 보면 36.5%라 단순하게 생각한 사람은 이 두 배 넘는 이율이 산출되는 것을 보고 놀랄 것입니다. 사채는 결코 쌀 수 없습니다. 다만 싼 것처럼 보여 유혹할 뿐이라는 사실을 다시 한 번 직시할 수 있을 것입니다.

특히 이런 사채는 수수료로 원금의 몇 %를 차감하고 지급하는 경우가 많습니다. 위의 경우 수수료를 5%라 하면 실제이율은 좀 더 높아지게 됩니다. 위의 계산에서 현가를 1,000,000원을 입력하는 것이 아니라 수수료를 차감한 금액 즉 950,000원을 입력하여 이율을 계산하여야 합니다. 그러면 연명목이율은 108.79%(일 명목이율 0.2980%), 연실효이율은 196.32%가 됩니다. 원금에서 50,000원을 수수료로 차감하였는데 이율은 90% 이상 증가하게 됩니다. 이렇게 실효이율을 계산하게 되면 사채를 이용할 생각을 하지 않거나 사채를 이용해도 그 이율이 높다는 것에 유의하게 될 것입니다.

일반 금융기관에서도 수수료를 차감하는 경우가 많습니다. 대출시 사무비용, 평가비용 명목으로 대출금에서 몇 %를 차감하고 지급합니다. 이럴 경우 실효이율은 수수료에 따라 달라집니다. 예를 들어 동일한 1억 원의 주택담보대출에서 '참싼은행'에서는 연이율 9.5%, 수수료 1%의 매월 상환이고, '더싼은행'에서는 연이율 9.0%, 수수료 5%의 매월상환일 경우 어느 은행의 대출이율이 싼가는 실효이율을 계산해보아야 합니다. 일반적으로 금융기관이 대출광고를 할 때는 대출이율이 몇 %라고 말하지만 수수료가 몇 %라는 것은 거의 밝히지 않습니다. 그래서 단순히 대출이율만 갖고 의사결정을 하면 낭패(?)를 볼 수도 있습니다. 즉 위의 경우 수수료를 반영한 실효이율을 비교하면 '참싼은행'은 9.64%, '더싼은행'은 9.73%가 되어 광고의 이율과 상반되는 결과가 나옵니다. 이것 하나만 알아도 재무계산기를 구입하고 이 책을 산 코스트는 상쇄되지 않을까요?

기본예제 II-6-9 기시급 현가 1

이정구씨는 자녀 상욱이의 대학교육자금을 준비하려고 하고 있다. 대학교육자금은 매년초에 지급하여야 하며, 물가상승률 4%만큼 매년 상승한다. 이율이 6%일 때, 4년간 필요한 교육비를 위해 얼마가 필요한가? 첫 해 대학교육비는 1,000만 원이다.

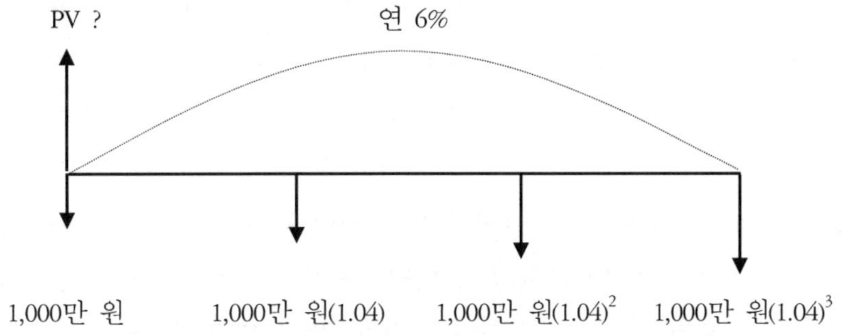

※ 기시급 설정

HP 12C		BA II PLUS	
키 입력	화면 표시	키 입력	화면 표시
[f][CLEAR FIN]	0.00	[2nd][CLR TVM]	0.00
4[n]	4.00	4[N]	N-4.00◁
1.04[ENTER]1.06[Δ%][i]	1.92	1.06[÷]1.04[−]	1.02
1000[PMT]	1,000.00	1[×]100[=][I/Y]	I/Y=1.92◁
[PV]	−3,888.21	1000[PMT]	PMT=1,000.00◁
		[CPT][PV]	PV=−3,888.21*

HP 10B II		HP 17B II	
키 입력	화면 표시	키 입력	화면 표시
[■][C ALL]	0.00	[FIN][TVM]	0.00
4[N]	4.00	[■][CLEAR DATA]	
1.06[÷]1.04[−]	1.02	4[N]	N=4.00
1[×]100[I/Y]	1.92	1.06[÷]1.04[−]	1.02−
1000[PMT]	1,000.00	1[×]100[I%YR]	I%YR=1.92
[PV]	−3,888.21	1000[PMT]	PMT=1,000.00
		[PV]	PV=−3,888.21

답 3,888.21만 원

줄탁(茁啄)

HP 12C의 경우 증가율 조정이율 계산시 [△%]키로 간단하게 계산할 수 있음. 먼저 (1+증가율)의 값을 입력한 후 (1+이율)을 입력하고 증가율 키인 [△%]를 입력함.

유제 1 장기훈씨는 금년초부터 10년간 매년 자녀에게 금전을 증여할 계획이다. 첫 해는 500만 원, 그 다음 해부터 매년 5%씩 증가시킬 예정이다. 현재 이율이 7%라 할 때 증여를 위하여 일시금으로 얼마가 필요한가?

답 4,599.73만 원

유제 2 강정근씨는 금년초부터 4년간 매년 전년도 연봉의 10%를 주식에 투자할 계획이다. 작년 연봉은 4,000만 원이었고, 매년 7%씩 증가할 것으로 예상된다. 4년간 주식 투자액을 연 8%의 이율을 적용하여 현가화하면 얼마가 되나?

답 1,577.91만 원

기본예제 II-6-10 기시급 현가계산 2

오주원씨는 의료과실로 피해를 입힌 갑을병원을 상대로 법원에 손해배상청구소송을 제기하였다. 법원에서는 갑을병원에게 20년간 손해배상금을 지급하되, 초년도에는 2,000만 원을 당장 지급하고, 이후에는 매년 물가상승률 3%에 따라 증가한 금액을 지급하라는 판결을 내렸다. 이에 갑을병원은 5% 연복리의 이자율을 적용하여 일시금으로 지급하고자 할 경우 일시금은 얼마인가?

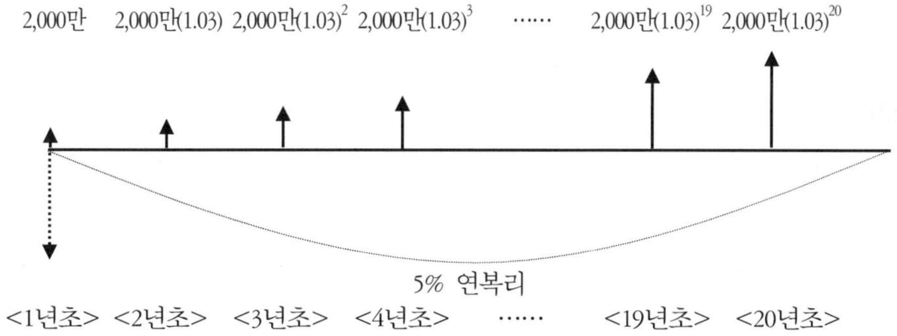

$$PV = 2,000\text{만 원} \times \frac{1-\left(\frac{1.03}{1.05}\right)^{20}}{0.05-0.03} \times (1.05)$$

※ 기시급 설정

HP 12C		BA II PLUS	
키 입력	화면 표시	키 입력	화면 표시
[f][CLEAR FIN]	0.00	[2nd][CLR TVM]	0.00
20[n]	20.00	20[N]	N=20.00◁
1.03[ENTER]1.05[△%][i]	1.94	1.05[÷]1.03[−]	1.02
2000[PMT]	2,000.00	1[×]100[=][I/Y]	I/Y=1.94◁
[PV]	−33.526.05	2000[PMT]	PMT=2,000.00◁
		[CPT][PV]	PV=−33,526.05*

HP 10BⅡ		HP 17BⅡ	
키 입력	화면 표시	키 입력	화면 표시
[■][C ALL]	0.00	[FIN][TVM]	
20[N]	20.00	[■][CLEAR DATA]	0.00
1.05[÷]1.03[−]	1.02	20[N]	N=20.00
1[×]100[I/YR]	1.94	1.05[÷]1.03[−]	1.02−
2000[PMT]	2,000.00	1[×]100[I%YR]	I%YR=1.94
[PV]	−33,526.05	2000[PMT]	PMT=2,000.00
		[PV]	PV=−33,526.05

답 3억 3,526.05만 원

유제 1 대홍기업은 신사업 개척을 위해 신오철씨를 5년간 촉탁직으로 선임하였다. 신오철씨의 연봉은 첫 해 7,000만 원으로 매년초에 지급하며, 해마다 9%씩 높여주기로 했다. 11% 연복리 이자율을 적용하여, 신오철씨의 5년간 촉탁직으로 근무하는 동안 받는 연봉을 현가화하면 얼마가 되나?

답 3억 3,761.26만 원

유제 2 주병식씨는 보행중 건물간판이 떨어져 두부가 손상되어 후유장해가 발생하게 되었다. 이에 건물주 정혜란씨와 피해보상에 대한 협의 끝에 손해배상금을 금년초 3,000만 원을 지급받고, 이후 27년간 매년 물가상승율 4%만큼 증액시킨 금액을 지급받기로 합의하였다. 건물주 정혜란씨는 이 배상금을 일시금으로 지급하기를 원한다. 8.5% 연복리 이자율을 적용할 경우 건물주 정혜란씨가 지급할 일시금은 얼마일까?

답 4억 9,285.20만 원

기본예제 II-6-11 기시급 종가

홍성하씨는 오늘 100만 원으로 예금구좌를 개설하였다. 홍성하씨는 수입이 매년 9%씩 증가될 것으로 예상하여 저축액을 향후 5년 동안 9%씩 증가시켜 매년초에 불입할 예정이다. 이 예금의 이자율이 6% 연복리라 할 때, 5년 후 이 예금의 잔고는 얼마일까?

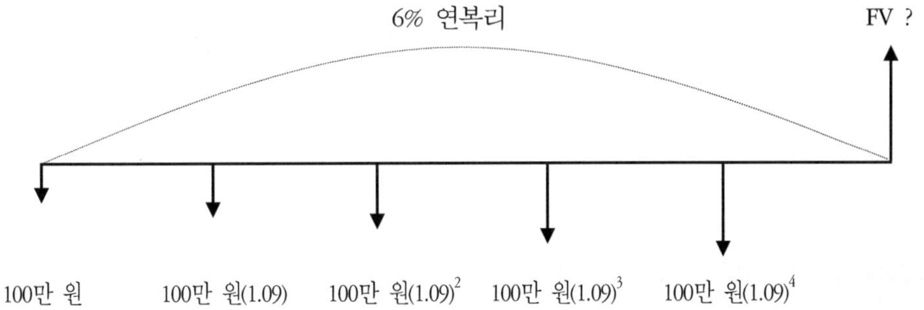

$$FV = 100\text{만 원} \times \left(\frac{1.06^5 - 1.09^5}{0.06 - 0.09} \right) \times 1.06$$

줄탁(茁啄) 먼저 증가율 조정이율(1.06/1.09−1)을 사용하여 연금현가를 구한 후, 이자율에 의한 종가를 계산한다.

※ 기시급 설정

HP 12C		BA II PLUS	
키 입력	화면 표시	키 입력	화면 표시
[f][CLEAR FIN]	0.00	[2nd][CLR TVM]	0.00
5[n]	5.00	5[N]	N=5.00◁
1.09[ENTER]1.06[△%][i]	−2.75	1.06[÷]1.09[−]	0.97
100[PMT]	100.00	1[×]100[=][I/Y]	I/Y=−2.75◁
[PV]	−529.11	100[PMT]	PMT=100.00◁
6[i]	6.00	[CPT][PV]	PV=−529.11*
0[PMT]	0.00	6[I/Y]	I/Y=6.00◁
[FV]	708.07	0[PMT]	PMT=0.00◁
		[CPT][FV]	FV=708.07*

HP 10B Ⅱ		HP 17B	
키 입력	화면 표시	키 입력	화면 표시
[■][C ALL]	0.00	[FIN][TVM]	0.00
5[N]	5.00	[■][CLEAR DATA]	
1.06[÷]1.09[−]	0.97	5[N]	N=5.00
1[×]100[I/YR]	−2.75	1.06[÷]1.09[−]	0.97
100[PMT]	100.00	1[×]100[I%YR]	I%YR=−2.75
[PV]	−529.11	100[PMT]	PMT=100.00
6[I/YR]	6.00	[PV]	PV=−529.11
0[PMT]	0.00	6[I%YR]	I%YR=6.00
[FV]	708.07	0[PMT]	PMT=0.00
		[FV]	FV=708.07

답 708.07만 원

유제 1 오늘 500만 원을 입금하여 예금구좌를 개설하고, 향후 7년 동안 매년 6%씩 증가된 금액을 저축한다고 할 때, 예금의 이자율이 7.5% 연복리라면 7년 후 예금잔고는 얼마가 되나?

답 5,569.18만 원

유제 2 김홍수씨는 금년초 전년도 연봉의 10%를 채권펀드에 투자하였다. 향후에도 연초마다 전년도 연봉의 10%를 투자할 계획이다. 전년도 김홍수씨의 연봉은 6,500만 원이고 매년 6%씩 높아질 것으로 기대된다. 만약 채권펀드가 매년 12.5%의 수익률이 예상된다면, 10년말 시점에서의 김홍수씨의 펀드 잔고는 얼마가 될까?

답 1억 6,385.32만 원

기본예제 II-6-12 기시급 PMT

윤진형씨는 지금부터 매년초 일정금액을 투자하여 10년 후 1억 원을 모으려고 하고 있다. 매년 투자금액은 10%씩 증가하며, 이 투자의 수익률이 연 12% 연 복리일 경우, 최초의 투자금액은 얼마인가?

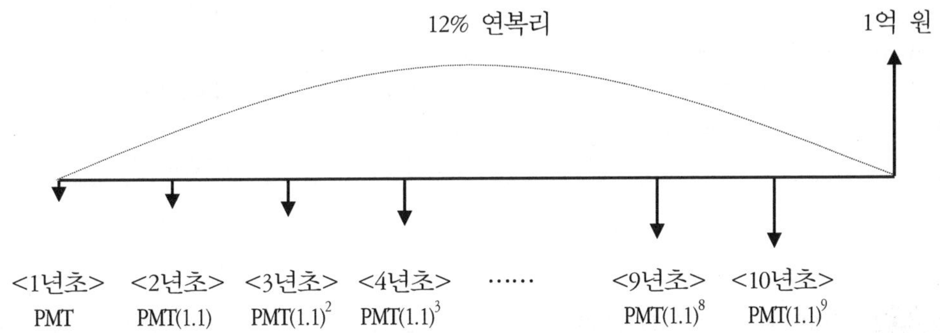

줄탁(茁啄)

먼저 이율에 의한 현가를 구한 다음, 증가율 조정이율을 사용하여 PMT를 계산한다.

※ 기시급 설정

HP 12C		BA II PLUS	
키 입력	화면 표시	키 입력	화면 표시
[f][CLEAR FIN]	0.00	[2nd][CLR TVM]	0.00
10[n]	10.00	10[N]	N=10.00◁
12[i]	12.00	12[I/Y]	I/Y=12.00◁
10000[FV]	10,000.00	10000[FV]	FV=10,000.00◁
[PV]	−3,219.73	[CPT][PV]	PV=−3,219.73*
1.1[ENTER]1.12[△%][i]	1.82	1.12[÷]1.1[−]	1.02
0[FV]	0.00	1[×]100[=][I/Y]	I/Y=1.82◁
[PMT]	348.70	0[FV]	FV=0.00◁
		[CPT][PMT]	PMT=348.70*

HP 10BⅡ		HP 17BⅡ	
키 입력	화면 표시	키 입력	화면 표시
[■][C ALL]	0.00	[FIN][TVM]	0.00
10[N]	10.00	[■][CLEAR DATA]	
12[I/YR]	12.00	10[N]	N=10.00
10000[FV]	10,000.00	12[I%YR]	I%YR=12.00
[PV]	−3,219.73	10000[FV]	FV=10,000.00
1.12[÷]1.1[−]	1.02	[PV]	PV=−3,219.73
1[×]100[I/YR]	1.82	1.12[÷]1.1[−]	1.02−
0[FV]	0.00	1[×]100[I%YR]	I%YR=1.82
[PMT]	348.70	0[FV]	FV=0.00
		[PMT]	PMT=348.70

답 348.70만 원

유제 1 허태영씨는 지금부터 매년초 5%씩 저축액을 증가시켜 7년 후 8,000만 원을 마련하려고 한다. 예금 이자가 연 7% 연복리일 때, 최초의 저축금액을 얼마로 하여야 하나? 이자소득세는 고려하지 않는다.

답 752.63만 원

유제 2 유진수씨는 5년 후 아파트를 장만하고자 한다. 유진수씨가 사고자 하는 아파트는 현재 1억 6,000만 원이며, 매년 아파트가격은 2%씩 높아질 것으로 예상된다. 유진수씨는 금년초부터 7% 연복리상품에 해마다 적립하되, 매년 적립금을 5%씩 늘려나갈 예정이다. 유진수씨가 아파트 구입을 위해 최초 적립하여야 하는 금액은 얼마인가?

답 2,614.97만 원

기본예제 II-6-13 기말급 현가

이재영씨는 자녀 이겸에게 5년간 매년 말 재산을 증여하려고 한다. 첫 해 1,000만 원부터 시작하여 매년 물가상승률만큼 증여액을 증가시킬 생각이다. 만약 물가상승률이 연 4%일 때, 연이율 6% 연복리인 저축계좌에 얼마의 일시금을 입금하여야 하는가?

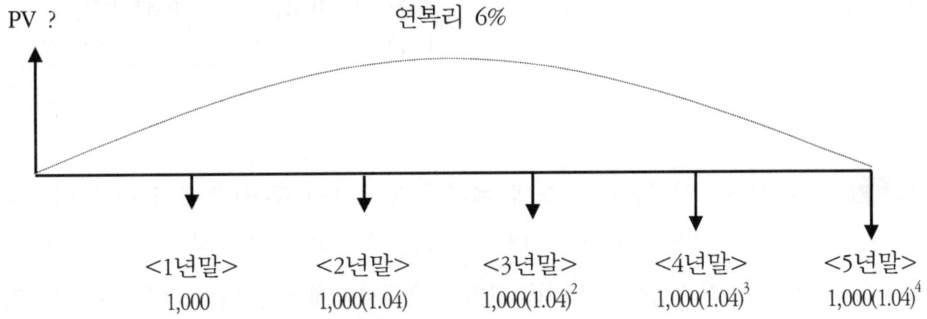

줄탁(茁啄)

누가연금 기말급 현가 계산시 PMT는 (1+g), 즉 증가율만큼 나눈 값을 입력하여야 함.

※ 기말급 설정

HP 12C		BA II PLUS	
키 입력	화면 표시	키 입력	화면 표시
[f][CLEAR FIN]	0.00	[2nd][CLR TVM]	0.00
5[n]	5.00	5[N]	N=5.00◁
1.04[ENTER]1.06[△%][i]	1.92	1.06[÷]1.04[−]	1.02
1000[ENTER]1.04[÷]	961.54	1[×]100[=][I/Y]	I/Y=1.92◁
[PMT]	961.54	1000[÷]1.04[=][PMT]	PMT=961.54◁
[PV]	−4,542.31	[CPT][PV]	PV=−4,542.31*

HP 10BⅡ		HP 17BⅡ	
키 입력	화면 표시	키 입력	화면 표시
[■][C ALL]	0.00	[FIN][TVM]	0.00
5[N]	5.00	[■][CLEAR DATA]	
1.06[÷]1.04[−]	1.02	5[N]	N=5.00
1[×]100[I/YR]	1.92	1.06[÷]1.04[−]	1.02
1000[÷]1.04[PMT]	961.54	1[×]100[I%YR]	I%YR=1.92
[PV]	−4,542.31	1000[÷]1.04[PMT]	PMT=961.54
		[PV]	PV=−4,542.31

답 4,542.31만 원

유제 1 홍재성씨는 일시금을 은행에 예치해 두고 1년 후 대학에 입학할 아들에게 4년간 매년 학비를 지급할 생각이다. 1년 후 800만 원부터 시작하여 매년 10%씩 학비를 증가시킬 계획이다. 홍재성씨가 예치하고자 하는 저축계좌의 이자율이 6% 연복리상품이라 한다면, 홍재성씨는 현재 얼마를 예치하여야 하나?

답 3,194.09만 원

유제 2 심진경씨는 금년말부터 25년간 연금이 지급되는 연금상품(이자율 : 6.5% 연복리)에 일시납으로 가입하였다. 지급되는 연금은 체증형으로서 매년 물가상승률 4%만큼 증액된다. 금년말 지급받고자 하는 금액이 2,500만 원이라면 심진경씨가 금년초 납입하여야 하는 일시금은 얼마인가?

답 4억 4,780.40만 원

쉬어가는 바닥

누가연금의 계산

누가연금이란 연금액이 일정한 비율로 증가하는 것을 말합니다. 이 때 기시급이나 기말급에 따라 계산하는 방법에 차이가 있습니다.

즉, 누가연금 기시급의 경우 연금액을 계산하기 위해서는 먼저 투자수익률로 할인하여 현가를 구한 후 이 현가에 대한 연금액을 구합니다. 누가연금 기말급의 경우 방법은 동일하나 최초의 연금액 또는 저축액은 재무계산기에서 계산한 PMT값을 증가율(growth rate)만큼 늘려주어야 합니다. 반대로 연금액 또는 저축액을 입력하여 기말급의 종가나 현가를 구할 때 입력되는 PMT는 증가율만큼 나눈 값으로 하여야 합니다.

예를 들어 어떤 저축계좌가 세후투자수익률 연 12% 월복리일 경우 이 저축계좌에 매월초 30만 원씩 저축하되 매월 5%씩 저축액을 증가시킬 경우 3년 후의 저축액이 얼마인가를 계산하는 경우가 있습니다. 이 때 계산은 먼저 기시급 연금현가를 구한 후 이것을 투자수익률만큼 부리하는 방법이 사용됩니다. 먼저 증가율 조정이율을 사용하여 누가연금의 현가를 구합니다. 《기시급》 n : 36, i : {(1+0.01)/(1+0.05)−1}×100, PMT : 30, PV : ? (2,308만 8,900원) 다음에 이 현가를 투자기간 동안의 복리로 부리되는 종가를 계산합니다. n : 36, i : 1%, PV : 2,308만 8,900원, FV : ? (3,303만 4,900원)

만약 위의 저축이 매월 말에 시작될 경우 누가연금의 종가는 기말급이고 PMT에 입력하는 것이 30만 원이 아니라 30만 원/(1+증가율)=30만 원/1.05=28만 5,700원을 입력하는 것만 다릅니다. 이렇게 계산하면 연금현가는 2,286만 300원이고 이 연금현가의 종가는 3,270만 7,900원이 됩니다.

구체적으로 이것을 증명해보기로 하겠습니다. 기시급 연금현가는 다음과 같이 계산됩니다.

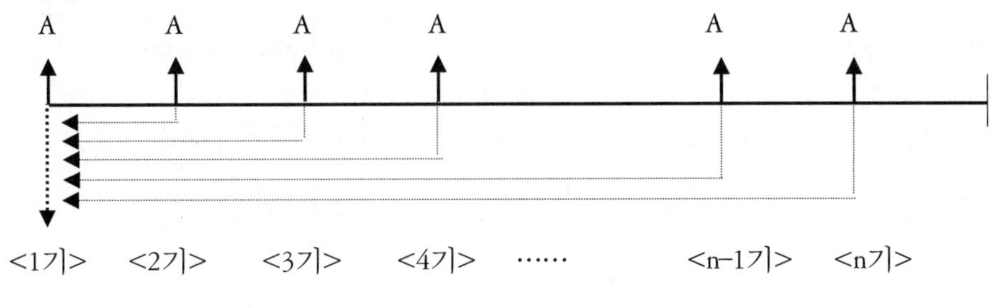

$$S = A + \frac{A}{1+i} + \frac{A}{(1+i)^2} + \cdots\cdots + \frac{A}{(1+i)^{n-1}}$$

$$= A\left\{1 + \frac{1}{1+i} + \frac{1}{(1+i)^2} + \cdots\cdots + \frac{1}{(1+i)^{n-1}}\right\}$$

기시급 누가연금의 현가는 다음과 같이 계산됩니다.

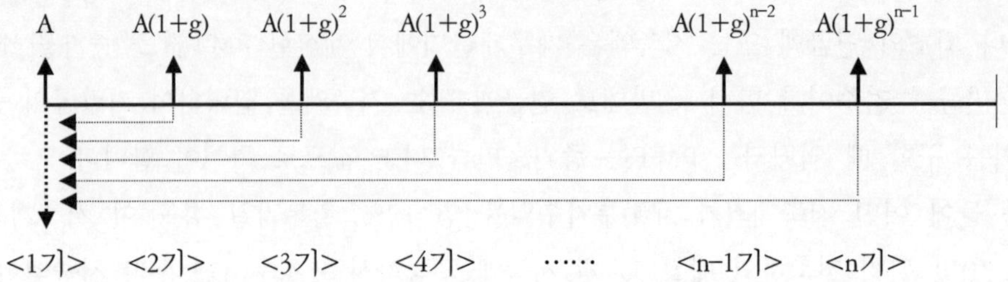

$$S = A + A\frac{(1+g)}{1+i} + \frac{A(1+g)^2}{(1+i)^2} + \cdots\cdots + \frac{A(1+g)^{n-1}}{(1+i)^{n-1}}$$

$$= A\left\{1 + \frac{1+g}{1+i} + \left(\frac{1+g}{1+i}\right)^2 + \cdots\cdots + \left(\frac{1+g}{1+i}\right)^{n-1}\right\}$$

= PMT가 A인 기시급 연금현가. 단 이율은 $\left(\frac{1+i}{1+g} - 1\right) \times 100$

또한, 기시급 누가연금의 종가는 다음과 같이 계산됩니다.

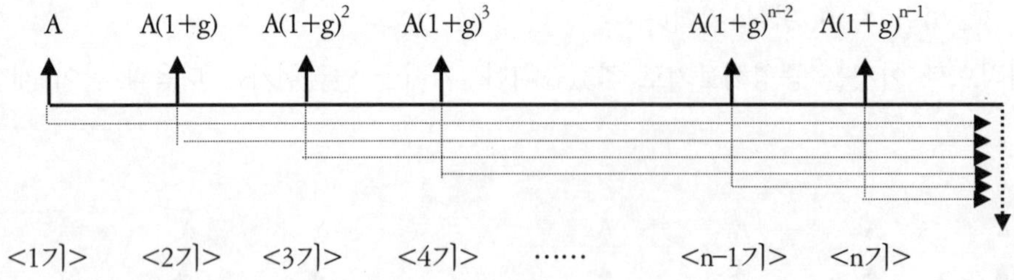

$$S = A(1+i)^n + A(1+g)(1+i)^{n-1} + \cdots\cdots + A(1+g)^{n-1}(1+i)$$

$$= (1+i)^n \underbrace{\left\{A + A\frac{1+g}{1+i} + A\left(\frac{1+g}{1+i}\right)^2 + \cdots\cdots + A\left(\frac{1+g}{1+i}\right)^{n-1}\right\}}_{\text{기시급 누가연금현가}}$$

$$=(1+i)^{n}\cdot\left\{PMT\text{가 } A\text{인 기시급 연금현가. 단 이율은 }\left(\frac{1+i}{1+g}-1\right)\times 100\right\}$$

기말급 연금현가의 일반식은 다음과 같습니다.

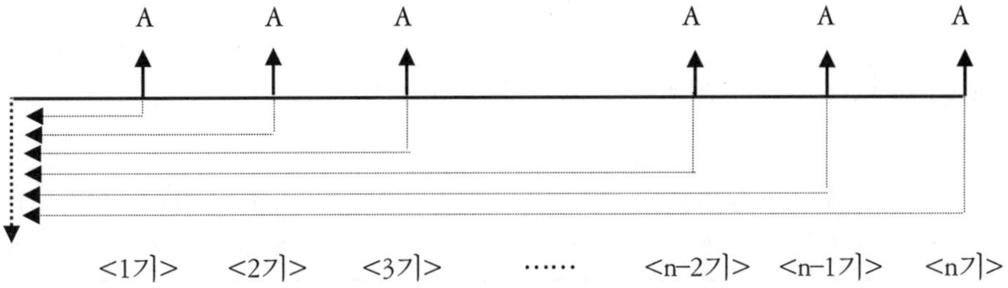

$$S=\frac{A}{1+i}+\frac{A}{(1+i)^{2}}+\cdots\cdots+\frac{A}{(1+i)^{n-1}}+\frac{A}{(1+i)^{n}}$$

$$=A\left\{\frac{1}{1+i}+\frac{1}{(1+i)^{2}}+\cdots\cdots+\frac{1}{(1+i)^{n-1}}+\frac{1}{(1+i)^{n}}\right\}$$

기말급 누가연금의 현가는 다음과 같이 계산됩니다.

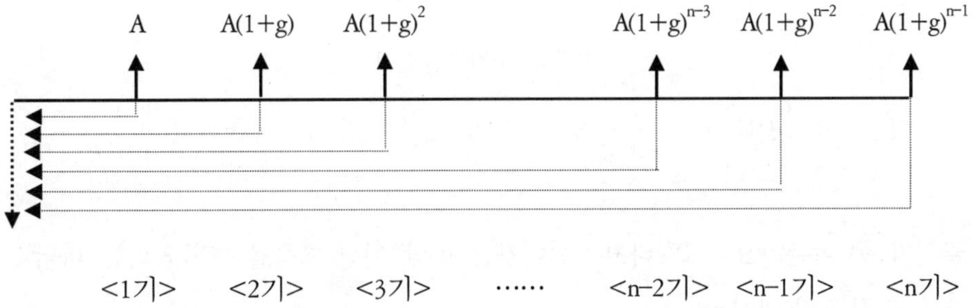

$$S=\frac{A}{1+i}+\frac{A(1+g)}{(1+i)^{2}}+\frac{A(1+g)^{2}}{(1+i)^{3}}+\cdots\cdots+\frac{A(1+g)^{n-1}}{(1+i)^{n}}$$

$$=\frac{A}{1+g}\left\{\frac{1+g}{1+i}+\left(\frac{1+g}{1+i}\right)^{2}+\cdots\cdots+\left(\frac{1+g}{1+i}\right)^{n}\right\}$$

$$=\text{PMT가 }\frac{A}{1+g}\text{인 기말급 연금 현가. 단 이율은 }\left(\frac{1+i}{1+g}-1\right)\times 100$$

기말 최초 저축액인 A의 누가연금현가의 계산은 PMT가 $\frac{A}{1+g}$ 인 연금현가식이 됩니다. 즉, 누가연금현가의 PMT를 구할 경우 재무계산기로 산출한 PMT에 1+g를 곱하여야 A가 산출되며, 반대로 누가연금의 현가를 구할 경우 PMT에 입력하는 것은 저축액을 (1+g)로 나누어야 합니다.

기말급 누가연금종가의 일반식은 다음과 같습니다.

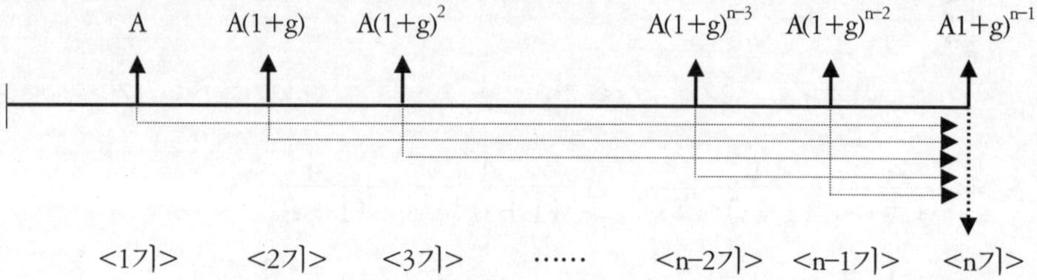

$$S = A(1+i)^{n-1} + A(1+g)(1+i)^{n-2} + \cdots\cdots + A(1+g)^{n-1}$$

$$= (1+i)^n \underbrace{\left\{ \frac{A}{1+i} + \frac{A(1+g)}{(1+i)^2} + \cdots\cdots + \frac{A(1+g)^{n-1}}{(1+i)^n} \right\}}_{\text{기말급 누가연금현가}}$$

$$= (1+i)^n \left\{ PMT\text{가 } \frac{A}{1+g} \text{ 인 기말급 연금현가, 단 이율은 } \left(\frac{1+i}{1+g} - 1 \right) \times 100 \right\}$$

골치가 좀 아픈가요? 그렇다고 “쉬어가는 바닥”이란 제목을 “쥐가 나는 바닥”으로 바꾸라고 하지는 않겠지요?

기본예제 II-6-14 기말급 종가

주운성씨는 퇴직 후 노후생활을 위해 금년말부터 15년간 매년말 연봉의 10%를 적립키로 하였다. 주운성씨의 전년도말 연봉은 5,000만 원이며, 매년 7%씩 증가할 것으로 예상된다. 매년 적립된 부분이 10% 연복리로 부리된다고 할 때 15년 후 주운성씨의 적립총액은 얼마인가?

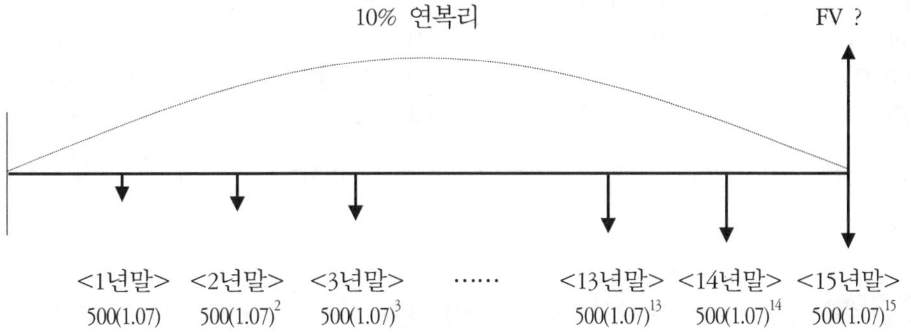

$$FV = 500(1.07) \cdot \frac{(1.10)^{15} - (1.07)^{15}}{1.10 - 1.07}$$

줄탁(茁啄)

누가연금 기말급의 경우 PMT에는 $(1+g)$를 나눈 값을 입력하여야 하는데 아래 키입력에는 500만 원이 입력되어 있음. 이는 1년말의 저축액이 500만 원이 아니라 500만 원×(1+0.07)인 값이기 때문에 $(1+g)$로 나누면 500만 원이 됨.

※ 기말급 설정

HP 12C		BA II PLUS	
키 입력	화면 표시	키 입력	화면 표시
[f][CLEAR FIN]	0.00	[2nd][CLR TVM]	0.00
15[n]	15.00	15[N]	N=15.00◁
1.07[ENTER]1.1[△%][i]	2.80	1.10[÷]1.07[−]	1.03
500[PMT]	500.00	1[×]100[=][I/Y]	I/Y=2.80◁
[PV]	−6,054.59	500[PMT]	PMT=500.00◁
10[i]	10.00	[CPT][PV]	PV=−6,054.59*
0[PMT]	0.00	10[I/Y]	I/Y=10.00◁
[FV]	25,291.53	0[PMT]	PMT=0.00◁
		[CPT][FV]	FV=25,291.53*

HP 10BⅡ		HP 17BⅡ	
키 입력	화면 표시	키 입력	화면 표시
[■][C ALL]	0.00	[FIN][TVM]	
15[N]	15.00	[■][CLEAR DATA]	
1.10[÷]1.07[−]	1.03	15[N]	N=15.00
1[×]100[I/YR]	2.80	1.10[÷]1.07[−]	
500[PMT]	500.00	1[×]100[I%YR]	I%YR=2.80
[PV]	−6,054.59	500[PMT]	PMT=500.00
10[I/Y]	10.00	[PV]	PV=−6,054.59
0[PMT]	0.00	10[I%YR]	I%YR=10.00
[FV]	25,291.53	0[PMT]	PMT=0.00
		[FV]	FV=25,291.53

답 2억 5,291.53만 원

유제 1 심형구씨는 퇴직 후 노후생활을 위해 20년 동안 일정금액을 적립하기로 했다. 적립액은 금년말 500만 원부터 시작하여 매년 10%씩 증가시킬 계획이다. 적립액이 8% 연복리로 운용된다면 20년 후 적립총액은 얼마인가?

답 5억 1,663.57만 원

유제 2 차재오씨는 이달 말부터 10만 원을 적립하고, 매월 적립금을 1%씩 증가시키기로 결심하였다. 이 적립금은 연 6% 월복리로 운용된다고 할 때, 2년 후 차재오씨의 적립금 총액은 얼마가 되겠는가?

답 285.15만 원

기본예제 II-6-15 기말급 PMT 1

이호창씨는 2억 원을 일시금으로 하여 1년 후부터 20년간 매년 연금을 지급하는 연금상품을 구입하였다. 향후 물가상승을 예상하여, 연금지급액이 매년 4%씩 체증하는 상품을 선택하였다. 이 연금상품에 적용되는 이자율이 연복리 7%일 때 이호창씨가 첫 해에 지급받는 연금은 얼마인가?

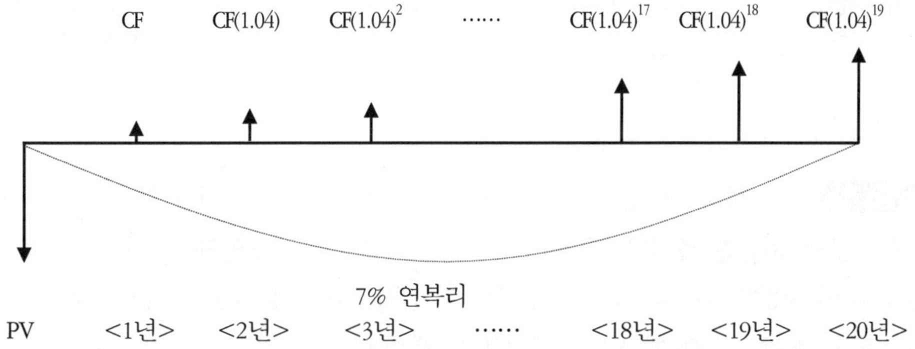

$$2억\ 원 = CF \cdot \frac{1-(\frac{1.04}{1.07})^{20}}{0.07-0.04}$$

줄탁(茁啄)

누가연금의 기말급 PMT는 재무계산기로 구한 값에 (1+g)만큼 곱해 주어야 함.

※ 기말급 설정

HP 12C		BA II PLUS	
키 입력	화면 표시	키 입력	화면 표시
[f][CLEAR FIN]	0.00	[2nd][CLR TVM]	0.00
20[n]	20.00	20[N]	N=20.00◁
1.04[ENTER]1.07[△%][i]	2.88	1.07[÷]1.04[−]	1.03
20000[PV]	20,000.00	1[×]100[=][I/Y]	I/Y=2.88◁
[PMT]	−1,330.01	20000[PV]	PV=20,000.00◁
1.04[×]	−1,383.21	[CPT][PMT]	PMT=−1,330.01*
		[×]1.04[=]	−1,383.21

HP 10BⅡ		HP 17BⅡ	
키 입력	화면 표시	키 입력	화면 표시
[■][C ALL]	0.00	[FIN][TVM]	0.00
20[N]	20.00	[■][CLEAR DATA]	
1.07[÷]1.04[−]		20[N]	N=20.00
1[×]100[I/YR]	2.88	1.07[÷]1.04[−]	1.03
20000[PV]	20,000.00	1[×]100[I%YR]	I%YR=2.88
[PMT]	−1,330.01	20000[PV]	PV=20,000.00
[×]1.04[=]	−1,383.21	[PMT]	PMT=−1,330.01
		[×]1.04[=]	−1,383.21

답 1,383.21만 원

유제 1 프로 바둑기사 조창훈씨는 대회 우승상금 중 10억 원을 일시금으로 예치하여 1년 후부터 30년간 매년말 연금을 지급하는 연금상품을 구입하고자 한다. 지급되는 연금은 매년 3%씩 증가될 것을 희망한다. 연금상품에 적용되는 이자율이 6% 연복리일 때, 조창훈씨가 첫 해 지급받는 연금액은 얼마인가?

답 5,195.80만 원

유제 2 선우열씨는 3억 원을 일시금으로 하여 1년 후부터 25년간 매년 연금을 지급하는 연금상품을 구입하면서, 연금지급액이 매년 6%씩 체증하는 상품을 선택하였다. 이 연금상품에 적용되는 이자율이 연복리 6.5%일 때 선우열씨가 첫 해에 지급받는 연금은 얼마인가?

답 1,351.47만 원

기본예제 II-6-16 기말급 PMT 2

신용준씨는 20년 후 은퇴자금 5억 원을 마련하기 위하여 금년말부터 매년말 투자하기로 하였다. 투자금액은 매년 10%씩 증가시킬 예정이다. 이 투자상품의 수익률이 연 7% 연복리일 경우 금년말 투자액은 얼마인가?

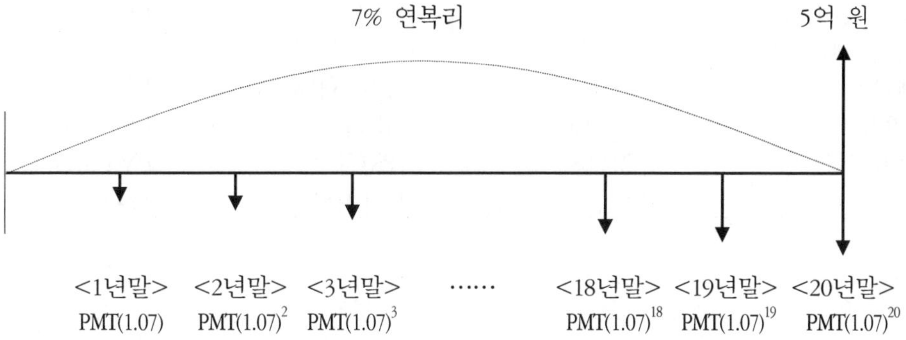

※ 기말급 설정

HP 12C		BA II PLUS	
키 입력	화면 표시	키 입력	화면 표시
[f][CLEAR FIN]	0.00	[2nd][CLR TVM]	0.00
20[n]	20.00	20[N]	N=20.00◁
7[i]	7.00	7[I/Y]	I/Y=7.00◁
50000[FV]	50,000.00	50000[FV]	FV=50,000.00◁
[PV]	−12.920.95	[CPT][PV]	PV=−12,920.95*
1.1[ENTER]1.07[△%][i]	−2.73	1.07[÷]1.1[−]	0.97
0[FV]	0.00	1[×]100[=][I/Y]	I/Y=−2.73◁
[PMT]	477.16	0[FV]	FV=0.00◁
1.1[×]	524.88	[CPT][PMT]	PMT=477.16
		[×]1.1[=]	524.88

HP 10BⅡ		HP 17BⅡ	
키 입력	화면 표시	키 입력	화면 표시
[■][C ALL]	0.00	[FIN][TVM]	
20[N]	20.00	[■][CLEAR DATA]	
7[I/YR]	7.00	20[N]	N=20.00
50000[FV]	50,000.00	7[I%YR]	I%YR=7.00
[PV]	−12,920.95	50000[FV]	FV=50,000.00
1.07[÷]1.1[−]	0.97	[PV]	PV=−12,920.95
1[×]100[I/YR]	−2.73	1.07[÷]1.1[−]	0.97−
0[FV]	0.00	1[×]100[I%YR]	I%YR=−2.73
[PMT]	477.16	0[FV]	FV=0.00
[×]1.1[=]	524.88	[PMT]	PMT=477.16
		[×]1.1[=]	524.88

답 524.88만 원

유제 1 서수용씨는 25년 후 은퇴자금 7억 원을 마련하기 위하여 금년말부터 매년말 투자를 하기로 하였다. 투자금액은 매년 10%씩 증가시킬 생각이다. 이 투자상품의 수익률이 연 6.5% 연복리라고 할 때, 금년말 투자금액은 얼마로 하여야 하는가?

답 407.86만 원

유제 2 하성열씨는 15년 후 필요한 은퇴자금 3억 원을 마련하기 위하여 금년부터 매년말 연봉의 일정비율을 이자율 6% 연복리인 저축상품에 적립하기로 하였다. 금년도 연봉은 6,000만 원이며, 매년 7%씩 증가할 것으로 예상된다면, 하성열씨는 매년 연봉의 몇 %를 적립하여야 하는가?

답 13.79%

다. 연금의 특수형태

- 벌룬페이먼트(Balloon Payment): 대출 상환금액 또는 할부금액(부채)이 일정기간에 걸쳐 부채를 전액 상환할 만큼 많지 않아 일정금액만 상환하다가 이전의 지불액보다 더 많은 금액을 지불하는 것을 "벌룬페이먼트"라고 한다.

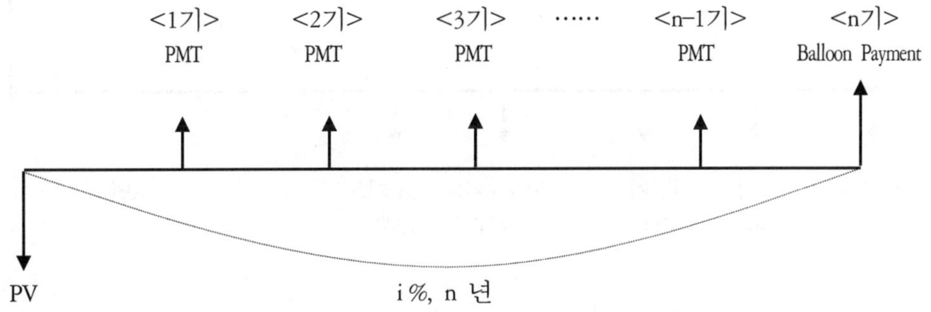

$$PV = PMT \times \frac{1-(1+i)^{-n+1}}{i} + \frac{Balloon\ Payment}{(1+i)^n}$$

- 거치연금(Deferred Annuity): 일정기간이 지날 때까지(예를 들어, 연금수령자가 특정연령에 도달할 때) 연금수령자에게 연금지급을 연기하기로 한 연금형태를 거치연금이라고 한다. 거치연금에 관한 문제는 은퇴설계, 대학 교육자금설계 등에서 자주 다루어지고 있다.

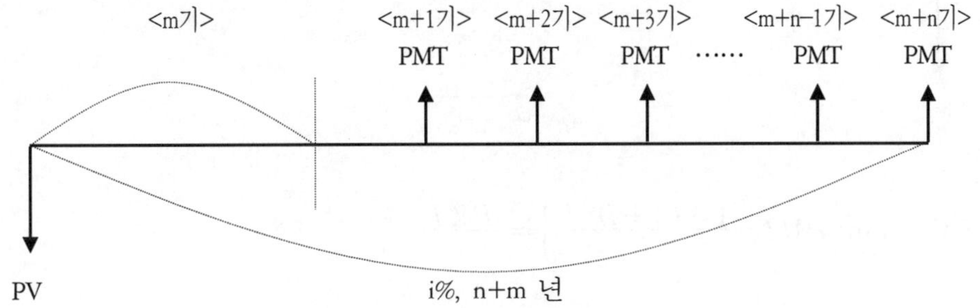

$$PV = PMT \times \frac{1-(1+i)^{-n}}{i} \times \frac{1}{(1+i)^m} = PMT \times \frac{1-(1+i)^{-n}}{i \cdot (1+i)^m}$$

- 포본연금(Forborne Annuity): 앞에서 설명한 거치연금과 반대되는 개념이다. 거치연금은 연금지급이 일정기간 연기되는 반면, 포본연금은 일정기간 동안 정기적으로 적립금이 적립된 이후 상당기간 동안 적립금의 추가적립이 없는 상태에서 적립금의 지급이 보류되었다가 일정시기가 되면 일시금 또는 연금 형태로 지급된다.

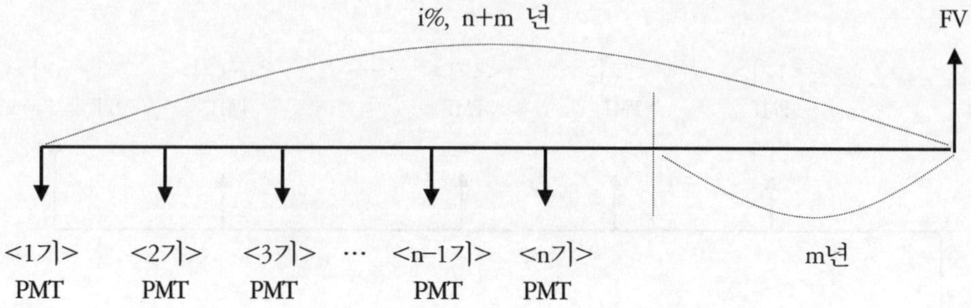

$$FV=\left\{PMT\times\frac{(1+i)^{n}-1}{i}\right\}\times(1+i)^{m+1}$$

- 영구연금(Perpetual Annuities): 지급액의 기한이 한정되지 않는 연금의 형태로서 연금을 영원히 지급받고자 할 때 발생한다.

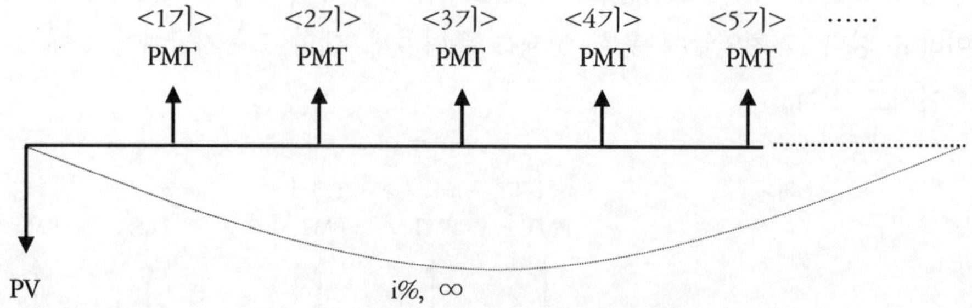

$$PV=\lim_{n\to\infty}\left\{PMT\times\frac{1-(1+i)^{-n}}{i}\right\}=\frac{PMT}{i}$$

기본예제 II-6-17 벌룬페이먼트 1

최우석씨는 오늘 1,500만 원짜리 중형 승용차를 할부로 구입하였다. 차 값은 이 달말부터 36개월 동안 지급하되, 35개월 동안은 35만 원씩 지급하고, 나머지 잔액은 36개월째에 일시금으로 지급할 것이다. 자동차 할부판매에 따른 이자율이 연 6% 월복리라 할 때 최우석씨가 36개월째 일시금으로 지급하여야 하는 금액은 얼마인가?

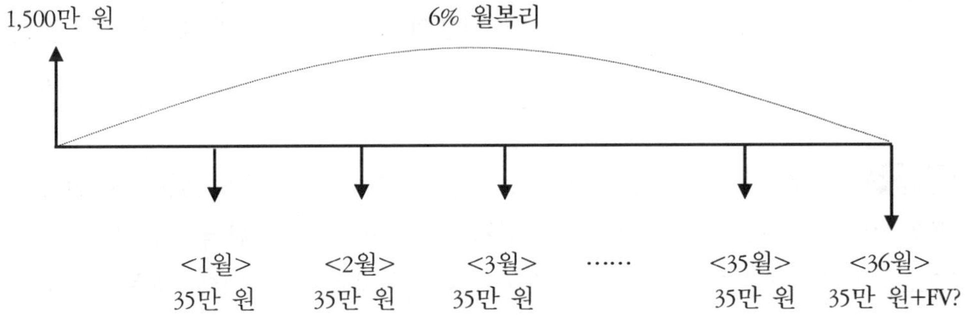

$$1,500\text{만 원} = 35 \times \frac{1-\left(1+\frac{0.06}{12}\right)^{-35}}{\frac{0.06}{12}} + \frac{Balloon\ Payment}{\left(1+\frac{0.06}{12}\right)^{36}}$$

※ 기말급 설정

HP 12C		BA II PLUS	
키 입력	화면 표시	키 입력	화면 표시
[f][CLEAR FIN]	0.00	[2nd][CLR TVM]	0.00
36[n]	36.00	36[N]	N=36.00◁
6[g][12÷]	0.50	6[÷]12[=][I/Y]	I/Y=0.50◁
1500[PV]	1,500.00	1500[PV]	PV=1,500.00◁
35[CHS][PMT]	−35.00	35[+/−][PMT]	PMT=−35.00◁
[FV]	−418.26	[CPT][FV]	FV=−418.26*
35[−]	−453.26	[−]35[=]	−453.26

HP 10BⅡ		HP 17BⅡ	
키 입력	화면 표시	키 입력	화면 표시
[■][C ALL]	0.00	[FIN][TVM]	
36[N]	36.00	[■][CLEAR DATA]	
6[÷]12[I/YR]	0.50	36[N]	N=36.00
1500[PV]	1,500.00	6[÷]12[I%YR]	I%YR=0.50
35[+/−][PMT]	−35.00	1500[PV]	PV=1,500.00
[FV]	−418.26	35[+/−][PMT]	PMT=−35.00
[−]35[=]	-453.26	[FV]	FV=−418.26
		[−]35[=]	−453.26

답 453.26만 원

유제 1 김지현씨는 1,200만 원짜리 소형 승용차를 할부로 구입하였다. 차 값은 36개월동안 지급하되, 35개월 동안은 30만 원씩 지급하고, 나머지 잔액은 36개월째에 일시금으로 지급할 예정이다. 자동차 할부판매에 따른 이자율이 연 8.5% 월복리라 할 때 김지현씨가 36개월째 일시금으로 지급하여야 하는 금액은 얼마인가?

답 351.88만 원

유제 2 송영환씨는 주택구입을 위하여 은행으로부터 5,000만 원을 빌렸다. 대출금상환은 이달 말부터 매월 120만 원씩 4년간 지급하되, 마지막 달에는 잔액을 모두 지급할 예정이다. 대출이자가 9% 월복리라면, 송영환씨가 마지막 달에 상환하여야 하는 금액은 얼마인가?

답 374.54만 원

기본예제 II-6-18 벌룬페이먼트 2

서정현씨는 10년 전에 은행으로부터 1억 3,000만 원을 주택구입용도로 대출받았다. 대출조건은 20년간 매월말 원리금을 상환하되, 연 9% 월복리 이율이 적용되었다. 정확히 10년이 경과한 현 시점에서 서정현씨가 갚아야 하는 대출잔액은 얼마인가?

줄탁(茁啄)

이 문제는 2단계로 구분되어 계산된다. 1단계에서는 20년 상환시의 월지급액을 산출하며, 2단계에서는 1단계에서 산출된 월지급액을 이용하여 10년 경과시점에서의 대출잔액을 구한다.

<1단계>

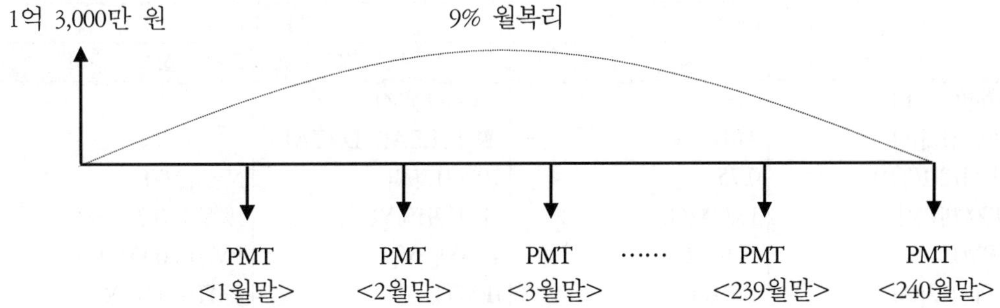

$$1억\ 3,000만\ 원 = PMT \times \frac{1-(1+\frac{0.09}{12})^{-240}}{\frac{0.09}{12}} = 116.96만\ 원$$

<2단계>

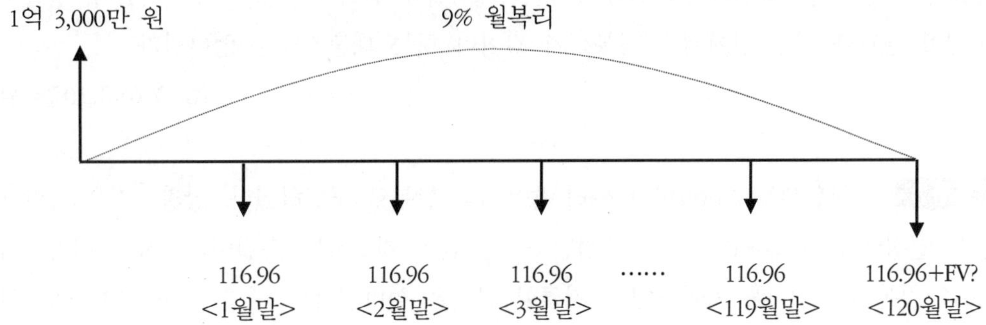

$$1억\ 3,000만\ 원 = 116.96만\ 원 \times \frac{1-(1+\frac{0.09}{12})^{-120}}{(\frac{0.09}{12})} + \frac{Balloon\ Payment}{\left(1+\frac{0.09}{12}\right)^{120}}$$

※ 기말급 설정

HP 12C		BA Ⅱ PLUS	
키 입력	화면 표시	키 입력	화면 표시
[f][CLEAR FIN]	0.00	[2nd][CLR TVM]	0.00
20[g][12×]	240.00	20[×]12[=][N]	N=240.00◁
9[g][12÷]	0.75	9[÷]12[=][I/Y]	I/Y=0.75◁
13000[PV]	13,000.00	13000[PV]	PV=13,000.00◁
[PMT]	−116.96	[CPT][PMT]	PMT=−116.96*
10[g][12×]	120.00	10[×]12[=][N]	N=120.00◁
[FV]	−9,233.37	[CPT][FV]	FV=−9,233.37

HP 10B Ⅱ		HP 17B Ⅱ	
키 입력	화면 표시	키 입력	화면 표시
[■][C ALL]	0.00	[FIN][TVM]	
20[×]12[N]	240.00	[■][CLEAR DATA]	
9[÷]12[I/YR]	0.75	20[×]12[N]	N=240.00
13000[PV]	13,000.00	9[÷]12[I%YR]	I%YR=0.75
[PMT]	−116.96	13000[PV]	PV=13,000.00
10[×]12[N]	120.00	[PMT]	PMT=−116.96
[FV]	−9,233.37	10[×]12[N]	N=120.00
		[FV]	FV=−9,233.37

답 9,233.37만 원

유제 1 임형복씨는 10년 전에 은행으로부터 주택구입을 위하여 8,000만 원을 대출받았다. 대출조건은 8.5% 월복리에 30년간 매월말에 원리금을 갚는 조건이었다. 정확히 10년이 경과한 현 시점에서 임형복씨가 갚아야 하는 대출잔액은 얼마인가?

답 7,088.20만 원

유제 2 한창원씨는 2,000만 원짜리 승용차를 할부로 구입하였다. 상환조건은 차량구입시 일정액을 지급하고 5년간 매월말 35만 원씩 지급하는 조건이다. 적용 이자율이 9.0% 월복리라 할 때, 차량구입시 지급할 금액은 얼마인가? 답 313.93만 원

기본예제 II-6-19 거치연금

35세의 현지영씨는 상속으로 상당한 재산을 물려받았다. 현지영씨는 정년 이후 65세에 도달할 때부터 시작하여 20년 동안 계속하여 매년 5,000만 원을 연금으로 지급받고 싶어한다. 이자율을 7% 연복리라 할 때, 현지영씨가 자신의 노후를 위하여 현재 시점에서 일시금으로 예치할 금액은 얼마인가?

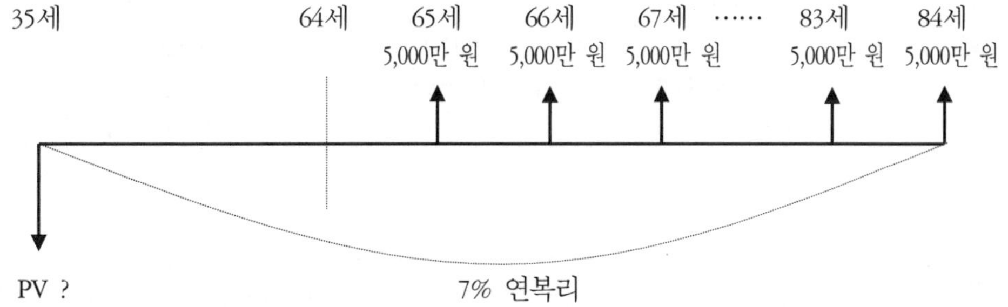

$$PV = 5,000\text{만 원} \times \frac{1-(1+0.07)^{-20}}{0.07} \times \frac{1}{(1+0.07)^{29}}$$

※ 기말급 설정

HP 12C		BA II PLUS	
키 입력	화면 표시	키 입력	화면 표시
[f][CLEAR FIN]	0.00	[2nd][CLR TVM]	0.00
20[n]	20.00	20[N]	N=20.00◁
7[i]	7.00	7[I/Y]	I/Y=7.00◁
5000[PMT]	5,000.00	5000[PMT]	PMT=5,000.00◁
[PV]	−52,970.07	[CPT][PV]	PV=−52,970.07*
[CHS]FV	52,970.07	[FV]	FV=−52,970.07◁
0[PMT]	0.00	0[PMT]	PMT=0.00◁
29[n]	29.00	29[N]	N=29.00◁
[PV]	−7,445,62	[CPT][PV]	PV=7,445.62*

HP 10BⅡ		HP 17BⅡ	
키 입력	화면 표시	키 입력	화면 표시
[■][C ALL]	0.00	[FIN][TVM]	
20[N]	20.00	[■][CLEAR DATA]	
7[I/YR]	7.00	20[N]	N=20.00
5000[PMT]	5,000.00	7[I%YR]	I%YR=7.00
[PV]	−52,970.07	5000[PMT]	PMT=5,000.00
[+/−][FV]	52,970.07	[PV]	PV=−52,970.07
29[N]	29.00	[+/−][FV]	FV=52,970.07
0[PMT]	0.00	29[N]	N=29.00
[PV]	−7,445.62	0[PMT]	PMT=0.00
		[PV]	PV=−7,445.62

답 7,445.62만 원

줄탁(茁啄)

연금현가계산시 기시급으로 설정할 경우, 즉 이 문제에서 64세를 기준으로 기말급의 연금현가를 구하지 않고, 65세를 기준으로 기시급의 연금현가를 구할 경우 일시금에 대한 현가계산시 [n]은 29에서 30으로 변한다.

유제 1 38세의 남정선씨는 상속으로 상당한 재산을 물려받았다. 남정선씨는 노후생활을 위해 65세에 도달할 때부터 시작하여 15년 동안 계속하여 매년 4,000만 원을 연금으로 지급받고 싶다. 이자율을 6.5% 연복리라 할 때, 남정선씨가 자신의 노후를 위하여 현재 시점에서 일시금으로 예치할 금액은 얼마인가?

답 7,315.12만 원

유제 2 선동희씨는 최근 은행으로부터 전세자금 4,000만 원을 대출받았다. 대출조건은 3년 거치 후 5년 동안 매월말 분할상환하는 것으로서 대출이자율은 연 9% 월복리이다. 선동희씨가 매월 상환하여야 하는 금액은 얼마인가?

답 108.66만 원

기본예제 II-6-20 포본 연금

오늘 40세 생일을 맞이한 구하서씨는 본인의 칠순잔치를 아주 성대하게 치르기를 희망한다. 잔치비용으로 5,000만 원을 지출할 생각이며, 이 자금을 마련하기 위해 지금부터 10년 동안 매월초 일정금액을 은행계좌에 저축할 생각이다. 만약 은행계좌의 이자율이 연 7% 월복리라면, 구하서씨가 매월 입금해야 하는 금액은 얼마인가?

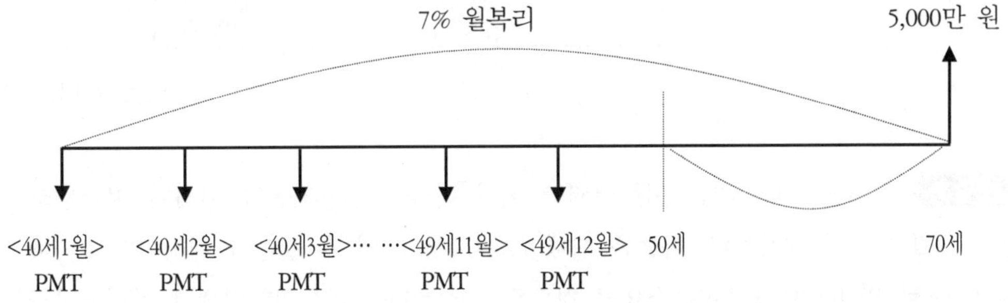

$$PV = \frac{5,000\text{만 원}}{\left(1+\frac{0.07}{12}\right)^{360}} = PMT \times \frac{1-(1+\frac{0.07}{12})^{-120}}{\frac{0.07}{12}} \times (1+\frac{0.07}{12})$$

※ 기시급 설정

HP 12C		BA II PLUS	
키 입력	화면 표시	키 입력	화면 표시
[f][CLEAR FIN]	0.00	[2nd][CLR TVM]	0.00
30[g][12×]	360.00	360[N]	N=360.00◁
7[g][12÷]	0.58	7[÷]12[=][I/Y]	I/Y=0.58◁
5000[FV]	5,000.00	5000[FV]	FV=5,000.00◁
[PV]	−616.03	[CPT][PV]	PV=−616.03*
10[g][12×]	120.00	120[N]	N=120.00◁
0[FV]	0.00	0[FV]	FV=0.00◁
[PMT]	7.11	[CPT][PMT]	PV=7.11*

HP 10B Ⅱ		HP 17B Ⅱ	
키 입력	화면 표시	키 입력	화면 표시
[■][C ALL]	0.00	[FIN][TVM]	0.00
360[N]	360.00	[■][CLEAR DATA]	
7[÷]12[I/YR]	0.58	360[N]	N=360.00
5000[FV]	5,000.00	7[÷]12[I%YR]	I%YR=0.58
[PV]	−616.03	5000[FV]	FV=5,000.00
120[N]	120.00	[PV]	PV=−616.03
0[FV]	0.00	120[N]	N=120.00
[PMT]	7.11	0[FV]	FV=0.00
		[PMT]	PV=7.11

답 7.11만 원

유제 1 정년을 10년 앞둔 이헌열씨는 어린 아들의 결혼자금을 위하여 지금부터 10년간 매월 저축할 생각이다. 아들은 현재 12세로서 15년 후 결혼할 예정이며, 그 때 결혼비용으로 약 8,000만 원이 소요될 것으로 추정된다. 만약 이헌열씨가 가입코자 하는 예금의 이자율이 연 8.5% 월복리라면 매월 적립하여야 하는 금액은 얼마인가?

답 27.65만 원

유제 2 평택시 장기발전계획에 의하면, 20년 후 첨단물류단지 건설사업이 예정되어 있다. 이를 위하여 평택시는 금년초부터 10년간 예산 중 100억 원을 별도로 적립할 생각이다. 적립금에 대하여 매년 12%의 이자율이 적용되는 경우 20년 후 첨단물류단지 건설사업을 위한 가용재원은 총 얼마인가?

답 6,104.42억 원

기본예제 II-6-21 영구연금 1

은행원 김영수씨는 복권에 당첨된 우상현씨에게 복권당첨금 전액을 7% 연복리로 부리되는 예금계좌에 예치할 경우, 1년 후부터 매년 1,000만 원씩 영구히 지급받을 수 있다고 안내하였다. 우상현씨의 복권당첨금은 얼마로 추정되는가? 단, 세금은 고려하지 않는다.

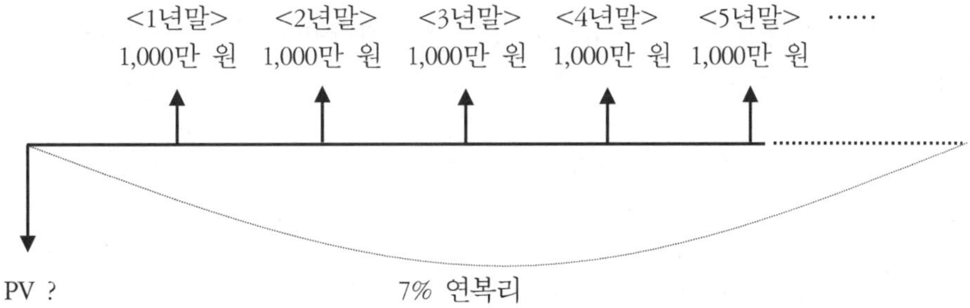

$$PV = \frac{1,000\text{만 원}}{0.07} = 14,285.71\text{만 원}$$

HP 12C		BA II PLUS	
키 입력	화면 표시	키 입력	화면 표시
1000[ENTER]0.07[÷]	14,285.71	1000[÷]0.07[=]	14,285.71

HP 10B II		HP 17B II	
키 입력	화면 표시	키 입력	화면 표시
1000[÷]0.07[=]	14,285.71	1000[÷]0.07[=]	14,285.71

답 1억 4,285.71만 원

유제 1 6.5% 연복리 은행상품에 일정액을 예치하여 1년 후부터 매년 2,500만 원을 영구히 지급받고자 하면, 현재 얼마를 예치하여야 하나?

답 3억 8,461.54만 원

유제 2 서동수씨는 노후생활을 위하여 일시납 연금을 구입키로 하였다. 연금은 1년 후부터 서동수씨가 생존해 있는 동안 매년 3,000만 원을 지급하고, 사망시에는 유족에게 일시납금액과 동일한 금액이 지급되는 상속연금의 형태이다. 이 연금의 적용이율이 12% 연복리라면, 서동수씨는 일시납으로 얼마를 납입하여야 하나? 부가비용은 고려하지 않는다.

답 2억 5,000만 원

기본예제 II-6-22 영구연금 2

기본예제 II-6-21에서 예치 후 즉시 1,000만 원씩 지급된다면 우상현씨의 복권 당첨금은 얼마로 추정되나?

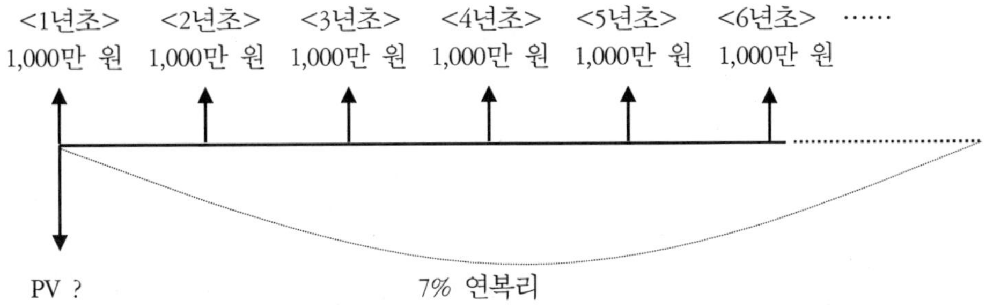

$$PV = \frac{1,000\text{만 원}}{0.07} + 1,000\text{만 원} = 15,285.71\text{만 원}$$

HP 12C		BA II PLUS	
키 입력	화면 표시	키 입력	화면 표시
1000[ENTER]0.07[÷] 1000[+]	14,285.71 15,285.71	1000[÷]0.07[+] 1000[=]	14,285.71 15,285.71

HP 10B II		HP 17B	
키 입력	화면 표시	키 입력	화면 표시
1000[÷]0.07[+] 1000[=]	14,285.71 15,285.71	1000[÷]0.07[+] 1000[=]	14,285.71+ 15,285.71

답 1억 5,285.71만 원

유제 1 연 5.6%의 예금계좌에 입금 후부터 바로 매년 1,200만 원씩 영구히 지급받으려면 얼마를 예치하여야 하나?

답 2억 2,628.57만 원

유제 2 3억 원으로 일시납 연금보험에 가입하고 나서 가입시점부터 매년 1,800만 원씩 영원히 지급받는다고 할 때 이 연금의 이율은 얼마인가? 답 6.38%

제 3 장 현금흐름

AMORT INT NPV RND IRR
n 12× i 12÷ PV CFo PMT CFj FV Nj CHS DATE 7 BEG 8 END 9 MEM ÷
BOND DEPRECIATION
PRICE YTM SL SOYD DB
EEX △DYS 4 5
CLEAR
P/R Σ PRGM FIN REG PREFIX
R/S PSE SST BST R↓ GTO CLx x=0 1 ENTER
ON f g STO RCL LSTx

제3장 현금흐름

1. 현금흐름의 현가와 종가

현금흐름은 미래의 현금흐름에 대해 현가를 구하거나 또는 부리이율을 계산하는 데 사용된다. 제2장에서 설명한 바와 같이 광의로 보면, 현금흐름이나 화폐의 시간가치는 동일한 개념이다. 다만, 재무계산기의 계산에 있어서는 화폐의 시간가치가 동일한 금액의 현금흐름(even cashflow)이 매기 일정하게 발생하는 것을 계산함에 비해, 현금흐름은 동일하지 않은 현금흐름(uneven cashflow)의 현가, 종가, 이율을 계산한다. 따라서 화폐의 시간가치에서 계산되는 연금현가, 연금종가, 이율은 현금흐름에서도 쉽게 계산할 수 있다. 이에 비해 동일하지 않은 현금흐름(연금지급액)에 대한 현가는 화폐의 시간가치 키를 사용할 경우 불가능하지는 않지만, 키를 누르는 데 수고를 아끼지 않아야 한다.

현금흐름은 이와 같이 동일한 금액뿐만 아니라 동일하지 않은 금액에 대한 계산이 가능하며, 이를 균등현금흐름(even cashflow), 비균등현금흐름(uneven cashflow)이라 일컫고 있다. 또 동일한 금액의 현금흐름이 연속적으로 있는 것과 그렇지 않은 것을 각각 개별현금흐름(ungrouped cashflow), 복수현금흐름(grouped cashflow)이라 한다. 복수현금흐름의 경우는 개별적으로 금액을 입력하는 것이 아니라 그 금액의 개수를 별도로 입력하여 간단하게 계산할 수 있다.

- 현금흐름의 현가

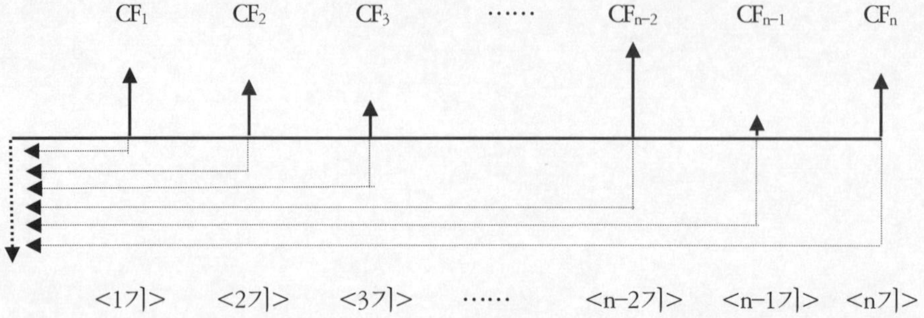

$$PV = \frac{CF_1}{(1+i)} + \frac{CF_2}{(1+i)^2} + \cdots\cdots + \frac{CF_{n-1}}{(1+i)^{n-1}} + \frac{CF_n}{(1+i)^n} = \sum_{t=1}^{n} \frac{CF_t}{(1+i)^t}$$

- 현금흐름의 종가

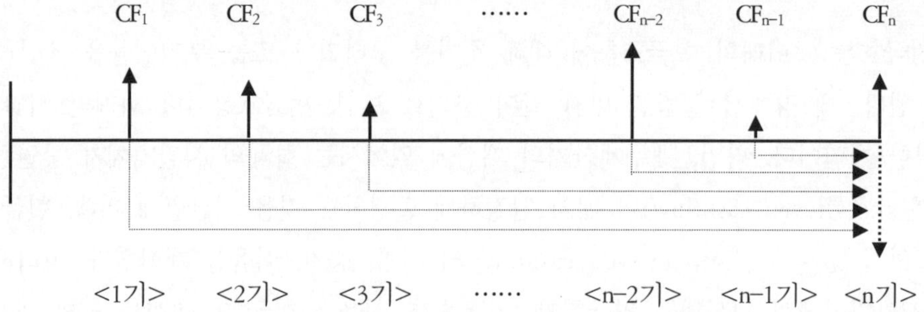

$$FV = CF_1(1+i)^{n-1} + CF_2(1+i)^{n-2} + \cdots\cdots + CF_n = \sum_{t=1}^{n} CF_t(1+i)^{n-t}$$

공 식
• 현가계산 : $PV = \sum_{t=1}^{n} \frac{CF_t}{(1+i)^t}$ • 종가 계산 : $FV = \sum_{t=1}^{n} CF_t(1+i)^{n-t} = PV \cdot (1+i)^n$
CF_t : t기의 현금흐름, i : 이자율, n : 기간

재무계산기 사용키 및 레이블	
HP 12C	BA Ⅱ PLUS
[CFo] : 0기의 현금흐름 [CFj] : j기의 현금흐름 [Nj] : j기의 현금흐름의 개수 [NPV] : 순현가 [i] : 할인율 [IRR] : 내부수익률	[CF] : 현금흐름 입력시작 [ENTER] : 각각의 현금흐름 입력 [↓] : 다음 입력순서로 이동 [NPV] : 순현가 [IRR] : 내부수익률
HP 10BⅡ	HP 17BⅡ
[CFj] : j기의 현금흐름 [Nj] : j기의 현금흐름의 개수 [NPV] : 순현가 [I/YR] : 할인율 [IRR] : 내부수익률	[CFLO] : 현금흐름 기본메뉴 [CALC] : 총합계, 내부수익률, 순현가 등 계산을 위한 메뉴 [INSR] : 리스트에 현금흐름 삽입 [DELTE] : 리스트의 현금흐름 삭제 [NAME] : 리스트 제목 지정 [GET] : 리스트 변경, 리스트 작성 [# T?] : 현금흐름 개수 입력 [▲ 또는 ▼] : 리스트 상하 이동 [■][[▲ 또는 ▼] : 리스트값 보기 [TOTAL] : 현금흐름의 합계 [IRR%] : 내부수익률 [I%] : 이자율 [NPV] : 순현가 [NUS] : 지급금액 [NFV] : 순미래가치 (순종가)

구체적으로 현금흐름 중 비균등현금흐름을 먼저 살펴보자. 만약 이영주씨가 1년 후부터 다음과 같은 생활비가 필요할 때, 이를 위해 연 7.5% 복리의 정기예금에 현재 얼마의 자금을 저축하여야 하는지 각각의 계산방법에 따라 어떻게 다르게 계산되는지 살펴보자

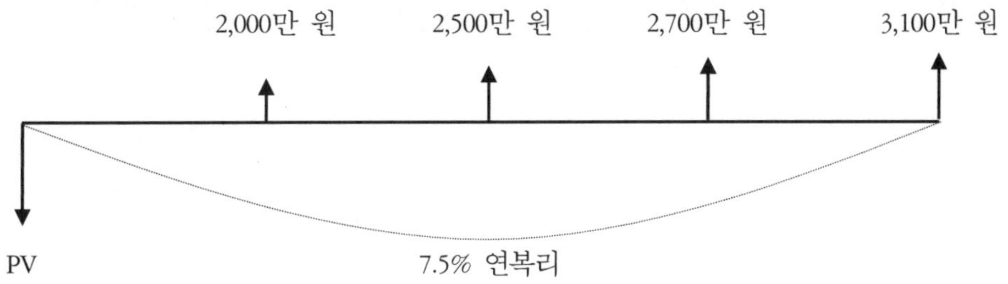

- 공식에 의한 계산

$$PV = \frac{2,000\text{만 원}}{(1+0.075)^1} + \frac{2,500\text{만 원}}{(1+0.075)^2} + \frac{2,700\text{만 원}}{(1+0.075)^3} + \frac{3,100\text{만 원}}{(1+0.075)^4}$$

$$PV = 1,860.47 + 2,163.33 + 2,173.39 + 2,321.28 = 8,518.47$$

- 화폐의 시간가치에 의한 계산

HP 12C		BA II PLUS	
키 입력	화면 표시	키 입력	화면 표시
[f][CLEAR FIN]	0.00	[2nd][CLR TVM]	0.00
1[n]	1.00	1[N]	N=1.00◁
7.5[i]	7.50	7.5[I/Y]	I/Y=7.50◁
2000[FV]	2,000.00	2000[FV]	FV=2,000.00◁
[PV]	−1,860.47	[CPT][PV]	−1,860.47*
[STO]1	−1,860.47	[STO]1	−1,860.47
2[n]	2.00	2[N]	N=2.00◁
2500[FV]	2,500.00	2500[FV]	FV=2,500.00◁
[PV]	−2,163.33	[CPT][PV]	−2,163.33*
[STO][+]1	−2,163.33	[STO][+]1	−2,163.33
3[n]	3.00	3[N]	N=3.00◁
2700[FV]	2,700.00	2700[FV]	FV=2,700.00◁
[PV]	−2,173.39	[CPT][PV]	−2,173.39*
[STO][+]1	−2,173.39	[STO][+]1	−2,173.39
4[n]	4.00	4[N]	N=4.00◁
3100[FV]	3,100.00	3100[FV]	FV=3,100.00◁
[PV]	−2,321.28	[CPT][PV]	−2,321.28*
[STO][+]1	−2,321.28	[STO][+]1	−2,321.28
[RCL]1	−8,518.47	[RCL]1	−8,518.47

HP 10BⅡ		HP 17BⅡ	
키 입력	화면 표시	키 입력	화면 표시
[■][C ALL]	0.00	[FIN][TVM]	0.00
1[N]	1.00	[■][CLEAR DATA]	
7.5[I/YR]	7.50	1[N]	N=1.00
2000[FV]	2,000.00	7.5[I%YR]	I%YR=7.50
[PV]	−1,860.47	2000[FV]	FV=2,000.00
[■][STO]1	−1,860.47	[PV]	PV=−1,860.47
2[N]	2.00	[STO]1	PV=−1,860.47
2500[FV]	2,500.00	2[N]	N=2.00
[PV]	−2,163.33	2500[FV]	FV=2,500.00
[■][STO][+]1	−2,163.33	[PV]	PV=−2,163.33
3[N]	3.00	[STO][+]1	PV=−2,163.33
2700[FV]	2,700.00	3[N]	N=3.00
[PV]	−2,173.39	2700[FV]	FV=2,700.00
[■][STO][+]1	−2,173.39	[PV]	PV=−2,173.39
4[N]	4.00	[STO][+]1	PV=−2,173.39
3100[FV]	3,100.00	4[N]	N=4.00
[PV]	−2,321.28	3100[FV]	FV=3,100.00
[■][STO][+]1	−2,321.28	[PV]	PV=−2,321.28
[RCL]1	−8,518.47	[STO][+]1	PV=−2,321.28
		[RCL]1	−8,518.47

- 현금흐름에 의한 계산

HP 12C		BAⅡ PLUS	
키 입력	화면 표시	키 입력	화면 표시
[f][CLEAR REG]	0.00	[CF]	CF0=(이전숫자)
2000[g][CFj]	2,000.00	[2nd][CLR WORK]	CF0=0.00
2500[g][CFj]	2,500.00	[↓]2000[ENTER]	C01=2,000.00◁
2700[g][CFj]	2,700.00	[↓][↓]2500[ENTER]	C02=2,500.00◁
3100[g][CFj]	3,100.00	[↓][↓]2700[ENTER]	C03=2,700.00◁
7.5[i]	7.50	[↓][↓]3100[ENTER]	C04=3,100.00◁
[f][NPV]	8,518.47	[NPV]	I=0.00
		7.5[ENTER]	I=7.50◁
		[↓][CPT]	NPV=8,518.47*

HP 10BⅡ		HP 17BⅡ	
키 입력	화면 표시	키 입력	화면 표시
[■][C ALL]	0.00	[FIN][CFLO]	0.00
0[CFj]	0.00	[■][CLEAR DATA]	
2000[CFj]	2,000.00	[YES]	FLOW(0)=?
2500[CFj]	2,500.00	[# T?]	# TIMES
2700[CFj]	2,700.00		PROMPTING: OFF
3100[CFj]	3,100.00	0[INPUT]	FLOW(1)=?0.00
7.5[I/YR]	7.50	2000[INPUT]	FLOW(2)=?2,000.0
[■][NPV]	8,518.47	2500[INPUT]	FLOW(3)=?2,500.00
		2700[INPUT]	FLOW(4)=?2,700.00
		3100[INPUT]	FLOW(5)=?3,100.00
		[EXIT][CALC]	
		7.5[I%]	I%=7.5
		[NPV]	8,518.47

이번에는 다음과 같이 동일한 현금흐름이 연속적으로 있는 복수 현금흐름을 계산해보자. 연이율은 6%, 연복리이다.

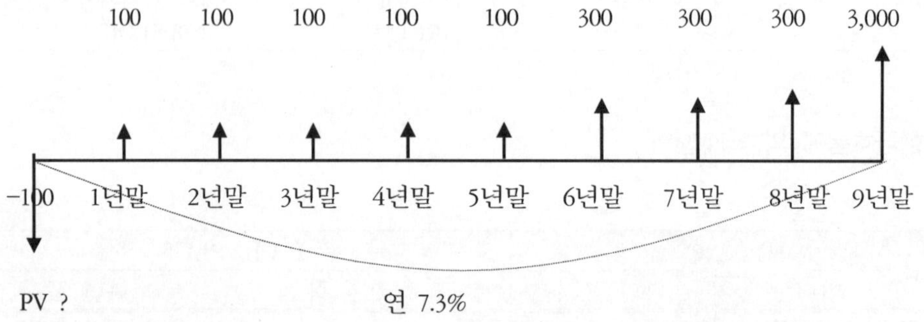

• 공식에 의한 계산

$$PV = -100 + \frac{100}{(1+0.06)} + \frac{100}{(1+0.06)^2} + \frac{100}{(1+0.06)^3} + \frac{100}{(1+0.06)^4}$$

$$+ \frac{100}{(1+0.06)^5} + \frac{300}{(1+0.06)^6} + \frac{300}{(1+0.06)^7} + \frac{300}{(1+0.06)^8}$$

$$+ \frac{3,000}{(1+0.06)^9} = 2,696.16$$

- 화폐의 시간가치에 의한 계산

※ 기말급 계산

HP 12C		BA Ⅱ PLUS	
키 입력	화면 표시	키 입력	화면 표시
[f][CLEAR FIN]	0.00	[2nd][CLR TVM]	0.00
5[n]	5.00	5[N]	N=5.00◁
6[i]	6.00	6[I/Y]	I/Y=6.00◁
100[PMT]	100.00	100[PMT]	PMT=100.00◁
[PV]	−421.24	[CPT][PV]	PV=−421.24*
[STO]1	−421.24	[STO]1	−421.24
3[n]	3.00	3[N]	N=3.00◁
300[PMT]	300.00	300[PMT]	PMT=300.00◁
[PV]	−801.90	[CPT][PV]	PV=−801.90*
[CHS][FV]	801.90	[+/−][FV]	FV=801.90◁
5[n]	5.00	5[N]	N=5.00◁
0[PMT]	0.00	0[PMT]	PMT=0.00◁
[PV]	−599.23	[CPT][PV]	PV=−599.23*
[STO][+]1	−599.23	[STO][+]1	−599.23
9[n]	9.00	9[N]	N=9.00◁
3000[FV]	3,000.00	3000[FV]	FV=3,000.00◁
[PV]	−1,775.70	[CPT][PV]	PV=−1,775.70*
[STO][+]1	−1,775.70	[STO][+]1	−1,775.70
[RCL]1[CHS]	2,796.16	[RCL]1[+/−]	2,796.16
100[−]	2,696.16	[−]100[=]	2,696.16

HP 10BⅡ		HP 17BⅡ	
키 입력	화면 표시	키 입력	화면 표시
[■][C ALL]	0.00	[FIN][TVM]	
5[N]	5.00	[■][CLEAR DATA]	
6[I/YR]	6.00	5[N]	N=5.00
100[PMT]	100.00	6[I%YR]	I%YR=6.00
[PV]	−421.24	100[PMT]	PMT=100.00
[■][STO]1	−421.24	[PV]	PV=−421.24
3[N]	3.00	[STO]1	PV=−421.24
300[PMT]	300.00	3[N]	N=3.00
[PV]	−801.90	300[PMT]	PMT=300.00
[+/−][FV]	801.90	[PV]	PV=−801.90
5[N]	5.00	[+/−][FV]	FV=801.90
0[PMT]	0.00	5[N]	N=5.00
[PV]	−599.23	0[PMT]	PMT=0.00
[■][STO][+]1	−599.23	[PV]	PV=−599.23
9[N]	9.00	[STO][+]1	PV=−599.23
3000[FV]	3,000.00	9[N]	N=9.00
[PV]	−1,775.70	3000[FV]	FV=3,000.00
[■][STO][+]1	−1,775.70	[PV]	PV=−1,775.70
[RCL]1[+/−]	2,796.16	[STO][+]1	PV=−1,775.70
[−]100[=]	2,696.16	[RCL]1[+/−]	2,796.16
		[−]100[=]	2,696.16

- 현금흐름에 의한 계산

HP 12C		BAⅡ PLUS	
키 입력	화면 표시	키 입력	화면 표시
[f][CLEAR REG]	0.00	[CF]	CF0=(이전숫자)
100[CHS][g][CFo]	−100.00	[2nd][CLR WORK]	CF0=0.00
100[g][CFj]	100.00	100[+/−][ENTER]	CF0=−100.00◁
5[g][Nj]	5.00	[↓]100[ENTER]	C01=100.00◁
300[g][CFj]	300.00	[↓]5[ENTER]	F01=5.00◁
3[g][Nj]	3.00	[↓]300[ENTER]	C02=300.00◁
3000[g][CFj]	3,000.00	[↓]3[ENTER]	F02=3.00◁
6[i]	6.00	[↓]3000[ENTER]	C03=3,000.00◁
[f][NPV]	2,696.16	[NPV]	I=0.00
		6[ENTER]	I=6.00◁
		[↓][CPT]	NPV=2,696.16*

HP 10BⅡ		HP 17BⅡ	
키 입력	화면 표시	키 입력	화면 표시
[■][C ALL]	0.00	[FIN][CFLO]	0.00
100[+/−][CFj]	−100.00	[■][CLEAR DATA]	
100[CFj]	100.00	[YES]	FLOW(0)=?
5[■][Nj]	5.00	100[+/−][INPUT]	FLOW(1)=? −100.00
300[CFj]	300.00	100[INPUT]	#TIMES(1)=1 1.00
3[■][Nj]	3.00	5[INPUT]	FLOW(2)=? 5.00
3000[CFj]	3,000.00	300[INPUT]	#TIMES(2)=1 1.00
6[I/YR]	6.00	3[INPUT]	FLOW(3)=? 3.00
[■][NPV]	2,696.16	3000[INPUT]	#TIMES(3)=1 1.00
		[INPUT]	FLOW(4)=? 1.00
		[EXIT][CALC]	
		6[I%]	I%=6.00
		[NPV]	NPV=2,696.16

한편, 현금흐름의 종가계산은 직접적으로 기능키를 사용하여 계산할 수 없고, 현가를 구한 후 종가를 계산하여야 한다(HP 17BⅡ 제외).

만약, 우이구씨가 은퇴자금 마련을 위해 은퇴펀드에 매년 다음과 같이 투자할 경우 10년 후의 종가는 얼마인가? 이 은퇴펀드의 이율은 연 7.5%로 연복리이다.

<연도말>	<금액>
1	4,000만 원
2-5	5,000만 원
6-10	7,000만 원

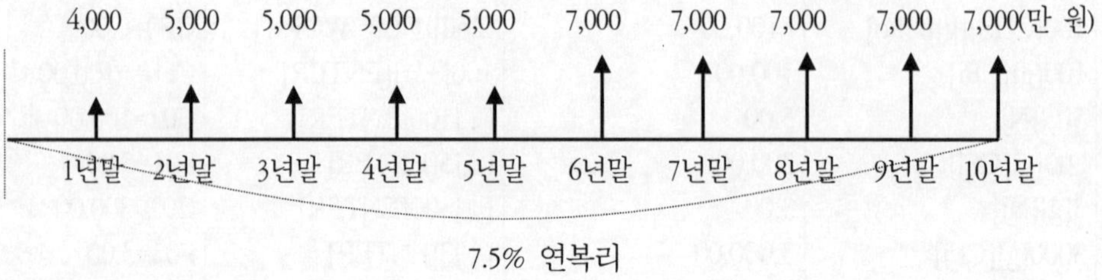

- 공식에 의한 계산

A. 1년도말 지급금액의 FV : $4,000 \times 1.075^{9} = 7,668.95$

B. 2-5년도말 지급금액의 FV : $5,000 \times \dfrac{1.075^{4}-1}{.075} \times 1.075^{5} = 32,107.28$

C. 6-10년도말 지급금액의 FV : $7,000 \times \dfrac{1.075^{5}-1}{.075} = 40,658.74$

미래가치 합계 = 80,434,98 (A+B+C)

- 화폐의 시간가치에 의한 계산

※ 기말급 설정

HP 12C		BA Ⅱ PLUS	
키 입력	화면 표시	키 입력	화면 표시
[f][CLEAR FIN]	0.00	[2nd][CLR TVM]	0.00
9[n]	9.00	9[N]	N=9.00◁
7.5[i]	7.50	7.5[I/Y]	I/Y=7.50◁
4000[PV]	4,000.00	4000[PV]	PV=4,000.00◁
[FV]	−7,668.95	[CPT][FV]	PV=−7,668.95*
[STO]1	−7,668.95	[STO]1	−7,668.95
4[n]	4.00	4[N]	N=4.00◁
0[PV]	0.00	0[PV]	PV=0.00◁
5000[PMT]	5,000.00	5000[PMT]	PMT=5,000.00◁
[FV]	−22,364.61	[CPT][FV]	FV=−22,364.61*
[CHS][PV]	22,364.61	[+/−][PV]	PV=22,364.61◁
5[n]	5.00	5[N]	N=5.00◁
0[PMT]	0.00	0[PMT]	PMT=0.00◁
[FV]	−32,107.29	[CPT][FV]	FV=−32,107.29*
[STO][+]1	−32,107.29	[STO][+]1	−32,107.29
0[PV]	0.00	0[PV]	PV=0.00◁
7000[PMT]	7,000.00	7000[PMT]	PMT=7,000.00◁
[FV]	−40,658.74	[CPT][FV]	FV=−40,658.74*
[STO][+]1	−40,658.74	[STO][+]1	−40,658.74
[RCL]1	−80,434.98	[RCL]1	−80,434.98

HP 10BⅡ		HP 17BⅡ	
키 입력	화면 표시	키 입력	화면 표시
[■][C ALL]	0.00	[FIN][TVM]	
9[N]	9.00	[■][CLEAR DATA]	
7.5[I/YR]	7.50	9[N]	N=9.00
4000[PV]	4,000.00	7.5[I%YR]	I%YR=7.50
[FV]	−7,668.95	4000[PV]	PV=4,000.00
[■][STO]1	−7,668.95	[FV]	FV=−7,668.95
4[N]	4.00	[STO]1	FV=−7,668.95
0[PV]	0.00	4[N]	N=4.00
5000[PMT]	5,000.00	0[PV]	PV=0.00
[FV]	−22,364.61	5000[PMT]	PMT=5,000.00
[+/−][PV]	22,364.61	[FV]	FV=−22,364.61
5[N]	5.00	[+/−][PV]	PV=22,364.61
0[PMT]	0.00	5[N]	N=5.00
[FV]	−32,107.29	0[PMT]	PMT=0.00
[■][STO][+]1	−32,107.29	[FV]	FV=−32,107.29
0[PV]	0.00	[STO][+]1	FV=−32,107.29
7000[PMT]	7,000.00	0[PV]	PV=0.00
[FV]	−40,658.74	7000[PMT]	PMT=7,000.00
[■][STO][+]1	−40,658.74	[FV]	FV=−40,658.74
[RCL]1	−80,434.98	[STO][+]1	−40,658.74
		[RCL]1	−80,434.98

- 현금흐름에 의한 계산

HP 12C		BAⅡ PLUS	
키 입력	화면 표시	키 입력	화면 표시
[f][CLEAR REG]	0.00	[CF][2nd][CLR WORK]	CF0=0.00
4000[g][CFj]	4,000.00	[↓]4000[ENTER]	C01=4,000.00◁
5000[g][CFj]	5,000.00	[↓][↓]5000[ENTER]	C02=5,000.00◁
4[g][Nj]	4.00	[↓]4[ENTER]	F02=4.00◁
7000[g][CFj]	7,000.00	[↓]7000[ENTER]	C03=7,000.00◁
5[g][Nj]	5.00	[↓]5[ENTER]	F02=5.00◁
7.5[i]	7.50	[NPV]	I=0.00
[f][NPV]	39,026.56	7.5[ENTER]	I=7.50◁
10[n]	10.00	[↓][CPT]	NPV=39,026.56*
[FV]	−80,434.98	[CE/C][2ND][CLR TVM]	39,026.56
		[PV]	PV=39,026.56◁
		10[N]	N=10.00◁
		7.5[I/Y]	I/Y=7.50◁
		[CPT][FV]	FV=−80,434.98*

HP 10BⅡ		HP 17BⅡ	
키 입력	화면 표시	키 입력	화면 표시
[■][C ALL]	0.00	[FIN][CFLO]	
0[CFj]	0.00	[■][CLEAR DATA]	
4000[CFj]	4,000.00	[YES]	FLOW(0)=?
5000[CFj]	5,000.00	0[INPUT]	FLOW(1)=? 0.00
4[■][Nj]	4.00	4000[INPUT]	# TIMES(1)=1 1.00
7000[CFj]	7,000.00	[INPUT]	FLOW(2)=? 1.00
5[■][Nj]	5.00	5000[INPUT]	# TIMES(2)=1 1.00
7.5[I/YR]	7.50	4[INPUT]	FLOW(3)=? 4.00
[■][NPV]	39,026.56	7000[INPUT]	# TIMES(3)=1 1.00
10[N]	10.00	5[INPUT]	FLOW(4)=? 5.00
[FV]	−80,434.98	[EXIT][CALC]	
		7.5[I%]	I%=7.50
		[NFV]	NFV=80,434.98

줄탁(茁啄)

HP12C와 HP 10BⅡ의 경우 NPV값과 PV값은 동일하기 때문에 NPV를 구한 후 PV키를 누르지 않아도 됨.

만약, 초기에 4억 원을 투자한 경우의 현금흐름이 다음과 같을 때 투자자산의 내부수익률은 얼마인가?

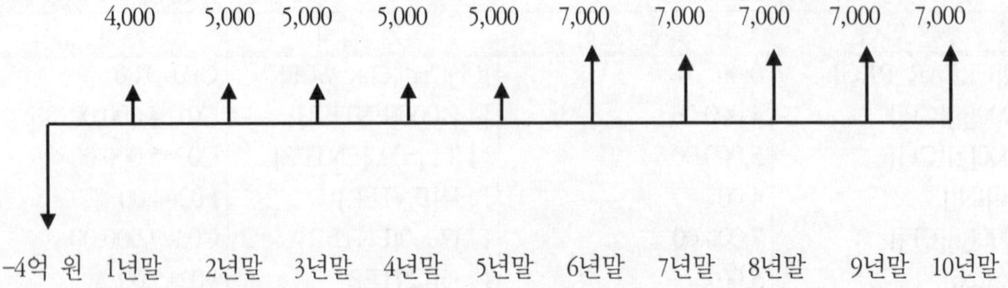

HP 12C		BAⅡ PLUS	
키 입력	화면 표시	키 입력	화면 표시
[f][CLEAR REG]	0.00	[CF][2nd][CLR WORK]	CF0=0.00
40000[CHS][g][CFo]	−40,000.00	40000[+/−][ENTER]	CF0=40,000.00◁
4000[g][CFj]	4,000.00	[↓]4000[ENTER]	C01=4,000.00◁
5000[g][CFj]	5,000.00	[↓][↓]5000[ENTER]	C02=5,000.00◁
4[g][Nj]	4.00	[↓]4[ENTER]	F02=4.00◁
7000[g][CFj]	7,000.00	[↓]7000[ENTER]	C03=7,000.00◁
5[g][Nj]	5.00	[↓]5[ENTER]	F03=5.00◁
[f][IRR]	7.01	[IRR][CPT]	I=7.01*

HP 10BⅡ		HP 17BⅡ	
키 입력	화면 표시	키 입력	화면 표시
[■][C ALL]	0.00	[FIN][CFLO]	0.00
40000[+/−][CFj]	−40,000.00	[■][CLEAR DATA]	
4000[CFj]	4,000.00	[YES]	FLOW(0)=?
5000[CFj]	5,000.00	40000[+/−][INPUT]	FLOW(1)=?−40,000.00
4[■][Nj]	4.00	4000[INPUT]	# TIMES(1)=1 1.00
7000[CFj]	7,000.00	[INPUT]	FLOW(2)=? 1.00
5[■][Nj]	5.00	5000[INPUT]	# TIMES(2)=1
[■][IRR/YR]	7.01	4[INPUT]	FLOW(3)=? 4.00
		7000[INPUT]	# TIMES(3)=1 1.00
		5[INPUT]	FLOW(4)=? 5.00
		[EXIT][CALC]	
		[IRR%]	IRR%=7.01

기본예제 III-1-1 현금흐름

박홍수씨는 프랜차이즈 점포를 운영할 생각이다. 점포임대, 각종 장비 및 비품 구입비용으로 8,000만 원이 지출될 예정이며, 창업 후 1차년도에 2,000만 원, 2차년도에 3,000만 원, 3차년도에서 5차년도까지 4,000만 원의 수입이 있을 것으로 예상된다. 박홍수씨의 자금조달비용을 연 8%라고 가정할 때, 5년간 현금흐름의 현재가치는 얼마인가?

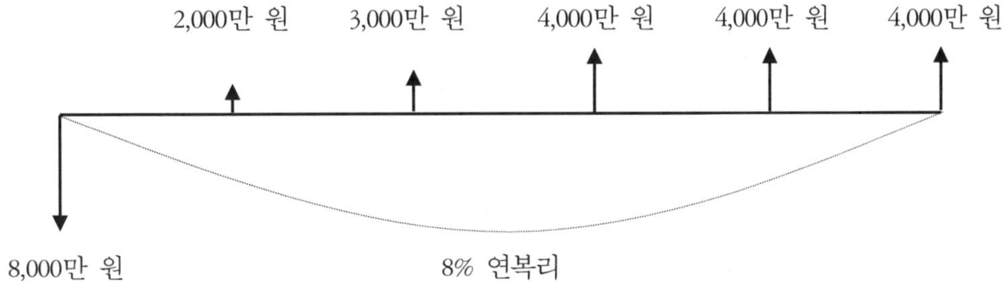

$$NPV = -8,000\text{만 원} + \frac{2,000\text{만 원}}{(1+0.08)^1} + \frac{3,000\text{만 원}}{(1+0.08)^2} + \frac{4,000\text{만 원}}{(1+0.08)^3} + \frac{4,000\text{만 원}}{(1+0.08)^4} + \frac{4,000\text{만 원}}{(1+0.08)^5}$$

- 화폐의 시간가치에 의한 계산

HP 12C		BA Ⅱ PLUS	
키 입력	화면 표시	키 입력	화면 표시
[f][CLEAR FIN]	0.00	[2nd][CLR TVM]	0.00
1[n]	1.00	1[N]	N=1.00◁
8[i]	8.00	8[I/Y]	I/Y=8.00◁
2000[FV]	2,000.00	2000[FV]	FV=2,000.00◁
[PV]	−1,851.85	[CPT][PV][STO]1	−1,851.95
[STO]1	−1,851.85	2[N]	N=2.00◁
2[n]	2.00	3000[FV]	FV=3,000.00◁
3000[FV]	3,000.00	[CPT][PV][STO][+]1	−2,572.02
[PV]	−2,572.02	3[N]	N=3.00◁
[STO][+]1	−2,572.02	4000[FV]	FV=4,000.00◁
3[n]	3.00	[CPT][PV][STO][+]1	−3,175.33
4000[FV]	4,000.00	4[N]	N=4.00◁
[PV]	−3,175.33	[CPT][PV][STO][+]1	−2,940.12
[STO][+]1	−3,175.33	5[N]	N=5.00◁
4[n]	4.00	[CPT][PV][STO][+]1	−2,722.33
[PV]	−2,940.12	[RCL]1[+/−][−]	13,261.65
[STO][+]1	−2,940.12	8000[=]	5,261.65
5[n]	5.00		
[PV]	−2,722.33		
[STO][+]1	−2,722.33		
[RCL]1[CHS]	13,261.33		
8000[−]	5,261.65		

HP 10BⅡ		HP 17BⅡ	
키 입력	화면 표시	키 입력	화면 표시
[■][C ALL]	0.00	[FIN][TVM]	
1[N]	1.00	[■][CLEAR DATA]	
8[I/YR]	8.00	1[N]	N=1.00
2000[FV]	2,000.00	8[I%YR]	I%YR=8.00
[PV][→M]	−1,851.85	2000[FV]	FV=2,000.00
2[N]	2.00	[PV][STO]1	PV=−1,851.95
3000[FV]	3,000.00	2[N]	N=2.00
[PV][M+]	−2,572.02	3000[FV]	FV=3,000.00
3[N]	3.00	[PV][STO][+]1	PV=−2,572.02
4000[FV]	4,000.00	3[N]	N=3.00
[PV][M+]	−3,175.33	4000[FV]	FV=4,000.00
4[N]	4.00	[PV][STO][+]1	PV=−3,175.33
[PV][M+]	−2,940.12	4[N]	N=4.00
5[N]	5.00	[PV][STO][+]1	PV=−2,940.12
[PV][M+]	−2,722.33	5[N]	N=5.00
[RM][=][+/−]	13,261.65	[PV][STO][+]1	PV=−2,722.33
[−]8000[=]	5,261.65	[RCL]1[+/−][−]	13,261.65
		8000[=]	5,261.65

답 5,261.65만 원

• 현금흐름을 활용하는 경우

HP 12C		BAⅡ PLUS	
키 입력	화면 표시	키 입력	화면 표시
[f][CLEAR REG]	0.00	[CF]	CF0=(이전숫자)
8000[CHS][g][CFo]	−8,000.00	[2nd][CLR WORK]	CF0=0.00
2000[g][CFj]	2,000.00	8000[+/−][ENTER]	CF0=−8,000.00◁
3000[g][CFj]	3,000.00	[↓]2000[ENTER]	C01=2,000.00◁
4000[g][CFj]	4,000.00	[↓][↓]3000[ENTER]	C02=3,000.00◁
3[g][Nj]	3.00	[↓][↓]4000[ENTER]	C03=4,000.00◁
8[i]	8.00	[↓]3[ENTER]	F03=3.00◁
[f][NPV]	5,261.65	[NPV]	I=0.00
		8[ENTER]	I=8.00◁
		[↓][CPT]	NPV=5,261.65*

HP 10BⅡ		HP 17BⅡ	
키 입력	화면 표시	키 입력	화면 표시
[■][C ALL]	0.00	[FIN][CFLO]	0.00
8000[+/−][CFj]	−8,000.00	[■][CLEAR DATA]	
2000[CFj]	2,000.00	[YES]	FLOW(0)=?
3000[CFj]	3,000.00	8000[+/−][INPUT]	FLOW(1)=?−8,000.00
4000[CFj]	4,000.00	2000[INPUT]	# TIMES(1)=1 1.00
3[■][Nj]	3.00	[INPUT]	FLOW(2)=? 1.00
8[I/YR]	8.00	3000[INPUT]	# TIMES(2)=1 1.00
[■][NPV]	5,261.65	[INPUT]	FLOW(3)=? 1.00
		4000[INPUT]	# TIMES(3)=1 1.00
		3[INPUT]	FLOW(4)=? 3.00
		[EXIT][CALC]	
		8[I%]	I%=8.00
		[NPV]	NPV=5,261.65

답 5,261.65만 원

유제 1 최초 비용이 3,500만 원, 그 다음해부터 3년간 1,000만 원, 2,000만 원, 1,500만 원의 현금유입이 발생하는 투자안이 있다. 자금조달비용이 연 10%라 할 때, 이 투자안의 현재가치를 구하라.

답 188.96만 원

유제 2 손동호씨는 레스토랑을 개업할 생각이다. 점포임대, 내부시설 등으로 1억 7,000만 원이 지출될 예정이며, 창업 후 1차년도말에 2,000만 원, 2차년도말에 3,500만 원, 3차년도말에서 5차년도말까지 5,500만 원의 수입이 있을 것으로 예상된다. 손동호씨의 자금조달비용이 연 7.5%라 할 때, 5년간 현금흐름의 현재가치는 얼마인가?

답 265.89만 원

기본예제 III-1-2 개별 현금흐름의 현가

고영석씨는 은행으로부터 대출받아 주택을 구입하고 다음과 같은 일정으로 원리금을 상환하기로 하였다. 대출이율이 연 7.3%연복리라면, 대출원금은 얼마인가?

<1년도말>	700만 원	<2년도말>	750만 원
<3년도말>	800만 원	<4년도말>	850만 원
<5년도말>	900만 원		

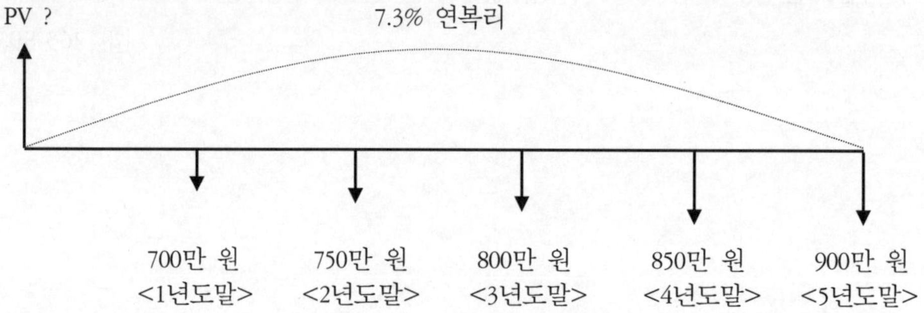

$$PV = \frac{700\text{만 원}}{(1+0.073)} + \frac{750\text{만 원}}{(1+0.073)^2} + \frac{800\text{만 원}}{(1+0.073)^3} + \frac{850\text{만 원}}{(1+0.073)^4} + \frac{900\text{만 원}}{(1+0.073)^5}$$

줄탁(茁啄)

HP 17BⅡ의 경우 개별 현금흐름에 대한 계산시에는 개수가 모두 1개씩이기 때문에 "#TIMES PROMPTING"을 "OFF"로 놓고 사용하는 것이 편리함.

HP 12C		BA Ⅱ PLUS	
키 입력	화면 표시	키 입력	화면 표시
[f][CLEAR REG]	0.00	[CF]	CF0=(이전숫자)
700[g][CFj]	700.00	[2nd][CLR WORK]	CF0=0.00
750[g][CFj]	750.00	[↓]700[ENTER]	C01=700.00◁
800[g][CFj]	800.00	[↓][↓]750[ENTER]	C02=750.00◁
850[g][CFj]	850.00	[↓][↓]800[ENTER]	C03=800.00◁
900[g][CFj]	900.00	[↓][↓]850[ENTER]	C04=850.00◁
7.3[i]	7.30	[↓][↓]900[ENTER]	C05=900.00◁
[f][NPV]	3,225.38	[NPV]	I=0.00
		7.3[ENTER]	I=7.30◁
		[↓][CPT]	NPV=3,225.38*

HP 10B Ⅱ		HP 17B Ⅱ	
키 입력	화면 표시	키 입력	화면 표시
[■][C ALL]	0.00	[FIN][CFLO]	0.00
0[CFj]	0.00	[■][CLEAR DATA]	
700[CFj]	700.00	[YES]	FLOW(0)=?
750[CFj]	750.00	[# T?]	# TIMES PROMPTING : OFF
800[CFj]	800.00	0[INPUT]	FLOW(1)=? 0.00
850[CFj]	850.00	700[INPUT]	FLOW(2)=? 700.00
900[CFj]	900.00	750[INPUT]	FLOW(3)=? 750.00
7.3[I/YR]	7.30	800[INPUT]	FLOW(4)=? 800.00
[■][NPV]	3,225.38	850[INPUT]	FLOW(5)=? 850.00
		900[INPUT]	FLOW(6)=? 900.00
		[EXIT][CALC]	
		7.3[I%]	I%=7.30
		[NPV]	NPV=3,225.38

답 3,225.38만 원

유제 1 장동일씨는 은행으로부터 대출받아 주택을 구입하고 다음과 같은 일정으로 원리금을 상환하기로 하였다. 대출이율이 연 8.5% 연복리라면, 대출원금은 얼마인가?

<1년도말>	1,500만 원
<2년도말>	2,000만 원
<3년도말>	2,500만 원
<4년도말>	3,000만 원

답 7,203.39만 원

유제 2 한진생명은 두산증권에 대출을 검토하고 있다. 한진생명은 최소한 연 10%의 수익률을 기대하고 있다. 만약 두산증권이 연도별 상환할 수 있는 금액이 다음과 같다면, 한진생명은 기대수익률을 충족하기 위하여 최대 대출금액은 얼마인가?

<연도>	1년도말	2년도말	3년도말	4년도말	5년도말
<상환금액>	0원	20억 원	30억 원	20억 원	15억 원

답 62.04억 원

기본예제 III-1-3 복수 현금흐름의 현가

'자녀사랑 학부모 모임'에서 조사 발표한 내용에 따르면, 현재 초등학교에 입학하는 학생 1인당 초등학교 6년간 매년 240만 원, 중등학교 3년간 매년 300만 원, 고등학교 3년간 매년 500만 원, 대학교 4년간 매년 1,200만 원의 교육비 지출이 예상된다고 한다. 이 지출금액을 연 10%의 이자율을 적용하여 초등학교 입학 당시 현재가치로 환산하면 얼마가 되나?

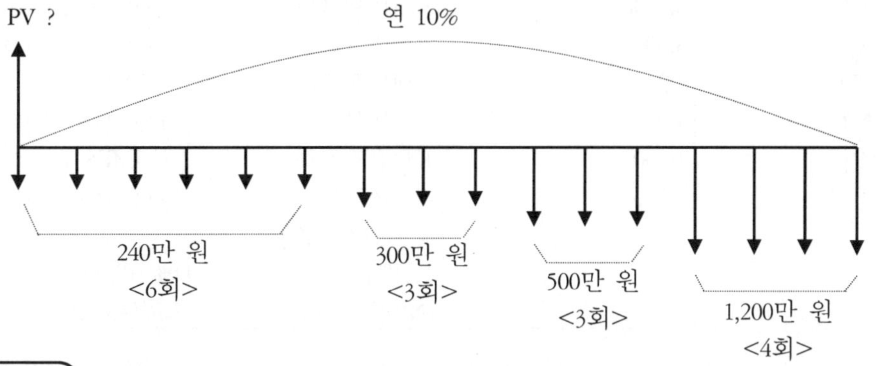

줄탁(茁啄)

이 문제의 초등학교의 교육비 지출 중 240만 원 6회분은 CF_0와 CF_1 5회분으로 구분하여 입력한다. 다른 기시급의 경우에도 동일한 방법으로 한다.

HP 12C		BA Ⅱ PLUS	
키 입력	화면 표시	키 입력	화면 표시
[f][CLEAR REG]	0.00	[CF]	CF0=(이전숫자)
240[g][CFo]	240.00	[2nd][CLR WORK]	CF0=0.00
240[g][CFj]	240.00	240[ENTER]	CF0=240.00◁
5[g][Nj]	5.00	[↓]240[ENTER]	C01=240.00◁
300[g][CFj]	300.00	[↓]5[ENTER]	F01=5.00◁
3[g][Nj]	3.00	[↓]300[ENTER]	C02=300.00◁
500[g][CFj]	500.00	[↓]3[ENTER]	F02=3.00◁
3[g][Nj]	3.00	[↓]500[ENTER]	C03=500.00◁
1200[g][CFj]	1,200.00	[↓]3[ENTER]	F03=3.00◁
4[g][Nj]	4.00	[↓]1200[ENTER]	C04=1,200.00◁
10[i]	10.00	[↓]4[ENTER]	F04=4.00◁
[f][NPV]	3,526.32	[NPV]	I=0.00
		10[ENTER]	I=10.00◁
		[↓][CPT]	NPV=3,526.32*

HP 10BⅡ		HP 17BⅡ	
키 입력	화면 표시	키 입력	화면 표시
[■][C ALL]	0.00	[FIN][CFLO]	0.00
240[CFj]	240.00	[■][CLEAR DATA]	
240[CFj]	240.00	[YES]	FLOW(0)=?
5[■][Nj]	5.00	240[INPUT]	FLOW(1)=? 240.00
300[CFj]	300.00	240[INPUT]	# TIMES(1)=1 1.00
3[■][Nj]	3.00	5[INPUT]	FLOW(2)=? 5.00
500[CFj]	500.00	300[INPUT]	# TIMES(2)=1 1.00
3[■][Nj]	3.00	3[INPUT]	FLOW(3)=? 3.00
1200[CFj]	1,200.00	500[INPUT]	# TIMES(3)=1 1.00
4[■][Nj]	4.00	3[INPUT]	FLOW(4)=? 3.00
10[I/YR]	10.00	1200[INPUT]	# TIMES(4)=1 1.00
[■][NPV]	3,526.32	4[INPUT]	FLOW(5)=? 4.00
		[EXIT][CALC]	
		10[I%]	I%=10.00
		[NPV]	NPV=3,526.32

답 3,526.32만 원

유제 1 어떤 투자안에 따른 현금유입이 1차년도 1,200만 원, 2차년도에서 4차년도 1,500만 원, 5차년도에서 9차년도 2,000만 원이 발생한다고 한다. 연 11%의 이율을 적용할 경우 이 투자안에 따른 현금유입의 현가는 얼마인가?

답 9,252.60만 원

유제 2 김철호씨는 대학생이 되는 아들의 용돈을 1학년 때는 매월 20만 원씩, 2학년 때에는 25만 원씩, 3학년 때에는 30만 원씩, 4학년 때에는 35만 원씩 지급하기로 하였다. 연 12% 월복리 이율을 적용하면 대학 입학시점에서 아들 용돈의 현재가치는 얼마인가?

답 1,026.22만 원

기본예제 III-1-4 개별 현금흐름의 종가

정읍공업사는 새로운 기계를 구입하기 위하여 1997년 결산시부터 2001년 결산시까지 5년동안 당기이익의 10%를 7% 연복리 예금계좌에 적립하여 왔다. 2001년 결산시점에서 기계구입을 위하여 적립된 총액은 얼마인가?

- 1997년 당기이익 : 1억 7,700만 원
- 1998년 당기이익 : 2억 300만 원
- 1999년 당기이익 : 2억 1,470만 원
- 2000년 당기이익 : 1억 8,290만 원
- 2001년 당기이익 : 2억 8,130만 원

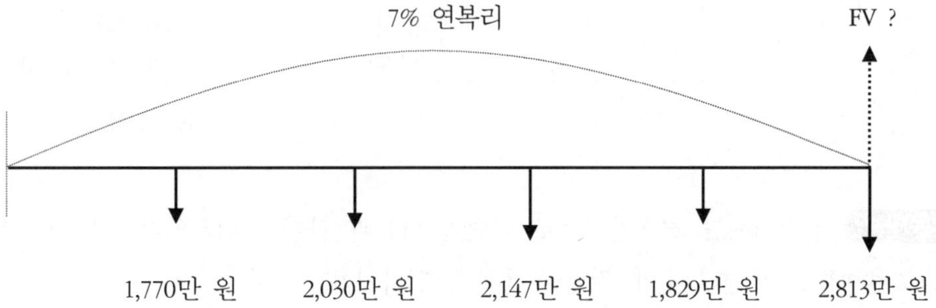

HP 12C		BA II PLUS	
키 입력	화면 표시	키 입력	화면 표시
		[CF]	CF0=(이전숫자)
[f][CLEAR REG]	0.00	[2nd][CLR WORK]	CF0=0.00
1770[g][CFj]	1,770.00	[↓]1770[ENTER]	C01=1,770.00◁
2030[g][CFj]	2,030.00	[↓][↓]2030[ENTER]	C02=2,030.00◁
2147[g][CFj]	2,147.00	[↓][↓]2147[ENTER]	C03=2,147.00◁
1829[g][CFj]	1,829.00	[↓][↓]1829[ENTER]	C04=1,829.00◁
2813[g][CFj]	2,813.00	[↓][↓]2813[ENTER]	C05=2,813.00◁
7[i]	7.00	[NPV]	I=0.00
[f][NPV]	8,580.84	7[ENTER]	I=7.00◁
5[n]	5.00	[↓][CPT]	NPV=8,580.84*
[FV]	−12,035.08	[×][(]1.07[y^x]	1.07
		5[)][=]	12,035.08

HP 10BII		HP 17BII	
키 입력	화면 표시	키 입력	화면 표시
[■][C ALL]	0.00	[FIN][CFLO]	0.00
0[CFj]	0.00	[■][CLEAR DATA]	
1770[CFj]	1,770.00	[YES]	FLOW(0)=?
2030[CFj]	2,030.00	[# T?]	# TIMES
2147[CFj]	2,147.00		PROMPTING: OFF
1829[CFj]	1,829.00	0[INPUT]	FLOW(1)=? 0.00
2813[CFj]	2,813.00	1770[INPUT]	FLOW(2)=? 1,770.00
7[I/YR]	7.00	2030[INPUT]	FLOW(3)=? 2,030.00
[■][NPV]	8,580.84	2147[INPUT]	FLOW(4)=? 2,147.00
5[N]	5.00	1829[INPUT]	FLOW(5)=? 1,829.00
[FV]	−12,035.08	2813[INPUT]	FLOW(6)=? 2,813.00
		[EXIT][CALC]	
		7[I%]	I%=7.00
		[NFV]	NFV=12,035.08

답 1억 2,035.08만 원

유제 1 김말녀씨는 결혼자금으로 매년말 다음과 같이 적립하였다. 예금이자율이 연 6.5%일 때, 2001년말 현재 적립금 총액은 얼마인가?

- 1997년 : 800만 원
- 1998년 : 900만 원
- 1999년 : 1,100만 원
- 2000년 : 1,200만 원
- 2001년 : 1,500만 원

답 6,141.98만 원

유제 2 만약 유제1의 김말녀씨가 이자율 연 7%인 예금계좌에 저축하였다면 2001년말 현재 적립금 총액은 얼마인가?

답 6,194.57만 원

기본예제 III-1-5 복수 현금흐름의 종가

어떤 투자안으로부터의 현금유입이 다음과 같이 발생한다고 할 때, 7년도말 현재 미래가치를 계산하시오. 이자율은 연 8%를 적용하라.

연도말	금 액
1	700만 원
2-4	800만 원
5-7	900만 원

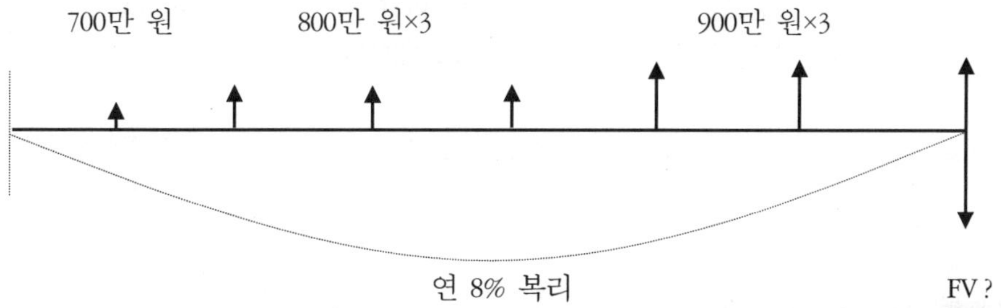

HP 12C		BA II PLUS	
키 입력	화면 표시	키 입력	화면 표시
		[CF][2nd][CLR WORK]	CF0=0.00
[f][CLEAR REG]	0.00	[↓]700[ENTER]	C01=700.00◁
700[g][CFj]	700.00	[↓][↓]800[ENTER]	C02=800.00◁
800[g][CFj]	800.00	[↓]3[ENTER]	F02=3.00◁
3[g][Nj]	3.00	[↓]900[ENTER]	C03=900.00◁
900[g][CFj]	900.00	[↓]3[ENTER]	F03=3.00◁
3[g][Nj]	3.00	[NPV]	I=0.00
8[i]	8.00	8[ENTER]	I=8.00◁
[f][NPV]	4,261.93	[↓][CPT]	NPV=4,261.93*
7[n]	7.00	[×][(]1.08[y^x]	1.08
[FV]	7,304.20	7[)][=]	7,304.20

HP 10BⅡ		HP 17BⅡ	
키 입력	화면 표시	키 입력	화면 표시
[■][C ALL]	0.00	[FIN][CFLO]	0.00
0[CFj]	0.00	[■][CLEAR DATA]	
700[CFj]	700.00	[YES]	FLOW(0)=?
800[CFj]	800.00	0[INPUT]	FLOW(1)=? 0.00
3[■][Nj]	3.00	700[INPUT]	# TIMES(1)=1 1.00
900[CFj]	900.00	[INPUT]	FLOW(2)=? 1.00
3[■][Nj]	3.00	800[INPUT]	# TIMES(2)=1 1.00
8[I/YR]	8.00	3[INPUT]	FLOW(3)=? 3.00
[■][NPV]	4,261.93	900[INPUT]	# TIMES(3)=1 1.00
7[N]	7.00	3[INPUT]	FLOW(4)=? 3.00
[FV]	−7,304.20	[EXIT][CALC]	
		8[I%]	I%=8.00
		[NFV]	NFV=7,304.20

답 7,304.20만 원

유제 1 신성실업은 사옥건립을 위하여 1992년말부터 2001말까지 10년 동안 다음과 같은 금액을 8.5% 연복리 예금계좌에 적립하여 왔다. 2001년 말 시점에서 적립된 총액은 얼마인가?

- 1992년말에서 1996년말까지 : 매년 10억 원
- 1997년말에서 1999년말까지 : 매년 5억 원
- 2000년말부터 2001년말까지 : 매년 15억 원

답 139.57억 원

유제 2 앞의 유제1의 신성실업이 적립한 예금계좌의 이율이 연8% 월복리라면 2001년말 시점에서 적립된 총액은 얼마인가?

답 138.27억 원

쉬어가는 바닥

현금흐름 검증

화폐의 시간가치 계산시 검증은 재무계산기 기종과 상관없이 [RCL]키를 사용할 수 있었습니다. 그러나 현금흐름에 대한 검증은 재무계산기 기종에 따라 달라집니다.

예를 들어 다음과 같은 현금흐름에 대한 투자수익률을 12%로 할 때 순현가를 계산하는 경우를 살펴보기로 하겠습니다.

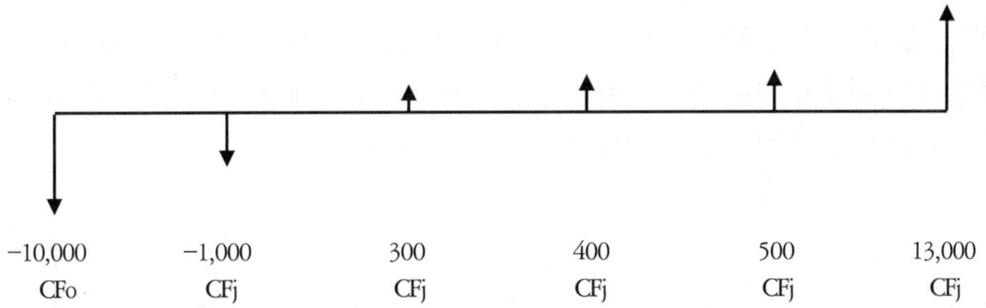

HP 12C는 [RCL]키와 [g][CFj]키를 사용하여 현금흐름 입력 반대순서로 하나 하나 확인할 수 있습니다. 즉 [RCL][g][CFj]를 누르면 13,000.00이 제일 먼저 나오고 차례대로 500, 400, 300, -1,000, -10,000이 나옵니다. 간편하게 검산할 경우에는 [RCL] 0에서부터 해당 현금흐름의 저장 번호를 입력하면 됩니다. 0기의 현금흐름은 0번에, 1기의 현금흐름은 1번에 저장되어 있습니다. 따라서 [RCL] 0을 하면 -10,000이 나오고 [RCL] 1을 하면 -1,000이 나옵니다. 만약 마지막 기의 숫자가 13,000이 아니고 15,000일 경우 수정하는 방법은 수정될 저장장소에 새로운 숫자를 저장하면 됩니다. 즉 15,000을 입력한 후 [STO] 5를 하고 다시 [f] [NPV]를 누르면 -1,539.83이 산출된다.

HP 10BⅡ는 [RCL][CFj] "번호"를 사용하여 현금흐름을 확인할 수 있습니다. [RCL][CFj] 0을 입력하면 0기의 현금흐름이 [RCL][CFj] 1을 입력하면 1기의 현금흐름이 나타납니다. 수정하는 경우에는 수정할 현금흐름을 입력하고 [STO][CFj] 해당저장번호를 차례로 입력하면 됩니다. 또는 [RCL][CFj][+] 또는 [-]를 입력하여 현재 현금흐름의 다음 것 또는 전의 것을 확인할 수 있습니다. 현재 상태의 현금흐름으로 돌아오려면 [RCL][CFj][CFj]를 입력하면 됩니다.

BAⅡ PLUS와 HP 17BⅡ는 롤다운 또는 롤업키 등 화살표를 사용하여 현금흐름의 입력내용을 확인할 수 있고 수정할 경우 그 현금흐름에서 그대로 새로운 숫자를 입력하면 됩니다. 복수현금흐름의 경우에도 동일합니다.

이에 비해 HP 12C의 복수현금흐름의 검산은 좀 복잡합니다. 일반적인 검산은 [RCL][g][Nj], [RCL][g][CFj] 순으로 키를 입력하면 현금흐름 입력 순과 반대로 개수와 그에 해당하는 현금흐름액이 차례대로 표시됩니다. 만약 현금흐름이 잘못 입력되었을 경우에는 단일 현금흐름과 같이 [STO]를 사용하여 수정하면 됩니다. 만약 현금흐름의 개수가 잘못 입력되었을 경우에는 먼저 [RCL][n]을 통해 n을 확인하고 수정할 현금흐름의 번호를 입력하여 이 현금흐름의 개수를 수정한다는 것을 인식시켜야 합니다. 그 다음에 수정될 개수를 [g][Nj]를 통해 입력한 후 총 n을 다시 입력한 후 새로 계산하면 됩니다.

예를 들어 다음과 같은 경우 −200의 현금흐름 개수를 3개가 아니라 2개로 입력하고 계산하면 12% 수익률일 경우 NPV는 −2,287.81이 산출됩니다.

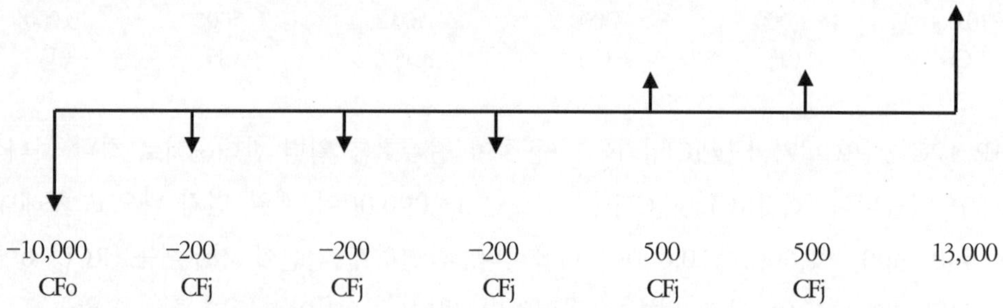

개수를 수정하기 위해서는 먼저 [RCL][n]을 입력하여 총 n을 확인하면 3이 나옵니다. 다음 −200의 현금흐름이 1기이기 때문에 1 [n]을 입력한 후 수정될 개수인 3을 [g][Nj]로 입력합니다. 다음 총 n을 입력하기 위하여 3을 [n]에 다시 입력한 후 NPV를 구하면 −3,292.69의 값이 산출됩니다.

HP 10BⅡ의 복수현금흐름의 개수에 대한 검산은 HP 12C와 마찬가지로 복잡합니다. 먼저 현금흐름과 개수를 확인하기 위해서는 [RCL][CFj]0을 입력하고 [RCL][■][Nj]를 차례로 입력하여야 합니다. 개수를 수정하기 위해서는 수정된 개수를 입력한 후 [■]키와 [Nj]를 입력하면 됩니다.

2. 현금흐름에 의한 투자분석

화폐의 시간가치 원리를 사업에 적용할 수 있는 가장 일반적인 방법 중의 하나는 투자제안을 평가하는 것이다. 예를 들면 현재의 현금지출 후 장래 일정한 기간에 걸쳐 현금유입이 발생하는 채권구입, 현재의 현금지출로 인해 장래 일정한 기간에 걸쳐 임대수입과 같은 현금유입, 즉 임대를 위한 빌딩구입, 장래에 비용을 감소시키기 위한 장비구입 등은 적절한 사례가 될 수 있다. 투자의 관점에서 보면 하나 이상의 현금유출이 있으면 하나 이상의 현금유입이 있게 마련이다. 문제는 현금유입이 현금유출 이상의 가치를 가지고 있는가 다시 말해 적절하거나 훌륭한 투자라고 평가할 수 있느냐는 점이다. 그러한 관점에서 할인 현금흐름계산은 현금유출의 시간가치, 현금유입의 시간가치를 비교하여 투자가치를 평가하는 데 유용하게 활용될 수 있다. 투자프로젝트 제안의 실행 여부나 수용 가능성 평가에 따른 투자기회의 우선순위 설정 등을 결정하는 데에도 유용하게 사용된다. 일반적인 할인 현금흐름 계산방법으로 투자의 순현가(NPV)와 내부수익률(IRR), 두 가지 방법이 가장 널리 사용되고 있다.

가. 순현가

투자의 순현가(NPV: Net Present Value)는 적절한 이자율을 기초로 계산된 현재가치로서, 현금유입(cash inflow)의 현재가치에서 현금유출(cash outflow)의 현재가치를 차감한 것이라고 말할 수 있다. 다시 말해 투자비용과 같은 모든 현금유출(cash outflow)과 현금유입(수입)의 순현재가치가 주어진 할인율(주로 요구수익률)을 사용하여 계산된 투자를 평가하는 데 사용하는 방법이라고 정의할 수 있다. 여기에서 사용되는 할인율은 투자가가 투자위험을 평가한다는 측면에서 허용될 수 있는 최소한의 수익률이어야 한다.

현금흐름의 현재가치가 1,000만 원이면 이 현금흐름을 만드는 데 필요한 최초 비용을 차감할 필요가 있다. 최초 비용이 300만 원이라면 우리는 700만 원의 순현재가치를 가졌다고 말할 수 있다.

어느 건설회사가 양수의 NPV를 가진 대형 투자프로젝트에 참여하기로 계약하였다면 그들은 X원을 X+NPV로 거래하고 있는 것이다. 최초 X원 이상을 기대할 수 있기 때문에 회사 또는 개인은 그 계약을 하지 않는 것보다 나을 것이다. 1억 원을 20억으로 교환할 수 있는 기회를 가졌다면(불법적인 사항이 없다고 가정할 때) 누구나 기회를 잡을 것이다.

순현가의 계산결과가 양수이면, 즉 현금유입의 현재가치가 현금유출의 현재가치를 초과하면 그 투자는 양수 금액만큼 투자자의 자산에 순증가를 가져올 수 있어 훌륭한 투자라고 평가할 수 있다. 양수의 순현가는 투자에 따른 수익률이 기준율로서 사용된 할인율을 초과한다는 의미이다.

한편 순현가가 음수이면 정반대의 상황이 적용되고 그 투자로 인해 투자자의 자산에 순감소가 발생될 것이다. 그리고 순현가가 "0"이라면 투자자의 자산에는 전혀 영향이 없고 투자여부에 대해 무관심하게 될 것이다. 현금흐름의 순현재가치를 나타내는 현금흐름도표는 다음과 같다.

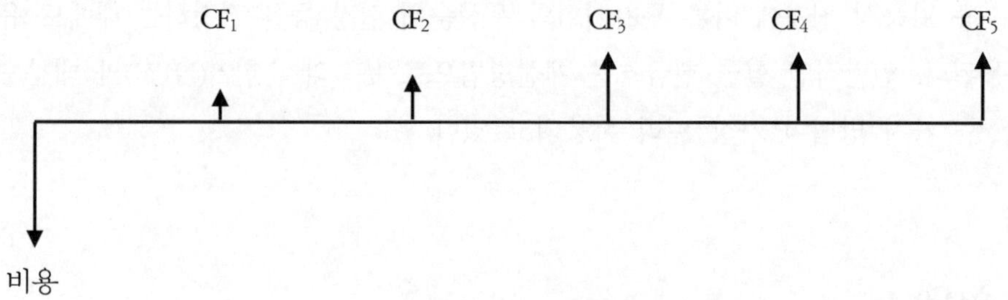

$$NPV = -\text{비용} + \frac{CF_1}{(1+i)^1} + \frac{CF_2}{(1+i)^2} + \frac{CF_3}{(1+i)^3} + \frac{CF_4}{(1+i)^4} + \frac{CF_5}{(1+i)^5}$$

기본예제 III-2-1 균등 현금흐름의 순현가

윤정렬씨는 초기 3,000만 원의 비용이 지출되는 사업에 투자하기에 앞서 투자의 적정성을 평가하려고 한다. 그 사업에 투자하면 앞으로 5년 동안 매년말 800만 원의 순현금유입이 발생하고 그 후에는 어떤 가치도 발생하지 않는다고 가정하자. 자금조달비용이 연 8%라면 이 투자가 적정하다고 평가할 수 있는가?

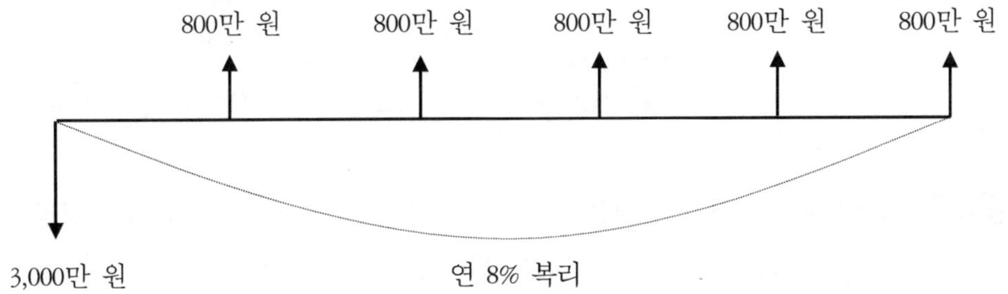

화폐의 시간가치에서 배운 공식을 활용하여 아래 식과 같이 현금유입의 현가를 구할 경우 3,194만 원으로서 현재 투자액보다 194만 원을 초과하며, 이 초과부분이 순현가로 나타난다.

$$PV = 800\text{만 원} \times \frac{1 \quad \frac{1}{1.08^5}}{0.08} = 3,194.17\text{만 원}$$

HP 12C		BA II PLUS	
키 입력	화면 표시	키 입력	화면 표시
[f][CLEAR REG]	0.00	[CF][2nd][CLRWORK]	CF0=0.00
3000[CHS][g][CFo]	−3,000.00	3000[+/−][ENTER]	CF0=−3,000.00◁
800[g][CFj]	800.00	[↓]800[ENTER]	C01=800.00◁
5[g][Nj]	5.00	[↓]5[ENTER]	F01=5.00◁
8[i]	8.00	[NPV]8[ENTER]	I=8.00◁
[f][NPV]	194.17	[↓][CPT]	NPV=194.17*

HP 10BⅡ		HP 17BⅡ	
키 입력	화면 표시	키 입력	화면 표시
[■][C ALL]	0.00	[FIN][CFLO]	FLOW(0)=?
3000[+/−][CFj]	−3,000.00	[■][CLEAR DATA]	CLEAR THE LIST?
800[CFj]	800.00	[YES]	FLOW(0)=?
5[■][Nj]	5.00	3000[+/−][INPUT]	FLOW(1)=? −3,000.00
8[I/YR]	8.00	800[INPUT]	# TIMES(1)=1 1.00
[■][NPV]	194.17	5[INPUT]	FLOW(2)=? 5.00
		[EXIT][CALC]	
		8[I%]	I%=8.00
		[NPV]	NPV=194.17

답 NPV가 '0'보다 크므로 적정하다고 평가할 수 있다.

유제 1 이상진씨는 초기 2억 원을 투자하여 향후 8년 동안 매년 4,000만 원의 현금유입이 발생하는 투자를 검토중이다. 자금조달비용이 11.5%라 할 때, 이 투자를 하는 것이 적정한가?

답 순현가 222.55만 원으로 적정

유제 2 김정윤씨는 건물임대사업을 구상중이다. 초기 투자자금으로 약 300억 원이 지출되며, 건물잔존년한 15년동안 매년말 40억 원의 임대수입이 발생할 것으로 기대된다. 자금조달비용이 연 10.0%라면 이 투자가 적정하다고 평가할 수 있는가?

답 순현가 4.24억 원으로 적정

기본예제 III-2-2 비균등 현금흐름의 순현가

기본예제 III-2-1에서 매년 현금유입이 균등하지 않을 경우, 즉 1차년도 500만 원, 2차년도 750만 원, 3차년도 850만 원, 4차년도 900만 원, 5차년도 950만 원의 현금유입이 있을 경우 투자의 적정성을 평가하라

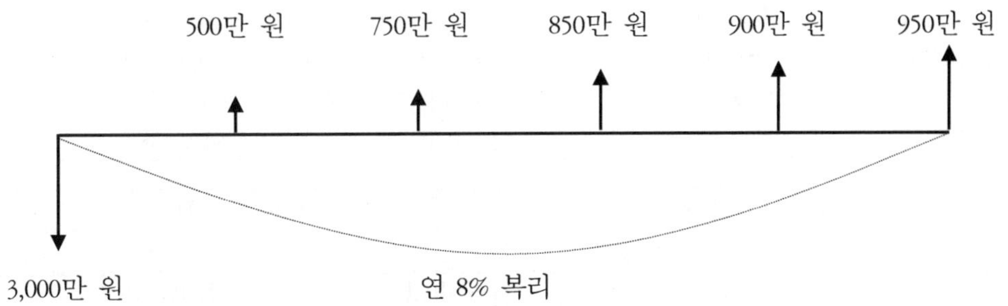

$$FV \times \frac{1}{(1+i)^n} = PV$$

$$500\text{만 원} \times \frac{1}{1.08} = 462.96\text{만 원}$$

$$750\text{만 원} \times \frac{1}{1.08^2} = 643.00\text{만 원}$$

$$850\text{만 원} \times \frac{1}{1.08^3} = 674.76\text{만 원}$$

$$900\text{만 원} \times \frac{1}{1.08^4} = 661.53\text{만 원}$$

$$950\text{만 원} \times \frac{1}{1.08^5} = 646.55\text{만 원}$$

총 3,088.81만 원 ⇒ 순현가: 88.81만 원

HP 12C		BA Ⅱ PLUS	
키 입력	화면 표시	키 입력	화면 표시
[f][CLEAR REG]	0.00	[CF][2nd][CLR WORK]	CF0=0.00
3000[CHS][g][CFo]	−3,000.00	3000[+/−][ENTER]	CF0=−3,000.00◁
500[g][CFj]	500.00	[↓]500[ENTER]	C01=500.00◁
750[g][CFj]	750.00	[↓][↓]750[ENTER]	C02=750.00◁
850[g][CFj]	850.00	[↓][↓]850[ENTER]	C03=850.00◁
900[g][CFj]	900.00	[↓][↓]900[ENTER]	C04=900.00◁
950[g][CFj]	950.00	[↓][↓]950[ENTER]	C05=950.00◁
8[i]	8.00	[NPV]8[ENTER]	I=8.00◁
[f][NPV]	88.81	[↓][CPT]	NPV=88.81*

HP 10BⅡ		HP 17BⅡ	
키 입력	화면 표시	키 입력	화면 표시
[■][C ALL]	0.00	[FIN][CFLO]	FLOW(0)=?
3000[+/−][CFj]	−3,000.00	[■][CLEAR DATA]	CLEAR THE LIST?
500[CFj]	500.00	[YES]	FLOW(0)=?
750[CFj]	750.00	[# T?]	# TIMES
850[CFj]	850.00		PROMPTING: OFF
900[CFj]	900.00	3000[+/−][INPUT]	FLOW(1)=? −3,000.00
950[CFj]	950.00	500[INPUT]	FLOW(2)=? 500.00
8[I/YR]	8.00	750[INPUT]	FLOW(3)=? 750.00
[■][NPV]	88.81	850[INPUT]	FLOW(4)=? 850.00
		900[INPUT]	FLOW(5)=? 900.00
		950[INPUT]	FLOW(6)=? 950.00
		[EXIT][CALC]	
		8[I%]	I%=8.00
		[NPV]	NPV=88.81

답 순현가 88.81만 원으로 적정

유제 1 진영건설(주)는 최초비용이 8억 원 소요되는 프로젝트에 착수할 예정이다. 향후 5년 동안 각각 2억 원, 3억 원, 3억 원, 1억 원, 2억 원의 현금유입을 예상하고 있다. 진영건설의 자본비용이 연 9%라 할 때, 이 프로젝트에 착수할 것 같은가?

답 순현가 = 6,847.41만 원, 프로젝트에 착수할 것이다.

유제 2 양성희씨는 퇴직 후 커피전문점을 개업하려고 한다. 최초 개업비용으로 2억 원이 소요되고 이후 3년 동안 현금유입으로 9,000만 원, 8,000만 원, 7,000만 원이 발생할 것으로 예상된다. 자본비용이 연 12%라 할 때, 양성희씨는 이 커피전문점을 개업해야 할까?

답 순현가 = −604.27만 원, 개업(투자)하지 않아야 한다.

기본예제 III-2-3 현금유입과 현금유출이 동시에 있을 경우

초기 3년 동안에는 현금유출이 매년 3,000만 원, 2,500만 원, 1,500만 원씩 발생하지만, 이후 5년 동안에는 매년 현금유입이 1,800만 원, 2,000만 원, 2,500만 원, 3,500만 원 3,800만 원이 발생할 것으로 예상되는 투자안이 있다. 자금조달비용이 연 7%라고 가정할 경우의 순현가는 얼마인가?

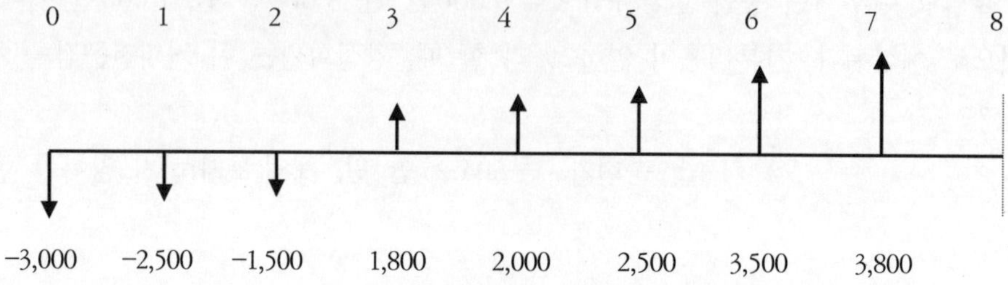

HP 12C		BA II PLUS	
키 입력	화면 표시	키 입력	화면 표시
[f][CLEAR REG]	0.00	[CF][2nd][CLR WORK]	CF0=0.00
3000[CHS][g][CFo]	−3,000.00	3000[+/−][ENTER]	CF0=−3,000.00◁
2500[CHS][g][CFj]	−2,500.00	[↓]2500[+/−][ENTER]	C01=−2,500.00◁
1500[CHS][g][CFj]	−1,500.00	[↓][↓]1500[+/−][ENTER]	C02=−1,500.00◁
1800[g][CFj]	1,800.00	[↓][↓]1800[ENTER]	C03=1,800.00◁
2000[g][CFj]	2,000.00	[↓][↓]2000[ENTER]	C04=2,000.00◁
2500[g][CFj]	2,500.00	[↓][↓]2500[ENTER]	C05=2,500.00◁
3500[g][CFj]	3,500.00	[↓][↓]3500[ENTER]	C06=3,500.00◁
3800[g][CFj]	3,800.00	[↓][↓]3800[ENTER]	C07=3,800.00◁
7[i]	7.00	[NPV]7[ENTER]	I=7.00◁
[f][NPV]	2,829.63	[↓][CPT]	NPV=2,829.63*

HP 10BⅡ		HP 17BⅡ	
키 입력	화면 표시	키 입력	화면 표시
[■][C ALL]	0.00	[FIN][CFLO]	FLOW(0)=?
3000[+/−][CFj]	−3,000.00	[■][CLEAR DATA]	CLEAR THE LIST?
2500[+/−][CFj]	−2,500.00	[YES]	FLOW(0)=?
1500[+/−][CFj]	−1,500.00	[# T?]	# TIMES
1800[CFj]	1,800.00		PROMPTING: OFF
2000[CFj]	2,000.00	3000[+/−][INPUT]	FLOW(1)=? −3,000.00
2500[CFj]	2,500.000	2500[+/−][INPUT]	FLOW(2)=? −2,500.00
3500[CFj]	3,500.00	1500[+/−][INPUT]	FLOW(3)=? −1,500.00
3800[CFj]	3,800.00	1800[INPUT]	FLOW(4)=? 1,800.00
7[I/YR]	7.00	2000[INPUT]	FLOW(5)=? 2,000.00
[■][NPV]	2,829.63	2500[INPUT]	FLOW(6)=? 2,500.00
		3500[INPUT]	FLOW(7)=? 3,500.00
		3800[INPUT]	FLOW(8)=? 3,800.00
		[EXIT][CALC]	
		7[I%]	I%=7.00
		[NPV]	NPV=2,829.63

답 2,829.63만 원

유제 1 최초의 비용은 2,500만 원, 이후의 4년간 현금흐름이 3,000만 원, −2,000만 원, 2,000만 원, 1,500만 원의 프로젝트가 있다. 12%의 자본비용을 가정하여 이 현금흐름의 순현가를 구하시오.

답 순현가 = 961.02만 원

유제 2 최초의 비용은 2,000만 원이고, 이후의 4년 동안 현금유입이 각각 2,000만 원, −1,500만 원, 3,000만 원 그리고 −1,000만 원이 발생하는 투자안의 자본비용이 10%라 할 때, 이 투자안의 순현가는 얼마인가?

답 순현가 = 149.44만 원

기본예제 III-2-4 중간에 현금유입이 없는 경우

초기 3년 동안에는 현금유출이 매년 3,000만 원, 2,500만 원, 1,500만 원씩 발생하지만, 이후 2년간은 현금유출이 없다가, 마지막 3년 동안 매년 각 2,500만 원, 3,500만 원, 3,800만 원의 현금유입이 발생하는 현금흐름을 예상할 경우 자금조달비용이 연 7%일 때 순현가는 얼마인가?

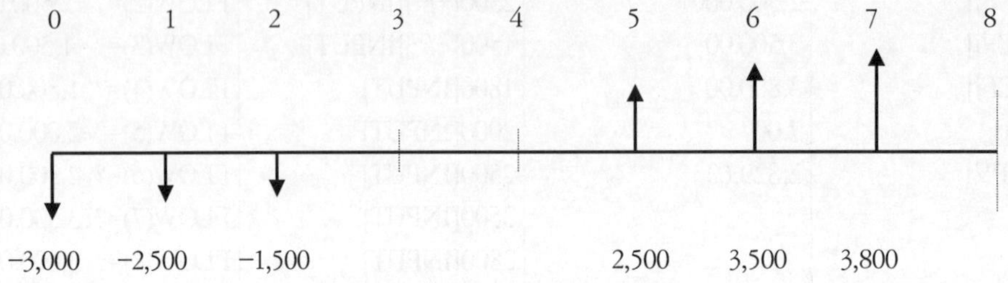

HP 12C		BA Ⅱ PLUS	
키 입력	화면 표시	키 입력	화면 표시
[f][CLEAR REG]	0.00	[CF][2nd][CLR WORK]	CF0=0.00
3000[CHS][g][CFo]	−3,000.00	3000[+/−][ENTER]	CF0=−3,000.00◁
2500[CHS][g][CFj]	−2,500.00	[↓]2500[+/−]	C01 −2,500
1500[CHS][g][CFj]	−1,500.00	[ENTER]	C01=−2,500.00◁
0[g][CFj]	0.00	[↓][↓]1500[+/−]	C02 −1,500.00
2[g][Nj]	2.00	[ENTER]	C02=−1,500.00◁
2500[g][CFj]	2,500.00	[↓][↓][ENTER]	C03=0.00◁
3500[g][CFj]	3,500.00	[↓][↓][ENTER]	C04=0.00◁
3800[g][CFj]	3,800.00	[↓][↓]2500[ENTER]	C05=2,500.00◁
7[i]	7.00	[↓][↓]3500[ENTER]	C06=3,500.00◁
[f][NPV]	−165.49	[↓][↓]3800[ENTER]	C07=3,800.00◁
		[NPV]7[ENTER]	I=7.00◁
		[↓][CPT]	NPV=−165.49*

HP 10BⅡ		HP 17BⅡ	
키 입력	화면 표시	키 입력	화면 표시
[■][C ALL]	0.00	[FIN][CFLO]	FLOW(0)=?
3000[+/−][CFj]	−3,000.00	[■][CLEAR DATA]	CLEAR THE LIST?
2500[+/−][CFj]	−2,500.00	[YES]	FLOW(0)=?
1500[+/−][CFj]	−1,500.00	[# T?]	# TIMES
0[CFj]	0.00		PROMPTING: OFF
0[CFj]	0.00	3000[+/−][INPUT]	FLOW(1)=? −3,000.00
2500[CFj]	2,500.00	2500[+/−][INPUT]	FLOW(2)=? −2,500.00
3500[CFj]	3,500.00	1500[+/−][INPUT]	FLOW(3)=? −1,500.00
3800[CFj]	3,800.00	0[INPUT]	FLOW(4)=? 0.00
7[I/YR]	7.00	0[INPUT]	FLOW(5)=? 0.00
[■][NPV]	−165.49	2500[INPUT]	FLOW(6)=? 2,500.00
		3500[INPUT]	FLOW(7)=? 3,500.00
		3800[INPUT]	FLOW(8)=? 3,800.00
		[EXIT][CALC]	
		7[I%]	I%=7.00
		[NPV]	NPV=−165.49

답 −165.49만 원

졸탁(茁啄)

현금 유출입이 없는 경우 BAⅡ PLUS는 현금흐름의 값 0을 입력하지 않고 [ENTER]만 쳐도 상관없다.

유제 1 최초 5,000만 원, 1년 후 1억 원의 자금투여가 필요한 어떤 투자안의 자금회수가 4년 후 3,000만 원, 5년 후 5,000만 원, 6년 후 7,000만 원, 7년 후 8,000만 원이 될 것으로 예상된다. 자금조달비용이 연 8.5%라 할 때, 이 투자안의 순현가는 얼마인가?

답 83.39만 원

유제 2 유호열씨는 친구 정석대씨가 운영하는 벤처사업에 2001년초 5,000만 원, 2002년초 3,000만 원을 투자하여, 2005년초 4,000만 원, 2006년초 5,000만 원, 2007년초 5,000만 원을 각각 회수할 것으로 예상된다. 자금조달비용이 연 12%일 때 이 벤처투자에 따른 순현가는 얼마인가 ?

답 233.79만 원

기본예제 III-2-5 현금유입 후 현금유출이 발생한 경우

장갑수씨는 소형 다가구 주택을 구입한 후 임대하려고 한다. 임대에 따라 예상되는 현금유출과 현금유입은 다음 표와 같다. 할인율을 연6.5%로 가정한다면 순현가는 얼마인가?

<연도>	<현금흐름>
1년초	3,000만 원 현금유출
2년초	1,000만 원 현금유입
3년초	0원
4년초	2,000만 원 현금유출
5년초	3,000만 원 현금유입
6년초	4,000만 원 현금유입

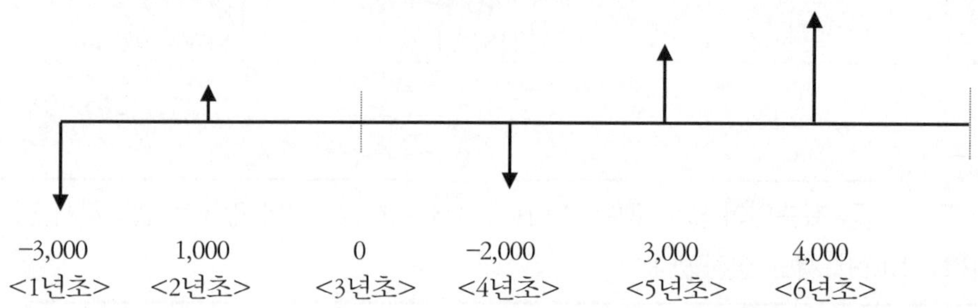

HP 12C		BA II PLUS	
키 입력	화면 표시	키 입력	화면 표시
[f][CLEAR REG]	0.00	[CF][2nd][CLR WORK]	CF0=0.00
3000[CHS][g][CFo]	−3,000.00	3000[+/−][ENTER]	CF0=−3,000.00◁
1000[g][CFj]	1,000.00	[↓]1000[ENTER]	C01=1,000.00◁
0[g][CFj]	0.00	[↓][↓][ENTER]	C02=0.00◁
2000[CHS][g][CFj]	−2,000.00	[↓][↓]2000[+/−]	C03 −2,000
3000[g][CFj]	3,000.00	[ENTER]	C03=−2,000.00◁
4000[g][CFj]	4,000.00	[↓][↓]3000[ENTER]	C04=3,000.00◁
6.5[i]	6.50	[↓][↓]4000[ENTER]	C05=4,000.00◁
[f][NPV]	1,534.76	[NPV]6.5[ENTER]	I=6.50◁
		[↓][CPT]	NPV=1,534.76*

HP 10BⅡ		HP 17BⅡ	
키 입력	화면 표시	키 입력	화면 표시
[■][C ALL]	0.00	[FIN][CFLO]	FLOW(0)=?
3000[+/−][CFj]	−3,000.00	[■][CLEAR DATA]	CLEAR THE LIST?
1000[CFj]	1,000.00	[YES]	FLOW(0)=?
0[CFj]	0.00	[# T?]	# TIMES
2000[+/−][CFj]	−2,000.00		PROMPTING: OFF
3000[CFj]	3,000.00	3000[+/−][INPUT]	FLOW(1)=? −3,000.00
4000[CFj]	4,000.00	1000[INPUT]	FLOW(2)=? 1,000.00
6.5[I/YR]	6.50	0[INPUT]	FLOW(3)=? 0.00
[■][NPV]	1,534.76	2000[+/−][INPUT]	FLOW(4)=? −2,000.00
		3000[INPUT]	FLOW(5)=? 3,000.00
		4000[INPUT]	FLOW(6)=? 4,000.00
		[EXIT][CALC]	
		6.5[I%]	I%=6.50
		[NPV]	NPV=1,534.76

답 1,534.76만 원

유제 1 김성무씨는 식당을 개업하려고 한다. 이에 따른 현금흐름이 다음과 같을 때, 자금조달비용 7%를 가정한 순현가는 얼마인가?

(단위 : 만 원)

<연도>	1년초	2년초	3년초	4년초	5년초	6년초
<현금흐름>	−6,000	+1,000	+2,500	−1,500	+2,000	+4,000

답 271.46만 원

유제 2 하상훈씨가 계획하는 전자대리점의 현금흐름이 다음과 같을 때, 자금조달비용 8%를 가정한 순현가는 얼마인가?

(단위 : 만 원)

<연도>	1년초	2년초	3년초	4년초	5년초	6년초
<현금흐름>	−7,000	+2,000	−1,500	+1,000	+3,000	+4,500

답 −372.61만 원

나. 내부수익률

내부수익률(IRR: Internal Rate of Return)은 비균등 현금흐름을 분석하는 방법의 하나로서 현금흐름의 순현가가 "0"과 같아지는 이자율 또는 할인율을 의미한다.

이자율 변동에 따라 현금흐름의 순현가가 어떻게 변화하는지 알아보기 위하여 아래 현금흐름을 살펴보기로 하자.

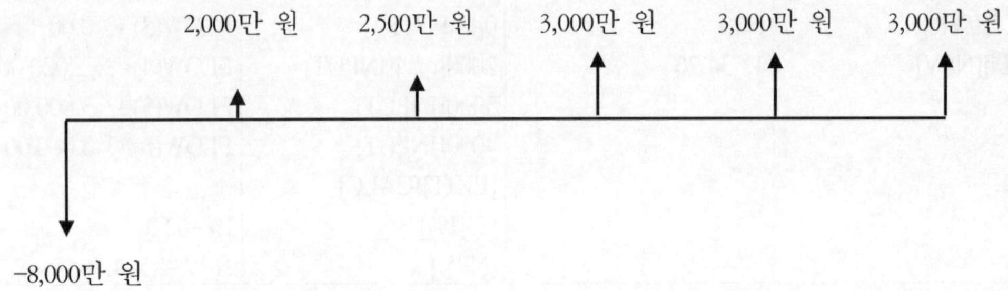

$$NPV = -8,000 + \frac{2,000}{(1+i)^1} + \frac{2,500}{(1+i)^2} + \frac{3,000}{(1+i)^3} + \frac{3,000}{(1+i)^4} + \frac{3,000}{(1+i)^5}$$

이자율이 0%일 경우에는 미래 현금흐름 합계에서 최초 비용을 차감한 것이 된다. 즉 13,500만 원에서 최초 투자비용 8,000만 원을 뺀 5,500만 원이 0%일 때 NPV이다. 5%, 10%, 15%, 20%일 경우에는 재무용 계산기를 활용하여 계산해보기로 한다.

HP 12C		BA II PLUS	
키 입력	화면 표시	키 입력	화면 표시
[f][CLEAR REG]	0.00	[CF][2nd][CLR WORK]	CF0=0.00
8000[CHS][g][CFo]	−8,000.00	8000[+/−][ENTER]	CF0=−8,000.00◁
2000[g][CFj]	2,000.00	[↓]2000[ENTER]	C01=2,000.00◁
2500[g][CFj]	2,500.00	[↓][↓]2500[ENTER]	C02=2,500.00◁
3000[g][CFj]	3,000.00	[↓][↓]3000[ENTER]	C03=3,000.00◁
3[g][Nj]	3.00	[↓]3[ENTER]	F03=3.00◁
5[i]	5.00	[NPV]	I=0.00
[f][NPV]	3,582.53	5[ENTER]	I=5.00◁
10[i]	10.00	[↓][CPT]	NPV=3,582.53*
[f][NPV]	2,050.05	[↑]10[ENTER]	I=10.00◁
15[i]	15.00	[↓][CPT]	NPV=2,050.05*
[f][NPV]	808.83	[↑]15[ENTER]	I=15.00◁
20[i]	20.00	[↓][CPT]	NPV=808.83*
[f][NPV]	−208.72	[↑]20[ENTER]	I=20.00◁
		[↓][CPT]	NPV=−208.72*

HP 10BⅡ		HP 17BⅡ	
키 입력	화면 표시	키 입력	화면 표시
[■][C ALL]	0.00	[FIN][CFLO]	FLOW(0)=?
8000[+/−][CFj]	−8,000.00	[■][CLEAR DATA]	CLEAR THE LIST?
2000[CFj]	2,000.00	[YES]	FLOW(0)=?
2500[CFj]	2,500.00	8000[+/−][INPUT]	FLOW(1)=? −8,000.00
3000[CFj]	3,000.00	2000[INPUT]	# TIMES(1)=1 1.00
3[■][Nj]	3.00	[INPUT]	FLOW(2)=? 1.00
5[I/YR]	5.00	2500[INPUT]	# TIMES(2)=1 1.00
[■][NPV]	3,582.53	[INPUT]	FLOW(3)=? 1.00
10[I/YR]	10.00	3000[INPUT]	# TIEMES(3)=1 1.00
[■][NPV]	2,050.05	3[INPUT]	FLOW(4)=? 3.00
15[I/YR]	15.00	[EXIT][CALC]	
[■][NPV]	808.83	5[I%]	I%=5.00
20[I/YR]	20.00	[NPV]	NPV=3,582.53
[■][NPV]	−208.72	10[[I%]	I%=10.00
		[NPV]	NPV=2,050.05
		15[[I%]	I%=15.00
		[NPV]	NPV=808.83
		20[I%]	I%=20.00
		[NPV]	NPV=−208.72

이자율	순현가(NPV)	비 고
0%	5,500만 원	
5%	3,582만 5,300원	
10%	2,050만 500원	
15%	808만 8,300원	
20%	−208만 7,200원	

계산 결과를 보면 현금흐름에 적용되는 이자율이 높을수록 순현가는 감소하여 15%와 20% 이자율 사이에서 "0"과 같아질 것이다. "0"과 동일해지는 이자율을 기준으로, 이자율이 그 기준 이자율보다 클 경우 순현가는 음수가 되고, 기준 이자율보다 작을 경우 양수가 된다는 것을 알 수 있다. 다시 말해 이자율이 내부수익률보다 작다면 현금흐름의 순현가는 양수일 것이고 내부수익률보다 크다면 순현가는 음수로 나타나게 된다.

이와 같이 어떤 투자에 대한 내부수익률이란 현금흐름에 있어 현금유입의 현재가치를 현금유출의 현재가치와 동일하게 하는 이자율을 의미한다. 만약 이자율이 투자가가 받아들일 수 있는 정도의 최소이자율 보다 크다면 그 투자수익률은 적정하다고 판단되어 실행되거나, 그렇지 않을 경우 거절될 수도 있을 것이다. 투자자가 수용 가능한 최소한도의 수익률을 결정하는 것은 순현가를 평가하는 것과 같다.

순현가를 계산함으로써 투자자는 허용 가능한 최소 이자율을 정하고 그 이자율로 현금유입 현재가치가 현금유출의 현재가치를 초과하는가를 결정한다. 내부수익률계산에 의해 투자자는 또한 현금유입의 현재가치를 현금유출의 현재가치와 동일하게 하는 이자율을 산출하게 된다.

순현가가 양수(일반적으로 자본조달비용이 내부수익률보다 작을 경우)이면 내부수익률은 정상적으로 수용 가능하고 투자는 긍정적일 것이다. 반대로 순현가가 음수(자본조달비용이 내부수익률보다 클 경우)이면 내부수익률은 수용 불가능하고 투자는 거절될 것이다. 내부수익률 및 순현가평가방법은 몇 개의 경쟁적 투자대안에 대한 우선순위를 결정할 때 사용되는 방법이기도 하다. 내부수익률이 더 높은 투자대안을 먼저 선택한다든가 순현가가 더 큰 프로젝트를 우선순위로 한다든가 하는 것이 그 예이다.

기본예제 III-2-6 내부수익률

혜성실업은 신규사업에 3,000만 원을 투자하고자 한다. 이 투자에 따른 자금회수는 1년 후부터 5년간 다음과 같이 예상된다. 이 투자에 대하여 예상되는 내부수익률은 얼마인가?

<구 분>	1년 후	2년 후	3년 후	4년 후	5년 후
<현금흐름>	1,500만 원	1,000만 원	1,000만 원	500만 원	600만 원

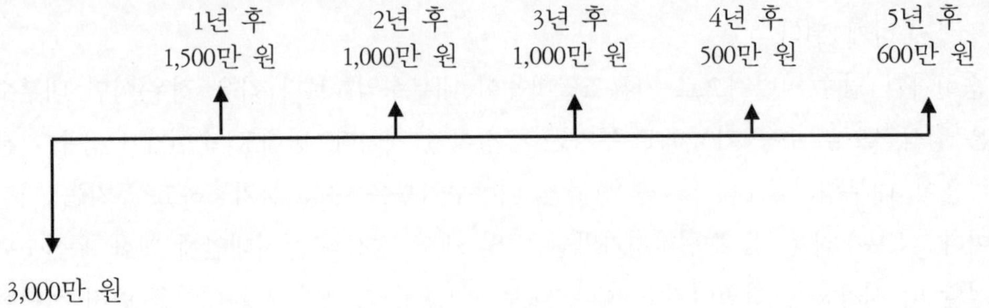

$$0 = -3,000 + \frac{1,500}{(1+IRR)} + \frac{1,000}{(1+IRR)^2} + \frac{1,000}{(1+IRR)^3} + \frac{500}{(1+IRR)^4} + \frac{600}{(1+IRR)^5}$$

HP 12C		BA II PLUS	
키 입력	화면 표시	키 입력	화면 표시
[f][CLEAR REG]	0.00	[CF][2nd][CLR WORK]	CF0=0.00
3000[CHS][g][CFo]	−3,000.00	3000[+/−][ENTER]	CF0=−3,000.00 ◁
1500[g][CFj]	1,500.00	[↓]1500[ENTER]	C01=1,500.00 ◁
1000[g][CFj]	1,000.00	[↓][↓]1000[ENTER]	C02=1,000.00 ◁
2[g][Nj]	2.00	[↓]2[ENTER]	F03=2.00 ◁
500[g][CFj]	500.00	[↓]500[ENTER]	C03=500.00 ◁
600[g][CFj]	600.00	[↓][↓]600[ENTER]	C04=600.00 ◁
[f][IRR]	20.10	[IRR][CPT]	IRR=20.10*

HP 10BⅡ		HP 17BⅡ	
키 입력	화면 표시	키 입력	화면 표시
[■][C ALL]	0.00	[FIN][CFLO]	FLOW(0)=?
3000[+/−][CFj]	−3,000.00	[■][CLEAR DATA]	CLEAR THE LIST?
1500[CFj]	1,500.00	[YES]	FLOW(0)=?
1000[CFj]	1,000.00	3000[+/−][INPUT]	FLOW(1)=? −3,000.00
2[■][Nj]	2.00	1500[INPUT]	# TIMES(1)=1 1.00
500[CFj]	500.00	[INPUT]	FLOW(2)=? 1.00
600[CFj]	600.00	1000[INPUT]	# TIMES(2)=1 1.00
[■][IRR/YR]	20.10	2[INPUT]	FLOW(3)=? 2.00
		500[INPUT]	# TIEMES(3)=1 1.00
		[INPUT]	FLOW(4)=? 1.00
		600[INPUT]	# TIEMES(4)=1 1.00
		[INPUT]	FLOW(5)=? 1.00
		[EXIT][CALC]	
		[IRR%]	IRR%=20.10

답 20.10%

유제 1 최초 1억 원의 자금투여가 필요한 투자안의 현금흐름이 1년 후 2,000만 원, 2년 후 3,000만 원, 3년 후 4,000만 원, 4년 후 5,000만 원 발생한다면, 이 투자에 대한 내부수익률은 얼마인가?

답 12.83%

유제 2 성우기술(주)은 신규사업에 40억 원을 투자하고자 한다. 이 투자에 따른 자금회수는 1년 후부터 5년간 다음과 같이 예상된다. 이 투자에 대하여 예상되는 내부수익률은 얼마인가?

<구분>	1년 후	2년 후	3년 후	4년 후	5년 후
<현금흐름>	5억 원	8억 원	10억 원	15억 원	20억 원

답 11.05%

기본예제 III-2-7 순현가와 내부수익률

최초 3,000만 원을 투자한 이후 6년 동안 다음과 같이 현금흐름이 예상되는 투자안이 있다. 이 투자안의 내부수익률은 얼마인가? 만약 자금조달비용이 연 8%라 할 때, 순현가는 얼마인가?

<구 분>	<현금흐름>	<구 분>	<현금흐름>
1년 후	2,000만 원 현금유입	4년 후	2,000만 원 현금유입
2년 후	3,000만 원 현금유출	5년 후	1,000만 원 현금유입
3년 후	1,500만 원 현금유입	6년 후	1,000만 원 현금유입

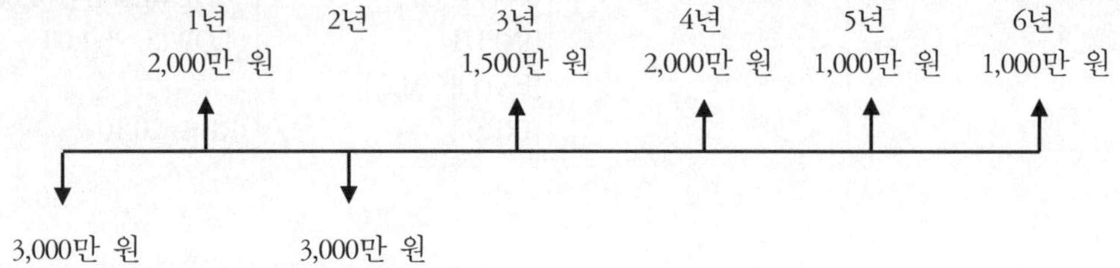

HP 12C		BA II PLUS	
키 입력	화면 표시	키 입력	화면 표시
[f][CLEAR REG]	0.00	[CF][2nd][CLR WORK]	CF0=0.00
3000[CHS][g][CFo]	−3,000.00	3000[+/−][ENTER]	CF0=−3,000.00 ◁
2000[g][CFj]	2,000.00	[↓]2000[ENTER]	C01=2,000.00 ◁
3000[CHS][g][CFj]	−3,000.00	[↓][↓]3000[+/−][ENTER]	C02=−3,000.00 ◁
1500[g][CFj]	1,500.00	[↓][↓]1500[ENTER]	C03=1,500.00 ◁
2000[g][CFj]	2,000.00	[↓][↓]2000[ENTER]	C04=2,000.00 ◁
1000[g][CFj]	1,000.00	[↓][↓]1000[ENTER]	C05=1,000.00 ◁
2[g][Nj]	2.00	[↓]2[ENTER]	F05=2.00 ◁
[f][IRR]	**10.16**	[IRR][CPT]	IRR=**10.16***
8[i]	8.00	[NPV]8[ENTER]	I=8.00 ◁
[f][NPV]	**251.40**	[↓][CPT]	NPV=**251.40***

HP 10BⅡ		HP 17BⅡ	
키 입력	화면 표시	키 입력	화면 표시
[■][C ALL]	0.00	[FIN][CFLO]	FLOW(0)=?
3000[+/−][CFj]	−3,000.00	[■][CLEAR DATA]	CLEAR THE LIST?
2000[CFj]	2,000.00	[YES]	FLOW(0)=?
3000[+/−][CFj]	−3,000.00	3000[+/−][INPUT]	FLOW(1)=? −3,000.00
1500[CFj]	1,500.00	2000[INPUT]	#TIMES(1)=1 1.00
2000[CFj]	2,000.00	[INPUT]	FLOW(2)=? 1.00
1000[CFj]	1,000.00	3000[+/−][INPUT]	#TIMES(2)=1 1.00
2[■][Nj]	2.00	[INPUT]	FLOW(3)=? 1.00
[■][IRR/YR]	**10.16**	1500[INPUT]	#TIMES(3)=1 1.00
8[I/YR]	8.00	[INPUT]	FLOW(4)=? 1.00
[■][NPV]	**251.40**	2000[INPUT]	#TIMES(4)=1 1.00
		[INPUT]	FLOW(5)=? 1.00
		1000[INPUT]	#TIMES(5)=1 1.00
		2[INPUT]	FLOW(6)=? 2.00
		[EXIT][CALC]	
		[IRR%]	IRR%=**10.16**
		8[I%]	I%=8.00
		[NPV]	NPV=**251.40**

답 내부수익률은 10.16%, 순현가는 251.40만 원

유제 1 최초 1억 2,000만 원을 투자하면 이후 최초 3년 동안 매년 1,000만 원, 4~6년 동안 2,000만 원, 7~10년 동안 3,000만 원의 현금유입이 발생하는 투자안의 내부수익률과 자금조달비용 연 9%일 때 순현가를 구하시오.

답 내부수익률 9.36%, 순현가 235.76만 원

유제 2 최초 1억 원을 투자한 이후 6년 동안 다음과 같이 현금흐름이 예상되는 투자안이 있다. 이 투자안의 내부수익률은 얼마인가? 만약 자금조달비용이 연 7%라고 할 때, 순현가는 얼마인가?

<구 분>	<현금흐름>	<구 분>	<현금흐름>
1년 후	+1,000만 원	4년 후	+2,000만 원
2년 후	+2,500만 원	5년 후	+4,000만 원
3년 후	−1,000만 원	6년 후	+5,000만 원

답 내부수익률 7.03%, 순현가 11.32만 원

기본예제 III-2-8 내부수익률에 의한 투자결정

성대훈씨는 A와 B 두 가지 사업안을 두고 비교 평가하고 있다. 각 사업안에 따른 예상 현금흐름은 다음과 같다. 내부수익률에 의하여 평가할 경우 어떤 사업을 선택할 것인지 고르시오.

구 분	A 사 업	B 사 업
사업개시	600만 원 현금유출	6,000만 원 현금유출
1년 후	400만 원 현금유입	2,500만 원 현금유입
2년 후	300만 원 현금유입	3,500만 원 현금유입
3년 후	500만 원 현금유입	5,000만 원 현금유입

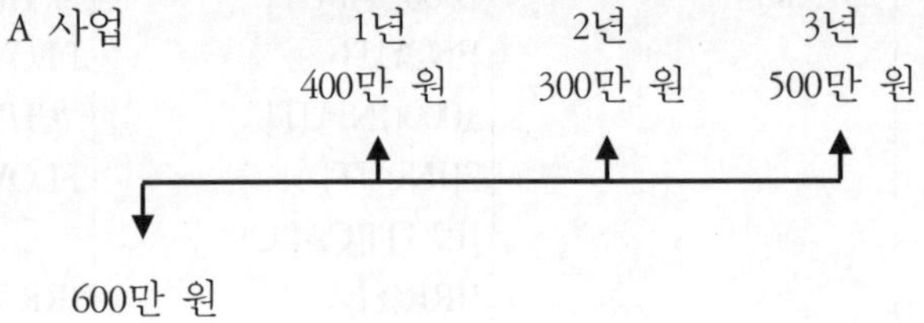

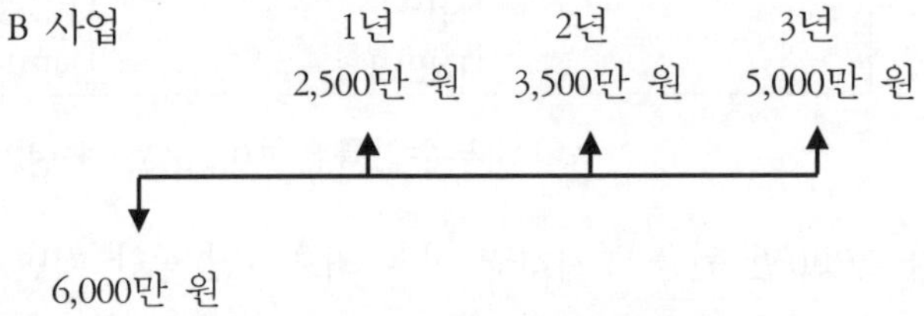

HP 12C		BA II PLUS	
키 입력	화면 표시	키 입력	화면 표시
[f][CLEAR REG]	0.00	[CF][2nd][CLR WORK]	CF0=0.00
600[CHS][g][CFo]	−600.00	600[+/−][ENTER]	CF0=−600.00◁
400[g][CFj]	400.00	[↓]400[ENTER]	C01=400.00◁
300[g][CFj]	300.00	[↓][↓]300[ENTER]	C02=300.00◁
500[g][CFj]	500.00	[↓][↓]500[ENTER]	C03=500.00◁
[f][IRR]	**42.66**	[IRR][CPT]	IRR=**42.66***
[f][CLEAR REG]	0.00	[CF][2nd][CLR WORK]	CF0=0.00
6000[CHS][g][CFo]	−6,000.00	6000[+/−][ENTER]	CF0=−6,000.00◁
2500[g][CFj]	2,500.00	[↓]2500[ENTER]	C01=2,500.00◁
3500[g][CFj]	3,500.00	[↓][↓]3500[ENTER]	C02=3,500.00◁
5000[g][CFj]	5,000.00	[↓][↓]5000[ENTER]	C03=5,000.00◁
[f][IRR]	**32.82**	[IRR][CPT]	IRR=**32.82***

HP 10BⅡ		HP 17BⅡ	
키 입력	화면 표시	키 입력	화면 표시
[■][C ALL]	0.00	[FIN][CFLO]	FLOW(0)=?
600[+/−][CFj]	−600.00	[■][CLEAR DATA]	CLEAR THE LIST?
400[CFj]	400.00	[YES]	FLOW(0)=?
300[CFj]	300.00	[# T?]	# TIMES
500[CFj]	500.00		PROMPTING: OFF
[■][IRR/YR]	**42.66**	600[+/−][INPUT]	FLOW(1)=? −600.00
[■][C ALL]	0.00	400[INPUT]	FLOW(2)=? 400.00
6000[+/−][CFj]	−6,000.00	300[INPUT]	FLOW(3)=? 300.00
2500[CFj]	2,500.00	500[INPUT]	FLOW(4)=? 500.00
3500[CFj]	3,500.00	[EXIT][CALC]	
5000[CFj]	5,000.00	[IRR%]	IRR%=**42.66**
[■][IRR/YR]	**32.82**	[EXIT]	
		[■][CLEAR DATA]	CLEAR THE LIST?
		[YES]	FLOW(0)=?
		[# T?]	# TIMES
			PROMPTING: OFF
		6000[+/−][INPUT]	FLOW(1)=? −6,000.00
		2500[INPUT]	FLOW(2)=? 2,500.00
		3500[INPUT]	FLOW(3)=? 3,500.00
		5000[INPUT]	FLOW(4)=? 5,000.00
		[EXIT][CALC]	
		[IRR%]	IRR%=**32.82**

답 A의 내부수익률이 더 높으므로 A사업을 선택

유제 1 고려상사는 A, B 두 개의 투자 프로젝트 중에서 하나를 선택하려고 한다. 각 투자 프로젝트의 현금흐름은 아래 표와 같다. 내부수익률에 의하여 투자결정을 할 때 고려상사는 어느 프로젝트를 선택할 것인가?

연 도	A 프로젝트	B 프로젝트
초기비용	5억 원 현금유출	2억 원 현금유출
1	2억 원 현금유입	1억 원 현금유입
2	3억 원 현금유입	1억 원 현금유입
3	1억 원 현금유입	5,000만 원 현금유입

답 B프로젝트

유제 2 고창기업(주)은 유통사업과 운수사업에 대한 비교 평가를 하고자 한다. 각 사업안에 따른 예상 현금흐름은 다음과 같다. 내부수익률에 의하여 평가할 경우 어떤 사업을 선택할 것인가?

구분	유통사업	운수사업
사업개시	20억 원 현금유출	60억 원 현금유출
1년 후	5억 원 현금유입	10억 원 현금유입
2년 후	12억 원 현금유입	20억 원 현금유입
3년 후	13억 원 현금유입	60억 원 현금유입

답 유통사업

기본예제 III-2-9 순현가에 의한 투자결정

기본예제 III-2-8에서 성대훈씨가 고려하고 있는 A와 B 두 개의 사업안 모두 자금조달비용이 연 10%라고 할 때 순현가를 이용하여 어떤 사업을 선택할 것인가 평가하라.

구 분	A 사 업	B 사 업
사업개시	600만 원 현금유출	6,000만 원 현금유출
1년 후	400만 원 현금유입	2,500만 원 현금유입
2년 후	300만 원 현금유입	3,500만 원 현금유입
3년 후	500만 원 현금유입	5,000만 원 현금유입

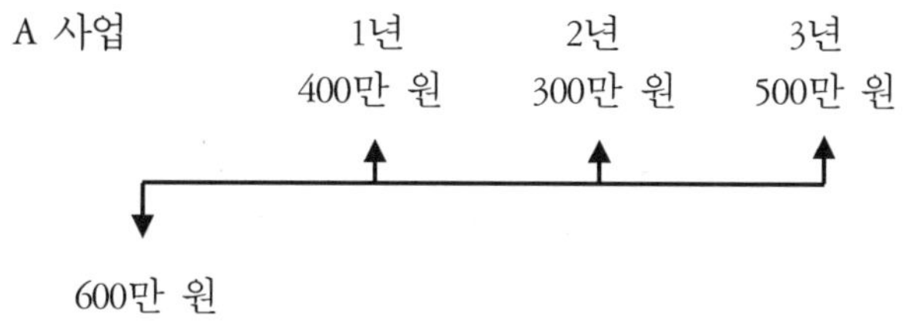

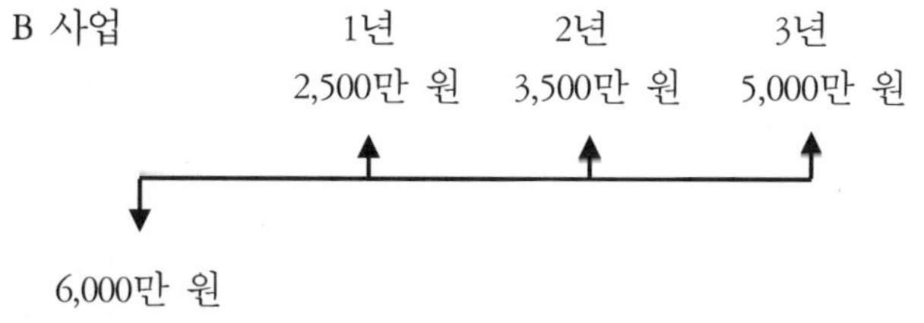

HP 12C		BA II PLUS	
키 입력	화면 표시	키 입력	화면 표시
[f][CLEAR REG]	0.00	[CF][2nd][CLR WORK]	CF0=0.00
600[CHS][g][CFo]	−600.00	600[+/−][ENTER]	CF0=−600.00◁
400[g][CFj]	400.00	[↓]400[ENTER]	C01=400.00◁
300[g][CFj]	300.00	[↓][↓]300[ENTER]	C02=300.00◁
500[g][CFj]	500.00	[↓][↓]500[ENTER]	C03=500.00◁
10[i]	10.00	[NPV]10[ENTER]	I=10.00◁
[f][NPV]	**387.23**	[↓][CPT]	CPT=**387.23***
[f][CLEAR REG]	0.00	[CF][2nd][CLR WORK]	CF0=0.00
6000[CHS][g][CFo]	−6,000.00	6000[+/−][ENTER]	CF0=−6,000.00◁
2500[g][CFj]	2,500.00	[↓]2500[ENTER]	C01=2,500.00◁
3500[g][CFj]	3,500.00	[↓][↓]3500[ENTER]	C02=3,500.00◁
5000[g][CFj]	5,000.00	[↓][↓]5000[ENTER]	C03=5,000.00◁
10[i]	10.00	[NPV]10[ENTER]	I=10.00◁
[f][NPV]	**2,921.86**	[↓][CPT]	NPV=**2,921.86***

HP 10BⅡ		HP 17BⅡ	
키 입력	화면 표시	키 입력	화면 표시
[■][C ALL]	0.00	[FIN][CFLO]	FLOW(0)=?
600[+/−][CFj]	−600.00	[■][CLEAR DATA]	CLEAR THE LIST?
400[CFj]	400.00	[YES]	FLOW(0)=?
300[CFj]	300.00	[# T?]	# TIMES
500[CFj]	500.00		PROMPTING: OFF
10[I/YR]	10.00	600[+/−][INPUT]	FLOW(1)=? −600.00
[■][NPV]	**387.23**	400[INPUT]	FLOW(2)=? 400.00
[■][C ALL]	0.00	300[INPUT]	FLOW(3)=? 300.00
6000[+/−][CFj]	−6,000.00	500[INPUT]	FLOW(4)=? 500.00
2500[CFj]	2,500.00	[EXIT][CALC]	
3500[CFj]	3,500.00	10[I%]	I%=10.00
5000[CFj]	5,000.00	[NPV]	NPV=**387.23**
10[I/YR]	10.00	[EXIT]	
[■][NPV]	**2,921.86**	[■][CLEAR DATA]	CLEAR THE LIST?
		[YES]	FLOW(0)=?
		[# T?]	# TIMES
			PROMPTING: OFF
		6000[+/−][INPUT]	FLOW(1)=? −6,000.00
		2500[INPUT]	FLOW(2)=? 2,500.00
		3500[INPUT]	FLOW(3)=? 3,500.00
		5000[INPUT]	FLOW(4)=? 5,000.00
		[EXIT][CALC]	
		10[I%]	I%=10.00
		[NPV]	NPV=**2,921.86**

답 B사업의 순현가가 더 크므로 B사업 선택

줄탁(茁啄)

A사업 프로젝트 내부수익률은 42.66%인 반면에 B사업 내부수익률은 32.82%로서 약 10%포인트 이상 A사업의 내부수익률이 더 높다. 내부수익률에 의해 투자를 결정한다면 A사업이 더 매력적임에 틀림없다. 그러나 최초 현금유출에 대한 자금을 10% 이자율로 차입한다면 B사업에 투자하는 것이 바람직하다. 10% 할인율을 사용하면 A 사업의 순현가는 387만 2,300원, B사업의 순현가는 2,921만 8,600원이기 때문이다. 다시 말해 B사업을 선택하면 성대훈씨는 훨씬 많은 자산을 증가시킬 수 있다. 큰 프로젝트의 더 적은 수익률이 작은 프로젝트의 더 높은 수익률보다 바람직한 경우라고 할 수 있다.

유제 1 고려상사는 A, B 두 개의 투자 프로젝트 중에서 하나를 선택하려고 한다. 각 투자 프로젝트의 현금흐름은 아래 표와 같다. 자금조달비용이 8%이고 순현가에 의한 투자결정을 할 때 고려상사는 어느 프로젝트를 선택할 것인가?

연 도	A프로젝트	B프로젝트
초기비용	5억 원 현금유출	2억 원 현금유출
1	2억 원 현금유입	1억 원 현금유입
2	3억 원 현금유입	1억 원 현금유입
3	1억 원 현금유입	5,000만 원 현금유입

답 A프로젝트

유제 2 고창기업(주)은 유통사업과 운수사업에 대한 비교 평가를 하고 있다. 각 사업안에 따른 예상 현금흐름은 다음과 같다. 자금조달비용은 유통사업이 8%인 데 반해, 운수사업은 8.5%이다. 순현가에 의하여 어느 사업을 선택할 것인가?

구 분	유통사업	운수사업
사업개시	20억 원 현금유출	60억 원 현금유출
1년 후	5억 원 현금유입	10억 원 현금유입
2년 후	12억 원 현금유입	20억 원 현금유입
3년 후	13억 원 현금유입	60억 원 현금유입

답 운수사업

기본예제 III-2-10 내부수익률과 순현가에 의한 투자결정

진성우씨는 은행으로부터 연 8%에 5,000만 원을 빌려 창업을 하고자 한다. 현재 고려하고 있는 것은 PC방과 식당 두 가지이다. 각 사업의 향후 현금흐름이 다음과 같다고 할 때, 진성우씨는 어느 사업을 선택하는 것이 바람직하겠는가?

연 초	PC방	식 당
1	5,000만 원 현금유출	5,000만 원 현금유출
2～4	2,100만 원 현금유입	1,000만 원 현금유입
5～10	0원	800만 원 현금유입

<PC방>

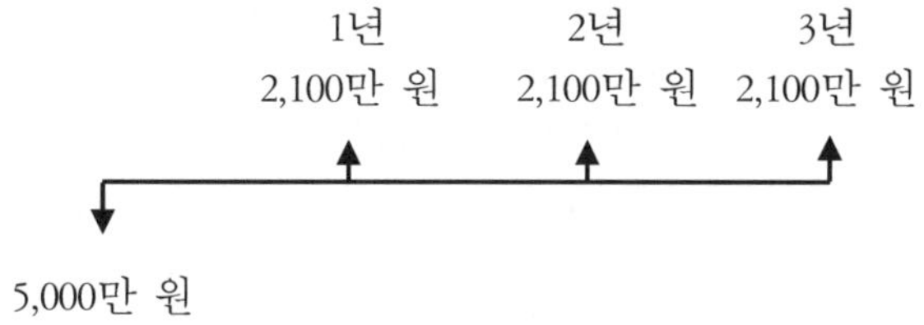

<식당>

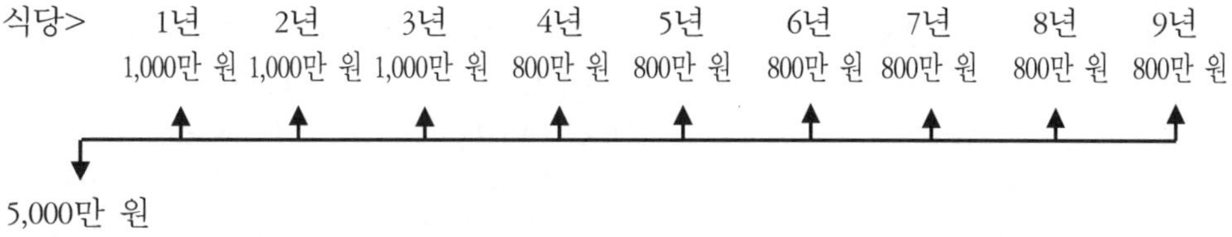

HP 12C		BA II PLUS	
키 입력	화면 표시	키 입력	화면 표시
[f][CLEAR REG]	0.00	[CF][2nd][CLR WORK]	CF0=0.00
5000[CHS][g][CFo]	−5,000.00	5000[+/−][ENTER]	CF0=−5,000.00◁
2100[g][CFj]	2,100.00	[↓]2100[ENTER]	C01=2,100.00◁
3[g][Nj]	3.00	[↓]3[ENTER]	F01=3.00◁
[f][IRR]	**12.51**	[IRR][CPT]	IRR=**12.51***
8[i]	8.00	[NPV]8[ENTER]	I=8.00◁
[f][NPV]	**411.90**	[↓][CPT]	CPT=**411.90***
[f][CLEAR REG]	0.00	[CF][2nd][CLR WORK]	CF0=0.00
5000[CHS][g][CFo]	−5,000.00	5000[+/−][ENTER]	CF0=−5,000.00◁
1000[g][CFj]	1,000.00	[↓]1000[ENTER]	C01=1,000.00◁
3[g][Nj]	3.00	[↓]3[ENTER]	F01=3.00◁
800[g][CFj]	800.00	[↓]800[ENTER]	C02=800.00◁
6[g][Nj]	6.00	[↓]6[ENTER]	F02=6.00◁
[f][IRR]	**10.55**	[IRR][CPT]	IRR=**10.55***
8[i]	8.00	[NPV]8[ENTER]	I=8.00◁
[f][NPV]	**512.93**	[↓][CPT]	NPV=**512.93***

HP 10BⅡ		HP 17BⅡ	
키 입력	화면 표시	키 입력	화면 표시
[■][C ALL]	0.00	[FIN][CFLO]	FLOW(0)=?
5000[+/−][CFj]	−5,000.00	[■][CLEAR DATA]	CLEAR THE LIST?
2100[CFj]	2,100.00	[YES]	FLOW(0)=?
3[■][Nj]	3.00	5000[+/−][INPUT]	FLOW(1)=? −5,000.00
[■][IRR/YR]	**12.51**	2100[INPUT]	# TIMES(1)=1 1.00
8[I/YR]	8.00	3[INPUT]	FLOW(2)=? 3.00
[■][NPV]	**411.90**	[EXIT][CALC]	
[■][C ALL]	0.00	[IRR%]	IRR%=**12.51**
5000[+/−][CFj]	−5,000.00	8[I%]	I%=8.00
1000[CFj]	1,000.00	[NPV]	NPV=**411.90**
3[■][Nj]	3.00	[EXIT]	
800[CFj]	800.00	[■][CLEAR DATA]	
6[■][Nj]	6.00	[YES]	CLEAR THE LIST?
[■][IRR/YR]	**10.55**		FLOW(0)=?
8[I/YR]	8.00	5000[+/−][INPUT]	FLOW(1)=? −5,000.00
[■][NPV]	**512.93**	1000[INPUT]	# TIMES(1)=1 1.00
		3[INPUT]	FLOW(2)=? 3.00
		800[INPUT]	# TIMES(2)=1 1.00
		6[INPUT]	FLOW(3)=? 6.00
		[EXIT][CALC]	
		[IRR%]	IRR%=**10.55**
		8[I%]	I%=8.00
		[NPV]	NPV=**512.93**

답 식당의 순현가가 크므로 식당을 선택한다.

줄탁(茁啄)

PC방의 내부수익률이 12.51%로 식당 10.55%보다 높아 얼핏 보아 PC방을 선택하는 것이 바람직해 보인다. 그러나 8% 할인율을 가정한다면 식당의 순현가는 512만 9,300원으로 PC방의 411만 9,000원보다 많다는 것을 확인할 수 있다. 더 낮은 내부수익률을 가진 투자가 더 많은 자산증가를 가져오는 경우이다. 만약 9% 이상 높은 할인율을 사용하여 순현가를 비교한다면 PC방이 더 큰 순현가, 내부수익률을 가지게 된다.

유제 1 최초비용은 5,000만 원이고 다음 4년 동안 각각 2,000만 원, 1,500만 원, 3,000만 원 그리고 1,000만 원을 가진 현금흐름이 있다. 내부수익률은 얼마인가? 15%의 자금비용을 가정할 때 순현가는 얼마인가?

답 내부수익률 19.20%, 순현가 417.65만 원

유제 2 갑은 현재 3개의 사업 프로젝트 중에서 하나를 선택할 것이다. 3개 사업 프로젝트에서 발생하는 현금흐름은 아래 표와 같이 예상된다. 갑은 7%의 자금비용을 가정하고 있다면 순현가에 의할 경우 어느 프로젝트를 선택할 것인가? 만약 내부수익률에 의할 경우 어느 프로젝트를 선택할 것인가?

연도	A	B	C
초기비용	1억 3,000만 원	1억 8,000만 원	3억 6,000만 원
1년도말	6,000만 원	1억 1,000만 원	1억 2,000만 원
2년도말	6,000만 원	1억 1,000만 원	1억 2,000만 원
3년도말	5,000만 원		1억 1,000만 원
4년도말			1억 원

답 순현가 : C프로젝트, 내부수익률 : A프로젝트

다. 수정내부수익률

각 연도별로 발생하는 현금흐름의 유입 또는 유출의 변동이 잦은 경우 내부수익률의 산출이 곤란하므로 수정내부수익률(MIRR : Modified Internal Rate of Return)을 사용한다. 수정내부수익률은 여러 번에 걸쳐 발생하는 현금흐름의 부호(+ 또는 −)변화를 단 한번의 부호 변화가 있는 것으로 축소하여 적용할 이자율을 산출하는 것이다.

수정내부수익률은 다음 순서에 따라 산출한다.

① 보수적으로 정한 임의의 이자율을 정함

② 임의의 이자율에 따라 모든 현금유입의 미래가치 계산

③ 임의의 이자율에 따라 모든 현금유출의 현재가치 계산

④ 현금유출의 현재가치와 현금유입의 미래가치를 통하여 나타나는 연이자율을 산출

기본예제 III-2-11 수정내부수익률 계산

강호석씨는 다음과 같은 현금흐름이 예상되는 투자안을 검토중이다. 임의로 6%의 재투자율을 가정하는 경우 이 투자로 인한 수정내부수익률은 얼마인가?

<구 분>	<현금흐름>
초기투자	4,500만 원 현금유출
1년도말	3,000만 원 현금유입
2년도말	5,000만 원 현금유출
3년도말	2,500만 원 현금유입
4년도말	0원
5년도말	6,000만 원 현금유입

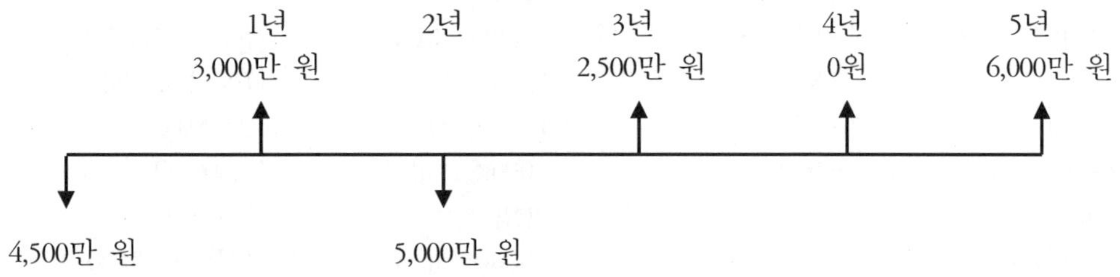

I단계 : 6%를 적용하여 계산한 각 현금유입의 미래가치 합계

1년도말 $FV = 3,000\text{만원} \times 1.06^4 = 3,787.43$

3년도말 $FV = 2,500\text{만원} \times 1.06^2 = 2,809.00$

5년도말 $FV = 6,000\text{만원}$

총 12,596.43만 원

II단계 : 6%를 적용하여 계산한 각 현금유출의 현재가치 합계

초기지출 $PV = 4,500\text{만 원}$

2년도말 $PV = \dfrac{5,000\text{만 원}}{1.06^2} = 4,449.98\text{만 원}$

총 8,949.98만 원

III단계 : 재무용 계산기에 변수 입력 후 수익률(i) 계산

n : 5(프로젝트 기간)

FV : 12,596.43

PV : −8,949.98

i = ?

수정내부수익률 : 7.07%

HP 12C		BA II PLUS	
키 입력	화면 표시	키 입력	화면 표시
[f][CLEAR FIN]	0.00	[2nd][CLR TVM]	0.00
4[n]	4.00	4[N]	N=4.00◁
6[i]	6.00	6[I/Y]	I/Y=6.00◁
3000[CHS][PV]	−3,000.00	3000[+/−][PV]	PV=−3,000.00◁
[FV]	3,787.43	[CPT][FV]	FV=3,787.43*
[STO]1	3,787.43	[STO]1	3,787.43
2[n]	2.00	2[N]	N=2.00◁
2500[CHS][PV]	−2,500.00	2500[+/−][PV]	PV=−2,500.00◁
[FV]	2,809.00	[CPT][FV]	FV=2,809.00*
[STO][+]1	2,809.00	[STO][+]1	2,809.00
6000[STO][+]1	6,000.00	6000[STO][+]1	6,000.00
2[n]	2.00	2[N]	N=2.00◁
5000[CHS][FV]	−5,000.00	5000[+/−][FV]	FV=−5,000.00◁
[PV]	4,449.98	[CPT][PV]	PV=4,449.98*
[STO]2	4,449.98	[STO]2	4,449.98
4500[STO][+]2	4,500.0	4500[STO][+]2	4,500.00
5[n]	5.00	5[N]	N=5.00◁
[RCL]2[CHS][PV]	−8,949.98	[RCL]2[+/−][PV]	PV=−8,949.98◁
[RCL]1[FV]	12,596.43	[RCL]1[FV]	FV=12,596.43◁
[i]	7.07	[CPT][I/Y]	I/Y=7.07*

HP 10BⅡ		HP 17BⅡ	
키 입력	화면 표시	키 입력	화면 표시
[■][C ALL]	0.00	[FIN][TVM]	0.00
4[N]	4.00	[■][CLEAR DATA]	1 P/YR END MODE
6[I/YR]	6.00	4[N]	N=4.00
3000[+/−][PV]	−3,000.00	6[I%YR]	I%YR=6.00
[FV]	3,787.43	3000[+/−][PV]	PV=−3,000.00
[■][STO]1	3,787.43	[FV]	FV=3,787.43
2[N]	2.00	[STO]1	FV=3,787.43
2500[+/−][PV]	−2,500.00	2[N]	N=2.00
[FV]	2,809.00	2500[+/−][PV]	PV=−2,500.00
[■][STO][+]1	2,809.00	[FV]	FV=2,809.00
6000[■][STO][+]1	6,000.00	[STO][+]1	FV=2,809.00
2[N]	2.00	6000[STO][+]1	FV=6,000.00
5000[+/−][FV]	−5,000.00	2[N]	N=2.00
[PV]	4,449.98	5000[+/−][FV]	FV=−5,000.00
[■][STO]2	4,449.98	[PV]	PV=4,449.98
4500[■][STO][+]2	4,500.0	[STO]2	PV=4,449.98
5[N]	5.00	4500[STO][+]2	PV=4,500.00
[RCL]2[+/−][PV]	−8,949.98	5[N]	N=5.00
[RCL]1[FV]	12,596.43	[RCL]2[+/−][PV]	PV=−8,949.98
[I/YR]	7.07	[RCL]1[FV]	FV=12,596.43
		[I%YR]	I%YR=7.07

답 7.07%

유제 1 태원기계(주)는 다음과 같은 현금흐름이 예상되는 투자안을 검토중이다. 임의로 9%의 재투자율을 가정하는 경우 이 투자의 수정내부수익률은 얼마인가?

<구분>	<현금흐름>
초기투자	35억 원
1년도말	20억 원 현금유입
2년도말	45억 원 현금유출
3년도말	35억 원 현금유입
4년도말	25억 원 현금유출
5년도말	70억 원 현금유입

답 9.07%

유제 2 서경산업은 다음과 같은 현금흐름이 예상되는 투자안을 검토중이다. 임의로 8%의 재투자율을 가정하는 경우 이 투자의 수정내부수익률은 얼마인가?

<구분>	<현금흐름>
초기투자	125억 원
1년도말	15억 원 현금유입
2년도말	20억 원 현금유출
3년도말	55억 원 현금유입
4년도말	15억 원 현금유출
5년도말	70억 원 현금유입
6년도말	5억 원 현금유출
7년도말	90억 원 현금유입

답 8.14%

쉬어가는 바닥

복수의 내부수익률

다음과 같은 현금흐름이 있을 경우 내부수익률을 계산할 때 일부 재무계산기는 에러 메시지가 표시되거나 또는 0.00이 화면에 나타납니다.

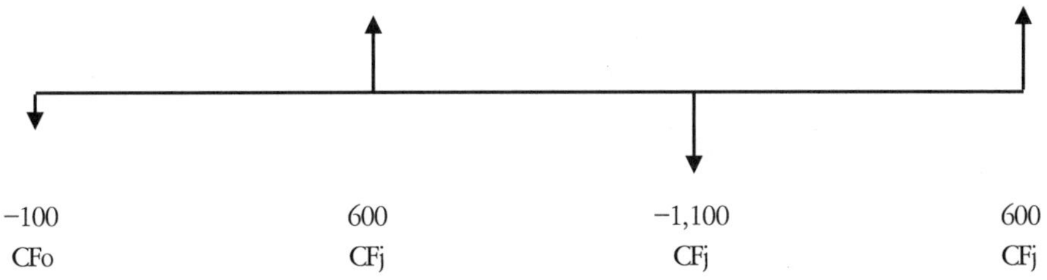

계산식으로 내부수익률을 구하면 0%, 100%, 200% 모두 가능합니다.

$$CFo = \frac{CFj}{(1+i)} + \frac{CFj}{(1+i)^2} + \frac{CFj}{(1+i)^3}$$

- $i = 0\%$일 때, $100 = \frac{600}{(1+0)} + \frac{-1,100}{(1+0)^2} + \frac{600}{(1+0)^3}$

$$= 600 - 1,100 + 600 \quad = 100$$

- $i = 100\%$일 때, $100 = \frac{600}{(1+1)} + \frac{-1,100}{(1+1)^2} + \frac{600}{(1+1)^3}$

$$= 300 - 275 + 75 \quad = 100$$

- $i = 200\%$일 때, $100 = \frac{600}{(1+2)} + \frac{-1,100}{(1+2)^2} + \frac{600}{(1+2)^3}$

$$= 200 - 122 + 22 \quad = 100$$

이러한 경우 의미있는 내부수익률은 계산에 의해 산출된 값 중 0%일 것입니다. 현실 세계에서 이러한 의사결정을 내려야 할 경우는 적을 것입니다. 그래도 혹시 이러한 경우가 발생할 때, 의사결정은 각각의 내부수익률에 대해 실제 어떤 것이 현실적으로 의

미가 있는가를 살펴보면 될 것입니다.

0기의 현금흐름을 제외하고 현금흐름의 부호가 바뀌면 바뀐 만큼 내부수익률은 복수로 산출될 수 있습니다. 따라서 이런 경우 내부수익률을 계산할 경우 수정내부수익률을 사용하거나 또는 산출된 내부수익률 중 어느 것이 의미가 있는지 판단하여야 합니다.

3. 개인재무관리 계산

개인재무관리에는 일반적으로 개인재무관리 개론, 보험설계, 은퇴설계, 투자설계, 상속설계, 세금설계, 부동산설계 등이 포함되어 있다. 이 중 개인재무관리 개론, 보험설계, 은퇴설계의 경우 일정한 재무적 목표를 달성하기 위하여 금액을 산출하는데, 이를 위해서는 앞에서 배운 화폐의 시간가치 및 현금흐름 등이 종합적으로 활용된다. 여기에서는 자녀의 교육자금 및 결혼자금 설계, 주택자금 설계, 생명보험 필요보장액 계산, 은퇴자금 설계를 소개하는 것으로 한다.

대부분의 개인재무관리 계산은 다음 3가지 방법으로 할 수 있다.

첫째, 전통적 방식으로 지금 현재 물가 기준의 금액을 필요시점까지 인플레이션율로 증가시키고, 이 금액을 기초로 증가율 조정이율을 사용하여 미래 시점의 연금 현가를 계산하고, 마지막으로 투자수익률에 의해 미래시점의 연금 현가를 지금 현재시점의 현가로 전환시킨다.

둘째, K율 방식, 즉 증가율 조정이율을 사용하는 것으로 전통적 방식의 3단계 계산을 2단계로 단축시킬 수 있는 장점이 있다. 즉 먼저 현재 금액으로 연금 현가를 구한 후 이 값을 종가로 해서 다시 현가를 계산한다. 이 때 사용하는 것이 K율, 즉 증가율 조정이율이다.

셋째, 현금흐름방식은 현재 금액을 기준으로 이율은 K율을 사용하여 순현가를 계산하는 것이다.

개인재무관리 계산은 필요자금의 현가만 계산하는 경우도 있고, 이 필요자금의 현가를 마련하기 위한 저축이나 투자액을 결정하는 경우도 있다. 후자의 경우는 고객의 저축·투자 계획에 의거해 다시 한 번 계산을 하면 된다. **이 때 저축·투자 계획의 기간은 필요 자금이 최초로 필요한 미래시점까지 하는 것이 일반적이다.**

개인재무관리 계산시 일반적으로 미래시점의 필요자금 또는 필요수입은 연시 또는 기시에 받는 것을 가정함에 비해, 저축·투자 시점은 고객의 필요에 따라 연말 또는 기말이나 연시 또는 기시로 자유롭게 설계하고 있다.

기본예제 III-3-1 자녀의 교육자금 설계

이희수씨는 자녀 수영이의 대학교육자금을 위한 저축을 생각하고 있다. 대학교육자금은 현재 연간 1,000만 원이며 매년 인플레이션율 만큼 증가할 것으로 예상된다. 대학교육자금은 지금으로부터 10년 후에 매년초 4년간 지출된다. 인플레이션율을 4%로 하고 대학교육자금을 마련하기 위하여 투자하는 투자상품의 연이율은 6% 연복리이다. 이희수씨가 수영이의 대학교육자금을 위하여 매년초 동일한 금액으로 얼마씩 저축하여야 하는가?

• 전통적 방식－현가

※ 기시급 설정

HP 12C		BA II PLUS	
키 입력	화면 표시	키 입력	화면 표시
[f][CLEAR FIN]	0.00	[2nd][CLR TVM]	0.00
10[n]	10.00	10[N]	N=10.00◁
4[i]	4.00	4[I/Y]	I/Y=4.00◁
1000[PV]	1,000.00	1000[PV]	PV=1,000.00◁
[FV]	**−1,480.24**	[CPT][FV]	FV=**−1,480.24***
[CHS][PMT]	1,480.24	[PMT]	PMT=−1,480.24◁
4[n]	4.00	4[N]	N=4.00◁
1.04[ENTER]	1.04	1.06[÷]1.04[−]	1.02
1.06[△%][i]	1.92	1[×]100[=][I/Y]	I/Y=1.92◁
0[FV]	0.00	0[FV]	FV=0.00◁
[PV]	**−5,755.50**	[CPT][PV]	PV=**5,755.50***
[CHS][FV]	5,755.50	[FV]	FV=5,755.50◁
10[n]	10.00	10[N]	N=10.00◁
6[i]	6.00	6[I/Y]	I/Y=6.00◁
0[PMT]	0.00	0[PMT]	PMT=0.00◁
[PV]	**−3,213.84**	[CPT][PV]	PV=**−3,213.84***
0[FV]	0.00	0[FV]	FV=0.00◁
[PMT]	**411.94**	[CPT][PMT]	PMT=**411.94***

HP 10BⅡ		HP 17BⅡ	
키 입력	화면 표시	키 입력	화면 표시
[■][C ALL]	0.00	[FIN][TVM]	0.00
10[N]	10.00	[■][CLEAR DATA]	1 P/YR END MODE
4[I/YR]	4.00	10[N]	N=10.00
1000[PV]	1,000.00	4[I%YR]	I%YR=4.00
[FV]	**−1,480.24**	1000[PV]	PV=1,000.00
[+/−][PMT]	1,480.24	[FV]	FV=**−1,480.24**
4[N]	4.00	[+/−][PMT]	PMT=1,480.24
1.06[÷]1.04[−]	1.02	4[N]	N=4.00
1[×]100[I/YR]	1.92	1.06[÷]1.04[−]	1.02
0[FV]	0.00	1[×]100[I%YR]	I%YR=1.92
[PV]	**−5,755.50**	0[FV]	FV=0.00
[+/−][FV]	5,755.50	[PV]	PV=**−5,755.50**
10[N]	10.00	[+/−][FV]	FV=5,755.50
6[I/YR]	6.00	10[N]	N=10.00
0[PMT]	0.00	6[I%YR]	I%YR=6.00
[PV]	**−3,213.84**	0[PMT]	PMT=0.00
0[FV]	0.00	[PV]	PV=**−3,213.84**
[PMT]	**411.94**	0[FV]	FV=0.00
		[PMT]	PMT=**411.94**

답 411.94만 원

• 전통적 방식 – 종가

※ 기시급 설정

HP 12C		BA II PLUS	
키 입력	화면 표시	키 입력	화면 표시
[f][CLEAR FIN]	0.00	[2nd][CLR TVM]	0.00
10[n]	10.00	10[N]	N=10.00◁
4[i]	4.00	4[I/Y]	I/Y=4.00◁
1000[PV]	1,000.00	1000[PV]	PV=1,000.00◁
[FV]	**−1,480.24**	[CPT][FV]	FV=**−1,480.24***
[CHS][PMT]	1,480.24	[PMT]	PMT=−1,480.24◁
4[n]	4.00	4[N]	N=4.00◁
1.04[ENTER]	1.04	1.06[÷]1.04[−]	1.02
1.06[△%][i]	1.92	1[×]100[=][I/Y]	I/Y=1.92◁
0[FV]	0.00	0[FV]	FV=0.00◁
[PV]	−5,755.50	[CPT][PV]	PV=**5,755.50***
[CHS][FV]	**5,755.50**	[FV]	FV=5,755.50◁
10[n]	10.00	10[N]	N=10.00◁
6[i]	6.00	6[I/Y]	I/Y=6.00◁
0[PV]	0.00	0[PV]	PV=0.00◁
[PMT]	**−411.94**	[CPT][PMT]	PMT=**−411.94***

HP 10B II		HP 17B II	
키 입력	화면 표시	키 입력	화면 표시
[■][C ALL]	0.00	[FIN][TVM]	
10[N]	10.00	[■][CLEAR DATA]	
4[I/YR]	4.00	10[N]	N=10.00
1000[PV]	1,000.00	4[I%YR]	I%YR=4.00
[FV]	**−1,480.24**	1000[PV]	PV=1,000.00
[+/−][PMT]	1,480.24	[FV]	FV=**−1,480.24**
4[N]	4.00	[+/−][PMT]	PMT=1,480.24
1.06[÷]1.04[−]	1.02	4[N]	N=4.00
1[×]100[I/YR]	1.92	1.06[÷]1.04[−]	1.02
0[FV]	0.00	1[×]100[I%YR]	I%YR=1.92
[PV]	**−5,755.50**	0[FV]	FV=0.00
[+/−][FV]	5,755.50	[PV]	PV=**−5,755.50**
10[N]	10.00	[+/−][FV]	FV=5,755.50
6[I/YR]	6.00	10[N]	N=10.00
0[PV]	0.00	6[I%YR]	I%YR=6.00
[PMT]	**−411.94**	0[PV]	PV=0.00
		[PMT]	PMT=**−411.94**

답 411.94만 원

• K율 방식

※ 기시급 설정

HP 12C		BA Ⅱ PLUS	
키 입력	화면 표시	키 입력	화면 표시
[f][CLEAR FIN]	0.00	[2nd][CLR TVM]	0.00
4[n]	4.00	4[N]	N=4.00◁
1.04[ENTER]	1.04	1.06[÷]1.04[−]	1.02
1.06[△%][i]	1.92	1[×]100[=][I/Y]	I/Y=1.92◁
1000[PMT]	1,000.00	1000[PMT]	PMT=1,000.00◁
[PV]	**−3,888.21**	[CPT][PV]	PV=**−3,888.21***
[CHS][FV]	3,888.21	[FV]	FV=−3,882.21◁
10[n]	10.00	10[N]	N=10.00◁
0[PMT]	0	0[PMT]	PMT=0.00◁
[PV]	**−3,213.84**	[CPT][PV]	PV=**3,213.84***
6[i]	6.00	6[I/Y]	I/Y=6.00◁
0[FV]	0.00	0[FV]	FV=0.00◁
[PMT]	**411.94**	[CPT][PMT]	PMT=**−411.94***

HP 10B Ⅱ		HP 17B Ⅱ	
키 입력	화면 표시	키 입력	화면 표시
		[FIN][TVM]	
[■][C ALL]	0.00	[■][CLEAR DATA]	
4[N]	4.00	4[N]	N=4.00
1.06[÷]1.04[−]	1.02	1.06[÷]1.04[−]	1.02−
1[×]100[I/YR]	1.92	1[×]100[I%YR]	I%YR=1.92
1000[PMT]	1,000.00	1000[PMT]	PMT=1,000.00
[PV]	**−3,888.21**	[PV]	PV=**−3,888.21**
[+/−][FV]	3,882.21	[+/−][FV]	FV=3,882.21
10[N]	10.00	10[N]	N=10.00
0[PMT]	0.00	0[PMT]	PMT=0.00
[PV]	**−3,213.84**	[PV]	PV=**−3,213.84**
6[I/YR]	6.00	6[I%YR]	I%YR=6.00
0[FV]	0.00	0[FV]	FV=0.00
[PMT]	**411.94**	[PMT]	PMT=**411.94**

답 411.94만 원

• 현금흐름 방식

※ 기시급 설정

HP 12C		BAⅡ PLUS	
키 입력	화면 표시	키 입력	화면 표시
[f][CLEAR REG]	0.00	[CF][2nd][CLR WORK]	0.00
0[g][CFj]	0.00	[↓][↓]9[ENTER]	F01=9.00◁
9[g][Nj]	9.00	[↓]1000[ENTER]	C02=1,000.00◁
1000[g][CFj]	1,000.00	[↓]4[ENTER]	F02=4.00◁
4[g][Nj]	4.00	[NPV]	I=0.00
1.04[ENTER]1.06	1.04	1.06[÷]1.04[−]	I 1.02
1.06[△%][i]	1.92	1[×]100[=][ENTER]	I=1.92◁
[f][NPV]	**3,213.84**	[↓][CPT]	NPV=**3,213.84***
10[n]	10.00	[CE/C][2nd][CLR TVM]	3,213.84
6[i]	6.00	[PV]	PV=3,213.84◁
[PMT]	**−411.94**	10[N]	N=10.00◁
		6[I/Y]	I/Y=6.00◁
		[CPT][PMT]	PMT=−**411.94***

HP 10BⅡ		HP 17BⅡ	
키 입력	화면 표시	키 입력	화면 표시
[■][C ALL]	0.00	[FIN][CFLO]	FLOW(0)=?
0[CFj]	0.00	[■][CLEAR DATA]	CLEAR THE LIST?
0[CFj]	0.00	[YES]	FLOW(0)=?
9[■][Nj]	9.00	0[INPUT]	FLOW(1)=? 0.00
1000[CFj]	1,000.00	[INPUT]	# TIMES(1)=1 1.00
4[■][Nj]	4.00	9[INPUT]	FLOW(2)=? 9.00
1.06[÷]1.04[−]	1.02	1000[INPUT]	# TIMES(2)=1 1.00
1[×]100[I/YR]	1.92	4[INPUT]	FLOW(3)=? 4.00
[■][NPV]	**3,213.84**	[EXIT][CALC]	
[PV]	3,213.84	1.06[÷]1.04[−]	1.02−
10[N]	10.00	1[×]100[I%]	I%=1.92
6[I/YR]	6.00	[NPV]	NPV=**3,213.84**
[PMT]	**−411.94**	[EXIT][EXIT]	
		[TVM][⬅]	3,213.84
		[STO][PV]	PV=3,213.84
		10[N]	N=10.00
		6[I%YR]	I%YR=6.00
		[PMT]	PMT=−**411.94**

답 411.94만 원

유제 1 우정현씨는 아들 철수의 대학교육자금을 준비하고자 한다. 현재 대학교육자금은 연간 1,200만 원이며 4년간 매년초에 필요하며, 매년 3%씩 높아질 것으로 예상된다. 철수는 8년 후에 대학에 입학할 것으로 기대되며, 우정현씨는 대학교육자금을 준비하기 위해 연 5.5% 연복리 저축상품에 매년초 동일금액을 적립할 생각이다. 우정현씨가 지금부터 매년 적립할 금액은 얼마인가?

답 572.11만 원

유제 2 장수영씨는 지금 초등학교 4학년에 올라가는 아들 장혁군을 9년 후에 미국의 명문대학으로 진학시킬 계획이다. 이를 위하여 장수영씨는 연 6% 연복리 상품에 매년초 일정금액을 적립할 생각이다. 한편, 미국 명문대학의 대학교육자금은 현재 연 2,400만 원이고 4년간 매년초에 필요하며, 매년 5%씩 높아질 것으로 예상된다. 장수영씨는 지금부터 매년 얼마씩 적립하여야 하는가?

답 1,205.45만 원

기본예제 III-3-2 자녀의 결혼자금 설계

최장구씨는 딸 빛나 양의 결혼자금을 마련하고자 한다. 결혼자금은 현재 물가 기준으로 8,000만 원이며 인플레이션율만큼 증가할 것으로 예상된다. 결혼자금은 지금으로부터 15년 후에 지출된다. 예상 인플레이션율은 4%이고, 결혼자금을 마련하기 위하여 투자하는 투자상품의 연이율은 8% 연복리이다. 최장구씨가 빛나 양의 결혼자금을 위하여 매년초 저축을 하되, 매년 5%씩 저축금액을 늘릴 경우 초년도 저축액은 얼마인가?

• 전통적 방식

※ 기시급 설정

HP 12C		BA II PLUS	
키 입력	화면 표시	키 입력	화면 표시
[f][CLEAR FIN]	0.00	[2nd][CLR TVM]	0.00
15[n]	15.00	15[N]	N=15.00◁
4[i]	4.00	4[I/Y]	I/Y=4.00◁
8000[PV]	8,000.00	8000[PV]	PV=8,000.00◁
[FV]	**−14,407.55**	[CPT][FV]	FV=**−14,407.55***
8[i]	8.00	8[I/Y]	I/Y=8.00◁
[PV]	**4,541.86**	[CPT][PV]	PV=**4,541.86***
1.05[ENTER]1.08		1.08[÷]1.05[−]	
[△%][i]	2.86	1[×]100[=][I/Y]	I/Y=2.86◁
0[FV]	0.00	0[FV]	FV=0.00◁
[PMT]	**−366.08**	[CPT][PMT]	PMT=**−366.08***

HP 10BⅡ		HP 17BⅡ	
키 입력	화면 표시	키 입력	화면 표시
[■][C ALL]	0.00	[FIN][TVM]	
15[N]	15.00	[■][CLEAR DATA]	
4[I/YR]	4.00	15[N]	N=15.00
8000[PV]	8,000.00	4[I%YR]	I%YR=4.00
[FV]	**−14,407.55**	8000[PV]	PV=8,000.00
8[I/YR]	8.00	[FV]	FV=**−14,407.55**
[PV]	**4,541.86**	8[I%YR]	I%YR=8.00
1.05[INPUT]1.08[■]		[PV]	PV=**4,541.86**
[%CHG][I/YR]	2.86	1.08[÷]1.05[−]	
0[FV]	0.00	1[×]100[I%YR]	I%YR=2.86
[PMT]	**−366.08**	0[FV]	FV=0.00
		[PMT]	PMT=**−366.08**

답 366.08만 원

• K율 방식

※ 기시급 설정

HP 12C		BAⅡ PLUS	
키 입력	화면 표시	키 입력	화면 표시
[f][CLEAR FIN]	0.00	[2nd][CLR TVM]	0.00
15[n]	15.00	15[N]	N=15.00◁
1.04[ENTER]1.08		1.08[÷]1.04[−]	
[△%][i]	3.85	1[×]100[=][I/Y]	I/Y=3.85◁
8000[FV]	8,000.00	8000[FV]	FV=8,000.00◁
[PV]	**−4,541.86**	[CPT][PV]	PV=**−4,541.86***
1.05[ENTER]1.08		1.08[÷]1.05[−]	
[△%][i]	2.86	1[×]100[=][I/Y]	I/Y=2.86◁
0[FV]	0.00	0[FV]	FV=0.00◁
[PMT]	**366.08**	[CPT][PMT]	PMT=**366.08***

HP 10BⅡ		HP 17BⅡ	
키 입력	화면 표시	키 입력	화면 표시
[■][C ALL]	0.00	[FIN][TVM]	
15[N]	15.00	[■][CLEAR DATA]	
1.04[INPUT]1.08[■]		15[N]	N=15.00
[%CHG][I/YR]	3.85	1.08[÷]1.04[−]	1.04−
8000[FV]	8,000.00	1[×]100[I%YR]	I%YR=3.85
[PV]	**−4,541.86**	8000[FV]	FV=8,000.00
1.05[INPUT]1.08		[PV]	PV=**−4,541.86**
[■][%CHG][I/YR]	2.86	1.08[÷]1.05[−]	1.03−
0[FV]	0.00	1[×]100[I%YR]	I%YR=2.86
[PMT]	**366.08**	0[FV]	FV=0.00
		[PMT]	PMT=**366.08**

답 366.08만 원

유제 1 강정식씨는 딸 인영 양의 결혼자금을 마련하고자 한다. 현재 딸에게 필요한 결혼자금은 약 9,000만 원 정도이며, 매년 3.5%만큼 증가할 것으로 예상된다. 결혼자금은 지금부터 12년 후에 지출될 것이고, 결혼자금 마련을 위한 투자상품의 수익률은 연 7%로 추정된다. 강정식씨가 매년 10%씩 투자금액을 증가시켜 나간다고 할 때, 지금당장 저축할 금액은 얼마가 적당한가?

답 430.24만 원

유제 2 신호철씨는 아들 영수의 결혼자금을 미리 준비하고자 한다. 현재 아들에게 필요한 결혼자금은 1억 2,000만 원 정도이며, 매년 4.5%만큼 증가할 것으로 예상된다. 결혼자금은 지금부터 8년 후에 지출될 것이고, 결혼자금 마련을 위한 투자상품의 수익률은 연 7%로 기대된다. 신호철씨가 매년 8%씩 투자금액을 증가시켜 나간다고 할 때, 지금당장 저축할 금액은 얼마가 적당한가?

답 1,201.47만 원

기본예제 III-3-3 주택자금 설계

박상수씨와 고영주씨는 최근 결혼한 신혼부부다. 이 부부는 주택 마련을 위해 저축을 생각하고 있다. 주택자금은 현재 물가기준으로 1억5,000만 원이며 인플레이션율만큼 증가할 것으로 예상된다. 주택자금은 10년 후에 필요로 하게 된다. 예상 인플레이션율은 4%이고, 주택자금을 마련하기 위하여 투자하는 투자상품의 연이율은 8% 연복리이다. 이 부부는 맞벌이 부부이기 때문에 주택자금을 위하여 매년말 저축을 하되 매년 10%씩 저축금액을 늘릴 경우 초년도 저축액은 얼마인가?

• 전통적 방식

※ 기말급 설정

HP 12C		BA II PLUS	
키 입력	화면 표시	키 입력	화면 표시
[f][CLEAR FIN]	0.00	[2nd][CLR TVM]	0.00
10[n]	10.00	10[N]	N=10.00
4[i]	4.00	4[I/Y]	I/Y=4.00
15000[PV]	15,000.00	15000[PV]	PV=15,000.00
[FV]	**−22,203.66**	[CPT][FV]	FV=**−22,203.66**
8[i]	8.00	8[I/Y]	I/Y=8.00
[PV]	**10,284.59**	[CPT][PV]	PV=**10,284.59**
1.1[ENTER]1.08		1.08[÷]1.1[−]	
[△%][i]	−1.82	1[×]100[=][I/Y]	I/Y=−1.82
0[FV]	0.00	0[FV]	FV=0.00
[PMT]	**−928.44**	[CPT][PMT]	PMT=**−928.44**
1.1[×]	**−1,021.29**	[×]1.1[=]	**−1,021.29**

HP 10BⅡ		HP 17BⅡ	
키 입력	화면 표시	키 입력	화면 표시
[■][C ALL]	0.00	[FIN][TVM]	
10[N]	10.00	[■][CLEAR DATA]	
4[I/YR]	4.00	10[N]	N=10.00
15000[PV]	15,000.00	4[I%YR]	I%YR=4.00
[FV]	−22,203.66	15000[PV]	PV=15,000.00
8[I/YR]	8.00	[FV]	FV=−22,203.66
[PV]	10,284.59	8[I%YR]	I%YR=8.00
1.1[INPUT]1.08		[PV]	PV=10,284.59
[■][%CHG][I/YR]	−1.82	1.08[÷]1.1[−]	0.98−
0[FV]	0.00	1[×]100[I%YR]	I%YR=−1.82
[PMT]	−928.44	0[FV]	FV=0.00
[×]1.1[=]	−1,021.29	[PMT]	PMT=−928.44
		[×]1.1[=]	−1,021.29

답 1,021.29만 원

• K율 방식

※ 기말급 설정

HP 12C		BAⅡ PLUS	
키 입력	화면 표시	키 입력	화면 표시
[f][CLEAR FIN]	0.00	[2nd][CLR TVM]	0.00
10[n]	10.00	10[N]	N=10.00◁
1.04[ENTER]1.08		1.08[÷]1.04[−]	
[△%][i]	3.85	1[×]100[=][I/Y]	I/Y=3.85◁
15000[FV]	15,000.00	15000[FV]	FV=15,000.00◁
[PV]	**−10,284.59**	[CPT][PV]	PV=**−10,284.59***
1.1[ENTER]1.08		1.08[÷]1.1[−]	−1.82
[△%][i]	−1.82	1[×]100[=][I/Y]	I/Y=2.86◁
0[FV]	0.00	0[FV]	FV=0.00◁
[PMT]	**928.44**	[CPT][PMT]	PMT=**928.44***
1.1[×]	**1,021.29**	[×]1.1[=]	**1,021.29**

HP 10BⅡ		HP 17BⅡ	
키 입력	화면 표시	키 입력	화면 표시
[■][C ALL]	0.00	[FIN][TVM]	
10[N]	10.00	[■][CLEAR DATA]	
1.04[INPUT]1.08		10[N]	N=10.00
[■][%CHG][I/YR]	3.85	1.08[÷]1.04[−]	1.04−
15000[FV]	15,000.00	1[×]100[I%YR]	I%YR=3.85
[PV]	**−10,284.59**	15000[FV]	FV=15,000.00
1.1[INPUT]1.08		[PV]	PV=**−10,284.59**
[■][%CHG][I/YR]	−1.82	1.08[÷]1.1[−]	0.98−
0[FV]	0.00	1[×]100[I%YR]	I%YR=−1.82
[PMT]	**928.44**	0[FV]	FV=0.00
[×]1.1[=]	**1,021.29**	[PMT]	PMT=**928.44**
		[×]1.1[=]	**1,021.29**

답 1,021.29만 원

유제 1 오정현씨 부부는 10년 후 대림동 소재 25평 아파트를 매입할 생각이다. 현재 대림동 소재 25평 아파트는 1억 7,000만 원 정도이며, 향후 인플레이션율만큼 가격이 오를 것으로 전망된다. 현재 예상 인플레이션은 연 3%이며, 주택자금을 마련하기 위해 수익률이 연 8.5%인 투자상품에 금년말부터 10년간 매년말 투자하되, 매년 5%씩 투자금액을 늘릴 생각이다. 오정현씨 부부의 초년도말 저축액은 얼마가 적정한가?

답 1,265.06만 원

유제 2 이성조씨는 7년 후 주택을 구입할 생각이다. 이성조씨가 원하는 평수의 주택은 현재 2억 원 정도이며, 매년 3% 정도의 가격상승이 예상된다. 이성조씨는 주택구입을 위해 매년말 연 7% 연복리 예금에 적립하되, 매년 적립금액을 4%씩 늘려나갈 생각이다. 이성조씨의 초년도말 저축액은 얼마가 적정한가?

답 2,545.89만 원

기본예제 III-3-4 생명보험 필요보장액 계산

박정도·최은희씨 부부는 남편 박정도씨의 생명보험 필요보장액을 계산하고자 한다. 만약 남편 박정도씨가 사망할 경우 부양가족 양육비는 3,000만 원, 은퇴 전 수입은 2,000만 원, 은퇴 후 수입은 1,500만 원으로 생각하고 있다. 부양가족 양육기간은 지금부터 막내 영구가 독립할 때(최은희씨가 35세부터 39세), 은퇴 전 기간은 최은희씨가 40세부터 59세까지, 은퇴 후 기간은 최은희씨가 60세부터 89세까지로 생각하고 있다. 필요한 수입은 매년초에 발생하여야 하며, 희망 수입은 현재 물가기준이다. 향후 물가상승률은 4%로 예상하고 있고, 세후투자수익률은 연 7%로 예상하고 있다. 부인 최은희씨의 생애수입을 위한 남편 박정도씨의 생명보험 필요보장액은 얼마인가?

• 전통적 방식－현가

▶ 1단계 : 부양가족 양육기에 대한 필요보장액

※ 기시급 설정

HP 12C		BA II PLUS	
키 입력	화면 표시	키 입력	화면 표시
[f][CLEAR FIN]	0.00	[2nd][CLR TVM]	0.00
5[n]	5.00	5[N]	N=5.00◁
1.04[ENTER]	1.04	1.07[÷]1.04[−]	1.03
1.07[△%][i]	2.88	1[×]100[=][I/Y]	I/Y=2.88◁
[STO]1	2.88	[STO]1	2.88
3000[PMT]	3,000.00	3000[PMT]	PMT=3,000.00◁
[PV]	−14,182.13	[CPT][PV]	PV=−14,182.13*
[STO]2	−14,182.13	[STO]2	−14,182.13

HP 10BⅡ		HP 17BⅡ	
키 입력	화면 표시	키 입력	화면 표시
[■][C ALL]	0.00	[FIN][TVM]	
5[N]	5.00	[■][CLEAR DATA]	
1.04[INPUT]1.07		5[N]	N=5.00
[■][%CHG][I/YR]	2.88	1.07[÷]1.04[−]	1.03−
[■][STO]1	2.88	1[×]100[I%YR]	I%YR=2.88
3000[PMT]	3,000.00	[STO]1	I%YR=2.88
[PV]	−14,182.13	3000[PMT]	PMT=3,000.00
[■][STO]2	−14,182.13	[PV]	PV=−14,182.13
		[STO]2	PV=−14,182.13

▸2단계 : 은퇴 전 수입에 대한 필요 보장액

※ 기시급 설정

HP 12C		BAⅡ PLUS	
키 입력	화면 표시	키 입력	화면 표시
[f][CLEAR FIN]	0.00	[2nd][CLR TVM]	0.00
5[n]	5.00	5[N]	N=5.00◁
4[i]	4.00	4[I/Y]	I/Y4.00◁
2000[PV]	2,000.00	2000[PV]	PV=2,000.00◁
[FV]	**−2,433.31**	[CPT][FV]	FV=**−2,433.31***
[CHS][PMT]	2,433.31	[PMT]	PMT=−2,433.31◁
20[n]	20.00	20[N]	N=20.00◁
[RCL]1[i]	2.88	[RCL]1[I/Y]	I/Y=2.88◁
0[FV]	0.00	0[FV]	FV=0.00◁
[PV]	**−37,646.18**	[CPT][PV]	PV=**37,646.18***
[CHS][FV]	37,646.18	[FV]	FV=37,646.18◁
5[n]	5.00	5[N]	N=5.00◁
7[i]	7.00	7[I/Y]	I/Y=7.00◁
0[PMT]	0.00	0[PMT]	PMT=0.00◁
[PV]	**−26,841.20**	[CPT][PV]	PV=**−26,841.20***
[STO][+]2	−26,841.20	[STO][+]2	−26,841.20

HP 10BⅡ		HP 17BⅡ	
키 입력	화면 표시	키 입력	화면 표시
5[N]	5.00	[■][CLEAR DATA]	
4[I/YR]	4.00	5[N]	N=5.00
2000[PV]	2,000.00	4[I%YR]	I%YR=4.00
0[PMT]	0.00	2000[PV]	PV=2,000.00
[FV]	**−2,433.31**	[FV]	FV=**−2,433.31**
[+/−][PMT]	2,433.31	[+/−][PMT]	PMT=2,433.31
20[N]	20.00	20[N]	N=20.00
[RCL]1[I/YR]	2.88	[RCL]1[I%YR]	I%YR=2.88
0[FV]	0.00	0[FV]	FV=0.00
[PV]	**−37,646.18**	[PV]	PV=**−37,646.18**
[+/−][FV]	37,646.18	[+/−][FV]	FV=37,646.18
5[N]	5.00	5[N]	N=5.00
7[I/YR]	7.00	7[I%YR]	I%YR=7.00
0[PMT]	0.00	0[PMT]	PMT=0.00
[PV]	**−26,841.20**	[PV]	PV=**−26,841.20**
[■][STO][+]2	−26,841.20	[STO][+]2	PV=−26,841.20

▶3단계 : 은퇴 후 수입에 대한 필요 보장액

※ 기시급 설정

HP 12C		BAⅡ PLUS	
키 입력	화면 표시	키 입력	화면 표시
[f][CLEAR FIN]	0.00	[2nd][CLR TVM]	0.00
25[n]	25.00	25[N]	N=25.00◁
4[i]	4.00	4[I/Y]	I/Y=4.00◁
1500[PV]	1,500.00	1500[PV]	PV=1,500.00◁
[FV]	**−3,998.75**	[CPT][FV]	FV=**−3,998.75***
[CHS][PMT]	3,998.75	[PMT]	PMT=−3,998.75◁
30[n]	30.00	30[N]	N=30.00◁
[RCL]1[i]	2.88	[RCL]1[I/Y]	I/Y=2.88◁
0[FV]	0.00	0[FV]	FV=0.00◁
[PV]	**−81,854.36**	[CPT][PV]	PV=**81,854.36***
[CHS][FV]	81,854,36	[FV]	FV=81,854,36◁
25[n]	25.00	25[N]	N=25.00◁
7[i]	7.00	7[I/Y]	I/Y=7.00◁
0[PMT]	0.00	0[PMT]	PMT=0.00◁
[PV]	**−15,081.60**	[CPT][PV]	PV=**−15,081.60***
[STO][+]2	−15,081.60	[STO][+]2	−15,081.60
[RCL]2	**−56,104.93**	[RCL]2	**−56,104.93**

HP 10BⅡ		HP 17BⅡ	
키 입력	화면 표시	키 입력	화면 표시
25[N]	25.00	[■][CLEAR DATA]	
4[I/YR]	4.00	25[N]	N=25.00
1500[PV]	1,500.00	4[I%YR]	I%YR=4.00
[FV]	**−3,998.75**	1500[PV]	PV=1,500.00
[+/−][PMT]	3,998.75	[FV]	FV=**−3,998.75**
30[N]	30.00	[+/−][PMT]	PMT=3,998.75
[RCL]1[I/YR]	2.88	30[N]	N=30.00
0[FV]	0.00	[RCL]1[I%YR]	I%YR=2.88
[PV]	**−81,854.36**	0[FV]	FV=0.00
[+/−][FV]	81,854,36	[PV]	PV=**−81,854.36**
25[N]	25.00	[+/−][FV]	FV=81,854,36
7[I/YR]	7.00	25[N]	N=25.00
0[PMT]	0.00	7[I%YR]	I%YR=7.00
[PV]	**−15,081.60**	0[PMT]	PMT=0.00
[■][STO][+]2	−15,081.60	[PV]	PV=**−15,081.60**
[RCL]2	**−56,104.93**	[STO][+]2	−15,081.60
		[RCL]2	**−56,104.93**

답 5억 6,104.93만 원

• K율 방식

▸ 1단계 : 부양가족 양육기에 대한 필요보장액

※ 기시급 설정

HP 12C		BAⅡ PLUS	
키 입력	화면 표시	키 입력	화면 표시
[f][CLEAR FIN]	0.00	[2nd[CLR TVM]	0.00
5[n]	5.00	5[N]	N=5.00◁
1.04[ENTER]	1.04	1.07[÷]1.04[−]	1.03
1.07[△%][i]	2.88	1[×]100[=][I/Y]	I/Y=2.88◁
[STO]1	2.88	[STO]1	2.88
3000[PMT]	3,000.00	3000[PMT]	PMT=3,000.00◁
[PV]	−14,182.13	[CPT][PV]	PV=−14,182.13*
[STO]2	−14,182.13	[STO]2	−14,182.13

HP 10BⅡ		HP 17BⅡ	
키 입력	화면 표시	키 입력	화면 표시
[■][C ALL]	0.00	[FIN][TVM]	
5[N]	5.00	[■][CLEAR DATA]	
1.04[INPUT]1.07		5[N]	N=5.00
[■][%CHG][I/YR]	2.88	1.07[÷]1.04[−]	1.03−
[■][STO]1	2.88	1[×]100[I%YR]	I%YR=2.88
3000[PMT]	3,000.00	[STO]1	I%YR=2.88
[PV]	−14,182.13	3000[PMT]	PMT=3,000.00
[■][STO]2	−14,182.13	[PV]	PV=−14,182.13
		[STO]2	PV=−14,182.13

▸ 2단계 : 은퇴 전 수입에 대한 필요보장액

※ 기시급 설정

HP 12C		BAⅡ PLUS	
키 입력	화면 표시	키 입력	화면 표시
[f][CLEAR FIN]	0.00	[2nd][CLR TVM]	0.00
20[n]	20.00	20[N]	N=20.00 ◁
[RCL]1[i]	2.88	[RCL]1[I/Y]	I/Y=2.88 ◁
2000[PMT]	2,000.00	2000[PMT]	PMT=2,000.00 ◁
[PV]	**−30,942.41**	[CPT][PV]	PV=**−30,942.41***
[CHS][FV]	30,942.41	[FV]	FV=−30,942.41 ◁
5[n]	5.00	5[N]	N=5.00 ◁
0[PMT]	0.00	0[PMT]	PMT=0.00 ◁
[PV]	**−26,841.20**	[CPT][PV][+/−]	**−26,841.20***
[STO][+]2	−26,841.20	[STO][+]2	−26,841.20

HP 10BⅡ		HP 17BⅡ	
키 입력	화면 표시	키 입력	화면 표시
20[N]	20.00	[■][CLEAR DATA]	
[RCL]1[I/YR]	2.88	20[N]	N=20.00
2000[PMT]	2,000.00	[RCL]1[I%YR]	I%YR=2.88
[PV]	**−30,942.41**	2000[PMT]	PMT=2,000.00
[+/−][FV]	30,942.41	[PV]	PV=**−30,942.41**
5[N]	5.00	[+/−][FV]	FV=30,942.41
0[PMT]	0.00	5[N]	N=5.00
[PV]	**−26,841.20**	0[PMT]	PMT=0.00
[■][STO][+]2	−26,841.20	[PV]	PV=**−26,841.20**
		[STO][+]2	−26,841.20

▸3단계 : 은퇴 후 수입에 대한 필요보장액

※ 기시급 설정

HP 12C		BA Ⅱ PLUS	
키 입력	화면 표시	키 입력	화면 표시
[f][CLEAR FIN]	0.00	[2nd][CLR TVM]	0.00
30[n]	30.00	30[N]	N=30.00◁
[RCL]1[i]	2.88	[RCL]1[I/Y]	I/Y=2.88◁
1500[PMT]	1,500.00	1500[PMT]	PMT=1,500.00◁
[PV]	**−30,704.95**	[CPT][PV]	PV=**−30,704.95***
[CHS][FV]	30,704.95	[FV]	FV=−30,704.95◁
25[n]	25.00	25[N]	N=25.00◁
0[PMT]	0.00	0[PMT]	PMT=0.00◁
[PV]	**−15,081.60**	[CPT][PV][+/−]	PV=**−15,081.60***
[STO][+]2	−15,081.60	[STO][+]2	−15,081.60
[RCL]2	**−56,104.93**	[RCL]2	**−56,104.93**

HP 10B Ⅱ		HP 17B Ⅱ	
키 입력	화면 표시	키 입력	화면 표시
30[N]	30.00	[■][CLEAR DATA]	
[RCL]1[I/YR]	2.88	30[N]	N=30.00
1500[PMT]	1,500.00	[RCL]1[I%YR]	I%YR=2.88
[PV]	**−30,704.95**	1500[PMT]	PMT=1,500.00
[+/−][FV]	30,704.95	[PV]	PV=**−30,704.95**
25[N]	25.00	[+/−][FV]	FV=30,704.95
0[PMT]	0.00	25[N]	N=25.00
[PV]	**−15,081.60**	0[PMT]	PMT=0.00
[■][STO][+]2	−15,081.60	[PV]	PV=**−15,081.60**
[RCL]2	**−56,104.93**	[STO][+]2	−15,081.60
		[RCL]2	**−56,104.93**

답 5억 6,104.93만 원

• 현금흐름 방식

HP 12C		BAⅡ PLUS	
키 입력	화면 표시	키 입력	화면 표시
[f][CLEAR REG]	0.00	[CF][2nd][CLEAR WORK]	CF0=0.00
3000[g][CFo]	3,000.00	3000[ENTER]	CF0=3,000.00◁
3000[g][CFj]	3,000.00	[↓]3000[ENTER]	C01=3,000.00◁
4[g][Nj]	4.00	[↓]4[ENTER]	F01=4.00◁
2000[g][CFj]	2,000.00	[↓]2000[ENTER]	C02=2,000.00◁
20[g][Nj]	20.00	[↓]20[ENTER]	F02=20.00◁
1500[g][CFj]	1,500.00	[↓]1500[ENTER]	C03=1,500.00◁
30[g][Nj]	30.00	[↓]30[ENTER]	F03=30.00◁
1.04[ENTER]	1.04	[NPV]	I=0.00
1.07[△%][i]	2.88	1.07[÷]1.04[−]	I 1.03
[f][NPV]	56,104.93	1[×]100[=][ENTER]	I=2.88◁
		[↓][CPT]	56,104.93*

HP 10BⅡ		HP 17BⅡ	
키 입력	화면 표시	키 입력	화면 표시
[■][C ALL]	0.00	[FIN][CFLO]	FLOW(0)=?
3000[CFj]	3,000.00	[■][CLEAR DATA]	CLEAR THE LIST?
3000[CFj]	3,000.00	[YES]	FLOW(0)=?
4[■][Nj]	4.00	3000[INPUT]	FLOW(1)=? 3,000.00
2000[CFj]	2,000.00	3000[INPUT]	#TIMES(1)=1 1.00
20[■][Nj]	20.00	4[INPUT]	FLOW(2)=? 4.00
1500[CFj]	1,500.00	2000[INPUT]	#TIMES(2)=1 1.00
30[■][Nj]	30.00	20[INPUT]	FLOW(3)=? 20.00
1.04[INPUT]1.07	1.04	1500[INPUT]	#TIEMES(3)=1 1.00
[■][%CHG][I/YR]	2.88	30[INPUT]	FLOW(4)=? 30.00
[■][NPV]	56,104.93	[EXIT][CALC]	
		1.07[÷]1.04[−]	1.03−
		1[×]100[I%]	I%=2.88
		[NPV]	NPV=56,104.93

답 5억 6,104.93만 원

유제 1 김종열·진유선씨 부부는 생명보험 필요보장액을 계산하고자 한다. 남편 김종열씨가 사망할 경우, 현재를 기준으로 하여 부양가족 양육비로 4,000만 원, 은퇴 전 수입으로 3,000만 원, 은퇴 후 수입으로 2,500만 원을 필요로 한다. 부양가족 양육기간은 지금부터 막내 성준이가 독립하는 때(진유선씨가 35세부터 43세)까지, 은퇴전 기간은 진유선씨가 44세부터 64세까지, 은퇴후 기간은 진유선씨가 65세부터 89세까지로 생각하고 있다. 필요수입은 매년초에 발생하고, 향후 예상 물가상승률은 3%이며, 세후투자수익률은 연 6%라 가정할 때, 부인 진유선씨의 생애수입을 위한 남편 김종열씨의 생명보험 필요보장액은 얼마인가?

답 8억 8,367.86만 원

유제 2 민철수 신영이씨 부부는 생명보험 필요보장액을 계산하려 한다. 만약 남편 민철수씨가 사망할 경우, 현재기준 부양가족 양육비로 2,500만 원, 은퇴전 수입으로 1,800만 원, 은퇴후 수입으로 1,500만 원을 생각하고 있다. 부양가족 양육기간은 지금부터 막내 지영 양이 독립하는 때(신영이씨가 37세부터 42세)까지, 은퇴전 기간은 신영이씨가 43세부터 57세까지, 은퇴후 기간은 신영이씨가 58세부터 87세까지로 생각하고 있다. 필요수입은 매년초에 발생하고, 향후 예상 물가상승률은 3.5%이며, 세후투자수익률은 연 6.5%라 가정할 때, 부인 신영이씨의 생애수입을 위한 남편 민철수씨의 생명보험 필요보장액은 얼마인가?

답 4억 9,569.76만 원

쉬어가는 바닥

n?

개인재무관리 계산이나 일반 계산시 n이 주어진 경우에는 문제가 없지만 n을 구하여 계산할 경우, 즉 나이나 연도만 주어진 경우에는 어떻게 하여야 할지 궁금할 수 있습니다. 기본예제 III-3-4를 통하여 'n'을 구하는 간단한 방법을 소개할까 합니다.

부양가족 양육기에 대한 필요보장액 계산시 'n'은 수입횟수가 몇 번인가입니다. 이 시기는 문제의 지문상 최은희씨가 35세부터 39세까지 필요하며, 필요수입은 매년 초에 발생한다고 되어 있습니다. 수입횟수 또는 저축횟수 등 연금의 PMT를 활용할 경우의 'n'은 양편산입으로 보면 됩니다. 따라서 'n'은 '39세−35세+1', 즉 5가 됩니다.

은퇴 전 수입에 대한 필요보장액 계산시 'n'은 수입횟수가 몇 번인가와 이 시기가 몇 년 후부터 일어나는가로 구분됩니다. 먼저 수입횟수를 살펴보면 이 시기는 최은희씨가 40세부터 59세까지로 되어 있습니다. 앞의 부양가족 양육기(35세부터 39세까지)의 다음 시기임을 알 수 있습니다.

앞에서 본 바와 같이 수입횟수는 양편산입으로 계산하면, 즉 '59세−40세+1'로 수입횟수 'n'은 20이 됩니다.

이 시기가 몇 년 후부터 일어나는가의 대기기간은 한편 산입으로 보면 됩니다. 즉 지문상 최은희씨의 현재 나이가 35세이고 은퇴 전 수입이 최초로 발생하기 시작하는 것이 40세이기 때문에 '40세−35세'로 '5'가 됩니다. 이 '5'는 앞의 부양기 수입의 수입횟수와 동일합니다.

은퇴 후 수입에 대한 필요보장액 계산시 수입횟수는 양편산입으로 '89세−60세+1', 즉 30이 되고 대기기간은 한편 산입으로 '60세−35세', 즉 25가 되며 이 '25'는 앞의 부양기 수입횟수 5와 은퇴 전 수입횟수 20을 합친 것과 동일합니다.

기본예제 III-3-5 은퇴자금 설계 : 매년 일정금액 저축

채영석씨는 20년 후 은퇴를 계획하고 있다. 은퇴기간은 30년이며, 은퇴수입은 매년초 발생하며 현재 물가수준으로 3,000만 원을 예상하고 있다. 예상하는 인플레이션율은 4%이고, 은퇴자금의 세후투자수익률은 연이율 6% 연복리이다. 계획된 은퇴생활을 위하여 매년초 일정금액을 저축할 경우 저축금액은 얼마인가?

- 전통적 방식

※ 기시급 설정

HP 12C		BA II PLUS	
키 입력	화면 표시	키 입력	화면 표시
[f][CLEAR FIN]	0.00	[2nd][CLR TVM]	0.00
20[n]	20.00	20[N]	N=20.00◁
4[i]	4.00	4[I/Y]	I/Y=4.00◁
3000[PV]	3,000.00	3000[PV]	PV=3,000.00◁
[FV]	**−6,573.37**	[CPT][FV]	FV=**−6,573.37***
[CHS][PMT]	6,573.37	[PMT]	PMT=−6,573.37◁
30[n]	30.00	30[N]	N=30.00◁
1.04[ENTER]	1.04	1.06[÷]1.04[−]	
1.06[△%][i]	1.92	1[×]100[=][I/Y]	I/Y=1.92◁
0[FV]	0.00	0[FV]	FV=0.00◁
[PV]	**−151,650.63**	[CPT][PV]	PV=**151,650.63***
[CHS][FV]	151,650.63	[FV]	FV=151,650.63◁
20[n]	20.00	20[N]	N=20.00◁
6[i]	6.00	6[I/Y]	I/Y=6.00◁
0[PV]	0.00	0[PV]	PV=0.00◁
[PMT]	**−3,889.20**	[CPT][PMT]	PMT=**−3,889.20***

HP 10BⅡ		HP 17BⅡ	
키 입력	화면 표시	키 입력	화면 표시
[■][C ALL]	0.00	[FIN][TVM]	
20[N]	20.00	[■][CLEAR DATA]	
4[I/YR]	4.00	20[N]	N=20.00
3000[PV]	3,000.00	4[I%YR]	I%YR=4.00
[FV]	**−6,573.37**	3000[PV]	PV=3,000.00
[+/−][PMT]	6,573.37	[FV]	FV=**−6,573.37**
30[N]	30.00	[+/−][PMT]	PMT=6,573.37
1.04[INPUT]1.06		30[N]	N=30.00
[■][%CHG][I/YR]	1.92	1.06[÷]1.04[−]	1.02−
0[FV]	0.00	1[×]100[I%YR]	I%YR=1.92
[PV]	**−151,650.63**	0[FV]	FV=0.00
[+/−][FV]	151,650.63	[PV]	PV=**−151,650.63**
20[N]	20.00	[+/−][FV]	FV=151,650.63
6[I/YR]	6.00	20[N]	N=20.00
0[PV]	0.00	6[I%YR]	I%YR=6.00
[PMT]	**−3,889.20**	0[PV]	PV=0.00
		[PMT]	PMT=**−3,889.20**

답 3,889.20만 원

• K율 방식

※ 기시급 설정

HP 12C		BAⅡ PLUS	
키 입력	화면 표시	키 입력	화면 표시
30[n]	30.00	[2nd][CLR TVM]	0.00
1.04[ENTER]	1.04	30[N]	N=30.00◁
1.06[△%][i]	1.92	1.06[÷]1.04[−]	
3000[PMT]	3,000.00	1[×]100[=][I/Y]	I/Y=1.92◁
[PV]	**−69,211.37**	3000[PMT]	PMT=3,000.00◁
[CHS][FV]	−69,211.37	[CPT][PV]	PV=**−69,211.37***
20[n]	20.00	[FV]	FV=−69,211.37◁
0[PMT]	0.00	20[N]	N=20.00◁
[PV]	**−47,285.38**	0[PMT]	PMT=0.00◁
6[i]	6.00	[CPT][PV]	PV=**47,285.38***
0[FV]	0.00	6[I/Y]	I/Y=6.00◁
[PMT]	**3,889.20**	0[FV]	FV=0.00◁
		[CPT][PMT]	PMT=**−3,889.20***

HP 10BⅡ		HP 17BⅡ	
키 입력	화면 표시	키 입력	화면 표시
[■][C ALL]	0.00	[FIN][TVM]	
30[N]	30.00	[■][CLEAR DATA]	
1.04[INPUT]1.06		30[N]	30.00
[■][%CHG][I/YR]	1.92	1.06[÷]1.04[−]	1.02−
3000[PMT]	3,000.00	1[×]100[I%YR]	I%YR=1.92
[PV]	**−69,211.37**	3000[PMT]	PMT=3,000.00
[+/−][FV]	69,211.37	[PV]	PV=**−69,211.37**
20[N]	20.00	[+/−][FV]	FV=69,211.37
0[PMT]	0.00	20[N]	N=20.00
[PV]	**−47,285.38**	0[PMT]	PMT=0.00
6[I/YR]	6.00	[PV]	PV=**−47,285.38**
0[FV]	0.00	6[I%YR]	I%YR=6.00
[PMT]	**3,889.20**	0[FV]	FV=0.00
		[PMT]	PMT=**3,889.20**

답 3,889.20만 원

• 현금흐름 방식

※ 기시급 설정

HP 12C		BAⅡ PLUS	
키 입력	화면 표시	키 입력	화면 표시
[f][CLEAR REG]	0.00	[CF][2nd][CLEAR WORK]	CF0=0.00
0[g][CFj]	0.00	[↓][↓]19[ENTER]	F01=19.00◁
19[g][Nj]	19.00	[↓]3000[ENTER]	C02=3,000.00◁
3000[g][CFj]	3,000.00	[↓]30[ENTER]	F02=30.00◁
30[g][Nj]	30.00	[NPV]	I=0.00
1.04[ENTER]1.06		1.06[÷]1.04[−]	
[△%][i]	1.92	1[×]100[=][ENTER]	I=1.92◁
[f][NPV]	47,285.38	[↓][CPT]	NPV=47,285.38*
20[n]	20.00	[CE/C]	47,285.38
6[i]	6.00	[2nd][CLR TVM][PV]	PV=47,285.38◁
[PMT]	−3,889.20	20[N]	N=20.00◁
		6[I/Y]	I/Y=6.00◁
		[CPT][PMT]	PMT=3,889.20*

HP 10BⅡ		HP 17BⅡ	
키 입력	화면 표시	키 입력	화면 표시
[■][C ALL]	0.00	[FIN][CFLO]	FLOW(0)=?
0[CFj]	0.00	[■][CLEAR DATA]	CLEAR THE LIST?
0[CFj]	0.00	[YES]	FLOW(0)=?
19[■][Nj]	19.00	0[INPUT]	FLOW(1)=? 0.00
3000[CFj]	3,000.00	0[INPUT]	# TIMES(1)=1 1.00
30[■][Nj]	30.00	19[INPUT]	FLOW(2)=? 19.00
1.04[INPUT]1.06		3000[INPUT]	# TIMES(2)=1 1.00
[■][%CHG][I/YR]	1.92	30[INPUT]	FLOW(3)=? 30.00
[■][NPV]	47,285.38	[EXIT][CALC]	
20[N]	20.00	1.06[÷]1.04[−]	1.02−
6[I/YR]	6.00	1[×]100[I%]	I%=1.92
[PMT]	−3,889.20	[NPV]	NPV=47,285.38
		[STO]1	NPV=47,285.38
		[EXIT][EXIT][TVM]	1P/YR BEGIN MODE
		[■][CLEAR DATA]	
		[RCL]1[PV]	PV=47,285.38
		20[N]	N=20.00
		6[I%YR]	I%YR=6.00
		[PMT]	PMT=−3,889.20

답 3,889.20만 원

유제 1 지석훈씨는 18년 후 은퇴를 계획하고 있다. 은퇴기간은 25년, 은퇴수입은 매년초 발생하며 현재 물가수준으로 2,500만 원을 예상하고 있다. 예상 인플레이션율이 3%이고, 은퇴자금의 세후투자수익률은 연이율 7% 연복리일 때, 계획된 은퇴생활을 위하여 매년초 일정금액을 저축할 경우 저축금액은 얼마인가? 답 1,922.25만 원

유제 2 문영진씨는 27년 후 은퇴를 계획하고 있다. 은퇴기간은 20년이며, 은퇴수입은 매년초 발생하며 현재 물가수준으로 4,000만 원을 예상하고 있다. 예상하는 인플레이션율은 3.5%이고, 은퇴자금의 세후투자수익률은 연이율 8.7% 연복리이다. 계획된 은퇴생활을 위하여 매년초 일정금액을 저축할 경우 저축금액은 얼마인가?

답 1,243.90만 원

기본예제 III-3-6 은퇴자금 설계 : 매년 일정 금액 증가(연초 저축)

홍주경씨는 15년 후 은퇴를 계획하고 있다. 은퇴기간은 25년이며, 은퇴수입은 매년초 발생하며 현재 물가수준으로 2,000만 원을 예상하고 있다. 예상하는 인플레이션율은 4%이고, 은퇴자금의 세후투자수익률은 연 8% 연복리이다. 계획된 은퇴생활을 위하여 매년초 저축을 하되 매년 10%씩 저축금액을 증가시킬 경우 처음 저축금액은 얼마인가?

• 전통적 방식

※ 기시급 설정

HP 12C		BA II PLUS	
키 입력	화면 표시	키 입력	화면 표시
[f][CLEAR FIN]	0.00	[2nd][CLR TVM]	0.00
15[n]	15.00	15[N]	N=15.00◁
4[i]	4.00	4[I/Y]	I/Y=4.00◁
2000[PV]	2,000.00	2000[PV]	PV=2,000.00◁
[FV]	**−3,601.89**	[CPT][FV]	FV=**−3,601.89***
[CHS][PMT]	3,601.89	[PMT]	PMT=−3,601.89◁
25[n]	25.00	25[N]	N=25.00◁
1.04[ENTER]	1.04	1.08[÷]1.04[−]	
1.08[△%][i]	3.85	1[×]100[=][I/Y]	I/Y=3.85◁
0[FV]	0.00	0[FV]	FV=0.00◁
[PV]	**−59,395.06**	[CPT][PV]	PV=**59,395.06***
[CHS][FV]	59,395.06	[FV]	FV=59,395.06◁
15[n]	15.00	15[N]	N=15.00◁
8[i]	8.00	8[I/Y]	I/Y=8.00◁
0[PMT]	0.00	0[PMT]	PMT=0.00◁
[PV]	**−18,723.80**	[CPT][PV]	PV=**−18,723.80***
1.1[ENTER]	1.10	1.08[÷]1.1[−]	
1.08[△%][i]	−1.82	1[×]100[=][I/Y]	I/Y=−1.82◁
0[FV]	0.00	0[FV]	FV=0.00◁
[PMT]	**1,094.35**	[CPT][PMT]	PMT=**1,094.35***

HP 10BⅡ		HP 17BⅡ	
키 입력	화면 표시	키 입력	화면 표시
[■][C ALL]	0.00	[FIN][TVM]	
15[N]	15.00	[■][CLEAR DATA]	
4[I/YR]	4.00	15[N]	N=15.00
2000[PV]	2,000.00	4[I%YR]	I%YR=4.00
[FV]	**−3,601.89**	2000[PV]	PV=2,000.00
[+/−][PMT]	3,601.89	[FV]	FV=**−3,601.89**
25[N]	25.00	[+/−][PMT]	PMT=−3,601.89
1.04[INPUT]1.08		25[N]	N=25.00
[■][%CHG][I/YR]	3.85	1.08[÷]1.04[−]	1.04−
0[FV]	0.00	1[×]100[I%YR]	I%YR=3.85
[PV]	**−59,395.06**	0[FV]	FV=0.00
[+/−][FV]	59,395.06	[PV]	PV=**−59,395.06**
15[N]	15.00	[+/−][FV]	FV=59,395.06
8[I/YR]	8.00	15[N]	N=15.00
0[PMT]	0.00	8[I%YR]	I%YR=8.00
[PV]	**−18,723.80**	0[PMT]	PMT=0.00
1.1[INPUT]1.08		[PV]	PV=**−18,723.80**
[■][%CHG][I/YR]	−1.82	1.08[÷]1.1[−]	0.98−
0[FV]	0.00	1[×]100[I%YR]	I%YR=−1.82
[PMT]	**1,094.35**	0[FV]	FV=0.00
		[PMT]	PV=**1,094.35**

답 1,094.35만 원

• K율 방식

※ 기시급 설정

HP 12C		BA Ⅱ PLUS	
키 입력	화면 표시	키 입력	화면 표시
[f][CLEAR FIN]	0.00	[2nd][CLR TVM]	0.00
25[n]	25.00	25[N]	N=25.00◁
1.04[ENTER]	1.04	1.08[÷]1.04[−]	
1.08[△%][i]	3.85	1[×]100[=][I/Y]	I/Y=3.85◁
2000[PMT]	2,000.00	2000[PMT]	PMT=2,000.00◁
[PV]	**−32,979.97**	[CPT][PV]	PV=−**32,979.97***
[CHS][FV]	32,979.97	[FV]	FV=−32,979.97◁
15[n]	15.00	15[N]	N=15.00◁
0[PMT]	0.00	0[PMT]	PMT=0.00◁
[PV]	**−18,723.80**	[CPT][PV]	PV=**18,723.80***
1.1[ENTER]	1.10	1.08[÷]1.1[−]	
1.08[△%][i]	−1.82	1[×]100[=][I/Y]	I/Y=−1.82◁
0[FV]	0.00	0[FV]	FV=0.00◁
[PMT]	**1,094.35**	[CPT][PMT]	PMT=−**1,094.35***

HP 10B Ⅱ		HP 17B Ⅱ	
키 입력	화면 표시	키 입력	화면 표시
[■][C ALL]	0.00	[FIN][TVM]	
25[N]	25.00	[■][CLEAR DATA]	
1.04[INPUT]1.08		25[N]	N=25.00
[■][%CHG][I/YR]	3.85	1.08[÷]1.04[−]	1.04−
2000[PMT]	2,000.00	1[×]100[I%YR]	I%YR=3.85
[PV]	**−32,979.97**	2000[PMT]	PMT=2,000.00
[+/−][FV]	32,979.97	[PV]	PV=−**32,979.97**
15[N]	15.00	[+/−][FV]	FV=32,979.97
0[PMT]	0.00	15[N]	N=15.00
[PV]	**−18,723.80**	0[PMT]	PMT=0.00
1.1[INPUT]1.08		[PV]	PV=−**18,723.80**
[■][%CHG][I/YR]	−1.82	1.08[÷]1.1[−]	0.98−
0[FV]	0.00	1[×]100[I%YR]	I%YR=−1.82
[PMT]	**1,094.35**	0[FV]	FV=0.00
		[PMT]	PMT=**1,094.35**

답 1,094.35만 원

• 현금흐름 방식

※ 기시급으로 설정

HP 12C		BA II PLUS	
키 입력	화면 표시	키 입력	화면 표시
[f][CLEAR REG]	0.00	[CF][2nd][CLEAR WORK]	CF0=0.00
0[g][CFj]	0.00	[↓][↓]14[ENTER]	F01=14.00◁
14[g][Nj]	14.00	[↓]2000[ENTER]	C02=2,000.00◁
2000[g][CFj]	2,000.00	[↓]25[ENTER]	F02=25.00◁
25[g][Nj]	25.00	[NPV]	I=0.00
1.04[ENTER]1.08		1.08[÷]1.04[−]	
[△%][i]	3.85	1[×]100[=][ENTER]	I=3.85◁
[f][NPV]	18,723.80	[↓][CPT]	NPV=18,723.80*
15[n]	15.00	[CE/C]	18,723.80
1.1[ENTER]1.08		[2nd][CLR TVM][PV]	PV=18,723.80◁
[△%][i]	−1.82	15[N]	N=15.00◁
[PMT]	−1,094.35	1.08[÷]1.1[−]	
		1[×]100[=][I/Y]	I/Y=−1.82◁
		[CPT][PMT]	PMT=−1,094.35*

HP 10BⅡ		HP 17BⅡ	
키 입력	화면 표시	키 입력	화면 표시
[f][CLEAR REG]	0.00	[FIN][CFLO]	FLOW(0)=?
0[CFj]	0.00	[■][CLEAR DATA]	CLEAR THE LIST?
0[CFj]	0.00	[YES]	FLOW(0)=?
14[■][Nj]	14.00	0[INPUT]	FLOW(1)=? 0.00
2000[CFj]	2,000.00	0[INPUT]	# TIMES(1)=1 1.00
25[■][Nj]	25.00	14[INPUT]	FLOW(2)=? 14.00
1.04[INPUT]1.08		2000[INPUT]	# TIMES(2)=1 1.00
[■][%CHG][I/YR]	3.85	25[INPUT]	FLOW(3)=? 25.00
[■][NPV]	18,723.80	[EXIT][CALC]	
15[N]	15.00	1.08[÷]1.04[−]	1.04−
1.1[INPUT]1.08		1[×]100[I%]	I%=3.85
[■][%CHG][I/YR]	−1.82	[NPV]	NPV=18,723.80
[PMT]	−1,094.35	[STO]1	NPV=18,723.80
		[EXIT][EXIT][TVM]	
		[RCL]1[PV]	PV=18,723.80
		15[N]	N=15.00
		1.08[÷]1.1[−]	
		1[×]100[I%YR]	I%YR=−1.82
		[PMT]	PMT=−1,094.35

답 1,094.35만 원

유제 1 주인식씨는 20년 후 은퇴를 계획하고 있다. 은퇴기간은 30년, 은퇴수입은 매년초 발생하며 현재 물가수준으로 2,500만 원을 예상하고 있다. 예상 인플레이션율이 3%이고, 은퇴자금의 세후투자수익률은 연이율 7% 연복리일 때, 계획된 은퇴생활을 위하여 매년초 저축을 하되, 매년 5%씩 저축금액을 증가시킬 경우 처음 저축금액은 얼마인가?

답 1,264.21만 원

유제 2 윤치영씨는 27년 후 은퇴를 계획하고 있다. 은퇴기간은 25년이며, 은퇴수입은 매년초 발생하며 현재 물가수준으로 3,000만 원을 예상하고 있다. 예상하는 인플레이션율은 4%이고, 은퇴자금의 세후투자수익률은 연이율 8% 연복리이다. 계획된 은퇴생활을 위하여 매년초 저축하되, 매년 10%씩 저축금액을 증가시킬 생각이다. 처음 저축금액은 얼마인가?

답 515.72만 원

기본예제 III-3-7 은퇴자금 설계 : 매년 일정 금액 증가(연말 저축)

신상은씨는 30년 후 은퇴를 계획하고 있다. 은퇴기간은 35년이며, 은퇴수입은 매년초 발생하며 현재 물가수준으로 4,000만 원을 예상하고 있다. 예상하는 인플레이션율은 4%이고, 은퇴자금의 세후투자수익률은 연 8% 연복리이다. 계획된 은퇴생활을 위하여 매년 말 저축을 하되 매년 5%씩 저축 금액을 증가시킬 경우 처음 저축금액은 얼마인가?

• 전통적 방식

※ 기시급 설정에서 기말급 설정으로 전환

HP 12C		BA Ⅱ PLUS	
키 입력	화면 표시	키 입력	화면 표시
[f]][CLEAR FIN]	0.00	[2nd][CLR TVM]	0.00
30[n]	30.00	30[N]	N=30.00◁
4[i]	4.00	4[I/Y]	I/Y=4.00◁
4000[PV]	4,000.00	4000[PV]	PV=4,000.00◁
[FV]	**−12,973.59**	[CPT][FV]	FV=−12,973.59*
[CHS][PMT]	12,973.59	[PMT]	PMT=**−12,973.59**◁
[g][BEG]	12,973.59	[2nd][BGN]	END
35[n]	35.00	[2nd][SET]	BGN
1.04[ENTER]	1.04	[2nd][QUIT]	0.00
1.08[△%][i]	3.85	35[N]	N=35.00◁
0[FV]	0.00	1.08[÷]1.04[−]	
[PV]	**−256,798.18**	1[×]100[=][I/Y]	I/Y=3.85◁
[CHS][FV]	256,798.18	0[FV]	FV=0.00◁
30[n]	30.00	[CPT][PV]	PV=**256,798.18***
8[i]	8.00	[FV]	FV=256,798.18◁
0[PMT]	0.00	30[N]	N=30.00◁
[PV]	**−25,519.92**	8[I/Y]	I/Y=8.00◁
[g][END]	−25,519.92	0[PMT]	PMT=0.00◁
1.05[ENTER]	1.05	[CPT][PV]	PV=**−25,519.92***
1.08[△%][i]	2.86	[2nd][BGN]	BGN
0[FV]	0.00	[2nd][SET]	END
[PMT]	**1,278.08**	[2nd][QUIT]	0.00
1.05[×]	1,341.98	1.08[÷]1.05[−]	
		1[×]100[=][I/Y]	I/Y=2.86◁
		0[FV]	FV=0.00◁
		[CPT][PMT]	PMT=**1,278.08***
		[×]1.05[=]	1,341.98

HP 10BⅡ		HP 17BⅡ	
키 입력	화면 표시	키 입력	화면 표시
[■][C ALL]	0.00	[FIN][TVM]	0.00
30[N]	30.00	[■][CLEAR DATA]	
4[I/YR]	4.00	30[N]	N=30.00
4000[PV]	4,000.00	4[I%YR]	I%YR=4.00
[FV]	**−12,973.59**	4000[PV]	PV=4,000.00
[+/−][PMT]	12,973.59	[FV]	FV=**−12,973.59**
[■][BEG/END]	12,973.59(기시급)	[+/−][PMT]	PMT=12,973.59
35[N]	35.00	[OTHER][BEG][EXIT]	1P/YR BEGIN MODE(기시급)
1.04[INPUT]1.08		35[N]	N=35.00
[■][%CHG][I/YR]	3.85	1.08[÷]1.04[−]	1.04−
0[FV]	0.00	1[×]100[I%YR]	I%YR=3.85
[PV]	**−256,798.18**	0[FV]	FV=0.00
[+/−][FV]	256,798.18	[PV]	PV=**−256,798.18**
30[N]	30.00	[+/−][FV]	FV=256,798.18
8[I/YR]	8.00	30[N]	N=30.00
0[PMT]	0.00	8[I%YR]	I%YR=8.00
[PV]	**−25,519.92**	0[PMT]	PMT=0.00
[■][BEG/END]	−25,519.92(기말급)	[PV]	PV=**−25,519.92**
1.05[INPUT]1.08		[OTHER][END][EXIT]	1P/YR END MODE(기말급)
[■][%CHG][I/YR]	2.86	1.08[÷]1.05[−]	1.03−
0[FV]	0.00	1[×]100[I%YR]	I%YR=2.86
[PMT]	**1,278.08**	0[FV]	FV=0.00
[×]1.05[=]	1,341.98	[PMT]	PMT=**1,278.08**
		[×]1.05[=]	1,341.98

답 1,341.98만 원

• K율 방식

※ 기시급 설정에서 기말급 설정으로 전환

HP 12C		BA Ⅱ PLUS	
키 입력	화면 표시	키 입력	화면 표시
[f][CLEAR FIN]	0.00	[2nd][BGN]	END
[g][BEG]	0.00	[2nd][SET]	BGN
35[n]	35.00	[2nd][QUIT]	0.00
1.04[ENTER]	1.04	[2nd][CLR TVM]	0.00
1.08[△%][i]	3.85	35[N]	N=35.00◁
4000[PMT]	4,000.00	1.08[÷]1.04[−]	
[PV]	**−79,175.67**	1[×]100[=][I/Y]	I/Y=3.85◁
[CHS][FV]	79,175.67	4000[PMT]	PMT=4,000.00◁
30[n]	30.00	[CPT][PV]	PV=**−79,175.67***
0[PMT]	0.00	[FV]	FV=−79,175.67◁
[PV]	**−25,519.92**	30[N]	N=30.00◁
[g][END]	−25,519.92	0[PMT]	PMT=0.00◁
1.05[ENTER]	1.05	[CPT][PV]	PV=**25,519.92***
1.08[△%][i]	2.86	[2nd][BGN]	BGN
0[FV]	0.00	[2nd][SET]	END
[PMT]	**1,278.08**	[2nd][QUIT]	0.00
1.05[×]	1,341.98	1.08[÷]1.05[−]	
		1[×]100[=][I/Y]	I/Y=2.86◁
		0[FV]	FV=0.00◁
		[CPT][PMT]	PMT=**−1,278.08***
		[×]1.05[=]	−1,341.98

HP 10BⅡ		HP 17BⅡ	
키 입력	화면 표시	키 입력	화면 표시
[■][C ALL]	0.00	[FIN][TVM]	
[■][BEG/END]	0.00(기시급)	[■][CLEAR DATA]	
35[N]	35.00	[OTHER][BEG]	1P/YR BEGIN MODE(기시급)
1.04[INPUT]1.08		[EXIT]	
[■][%CHG][I/YR]	3.85	35[N]	N=35.00
4000[PMT]	4,000.00	1.08[÷]1.04[−]	1.04−
[PV]	**−79,175.67**	1[×]100[I%YR]	I%YR=3.85
[+/−][FV]	79,175.67	4000[PMT]	PMT=4,000.00
30[N]	30.00	[PV]	PV=**−79,175.67**
0[PMT]	0.00	[+/−][FV]	FV=79,175.67
[PV]	**−25,519.92**	30[N]	N=30.00
[■][BEG/END]	−25,519.92(기말급)	0[PMT]	PMT=0.00
1.05[INPUT]1.08		[PV]	PV=**−25,519.92**
[■][%CHG][I/YR]	2.86	[OTHER][END]	1P/YR END MODE(기말급)
0[FV]	0.00	[EXIT]	
[PMT]	**1,278.08**	1.08[÷]1.05[−]	1.03−
[×]1.05[=]	1,341.98	1[×]100[I%YR]	I%YR=2.86
		0[FV]	FV=0.00
		[PMT]	PMT=**1,278.08**
		[×]1.05[=]	1,341.98

답 1,341.98만 원

• 현금흐름 방식

※ 기말급 설정

HP 12C		BA Ⅱ PLUS	
키 입력	화면 표시	키 입력	화면 표시
[f][CLEAR REG]	0.00	[CF][2nd][CLEAR WORK]	CF0=0.00
0[g][CFj]	0.00	[↓][↓]29[ENTER]	F01=29.00◁
29[g][Nj]	29.00	[↓]4000[ENTER]	C02=4,000.00◁
4000[g][CFj]	4,000.00	[↓]35[ENTER]	F02=35.00◁
35[g][Nj]	35.00	[NPV]	I=0.00
1.04[ENTER]	1.04	1.08[÷]1.04[−]	
1.08[△%][i]	3.85	1[×]100[=][ENTER]	I=3.85◁
[f][NPV]	25,519.92	[↓][CPT]	NPV=25,519.92*
30[n]	30.00	[CE/C]	25,519.92
1.05[ENTER]	1.05	[2nd][CLR TVM][PV]	PV=25,519.92◁
1.08[△%][i]	2.86	30[N]	N=30.00◁
[PMT]	−1,278.08	1.08[÷]1.05[−]	
1.05[×]	−1,341.98	1[×]100[=][I/Y]	I/Y=2.86◁
		[CPT][PMT]	PMT=−1,278.08*
		[×]1.05[=]	−1,341.98

HP 10BⅡ		HP 17BⅡ	
키 입력	화면 표시	키 입력	화면 표시
[■][C ALL]	0.00	[FIN][CFLO]	FLOW(0)=?
0[CFj]	0.00	[■][CLEAR DATA]	CLEAR THE LIST?
0[CFj]	0.00	[YES]	FLOW(0)=?
29[■][Nj]	29.00	0[INPUT]	FLOW(1)=? 0.00
4000[CFj]	4,000.00	0[INPUT]	#TIMES(1)=1 1.00
35[■][Nj]	35.00	29[INPUT]	FLOW(2)=? 29.00
1.04[INPUT]1.08		4000[INPUT]	#TIMES(2)=1 1.00
[■][%CHG][I/YR]	3.85	35[INPUT]	FLOW(3)=? 35.00
[■][NPV]	25,519.92	[EXIT][CALC]	
30[N]	30.00	1.08[÷]1.04[−]	1.04−
1.05[INPUT]1.08		1[×]100[I%]	I%=3.85
[■][%CHG][I/YR]	2.86	[NPV]	NPV=25,519.92
[PMT]	−1,278.08	[STO]1	NPV=25,519.92
[×]1.05[=]	−1,341.98	[EXIT][EXIT][TVM]	
		[■][CLEAR DATA]	1P/YR END MODE
		[RCL]1[PV]	PV=25,519.92
		30[N]	N=30.00
		1.08[÷]1.05[−]	1.03−
		1[×]100[I%YR]	I%YR=2.86
		[PMT]	PMT=−1,278.08
		[×]1.05[=]	−1,341.98

답 1,341.98만 원

유제 1 곽기동씨는 22년 후 은퇴를 계획하고 있다. 은퇴기간은 30년이며, 은퇴수입은 매년초 발생하고, 현재 물가수준에서 3,500만 원을 희망하고 있다. 예상 인플레이션율이 3.5%이고, 은퇴자금의 세후투자수익률은 연이율 8% 연복리라 할 때, 계획된 은퇴생활을 위하여 매년말 저축을 하되 매년 10%씩 저축 금액을 증가시킬 경우 처음 저축금액은 얼마인가?

답 955.01만 원

유제 2 윤용운씨는 27년 후 은퇴를 계획하고 있다. 은퇴기간은 25년이며, 은퇴수입은 매년초 발생하고, 현재 물가수준에서 4,500만 원을 희망하고 있다. 예상 인플레이션율이 4%이고, 은퇴자금의 세후투자수익률은 연이율 8.5% 연복리라 할 때, 계획된 은퇴생활을 위하여 매년말 저축을 하되 매년 7%씩 저축 금액을 증가시킬 경우 처음 저축금액은 얼마인가?

답 1,081.14만 원

제 4 장 고급활용

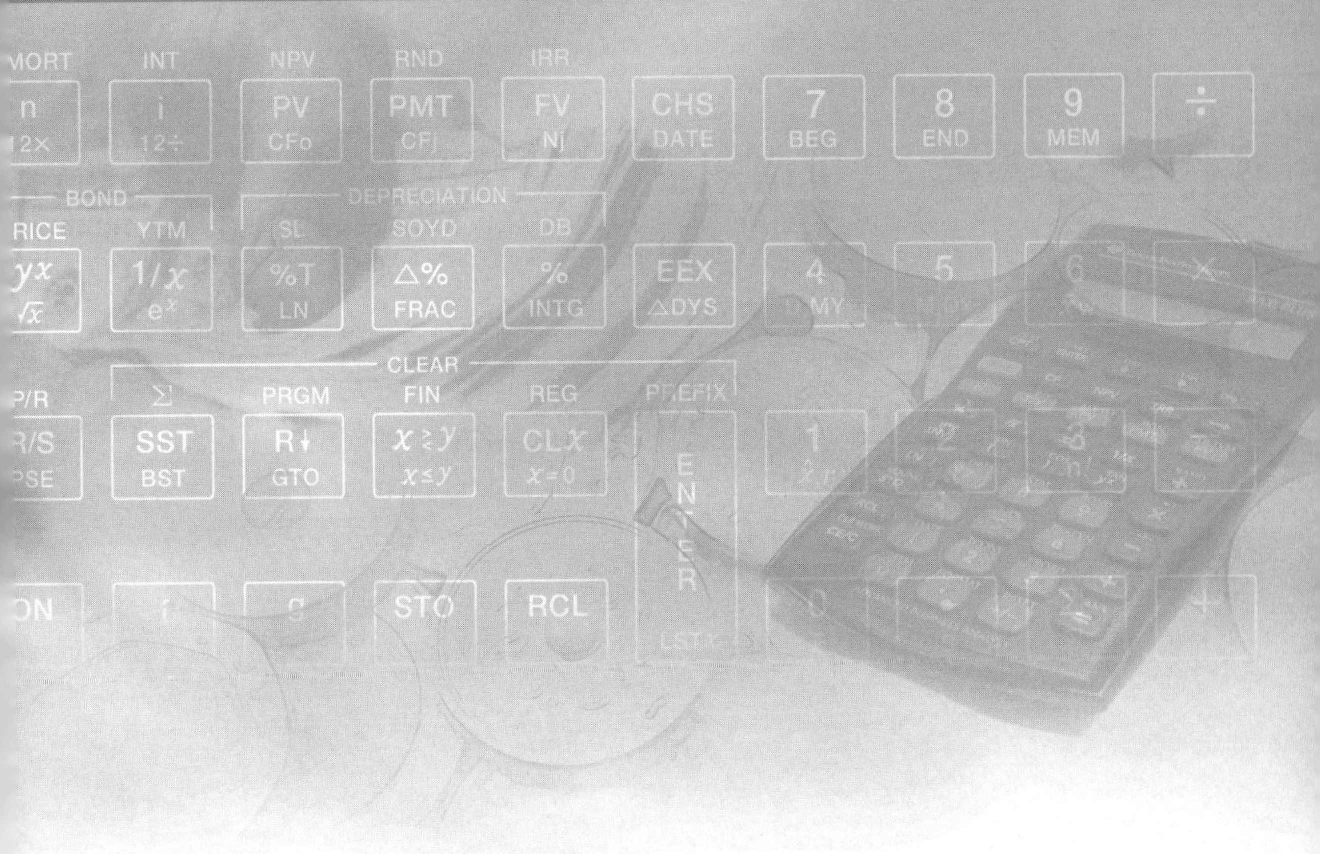

제4장 고급활용

1. 상환

상환(Amortization)은 대출금을 갚아 나가는 동안 매기 동일한 지급금액 중에 포함된 원금, 이자 및 대출잔액을 각각 산출하는 것이다. 이를 위해서는 화폐의 시간가치에 의한 PMT의 산출이 기본적으로 전제되어야 한다.

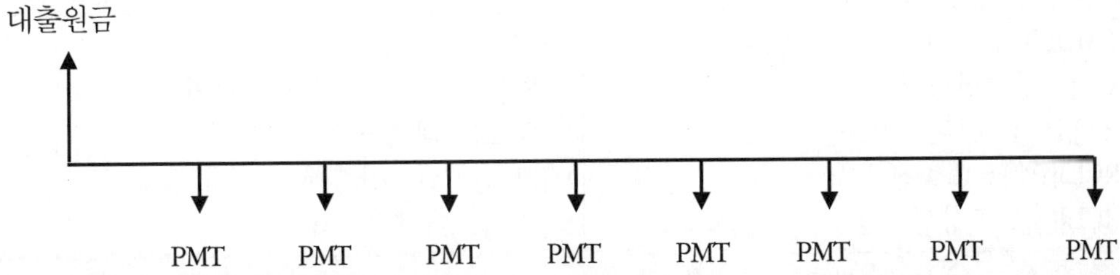

예를 들어 1억 원을 연복리 8%에 빌려 5년간 매년말에 동일액을 상환한다고 할 경우, 매년 상환액은 계산기에서 기말급모드로 [n] : 5, [i] : 8, [PV] : 10,000을 입력하여 구한 PMT, 즉 2,504만 5,600원이 된다. 그러나 매년 상환액이 동일하다고 하여 매년 대출원금이 동일하게 감소하는 것은 아니다. 상환초기에는 이자가 많은 반면, 원금감소분이 적으며, 상환 후기로 갈수록 이자가 줄어들고 원금 감소분이 증가하게 된다.

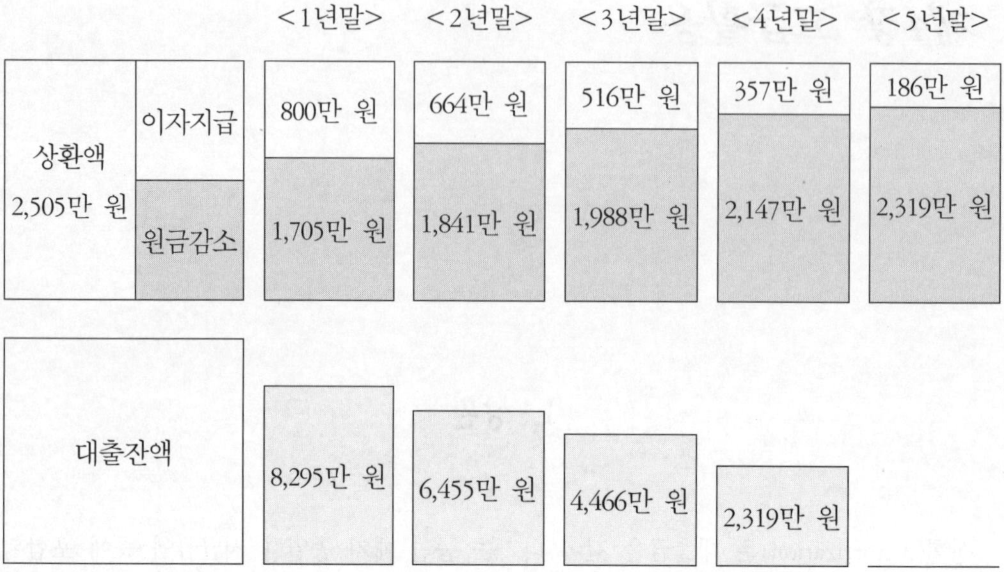

【재무계산기 사용키 및 레이블】

HP 12C	BA Ⅱ PLUS
• [AMORT] : 이자지급액 • [x≷y] : 원금상환액 • [R↓][R↓] : 상환기간 범위 • [RCL][PV] : 대출잔액 • [RCL][n] : 총상환기간	• [P1] : 기간내 최초 상환횟수 • [P2] : 기간내 마지막 상환횟수 • [BAL] : 대출잔액 • [PRN] : 원금상환액 • [INT] : 이자지급액
HP 10BⅡ	**HP 17BⅡ**
• [AMORT] : 상환계산 기본 키, 누르면 화면 내 상환기간 범위 표시 • [=] : 이자지급액(화면에 INT 표시) • [=][=] : 원금상환액(화면에 PRIN 표시) • [=][=][=] : 대출잔액(화면에 BAL 표시) • [INPUT] : 상환기간 범위 설정	• [AMRT] : 상환 기본메뉴 • [#P] : 상환횟수 • [PRIN] : 원금상환액 • [INT] : 이자지급액 • [BAL] : 대출잔액 • [NEXT] : 다음 상환일정 • [TABLE] : 상환테이블 프린트

기본예제 Ⅳ-1-1 대출잔액

김기수씨는 주택을 구입하면서 은행으로부터 주택모기지 1억 원을 대출받았다. 이 주택모기지는 매월말 원리금을 균등 상환하며, 대출기간은 10년이고 연이율은 8% 월복리이다. 1년간 상환하였을 경우 지난 1년간 지급한 이자와 원금 상환액 및 1년 경과 후의 대출잔액을 구하시오.

※ 기말급 설정

HP 12C		BAⅡ PLUS	
키 입력	화면 표시	키 입력	화면 표시
[f][CLEAR FIN]	0.00	[2nd][CLR TVM]	0.00
10[g][12×]	120.00	10[×]12[=][N]	N=120.00◁
8[g][12÷]	0.67	8[÷]12[=][I/Y]	I/Y=0.67◁
10000[PV]	10,000.00	10000[PV]	PV=10,000.00◁
[PMT]	−121.33	[CPT][PMT]	PMT=−121.33*
0[n]	0.00	[2nd][AMORT]	P1=(이전수치)
12[f][AMORT]	−775.40	[2nd][CLR WORK]	P1=1.00
[x≷y]	−680.56	[↓]12[ENTER]	P2=12.00◁
[R↓][R↓]	12.00	[↓]	BAL=9,319.44*
[RCL][PV]	9,319.44	[↓]	PRN=−680.56*
[RCL][n]	12.00	[↓]	INT=−775.40*

HP 10BⅡ		HP 17BⅡ	
키 입력	화면 표시	키 입력	화면 표시
[■][C ALL]	0.00	[FIN][TVM]	SELECT A MENU
10[×]12[N]	120.00	[■][CLEAR DATA]	1 P/YR END MENU
8[÷]12[I/YR]	0.67	10[×]12[N]	N=120.00
10000[PV]	10,000.00	8[÷]12[I%YR]	I%YR=0.67
[PMT]	−121.33	10000[PV]	PV=10,000.00
1[INPUT]12[■][AMORT]	1-12	[PMT]	PMT=−121.33
[=]	−680.56	[OTHER][AMRT]	KEY #PMTS; PRESS{#P}
[=]	−775.40	12[#P]	#P=12 PMTS: 1-12
[=]	9,319.44	[PRIN]	PRINCIPAL=−680.56
		[INT]	INTEREST=−775.40
		[BAL]	BALANCE=9,319.44

답 이자지급액 : 775.40만 원, 원금상환액 : 680.56만 원,
대출잔액 : 9,319.44만 원

유제 1 2002년 3월말에 이동훈씨는 은행으로부터 3,000만 원을 연 12% 월복리로 빌렸다. 대출금은 다음달 말부터 5년에 걸쳐 상환하기로 하였다. 1년 후인 2003년 3월말 이동훈씨의 대출잔액은 얼마인가?

답 2,534.13만 원

유제 2 유제 1에서 2003년 12월말 시점에서의 이동훈씨의 대출잔액은 얼마인가?

답 2,146.44만 원

기본예제 Ⅳ-1-2 원금상환액, 이자지급액

주택자금으로 1,200만 원을 연 9.5% 월복리로 빌려 30년간 매달말 동일액을 상환한다고 할 때 초기 3년간의 원금상환액과 이자지급액을 구하시오. 첫 해는 7월부터 상환한다.

※ 기말급 설정

HP 12C		BAⅡ PLUS	
키 입력	화면 표시	키 입력	화면 표시
[f][CLEAR FIN]	0.00	[2nd][CLR TVM]	0.00
30[g][12×]	360.00	30[×]12[=][N]	N=360.00◁
9.5[g][12÷]	0.79	9.5[÷]12[=][I/Y]	I/Y=0.79◁
12000000[PV]	12,000,000.00	12000000[PV]	PV=12,000,000.00◁
[PMT]	−100,902.50	[CPT][PMT]	PMT=−100,902.50*
0[n]	0.00	[2nd][AMORT]	P1=(이전숫치)
6[f][AMORT]	−569,291.63	[2nd][CLR WORK]	P1=1.00
[x≷y]	−36,123.37	[↓]6[ENTER]	P2=6.00◁
[R↓][R↓]	6.00	[↓]	BAL=11,963,876.63*
[RCL][PV]	11,963,876.63	[↓]	PRN=−36,123.37*
[RCL][n]	6.00	[↓]	INT=−569,291.63*
12[f][AMORT]	−1,133,247.93	[↓]7[ENTER]	P1=7.00◁
[x≷y]	−77,582.07	[↓]18[ENTER]	P2=18.00◁
[R↓][R↓]	12.00	[↓]	BAL=11,886,294.56*
[RCL][PV]	11,886,294.56	[↓]	PRN=−77,582.07*
[RCL][n]	18.00	[↓]	INT=−1,133,247.93*
12[f][AMORT]	−1,125,548.11	[↓][CPT]	P1=19.00◁
[x≷y]	−85,281.89	[↓]	P2=30.00◁
[R↓][R↓]	12.00	[↓]	BAL=11,801,012.67*
[RCL][PV]	11,801,012.67	[↓]	PRN=−85,281.89*
[RCL][n]	30	[↓]	INT=−1,125,548.11*

HP 10BⅡ		HP 17BⅡ	
키 입력	화면 표시	키 입력	화면 표시
[■][C ALL]	0.00	[FIN][TVM]	
30[×]12[N]	360.00	[■][CLEAR DATA]	1 P/YR END MENU
9.5[÷]12[I/YR]	0.79	30[×]10[N]	N=360.00
12000000[PV]	12,000,000.00	9.5[÷][12][I%YR]	I%YR=0.79
[PMT]	−100,902.50	12000000[PV]	PV=12,000,000.00
1[INPUT]6[■][AMORT]	1-6	[PMT]	PMT=−100,902.50
[=]	−36,123.37	[OTHER][AMRT]	KEY #PMTS;PRESS{#P}
[=]	−569,291.63	6[#P]	#P=6 PMTS: 1-6
[=]	11,963,876.63	[PRIN]	PRINCIPAL=−36,123.37
7[INPUT]18	7-18	[INT]	INTEREST=−569,291.63
[■][AMORT]		[BAL]	BALANCE=11,963,876.63
[=]	−77,582.07	12[#P]	#P=12 PMTS: 7-18
[=]	−1,133,247.93	[PRIN]	PRINCIPAL=−77,582.07
[=]	11,886,294.56	[INT]	INTEREST=−1,133,247.93
19[INPUT]30		[BAL]	BALANCE=11,886,294.56
[■][AMORT]	19-30	12[#P]	#P=12 PMTS: 19-30
[=]	−85,281.89	[PRIN]	PRINCIPAL=−85,281.89
[=]	−1,125,548.11	[INT]	INTEREST=−1,125,548.11
[=]	11,801,012.67	[BAL]	BALANCE=11,801,012.67

답 1차년도 : 원금상환 36,123원, 이자지급 569,292원
2차년도 : 원금상환 77,582원, 이자지급 1,133,248원
3차년도 : 원금상환 85,282원, 이자지급 1,125,548원

유제 1 2002년 5월에 5,000만 원을 연 6%로 빌려 1년 후부터 5년간 동일액을 상환한다고 할 때 2003년 5월에 지급할 원금과 이자는 각각 얼마인가?

답 원금 8,869,820원, 이자 3,000,000원

유제 2 2002년 2월에 은행으로부터 주택자금으로 3000만 원을 연 7.5% 월복리로 빌려 3월부터 20년간 매달말 동일액을 상환하여 간다고 할 때 2002년중에 상환되는 원금과 이자는 각각 얼마인가?

답 원금 557,274원, 이자 1,859,506원

쉬어가는 바닥

대출잔액 또는 대출원금을 간단하게...

기본예제 Ⅳ-1-1에서 1년 후의 대출잔액에 대해서는 다음과 같이 쉽게 계산할 수 있습니다. 처음 PMT를 계산하는 과정은 동일하게 필요하며, 그 다음 상환키를 사용하는 것이 아니라 n을 조정하여 계산할 수 있습니다. 즉 경과기간을 입력할 경우에는 n에 12를 입력하고 FV를 구하면 되고, 미경과기간을 입력할 경우에는 120−12=108을 n에 입력한 후 PV를 구하면 됩니다.

대출상환 문제의 경우 현재의 경과기간과 잔액 그리고 이율과 월상환액이 주어질 경우 대출원금을 구하는 문제가 있을 수 있습니다. 이 경우에는 위에서 계산한 것을 역으로 이용하면 계산이 가능합니다. 즉 연이율 8%, 매월 대출상환금 121만 3,300원 대출잔액 9,319만 4,400원이고 경과기간이 12개월이면 다음과 같이 재무계산기에 입력한 후 PV를 구하면 이 값이 원금이 됩니다.

[n] : 12, [i]: 8/12, [PMT] : −121.33, [FV] : −9,319.44, [PV] : ?(9,999.99)

만약 월상환금과 이율 그리고 상환기간만 주어졌을 경우, 예를 들어 연 이율 8%, 10년간 상환, 월 상환액 121만3,300만 원이면 원금은 다음과 같이 구하면 됩니다.

[n] : 120, [i] : 8/12, [PMT] : −121.33, [PV] : ?(10,000.20)

기본예제Ⅳ-1-1에서 1년간의 상환금 중 이자부분과 원금상환액을 계산하는 것은 다음과 같이 상환키를 사용하지 않고 계산할 수도 있습니다.

[n] : 120, [i] : 8/12, [PV] : 10,000 [PMT] : ?(−121.33)
[n] : 12, [FV] : ? (−9,319.48)
원금상환액 : 10,000 − 9,319.44(대출잔액) = 680.52
이자지급분 : 121.33×12 − 680.52(원금상환액) = 775.44

2. 감가상각

가. 개요

기업의 올바른 손익계산을 위하여 고정자산이 활용되는 회계연도에 그 고정자산의 취득원가를 적절한 방법으로 각 기간에 할당하여 배분하는 절차를 감가상각(Depreciation)이라 한다.

감가상각액을 산출하기 위하여는 취득원가, 내용연수, 잔존가액 등 3가지 요소를 알고 있어야 하는데, 취득원가는 고정자산의 구입가액 또는 제작가액 및 이를 사용하게 되기까지의 부대비용을 포함한 금액을 말하며, 내용연수라 함은 고정자산의 취득으로부터 이를 폐기할 때까지의 사용가능연수를 말한다. 또한, 잔존가액은 고정자산이 내용연수를 경과하고 폐기되는 때의 처분가액을 말한다.

나. 감가상각의 종류

감가상각의 방법은 상당히 많으나, 일반적으로 많이 사용되는 방법은 정액법, 정률법, 이중체감법, 연수합계법 등이 있다.

(1) 정액법

정액법은 직선법(Straight-line Method) 또는 균등상각법이라고 불리며, 고정자산의 감가총액을 각 연도에 균등하게 할당하는 방법이다.

$$\text{감가상각액} = \frac{\text{취득원가} - \text{잔존가액}}{\text{내용연수}}$$

(2) 정률법

정률법은 고정자산의 미상각잔액에 일정한 상각률을 곱하여 얻은 금액을 각 연도의 상각액으로 하는 방법으로 연수가 경과할수록 상각액이 점차로 감소하기 때문에 체감상각법(Declining balance Method) 중의 하나이다.

$$\text{매기상각액} = \text{미상각잔액} \times \text{정률} \qquad \text{정률} = 1 - \sqrt[\text{내용연수}]{\frac{\text{잔존가액}}{\text{취득원가}}}$$

(3) 이중체감법

이중체감법은 정률법과 다른 체감상각법으로 매기 상각액은 잔존가액을 고려함이 없이 미상각잔액을 내용연수로 나눈 후 일정한 체감비율을 곱하여 산출하되, 내용연수 마지막 연도의 감가상각은 잔존가액을 감안, 잔존가액을 초과하는 금액을 모두 상각하는 방법이다. 이 때 곱하여지는 체감비율이 주로 200%로 주어지기 때문에 이중체감법이라 불리운다.

$$\text{매기감가상각액} = \frac{\text{미상각잔액}}{\text{내용연수}} \times \text{체감비율}$$

(4) 연수합계법

연수합계법(Sum-of-the-years'-Digits Method)은 정률법과 마찬가지로 상각비가 체감하는 방법으로서 미국에서 주로 사용하는 방법이다. 예를 들면, 내용연수가 5년이라면 내용연수 급수합계는 15(1+2+3+4+5)이며, 잔여내용연수는 첫 해는 5, 둘째 해 4, …… 이런 식으로 감소시키는 방법이다.

$$\text{매기감가상각액} = (\text{취득원가} - \text{잔존가액}) \times \frac{\text{잔여내용연수}}{\text{내용연수의 급수합계}}$$

$$\text{내용연수의 급수합계} = \frac{\text{내용연수} \times (1 + \text{내용연수})}{2}$$

【감가상각 비교】

<사례> 취득원가 10,000원, 잔존가액 1,000원, 내용연수 5년인 경우

구 분	연도별 감가상각액				
	1년도말	2년도말	3년도말	4년도말	5년도말
정액법	1,800원	1,800원	1,800원	1,800원	1,800원
정률법	3,690원	2,329원	1,469원	927원	585원
이중체감법	4,000원	2,400원	1,440원	864원	296원
연수합계법	3,000원	2,400원	1,800원	1,200원	600원

【재무계산기 사용키 및 레이블】

HP 12C	BA II PLUS
• [SL] : 정액법 • [SOYD] : 연수합계법 • [DB] : 체감법 • [x≷y] : 미상각잔액 • [PV] : 매입원가 • [FV] : 잔존가액 • [n] : 내용연수 • [i] : 체감비율	• [SL] : 정액법 • [SYD] : 연수합계법 • [DB] : 체감법 • [LIF] : 내용연수 • [M01] : 개시월 • [CST] : 취득원가 • [SAL] : 잔존가액 • [YR] : 계산할 연도 • [DEP] : 해당연도 감가상각 • [RBV] : 연도말 장부가액 • [RDV] : 미상각잔액
HP 10B II	**HP 17B II**
<해당사항 없음>	• [BASIS] : 취득원가 • [SL] : 정액법 • [SOYD] : 연수합계법 • [DB] : 체감법 • [LIFE] : 내용연수 • [SAL] : 잔존가액 • [FACT%] : 체감비율 • [YR #] : 감각상각 계산연도 • [▼] : 미상각잔액

미국은 우리나라와 같은 정률법을 사용하지 않고 이중체감법 등과 같은 체감법을 사용한다. 따라서 정률법에 의한 감가상각의 계산은 재무계산기의 감가상각키로는 해결할 수 없으므로 공식에 의하여 감가상각률을 산출한 후 계산하여야 한다.

또한, HP 12C계산기에서는 감가상각액을 계산 후 $[x \gtrless y]$키를 누르면 미상각잔액이 산출된다. 이 금액은 상각기간말 장부가액과 같은 개념이 아니다. 상각기간말 장부가액을 계산하기 위해서는 잔존가액을 더하여야 한다. 그리고 HP 12C 계산기로 감가상각액을 계산할 경우, 매입원가(PV), 잔존가액(FV), 내용연수(n), 이중체감법의 체감비율(i)의 순서로 입력하지 않을 경우 값이 계산되지 않는 점에 유의하여야 한다.

기본예제 IV-2-1 정액법에 의한 감가상각

어떤 자산의 취득원가가 20만 원 잔존가액이 2만 원이고 내용연수가 5년이라 할 때 정액법에 의한 그 자산의 매년 감가상각액을 구하라.

HP 12C		BA Ⅱ PLUS	
키 입력	화면 표시	키 입력	화면 표시
[f][CLEAR FIN]	0.00	[2nd][DEPR]	(이전지정내용)
200000[PV]	200,000.00	[2nd][CLR WORK]	(이전지정내용)
20000[FV]	20,000.00	[2nd][SET](필요시)	SL
5[n]	5.00	[↓]5[ENTER]	LIF=5.00◁
[f][SL]	36,000.00	[↓][↓]200000[ENTER]	CST=200,000.00◁
		[↓]20000[ENTER]	SAL=20,000.00◁
		[↓][↓]	DEP=36,000.00*

HP 10B Ⅱ		HP 17B Ⅱ	
키 입력	화면 표시	키 입력	화면 표시
200000[−]	200,000.00	[FIN][DEPRC]	0.00
20000[÷]5[=]	36,000.00	[■][CLEAR DATA]	0.00
		200000[BASIS]	BASIS=200,000.00
		20000[SALV]	SALV=20,000.00
		5[LIFE]	LIFE=5.00
		「MORE][SL]	SL=36,000.00

답 36,000원

유제 1 서울상회는 170만 원을 지급하고 컴퓨터를 한 대 구입하였다. 이 컴퓨터의 내용연수가 4년이고 잔존가액은 매입원가의 10%라 한다면 정액법에 의한 매년 감가상각액은 얼마인가?

답 382,500원

유제 2 진성안경점은 시력측정기를 2,500만 원에 새로 구입하였다. 이 기계의 내용연수가 8년이고, 잔존가액이 350만 원이라고 할 때 정액법에 따른 매년 감가상각액은 얼마인가?

답 2,687,500원

기본예제 IV-2-2 연중 매입한 경우 정액법에 의한 감가상각

취득원가가 20만 원, 잔존가액이 2만 원이고, 내용연수가 5년인 자산의 구입시점이 5월 중순이라면, 정액법에 의할 경우 첫 해 및 둘째 해의 감가상각액은 어떻게 되는가? 결산월은 매년 12월이다.

HP 12C		BA II PLUS	
키 입력	화면 표시	키 입력	화면 표시
[f][CLEAR FIN]	0.00	[2nd][DEPR]	(이전지정내용)
200000[PV]	200,000.00	[2nd][CLR WORK]	(이전지정내용)
20000[FV]	20,000.00	[2nd][SET](반복)	SL
5[n]	5.00	[↓]5[ENTER]	LIF=5.00◁
[f][SL]	36,000.00	[↓]5.5[ENTER]	M01=5.50◁
[ENTER]	36,000.00	[↓]200000[ENTER]	CST=200,000.00◁
7.5[ENTER]12[÷]	0.63	[↓]20000[ENTER]	SAL=20,000.00◁
[×]	22,500.00	[↓][↓]	DEP=22,500.00
		[↓][↓][↓][CPT]	YR=2.00◁
		[↓]	DEP=36,000.00*

HP 10B II		HP 17B II	
키 입력	화면 표시	키 입력	화면 표시
200000[−]	200,000.00	[FIN][DEPRC]	0.00
20000[÷]5[=][×]	36,000.00	[■][CLEAR DATA]	0.00
7.5[÷]12[=]	22,500.00	200000[BASIS]	BASIS=200,000.00
		20000[SALV]	SALV=20,000.00
		5[LIFE]	LIFE=5.00
		[MORE][SL]	SL=36,000.00
		[×]7.5[÷]12[=]	22,500.00

답 첫 해 감가상각액 : 22,500원, 둘째 해 감가상각액 : 36,000원

줄탁(茁啄)

5월 중순이면, 경과월수는 4.5개월이고, 감가상각기간은 7.5개월이 된다.

BA II PLUS에서 MO1은 경과월수가 아닌 구입시기를 입력하는 것으로서, 8월 중순이면 8.5, 10월 중순이면 10.5 등의 숫자로 입력한다. 이 때 회사의 결산월이 12월이 아닌 경우에는 별도로 MO1의 입력숫자를 환산하여야 한다. 예를 들어 결산월이 3월이고 4월 중순에 매입한 경우에는 1.5를 입력하여야 한다.

반면, HP계열의 계산기는 연간 감가상각액을 구한 후 감가상각기간으로 안분한 값을 사용하여야 한다.

유제 1 금년 8월 중순 2,000만 원을 지급하여 구입한 기계의 내용연수가 7년이고 잔존가액이 200만 원이라면, 정액법에 의할 경우 당년도 12월 결산시 이 기계에 대한 감가상각액은 얼마인가?

답 964,286원

유제 2 소수학원은 2002년 9월 중순 학생용 책걸상을 750만 원어치 새로 구입하였다. 학생용 책걸상의 내용연수가 8년이고 잔존가액이 매입가격의 5%라고 할 때, 2003년 6월 결산시 정액법에 의할 경우 이 책걸상에 대한 감가상각액은 얼마인가?

답 705,078원

기본예제 IV-2-3 정률법에 의한 감가상각

금년초 100,000원으로 취득한 장비의 내용연수는 7년이며 잔존가액이 10,000원이다. 정률법에 의할 경우 향후 2회계연도 동안의 감가상각액을 구하라.

HP 12C		BAⅡ PLUS	
키 입력	화면 표시	키 입력	화면 표시
[CLx]	0.00	10000[÷]100000[=]	0.10
10000[ENTER]100000[÷]	0.10	[y^x]7[1/x][=]	0.72
1[ENTER]7[÷][y^x]	0.72	[−]1[=][+/−]	0.28
1[−][CHS]	0.28	[STO]1	0.28
[STO]1	0.28	[×]100000[=]	28,031.43
100000[×]	28,031.43	[+/−][+]100000[×]	71,968.57
[g][LSTx][−][CHS]	71,968.57	[RCL]1[=]	20,173.82
[RCL]1[×]	20,173.82		

HP 10BⅡ		HP 17BⅡ	
키 입력	화면 표시	키 입력	화면 표시
10000[÷]100000[=]	0.10	10000[÷]100000[=]	0.10
[■][y^x]	0.10	[■][y^x]	0.10^
[■][(]1[÷]7[■][)]	0.14	[(]1[÷]7[)]	0.10^0.14
[=]	0.72	[=]	0.72
[−]1[=][+/−]	0.28	[−]1[=][+/−]	0.28
[■][STO]1	0.28	[STO]1	0.28
[×]100000[=]	28,031.43	[×]100000[=]	28,031.43
[+/−][+]100000[×]	71,968.57	[+/−][+]100000[×]	71,968.57
[RCL]1[=]	20,173.82	[RCL]1[=]	20,173.82

답 1회계연도 : 28,031원, 2년 회계연도 : 20,174원

줄탁(茁啄)

재무계산기로는 정률법에 의한 감가상각계산이 곤란하다. 부득이 감가상각 계산공식에 의해 별도로 정률을 산출한 다음 계산하여야 한다.

유제 1 남진기업은 작년 12월말에 800만 원을 지급하고 복사기를 샀다. 복사기의 내용연수가 6년이고 잔존가액이 매입가의 10%라 할 때, 정률법으로 감가상각을 할 경우 첫 해의 감가상각액은 얼마인가?

답 2,549,663원

유제 2 갑을상회는 올해초 1,000만 원으로 사무용가구를 매입하였다. 취득한 장비의 내용연수가 5년이고, 잔존가액이 100만 원이라고 할 경우 정률법에 의한 향후 2회계년도 동안의 감가상각액은 얼마인가?

답 1회계년도 : 3,690,427원, 2회계년도 : 2,328,502원

기본예제 Ⅳ-2-4 이중체감법에 의한 감가상각 1

강쇠공업사는 금년초에 100만 원을 주고 기계를 매입하였다. 이 기계의 내용연수가 7년이고 잔존가액이 0원이라면, 체감비율 200%를 적용하여 이중체감법에 따른 감가상각을 할 때, 첫 해의 감가상각액은 어떻게 되나?

HP 12C		BA Ⅱ PLUS	
키 입력	화면 표시	키 입력	화면 표시
[f][CLEAR FIN]	0.00	[2nd][DEPR]	(이전지정내용)
1000000[PV]	1,000,000.00	[2nd][CLR WORK]	(이전지정내용)
0[FV]	0.00	[2nd][SET](필요시)	DB=200.00
7[n]	7.00	[↓]7[ENTER]	LIF=7.00◁
200[i]	200.00	[↓][↓]1000000[ENTER]	CST=1,000,000.00◁
1[f][DB]	285,714.29	[↓][↓][↓]	DEP=285,714.29*

HP 10B Ⅱ		HP 17B Ⅱ	
키 입력	화면 표시	키 입력	화면 표시
[■][C ALL]	0.00	[FIN][DEPRC]	0.00
1000000[÷]7[=]	142,857.14	[■][CLEAR DATA]	
[×]200[%][=]	285,714.29	1000000[BASIS]	BASIS=1,000,000.00
		0[SALV]	SALV=0.00
		7[LIFE]	LIFE=7.00
		[MORE]200[FACT%]	FACT%=200.00
		[DB]	DB=285,714.29

답 285,714원

줄탁(茁啄)

BA Ⅱ PLUS 계산기의 감가상각계산에 있어 체감법(DB)은 체감비율의 디폴트값이 200%로 설정되어 있으므로 체감비율 200%인 이중체감법을 사용하는 경우 [↓]키를 눌러 그냥 다음 단계로 진행하면 된다.

유제 1 새한 카센터는 2002년 1월초 2,700만 원을 지급하고 세차기계를 구입하였다. 이 기계의 내용연수가 5년이고 잔존가액이 135만 원이라면 이중체감법에 따른 감가상각을 할 때, 첫 해의 감가상각액은 얼마인가?

답 1,080만 원

유제 2 앞의 유제에서 세차기계의 잔존가액이 0원이라면 첫 해의 감가상각액은 얼마가 되나?

답 1,080만 원

기본예제 IV-2-5 이중체감법에 의한 감가상각 2

기본예제 IV-2-4에서 강쇠공업사가 기계를 구입한 시기가 금년초가 아니고 금년 8월 중순이라면 금년 12월 결산시 감가상각액은 어떻게 되나?

HP 12C		BA Ⅱ PLUS	
키 입력	화면 표시	키 입력	화면 표시
[f][CLEAR FIN]	0.00	[2nd][DEPR]	(이전지정내용)
1000000[PV]	1,000,000.00	[2nd][CLR WORK]	(이전지정내용)
0[FV]	0.00	[2nd][SET](필요시)	DB=200.00
7[n]	7.00	[↓]7[ENTER]	LIF=7.00◁
200[i]	200.00	[↓]8.5[ENTER]	MO1=8.50◁
1[f][DB]	285,714.29	[↓]1000000[ENTER]	CST=1,000,000.00◁
[ENTER]	285,714.29	[↓]	SAL=0.00
4.5[ENTER]12[÷]	0.38	[↓][↓]	DEP=107,142.86*
[×]	107,142.86		

HP 10B Ⅱ		HP 17B Ⅱ	
키 입력	화면 표시	키 입력	화면 표시
[■][C ALL]	0.00	[FIN][DEPRC]	0.00
1000000[÷]7[=]	142,857.14	[■][CLEAR DATA]	
[×]200[%][=]	285,714.29	1000000[BASIS]	BASIS=1,000,000.00
[×]4.5[÷]12[=]	107,142.86	0[SALV]	SALV=0.00
		7[LIFE]	LIFE=7.00
		[MORE]200[FACT%]	FACT%=200.00
		[DB]	DB=285,714.29
		[×]4.5[÷]12[=]	107,142.86

답 107,143원

유제 1 '잘고쳐' 차량정비소는 금년 10월 15일에 300만 원을 주고 기계를 매입하였다. 내용연수가 6년이고 잔존가액이 20만 원이라면, 체감비율이 200%인 이중체감법에 따를 때 첫 해의 감가상각액은 얼마인가?

답 208,333원

유제 2 오로라 극장에서는 2002년 1월 중순 1,800만 원을 주고 영사기를 새로 구입하였다. 영사기의 내용연수가 7년이고, 잔존가액이 100만 원이라 할 때, 체감비율 150%인 체감법에 의하면, 구입 후 1년째인 2002년 12월말 감가상각액은 얼마인가?

답 369.64만 원

기본예제 IV-2-6 연수합계법에 의한 감가상각

태영정밀은 금년초 300만 원을 주고 공기구를 매입하였다. 이 공기구의 잔존가액이 30만 원이고, 내용연수가 5년이라면, 연수합계법에 의한 감가상각을 하는 경우 최초 2년간의 감가상각액은 어떻게 되나?

HP 12C		BA II PLUS	
키 입력	화면 표시	키 입력	화면 표시
[f][CLEAR FIN]	0.00	[2nd][DEPR]	(이전지정내용)
3000000[PV]	3,000,000.00	[2nd][CLR WORK]	(이전지정내용)
300000[FV]	300,000.00	[2nd][SET]	SYD
5[n]	5.00	[↓]5[ENTER]	LIF=5.00◁
1[f][SOYD]	900,000.00	[↓][↓]3000000[ENTER]	CST=3,000,000.00◁
2[f][SOYD]	720,000.00	[↓]300000[ENTER]	SAL=300,000.00◁
		[↓][↓]	DEP=900,000.00*
		[↓][↓][↓]2[ENTER]	YR=2.00◁
		[↓]	DEP=720,000.00*

HP 10B II		HP 17B II	
키 입력	화면 표시	키 입력	화면 표시
[■][C ALL]		[FIN][DEPRC]	0.00
1[+]2[+]3[+]4[+]5[=]	15.00	[■][CLEAR DATA]	
3000000[−]	3,000,000.00	3000000[BASIS]	BASIS=3,000,000.00S
300000[×]	2,700,000.00	300000[SALV]	SALV=300,000
5[÷]15[=]	900,000.00	5[LIFE]	LIFE=5.00
3000000[−]	3,000,000.00	[MORE]1[YR #]	YR # =1.00
300000[×]	2,700,000.00	[SOYD]	SOYD=900,000.00
4[÷]15[=]	720,000.00	2[YR #][SOYD]	SOYD=720,000.00

답 첫 해 900,000원, 둘째 해 720,000원

유제 1 가나은행은 연초 20억 원을 들여 콜센터 장비를 구입하였다. 내용연수가 4년이고 잔존가액이 1억 원이라 한다면, 연수합계법에 의한 이 콜센터 장비의 첫 해 감가상각액은 얼마인가?

답 7억 6,000만 원

유제 2 용인건설(주)은 2002년 6월 중순에 5억 원을 주고 12대의 새 트럭을 구입하였다. 트럭의 내용연수는 8년이고 잔존가액은 5,000만 원이다. 연수합계법에 의하여 감가상각을 하는 경우 첫 해인 2002년의 감가상각액은 얼마인가?

답 5,416.67만 원

3. 채권

가. 개요

(1) 의의

채권(Bond)은 기업 또는 정부, 지방자치단체가 일반대중을 상대로 자금을 조달하기 위해서 발행한 것으로 일정기간이 경과하면 원리금을 상환하여야 하는 채무증서이다. 채권의 가격은 기본적으로 만기수익률(yield to maturity : YTM), 액면가(face value), 표면이자율(coupon rate), 만기(maturity)에 의하여 산출되며, 여기서 만기수익률(YTM)은 채권에서 발생하는 현금흐름의 현가와 현재의 채권가격을 일치하게 하는 내부수익률(IRR)을 말한다. 통상 액면가액, 표면이자율, 만기 등이 이미 결정되어 있는 기발행채권의 가격은 이자율, 즉 만기수익률의 변동에 의해 영향을 받게 되므로 실제 채권시장에서의 채권거래시 만기수익률이 호가로 이용되는 경향이 많다.

채권의 종류는 구분 방법에 따라 다양하게 분류될 수 있지만, 재무계산기의 활용을 통한 채권가격산출과 관련하여 의미 있는 것은 현금흐름과 관련된 분류이다. 채권은 현금흐름이 일시에 발생하는 무이표채(zero-coupon bond)와 현금흐름이 여러 번에 걸쳐 발생하는 이표채(coupon bond)로 구분될 수 있다. 물론 채권 중에서도 일정기간 경과후 원금과 이자가 여러 차례 나뉘어 상환되는 거치채와 같이 현금흐름이 복잡하게 발생하는 특수한 채권도 있을 수 있으나, 이 역시 앞에서 다룬 화폐의 시간가치와 채권가격산출과정을 제대로 익힌다면 크게 어렵지 않을 것이다.

(2) 채권가격 계산상의 유의점

(가) 채권의 액면금액 기준

국내의 채권가격의 경우는 액면금액을 10,000원을 기준으로 하여 산출하는 반면, 미국의 채권은 액면금액을 1,000달러를 기준으로 하여 계산되고 있다. 또한 경우에 따라서는 액면금액을 100으로 하여 채권가격을 구하도록 하는 경우도 있음에 주의하여야 한다.

(나) 쿠폰의 지급시기

이표채의 경우 쿠폰의 지급시기가 채권에 따라 다를 수 있다. 국내채권의 경우 매 3개월 후급으로 지급되는 경우가 많은 반면, 미국의 경우 매 6개월 후급으로 지급되는 경우가 많다.

(다) 일수계산: actual/actual과 30/360

'actual/actual'은 1년 365일을 기준으로 실제 경과일수를 계산하는 데 반해, '30/360'은 약식으로 1개월을 30일, 1년을 360일로 하여 계산하는 것이다. 과거부터 일부채권에 대하여는 '30/360' 계산방법을 이용하여 계산하는 관례가 있어 왔으므로 실제 채권가격 계산시 일수계산방법을 확인하여 채권가격을 산출하여야 한다.

(3) 재무계산기의 활용

재무계산기를 사용하여 채권발행시의 채권가격을 계산하거나, 채권의 만기수익률을 계산하는 것은 앞에서 배운 화폐의 시간가치 방법에 의해서도 가능하다. 그러나 채권발행 이후 채권만기일까지 또는 쿠폰지급일까지의 기간이 일 단위로 남은 경우 채권가격의 계산은 일반적인 화폐의 시간가치방법에 의하여 산출하기는 곤란하므로, 이 때에는 재무계산기에 있는 채권 키를 활용하여야 한다.

【재무계산기 사용키 및 레이블】

HP 12C	BA Ⅱ PLUS
• [PRICE] : 채권가격(비율) • [YTM] : 만기수익률 • [i] : 만기 기대수익률 • [PMT] : 표면이자율 • [M.DY] : 월-일-연 • [D.MY] : 일-월-연	• [SDT] : 매매일자 • [CPN] : 표면이자율(연단위) • [RDT] : 만기일자 • [RV] : 만기가치(액면금액대비) • [ACT] : 실제거래일 기준 • [360] : 30/360 기준 • [2/Y] : 연 2회 이자지급 • [1/Y] : 연 1회 이자지급 • [YLD] : 만기수익률 • [PRI] : 채권가격 • [AI] : 경과이자
HP 10B Ⅱ	**HP 17B Ⅱ**
<해당사항 없음>	• [TYPE] : 채권종류 • [360] : 일년(월 30일기준) • [A/A] : 실제달력일수 • [SEMI] : 연 2회 이자지급 • [ANN] : 연 1회 이자지급 • [SETT] : 매매일자 • [MAT] : 만기일자 • [CPN%] : 표면이자율 (연단위) • [CALL] : 액면가 100달러당 콜가격 • [YLD%] : 만기수익률 • [PRICE] : 채권가격 • [ACCRU] : 경과이자

줄탁(茁啄)

BA Ⅱ PLUS에서 [SDT]와 [RDT]는 1950년 1월 1일에서 2049년 12월 31일까지만 입력이 가능하며, HP 12C의 경우 연 2회 쿠폰 지급 및 실제거래일 기준으로 계산되고, 360일 기준이나 연 1회 쿠폰지급은 프로그램을 통해서만 계산이 가능하다.

나. 무이표채

(1) 개요

채권은 발생된 이자를 재투자하여 만기에 원금과 같이 상환하는 복리채나 채권발행시(또는 채권매입시)에 미리 할인하여 이자를 공제한 할인채 등이 대표적인 무이표채(Zero-coupon Bond)에 해당된다.

(2) 현금흐름 및 산출식

무이표채의 현금흐름은 채권발행시 또는 채권매입시 현금지출과 만기시 현금유입이 각각 1번씩만 발생한다는 특징이 있다.

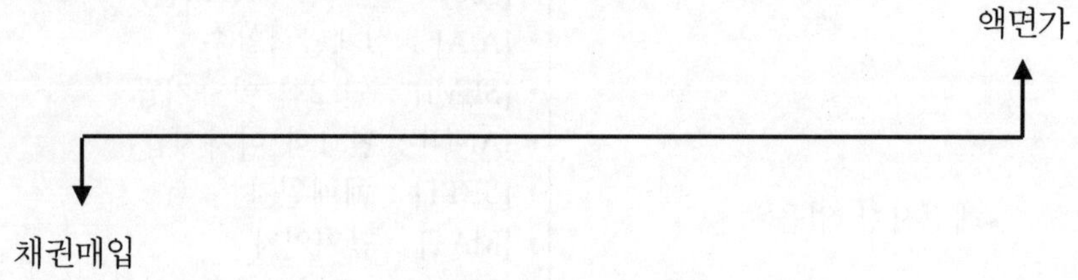

따라서, 이들 채권의 가격은 이론적으로는 연 단위 이하의 기간도 복리로 계산하여 다음 식과 같이 산출하는 것이 타당할 것이다.

$$P_0 = \frac{F}{(1+i)^{n+d/365}}$$

P_0 : 채권의 가격
d : 연단위 이하 잔존일수
i : 시장이자율
F : 액면가

그러나, 위와 같은 방식은 이론적 정확성에도 불구하고, 계산과정이 복잡하므로 실제 채권시장의 거래에서는 관행적으로 다음과 같은 계산방법을 활용하고 있다.

$$P_0 = \frac{F}{(1+i)^n \times (1 + i \cdot \frac{d}{365})}$$

(3) 예시

액면가액이 10억 원인 채권의 만기가 546일 남았다면, 만기수익률이 8%일 때 이 채권의 가격은 얼마인가?

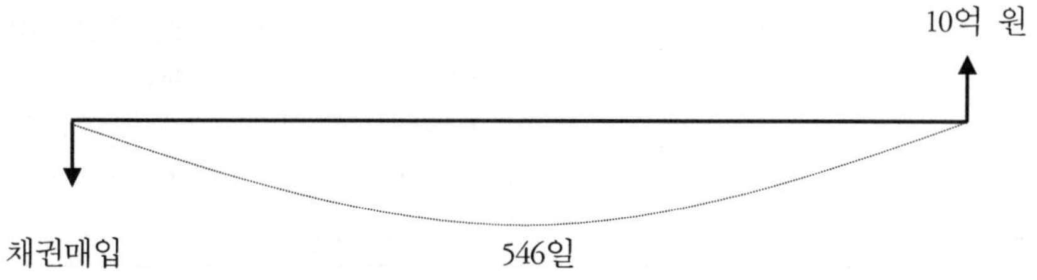

이 채권의 액면가액은 10억 원이고 만기까지의 기간이 1년 181일 남았으므로 이 채권의 가격은 다음과 같이 구할 수 있다.

$$P_0 = \frac{1,000,000,000\text{원}}{(1+0.08)\times(1+0.08 \cdot \frac{181}{365})} = 890,594,927\text{원}$$

(4) 주의사항 – 일수계산

채권 키를 사용하지 않고 채권가격을 산출하고자 하는 경우 만기일까지 기간이 연 단위가 아닐 때는 별도로 채권거래일에서 만기까지의 일수를 산출하여야 하는데, 이 때 주로 이용되는 것이 일수계산을 위한 일자계산모드이다. 가령 2001년 12월 5일에서 2002년 7월 20일까지의 일수는 다음과 같이 구한다(기초편 참조).

HP 12C		BA Ⅱ PLUS	
키 입력	화면 표시	키 입력	화면 표시
[g][M.DY]	0.00	[2nd][DATE]	
12.052001		[2nd][CLR WOPK]	DT1=12-31-1990
[ENTER]	12.05	12.0501[ENTER]	DT1=12-05-2001 ◁
7.202002	7.202002	[↓]	DT2=12-31-1990
[g][△DYS]	227.00	7.2002[ENTER]	DT2=7-20-2002 ◁
		[↓][CPT]	227.00*

HP 10B Ⅱ		HP 17B Ⅱ	
키 입력	화면 표시	키 입력	화면 표시
일수계산 기능없음		[TIME][CALC]	KEY MM.DDYYYY;{DATE}
		12.052001[DATE1]	DATE1=12/05/2001WED
		7.202002[DATE2]	DATE2=07/20/2002 SAT
		[DAYS]	ACTUAL DAYS=227.00

줄탁(茁啄)

HP 12C의 경우 [ENTER]를 누르면 소수점 지정자릿수에 따라 일부만 화면에 표시된다. 즉 자리수를 소수점 2자리로 설정하였을 경우 12.052001을 눌러도 화면에는 12.05만 나타난다.

기본예제 Ⅳ-3-1 무이채표의 가격

발행일이 01년 7월 20일이고 상환일이 02년 7월 20일인 액면가 1억 원의 무이표채권을 01년 12월 5일 시장수익률 12%로 매입코자 한다. 이 채권의 적정가격은 얼마인가?

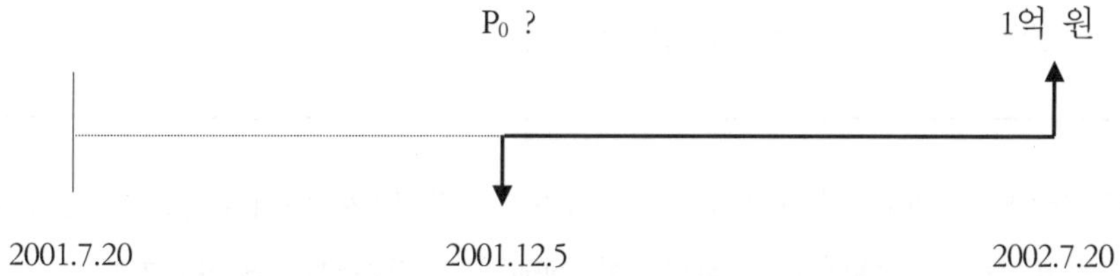

HP 12C		BA Ⅱ PLUS	
키 입력	화면 표시	키 입력	화면 표시
[g][M.DY]	0.00	[2nd][BOND]	
12.052001		[2nd][CLR WOPK]	SDT=(이전숫자)
[ENTER]	12.05	12.0501[ENTER]	SDT=12-05-2001 ◁
7.202002	7.202002	[↓]	CPN=0.00
[g][△DYS]	227.00	[↓]7.2002[ENTER]	RDT=7-20-2002 ◁
365[÷]	0.62	[↓]	RV=100.00
0.12[×]	0.07	[↓]	ACT
1[+]	1.07	[↓][2nd][SET]	1/Y
[1/*x*]	0.93	[↓]12[ENTER]	YLD=12.00 ◁
100000000[×]	93,055,272.28	[↓][CPT]	PRI=93.06*
		[×]1000000[=]	PRI 93,055,272.28

HP 10B Ⅱ		HP 17B Ⅱ	
키 입력	화면 표시	키 입력	화면 표시
227[÷][365[=]	0.62	[FIN][BOND]	
[×]0.12[+]	0.07	[■][CLEAR DATA]	
1[=]	1.07	[TYPE][A/A][EXIT]	A/A ANNUAL
[■][1/*x*]	0.93	12.052001[SETT]	SETT=12/05/2001WED
[×]100000000[=]	93,055,272.28	7.202002[MAT]	MAT=07/20/2002 SAT
		100000000[CALL]	CALL=100,000.000.00
		[MORE]12[YLD%]	YLD%=12.00
		[PRICE]	PRICE=93,055,272.28

답 93,055,272원

줄탁(茁啄)

HP 17BⅡ를 제외하고는 채권가격이 100을 기준으로 계산되므로 정확한 값을 산출하기 위하여는 적절한 값을 곱해야 함에 유의하여야 한다. 또한, 위의 계산 방법은 실무적으로 관례상 사용하는 계산방법에 따른 것으로서 이론적 방법을 따를 경우 채권가격은 아래와 같이 다르게 나타난다.

$$\frac{100,000,000\text{원}}{(1+0.12)^{227/365}} = 93,194,533\text{원}$$

유제 1 만기일이 2002년 9월 30일인 액면가 1만 원의 무이표채권을 2002년 4월 1일 시장수익률 10%로 매입코자 한다. 이 채권의 적정가격은 얼마인가?

답 9,525.05원

유제 2 만기일이 2005년 7월 25일인 액면가 1만 원의 무이표채권을 2002년 7월 4일 시장수익률 7.5%로 매입코자 한다. 이 채권의 적정가격은 얼마인가?

답 8,016.18원

기본예제 IV-3-2 무이표채의 만기수익률

2002년 9월 8일 만기가 도래하는 채권(만기상환액 10,000원)을 2001년 11월 29일 9,420원에 매입하였다. 이 채권의 만기수익률은 얼마인가?

HP 12C		BA II PLUS	
키 입력	화면 표시	키 입력	화면 표시
[g][M.DY]	0.00	[2nd][BOND]	
11.292001[ENTER]	11.29	[2nd][CLR WOPK]	SDT=(이전숫자)
9.082002	9.082002	11.2901[ENTER]	SDT=11-29-2001◁
[g][△DYS]	283.00	[↓]	CPN=0.00
[1/x]	0.004	[↓]9.0802[ENTER]	RDT=9-08-2002◁
365[×]	1.29	[↓]	RV=100.00
10000[ENTER]	10,000.00	[↓]	ACT
9420[÷]	1.06	[↓]	1/Y
1[−]	0.06	[↓]	YLD=0.00
[×]	0.08	[↓]9420[÷]100	
[f]6	0.079412	[=][ENTER]	PRI=94.20◁
		[↑][CPT]	YLD=7.94*

HP 10B II		HP 17B II	
키 입력	화면 표시	키 입력	화면 표시
283[■][1/x]	0.004	[FIN][BOND]	
[×]365[×]	1.29	[■][CLEAR DATA]	
[■][(]10000[÷]	10,000.00	[TYPE][A/A][EXIT]	A/A ANNUAL
9420[−]	1.06	11.292001[SETT]	SETT=11/29/2001THU
1[■][)][=]	0.08	9.082002[MAT]	MAT=09/08/2002 SUN
[■][DISP]6	0.079412	10000[CALL]	CALL=10,000.00
		[MORE]9420[PRICE]	PRICE=9,420.00
		[YLD%]	YLD%=7.94

답 7.94%

유제 1 만기일이 2002년 10월 7일인 액면가 1만 원의 무이표채권을 2002년 3월 5일 9,500원에 매입하였다면, 이 채권의 만기수익률은 얼마인가? 답 8.89%

유제 2 만기일까지 300일 남은 무이표채권(액면가 1만 원)을 9,540원에 매입하였다면, 이 채권의 만기수익률은 얼마인가? 답 5.87%

쉬어가는 바닥

채권의 수익률

앞의 기본예제 Ⅳ-3-2에서 할인채의 만기수익률을 계산하면 7.94%입니다. 그러나 화폐의 시간가치로 계산할 경우 즉, [n] : 283, [PV] : −9,420, [FV] : 10,000을 입력하여 i를 계산하면 i값은 0.0211이 나오고 이것을 연명목이율로 환산하면 7.7071%가 산출됩니다.

이것은 채권수익률 계산에 대한 시장관행에서 나온 결과입니다. 즉 연단위 이하의 기간에 대해서까지 복리로 계산할 경우 그 계산의 복잡함 때문에 연 단위 이하에 대해서는 단리로 계산함으로써 계산을 간편화시켰습니다. 따라서 채권과 채권의 수익률을 비교할 경우에는 동일한 기준이기 때문에 문제가 없으나, 채권과 다른 투자수단을 비교할 경우에는 주의할 필요가 있습니다. 채권만기수익률과 다른 투자수단의 수익률이 동일할 경우 다른 투자수단의 실제 수익률이 높을 가능성이 있습니다.

다. 이표채

(1) 개요

이표채(Coupon Bond)는 채권의 본체에 이표(coupon)가 붙어 있어 이자지급일에 이표를 떼어 이자지급을 받을 수 있으며, 만기에 액면금액을 지급하는 채권이다. 일반적으로 이표채의 채권이자가 연단위로 지급되는 경우는 드물고, 대개 6개월 내지 3개월에 한번씩 지급된다. 우리나라에서는 국채 및 금융채의 일부와 대부분의 회사채가 이표채로 발행되며, 대개 3개월마다 이자가 지급되는 데 반하여, 미국의 회사채는 대부분 반년마다 이자가 지급되는 특징이 있다.

(2) 현금흐름과 산출식

이표채는 현금흐름이 이자지급시와 만기 원금상환시 등 여러번에 걸쳐 발생하므로 채권가격은 각각의 현금흐름의 현가를 합친 것으로 산출한다.

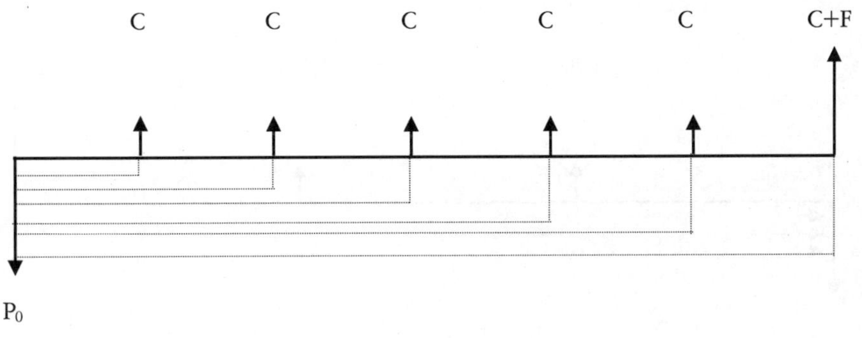

$$P_0 = \sum_{t=1}^{n} \frac{C}{(1+i)^t} + \frac{F}{(1+i)^n}$$

P_0 : 채권의 가격　　C : 이자지급액
i : 만기수익률　　F : 액면가액
n : 기간

그러나, 채권만기일까지의 기간이 연단위가 아닌 경우, 즉 n년 d일 남은 경우에는 위의 식에서 $(1+i)^t$는 $(1+i)^t(1+i \cdot d/365)$로, $(1+i)^n$을 $(1+i)^n(1+i \cdot d/365)$ 등으로 수정되어야 한다.

$$P_0 = \sum_{t=0}^{n} \frac{C}{(1+i)^t \times (1+i \cdot \frac{d}{365})} + \frac{F}{(1+i)^n \times (1+i \cdot \frac{d}{365})}$$

(3) 예시

표면금리가 12%, 3년만기, 연단위 이자지급, 발행수익률 10%, 액면가액 10,000원인 채권의 매출가격을 구하시오. 또 발행일로부터 100일 경과시점에서의 이 채권의 가격(시장수익률은 10% 동일)을 구하시오.

• 이 채권은 표면금리가 12%이고 연단위 이자지급이므로 첫 해와 두번째 해 말에 이자 1,200원의 현금흐름이, 3년째 말에 이자 1,200원과 액면가액 10,000원 총 11,200원의 현금흐름이 발생하므로 이들의 현가를 구해 합치면 된다.

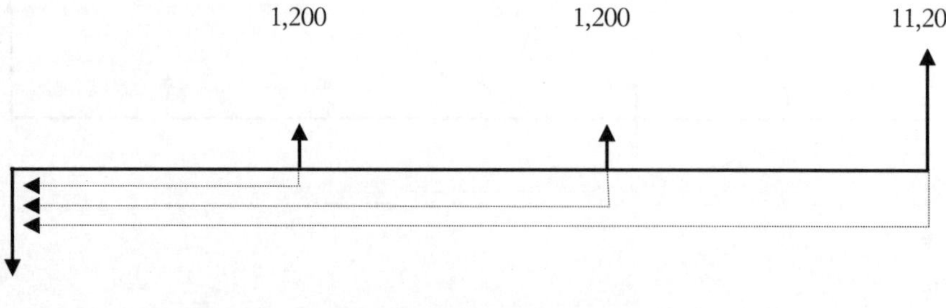

$$채권가격 = \frac{1,200}{(1+0.1)} + \frac{1,200}{(1+0.1)^2} + \frac{11,200}{(1+0.1)^3} = 10,497.37$$

• 채권발행 후 100일이 지난 시점에서는 이자지급일이 265일(365일−100일) 남았으므로 각각의 캐쉬플로우에 대하여 연단위 할인 외 일수에 해당하는 할인(1+0.1×265/365)을 해준다.

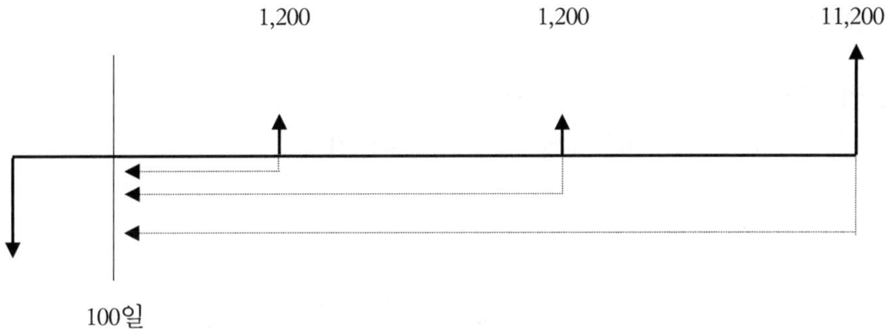

$$채권가격 = \frac{1,200}{1+0.1\times\frac{265}{365}} + \frac{1,200}{(1+0.1)\,(1+0.1\times\frac{265}{365})}$$

$$+ \frac{11,200}{(1+0.1)^2\,(1+\frac{0.1\times265}{365})} = 10,765.50$$

기본예제 IV-3-3 TVM을 이용한 이표채가격

액면가 1억 원인 5년 만기 이표채로서 표면금리 12%, 3개월마다 이자가 지급되는 만기수익률 8%인 이표채의 가격은 얼마인가?

※ 기말급 설정

HP 12C		BA II PLUS	
키 입력	화면 표시	키 입력	화면 표시
[f][CLEAR FIN]	0.000	[2nd][CLR TVM]	0.00
5[ENTER]4[×][n]	20.00	5[×]4[=][N]	N=20.00◁
8[ENTER]4[÷][i]	2.00	8[÷]4[=][I/Y]	I/Y=2.00◁
120[ENTER]4[÷][PMT]	300.00	1200[÷]4	
10000[FV]	10,000.00	[=][PMT]	PMT=300.00◁
[PV]	−11,635.14	10000[FV]	FV=10,000.00◁
		[CPT][PV]	PV=−11,635.14*

HP 10B II		HP 17B II	
키 입력	화면 표시	키 입력	화면 표시
[■][C ALL]	0.00	[FIN][TVM]	
5[×]4[N]	20.00	[■][CLEAR DATA]	1 P/YR END MODE
8[÷]4[I/YR]	2.00	5[×]4[N]	N=20.00
1200[÷]4[=][PMT]	300.00	8「÷」4[I%YR]	I%YR=2.00
10000[FV]	10,000.00	1200[÷]4[PMT]	PMT=300.00
[PV]	−11,635.14	10000[FV]	FV=10,000.00
		[PV]	PV=−11,635.14

답 1억 1,635.14만 원

유제 1 액면가 1만 원인 10년 만기 이표채로서 표면금리 10%, 3개월마다 이자가 지급되는 만기수익률 9%인 이표채의 가격은 얼마인가?

답 10,654.84원

유제 2 액면가 1만 원인 5년 만기 이표채로서 표면금리 8%, 3개월마다 이자가 지급되는 만기수익률 6.5%인 이표채의 가격은 얼마인가?

답 10,635.96원

기본예제 IV-3-4 TVM을 이용한 만기수익률

현재 김수아씨는 11,622원에 매매되는 만기가 5년인 액면가 1만 원의 채권의 매입을 고려하고 있다. 반기마다 이자가 지급되며 표면이율 12%인 이 채권의 만기수익률은 얼마인가?

※ 기말급 설정

HP 12C		BAⅡ PLUS	
키 입력	화면 표시	키 입력	화면 표시
[f][CLEAR FIN]	0.00	[2nd][CLR TVM]	0.00
5[ENTER]2[×][n]	10.00	5[×]2[=][N]	N=10.00◁
11622[CHS][PV]	−11,622.00	11622[+/−][PV]	PV=−11,622.00◁
1200[ENTER]2[÷][PMT]	600.00	1200[÷]2[=][PMT]	PMT=600.00◁
10000[FV]	10,000.00	10000[FV]	FV=10,000.00◁
[i]	4.00	[CPT][I/Y]	I/Y=4.00◁
2[×]	8.00	[×]2[=]	8.00

HP 10BⅡ		HP 17BⅡ	
키 입력	화면 표시	키 입력	화면 표시
[■][C ALL]	0.00	[FIN][TVM]	
5[×]2[N]	10.00	[■][CLEAR DATA]	1 P/YR END MODE
11622[+/−][PV]	−11,622.00	5[×]2[N]	N=10.00
1200[÷]2[PMT]	600.00	11622[+/−][PV]	PV=−11,622.00
10000[FV]	10,000.00	1200[÷]2[PMT]	PMT=600.00
[I/YR]	4.00	10000[FV]	FV=10,000.00
[×]2[=]	8.00	[I%YR]	I%YR=4.00
		[×]2[=]	8.00

답 8.00%

유제 1 토마스는 945.7달러에 판매되는 10년 만기 액면가 1,000달러인 채권의 매입을 고려하고 있다. 만약 표면이율 연 9%로 6개월마다 이자가 지급된다면, 이 채권의 만기수익률은 얼마인가?

답 9.87%

유제 2 대성자동차(주)의 5년 만기 액면가 1만 원의 채권이 현재 9,210원에 거래되고 있다. 이 채권의 표면이율은 6%이며 3개월마다 이자가 지급된다. 이 채권의 만기수익률은 얼마인가?

답 7.93%

기본예제 IV-3-5 채권키를 활용한 채권가격

만기가 2000년 12월 30일인 회사채를 1999년 5월 11일 구입하였다. 표면이자율은 연 8%로서 매 반기별로 지급된다. 만약 만기에 액면가(10억 원)의 100%가 지급되고, 만기수익률이 10%이라면 구입시 채권의 적정가격은 얼마일까?

HP 12C		BA Ⅱ PLUS	
키 입력	화면 표시	키 입력	화면 표시
[f][CLEAR FIN]	0.00	[2nd][Bond]	
10[i]	10.00	[2nd][CLR WORK]	SDT=(이전숫자)
8[PMT]	8.00	5.1199[ENTER]	SDT=5-11-1999◁
[g][M,DY]	8.00	[↓]8[ENTER]	CPN=8.00◁
5.111999[ENTER]	5.11	[↓]12.3000[ENTER]	RDT=12-30-2000◁
12.302000	12.302000	[↓]	RV=100.00
[f][PRICE]	97.03	[↓]	ACT
10000000[×]	970,272,078.9	[↓]	2/Y
		[↓]10[ENTER]	YLD=10.00◁
		[↓][CPT]	PRI=97.03*
		[×]10000000[=]	PRI 970,272,078.9

HP 10B Ⅱ		HP 17B Ⅱ	
키 입력	화면 표시	키 입력	화면 표시
별도의 키가 없음		[FIN][BOND]	
		[■][CLEAR DATA]	
		[TYPE][SEMI][EXIT]	A/A SEMIANNUAL
		5.111999[SETT]	SETT=05/11/1999SUN
		12.302000[MAT]	MAT=12/30/2000WED
		8[CPN%]	CPN%=8.00
		[MORE]10[YLD%]	YLD%=10.00
		[PRICE]	PRICE=97.03
		[×]10000000[=]	970,272,078.95

답 970,272,079원

유제 1 만기가 2004년 7월 28일인 회사채를 2002년 6월 13일 구입하였다. 표면이자율은 연 7%로서 반기마다 이자가 지급된다. 만약 만기에 액면가(100억 원)의 100%가 지급되고, 만기수익률이 8.7%이라면 구입시 채권의 적정가격은 얼마일까?

답 9,675,235,815원

유제 2 만기가 2005년 3월 15일인 회사채를 2002년 7월 5일 매입하고자 한다. 표면이자율은 연 8%로서 반기마다 이자가 지급된다. 만기상환액이 1만 원이고 만기수익률이 9.3%이라고 할 때 이 채권의 적정가격은 얼마인가?

답 9,694.04원

기본예제 IV-3-6 채권키를 활용한 채권수익률

표면이자율이 12%이고 2003년 2월 2일 만기로서 쿠폰지급이 반년단위로 이루어지는 액면가 10,000원의 5년만기 이표채를 2001년 3월 15일 현재 9,725원에 매입하였다면 만기수익률은 얼마인가?

HP 12C		BA Ⅱ PLUS	
키 입력	화면 표시	키 입력	화면 표시
[f][CLEAR FIN]	0.00	[2nd][Bond]	
[g][M.DY]	0.00	[2nd][CLR WORK]	SDT=(이전숫자)
97.25[PV]	97.25	3.1501[ENTER]	SDT=3-15-2001◁
12[PMT]	12.00	[↓]12[ENTER]	CPN=12.00◁
3.152001[ENTER]	3.15	[↓]2.0203[ENTER]	RDT=2-02-2003◁
2.022003	2.022003	[↓]	RV=100.00
[f][YTM]	13.68	[↓]	ACT
		[↓]	2/Y
		[↓][↓]9725[÷]	PRI 9,725.00
		100[=][ENTER]	PRI=97.25◁
		[↑][CPT]	YLD=13.68*

HP 10B Ⅱ		HP 17B Ⅱ	
키 입력	화면 표시	키 입력	화면 표시
별도의 키가 없음		[FIN][BOND]	
		[■][CLEAR DATA]	
		[TYPE][SEMI][EXIT]	A/A SEMIANNUAL
		3.152001[SETT]	SETT=03/15/2001THU
		2.022003[MAT]	MAT=02/02/2003SUN
		12[CPN%]	CPN%=12.00
		[MORE]9725[÷]100	
		[PRICE]	PRICE=97.25
		[YLD%]	YLD%=13.68

답 13.68%

줄탁(茁啄)

매입가를 입력할 때는 액면가 100원 대비 비율을 사용하여야 한다. 즉 위 기본예제의 경우 액면가가 10,000원이기 때문에 매입가는 9,725원을 100으로 나눈 97.25원을 입력하여야 한다.

유제 1 최종수씨가 2002년 4월 13일 반년단위로 이자가 지급되는 표면이자율이 12%이고 만기가 2008년 9월 30일인 이표채를 9,867원에 매입(액면가 : 1만 원)하였다면, 만기수익률은 얼마인가?

답 12.30%

유제 2 만기가 2005년 4월 18일이고 2002년 7월 16일 현재 가격이 9,586원인 이표채(표면이자율 7%, 반년단위 이자지급)의 만기수익률은 얼마인가?

답 8.71%

라. 콜옵션부 채권

콜옵션부 채권(Callable Bond)은 채권발행자에게 미리 약정된 시기에 약정된 금액으로 채권을 상환할 수 있는 옵션이 부여된 채권이다. 채권발행인은 금리 하락시 더 낮은 이자비용으로 자금조달이 가능하므로 동 채권을 상환하게 되며, 따라서 채권매입자는 상대적으로 불리한 입장에 놓이게 된다. 매입자 입장에서 보면 상대적으로 콜옵션부 채권은 일반채권에 비해 위험한 채권이므로 일반채권에 비해 수익률을 그 만큼 높게 유지하려고 한다.

채권발행자의 콜 행사는 액면금액에 일정한 금액을 합친 금액으로 행사하는데 이 합쳐진 부분을 콜프리미엄이라 한다. 또한 콜수익률(yield to call)이라 함은 콜옵션부 채권에 대한 콜행사시 수익률을 말한다.

따라서 콜수익률 계산시 주의할 점은 첫째, 기간(n)은 채권의 만기까지의 기간이 아니라 콜행사시까지의 기간을 입력하여야 하며, 둘째, 만기지급액은 액면금액이 아니라 액면금액에 콜프리미엄을 합친 금액이라는 점이다.

기본예제 Ⅳ-3-7 콜옵션부 채권의 수익률

가나주식회사는 표면금리 10%의 반기별로 쿠폰이 지급되는 20년짜리 채권을 액면금액 10,000원으로 발행하였다. 만약 이 채권에 가나주식회사가 5년 후에 액면금액의 105%로 콜할 수 있는 옵션이 부가되어 있다면, 이 콜옵션부 채권의 콜수익률은 얼마인가?

※ 기말급 설정

HP 12C		BAⅡ PLUS	
키 입력	화면 표시	키 입력	화면 표시
[f][CLEAR FIN]	0.00	[2nd][CLR TVM]	0.00
5[ENTER]2[×][n]	10.00	5[×]2[=][N]	N=10.00◁
10,000[CHS][PV]	−10,000.00	10000[+/−][PV]	PV=−10,000.00◁
500[PMT]	500.00	500[PMT]	PMT=500.00◁
10500[FV]	10,500.00	10500[FV]	FV=10,500.00◁
[i]	5.39	[CPT][I/Y]	I/Y=5.39*
2[×]	10.78	[×]2[=]	10.78

HP 10BⅡ		HP 17BⅡ	
키 입력	화면 표시	키 입력	화면 표시
[■][C ALL]	0.00	[FIN][TVM]	
5[×]2[=][N]	10.00	[■][CLEAR DATA]	1 P/YR END MODE
10000[+/−][PV]	−10,000.00	5[×]2[N]	N=10.00
500[PMT]	500.00	10000[+/−][PV]	PV=−10,000.00
10500[FV]	10,500.00	500[PMT]	PMT=500.00
[I/YR]	5.39	10500[FV]	FV=10,500.00
[×]2[=]	10.78	[I%YR]	I%YR=5.39
		[×]2[=]	10.78

답 10.78%

유제 1 다라주식회사는 20년짜리 연 8%의 반년단위로 이자가 지급되는 이표채를 액면금액 10,000원에 발행하였다. 만약 이 회사가 5년 후 액면금액의 104%로 콜옵션을 행사할 수 있다면 이 채권의 콜수익률은 얼마인가?

답 8.66%

유제 2 코끼리산업(주)는 10년짜리 연 6%의 분기단위로 이자가 지급되는 이표채를 액면금액(10,000원)에 발행하였다. 만약 이 회사가 5년 후 액면금액의 105%에 콜옵션을 행사할 수 있다면 이 채권의 콜수익률은 얼마인가?

답 6.85%

마. 듀레이션

(1) 매컬리듀레이션

듀레이션(Duration) 또는 매컬리듀레이션(Macaulay Duration)이라 함은 채권에서 발생하는 각각의 현금흐름을 이들이 발생하는 기간으로 가중하여 현재가치화 한 것의 합을 채권의 가격으로 나눈 것으로, 채권에 투자한 원금의 평균회수기간을 의미한다.

$$Duration = \frac{\sum_{t=1}^{n} \frac{t \cdot CF_t}{(1+r)^t}}{\sum_{t=1}^{n} \frac{CF_t}{(1+r)^t}} = \frac{\sum_{t=1}^{n} \frac{t \cdot CF_t}{(1+r)^t}}{P}$$

한편 듀레이션은 다음과 같이 수익률 변동에 따른 채권가격의 민감도로 표현될 수 있다.

$$Duration = \frac{-(1+r) \times \frac{dP}{dr}}{P} = -\frac{\frac{dP}{P}}{\frac{dr}{(1+r)}} = -\frac{dP}{dr} \cdot \frac{(1+r)}{P}$$

$$\frac{\Delta P}{P}(\text{채권가격 변동률}) = -\frac{Duration}{(1+r)} \times \Delta r \ (\text{수익률 변동폭})$$

(2) 수정듀레이션

수정듀레이션(Modified Duration)은 매컬리듀레이션을 "1+r"로 나누어 수정한 것으로 아래 식과 같다.

$$\text{수정듀레이션}(Modified\ Duration) = D_M = \frac{Macaulay\ Duration}{(1+r)}$$

$$\frac{\Delta P}{P} = -D_M \times \Delta r$$

계산의 편의를 위해서 수정듀레이션은 다음과 같이 소폭의 이자율 변동(+ 및 –)이 있는 것으로 가정한 약식계산방법에 의해 산출되기도 한다.

$$\text{수정듀레이션} = \frac{\text{이자율하락시 채권가격} - \text{이자율상승시 채권가격}}{2 \cdot \text{채권가격} \cdot \text{이자율변동}}$$

기본예제 IV-3-8 듀레이션

액면금액 1,000원, 만기 5년, 표면이율 14%, 연단위 이자지급, 만기수익률 9.5%인 채권의 수정듀레이션을 구하라.

이 채권의 현금흐름은 다음표와 같다.

연수 ①	현금흐름 ②	현금흐름의 현가 ③	④ = ①×③
1	140.00	127.85	127.85
2	140.00	116.76	233.52
3	140.00	106.63	319.89
4	140.00	97.38	389.52
5	1,140.00	724.16	3,620.80
계		1,172.79	4,691.59

매컬리듀레이션은 위 표의 ④를 ③으로 나눈 값이며, 수정듀레이션은 이렇게 산출된 매컬리듀레이션을 1+r 즉, 1.095로 나누어 산출하면 된다. 계산방법은 일반적인 계산방법, 화폐의 시간가치계산법을 이용하는 방법, 약식계산방법 등이 있으며, 이들은 모두 현재의 채권가격을 먼저 계산한 후에 진행된다.

- 1단계 : 채권가격의 계산

※ 기말급 설정

HP 12C		BA II PLUS	
키 입력	화면 표시	키 입력	화면 표시
[f][CLEAR FIN]	0.00	[2nd][CLR TVM]	(이전숫자)
5[n]	5.00	5[N]	N=5.00◁
9.5[i]	9.50	9.5[I/Y]	I/Y=9.50◁
140[PMT]	140.00	140[PMT]	PMT=140.00◁
1000[FV]	1,000.00	1000[FV]	FV=1000.00◁
[PV]	−1,172.79	[CPT][PV]	−1,172.79*
[CHS][ST0]1	1,172.79	[+/−][STO]1	1,172.79

HP 10BⅡ		HP 17BⅡ	
키 입력	화면 표시	키 입력	화면 표시
[■][C ALL]	0.00	[FIN][TVM]	
5[N]	5.00	[■][CLEAR DATA]	1 P/YR END MODE
9.5[I/YR]	9.50	5[N]	N=5.00
140[PMT]	140.00	9.5[I%YR]	I%YR=9.50
1000[FV]	1000.00	140[PMT]	PMT=140.00
[PV]	−1,172.79	1000[FV]	FV=1000.00
[+/−][■][STO]1	1,172.79	[PV][+/−][STO]1	1,172.79

• 2단계

<방법 1> 일반적인 계산방법

HP 12C		BAⅡ PLUS	
키 입력	화면 표시	키 입력	화면 표시
140[ENTER]1.095[÷]	127.85	140[÷]1.095[=]	127.85
[STO]2	127.85	[STO]2	127.85
140[ENTER]1.095		140[÷][(]1.095[■][y^x]	
[ENTER]2[y^x][÷]	116.76	2[)][×]2[=]	233.52
2[×]	233.52	[STO][+]2	233.52
[STO][+]2	233.52	140[÷]	140.00
140[ENTER]1.095	1.095	[(]1.095[■][y^x]	
[ENTER]	1.10	3[)][×]3[=]	319.89
3[y^x][÷]3[×]	319.89	[STO][+]2	319.89
[STO][+]2	319.89	140[÷]	140.00
140[ENTER]1.095	1.095	[(]1.095[■][y^x]	
[ENTER]	1.10	4[)][×]4[=]	389.52
4[y^x][÷]4[×]	389.52	[STO][+]2	389.52
[STO][+]2	389.52	1140[÷]	1140.00÷
1140[ENTER]1.095	1.095	[(]1.095[■][y^x]5	
[ENTER]	1.10	[)][×]5[=]	3,620.80
5[y^x][÷]5[×]	3620.80	[STO][+]2	3,620.80
[STO][+]2	3620.80	[RCL]2	4,691.59
[RCL]2[RCL]1[÷]	4.00	[÷][RCL]1[=]	4.00
1.095[÷]	3.65	[÷]1.095[=]	3.65

HP 10BⅡ		HP 17BⅡ	
키 입력	화면 표시	키 입력	화면 표시
140[÷]1.095[=]	127.85	[■][CLEAR DATA]	
[■][STO]2	127.85	140[÷]1.095[=]	127.85
140[÷][■][(]1.095		[STO]2	127.85
[■][y^x]2[■][)]		140[÷][(]1.095[■]	
[×]2[=]	233.52	[y^x]2[)][×]2[=]	233.52
[■][STO][+]2	233.52	[STO][+]2	233.52
140[÷]	140.00	140[÷]	140.00
[■][(]1.095[■][y^x]		[(]1.095[■][y^x]	
3[■][)][×]3[=]	319.89	3[)][×]3[=]	319.89
[■][STO][+]2	319.89	[STO][+]2	319.89
140[÷]	140.00	140[÷]	140.00
[■][(]1.095[■][y^x]		[(]1.095[■][y^x]	
4[■][)][×]4[=]	389.52	4[)][×]4[=]	389.52
[■][STO][+]2	389.52	[STO][+]2	389.52
1140[÷]	1,140.00	1140[÷]	1,140.00÷
[■][(]1.095[■][y^x]5		[(]1.095[■][y^x]5	
[■][)][×]5[=]	3,620.80	[)][×]5[=]	3,620.80
[■][STO][+]2	3,620.80	[STO][+]2	3,620.80
[RCL]2	4,691.59	[RCL]2	4,691.59
[÷][RCL]1[=]	4.00	[÷][RCL]1[=]	4.00
[÷]1.095[=]	3.65	[÷]1.095[=]	3.65

<방법 2> 화폐의 시간가치를 이용한 방법

HP 12C		BA Ⅱ PLUS	
키 입력	화면 표시	키 입력	화면 표시
[f][CLEAR REG]	0.00	[CF][2nd][CLR WORK]	CF0=0.00
140[g][CFj]	140.00	0[ENTER]	CF0=0.00◁
140[ENTER]2[×]	280.00	[↓]	CO1 0.00
[g][CFj]	280.00	140[×]1[=][ENTER]	C01=140.00◁
140[ENTER]3[×]	420.00	[↓][↓]	CO2 0.00
[g][CFj]	420.00	140[×]2[=][ENTER]	C02=280.00◁
140[ENTER]4[×]	560.00	[↓][↓]	CO3 0.00
[g][CFj]	560.00	140[×]3[=][ENTER]	C03=420.00◁
1140[ENTER]5[×]	5,700.00	[↓][↓]	CO4 0.00
[g][CFj]	5,700.00	140[×]4[=][ENTER]	C04=560.00◁
9.5[i]	9.50	[↓][↓]	CO5 0.00
[f][NPV]	4,691.59	1140[×]5[=][ENTER]	C05=5,700.00◁
1172.79[÷]	4.00	[NPV]9.5[ENTER]	I=9.50◁
1.095[÷]	3.65	[↓][CPT]	NPV=4,691.59*
		[÷][RCL]1[=]	NPV 4.00
		[÷]1.095[=]	3.65

HP 10B Ⅱ		HP 17B Ⅱ	
키 입력	화면 표시	키 입력	화면 표시
[■][C ALL]	0.00	[EXIT][CFLO]	FLOW(0)=?
0[CFj]	0.00	[■][CLEAR DATA]	CLEAR THE LIST?
140[CFj]	140.00	[YES]	FLOW(0)=?
140[×]2[=][CFj]	280.00	[#T?]	#TIMES PROMPTING:OFF
140[×]3[=][CFj]	420.00	0[INPUT]	FLOW(1)=? 0.00
140[×]4[=][CFj]	560.00	140[INPUT]	FLOW(2)=? 140.00
1140[×]5[=][CFj]	5,700.00	140[×]2[INPUT]	FLOW(3)=? 280.00
9.5[I/YR]	9.5	140[×]3[INPUT]	FLOW(4)=? 420.00
[■][NPV]	4,691.59	140[×]4[INPUT]	FLOW(5)=? 560.00
[÷]1172.79[=]	4.00	1140[×]5[INPUT]	FLOW(6)=? 5,700.00
[÷]1.095[=]	3.65	[EXIT][CALC]	
		9.5[I%]	I%=9.50
		[NPV]	NPV=4,691.59
		[÷][RCR]1[=]	4.00
		[÷]1.095[=]	3.65

줄탁(茁啄)

현금흐름 계산시 HP 12C, HP 10BⅡ의 경우 [f][CLEAR REG], [■][C ALL]에 의해 과거 [STO]를 통해 저장된 내용이 모두 제거된다.

<방법 3> 약식계산방법

※ 기말급 설정

HP 12C		BA Ⅱ PLUS	
키 입력	화면 표시	키 입력	화면 표시
9.4[i]	9.40	9.4[I/Y]	I/Y=9.40◁
[PV]	−1,177.08	[CPT][PV]	PV=−1,177.08*
[CHS][STO]2	1,177.08	[+/−][STO]2	1,177.08
9.6[i]	9.60	9.6[I/Y]	I/Y=9.60◁
[PV]	−1,168.51	[CPT][PV]	PV=−1,168.51*
[CHS][STO]3	1,168.51	[+/−][STO]3	1,168.51
[RCL]2[RCL]3[−]	8.57	[RCL]2[−]	1,177.08
2[÷][RCL]1[÷]	0.004	[RCL]3[=]	8.57
0.001[÷]	3.65	[÷]2[÷][RCL]1	0.00
		[÷]0.001[=]	3.65

HP 10B Ⅱ		HP 17B Ⅱ	
키 입력	화면 표시	키 입력	화면 표시
9.4[I/YR]	9.40	9.4[I%YR]	I%YR=9.40
[PV]	−1,177.08	[PV]	PV=−1,177.08
[+/−][■][STO]2	1,177.08	[+/−][STO]2	1,177.08
9.6[I/YR]	9.60	9.6[I%YR]	I%YR=9.60
[PV]	−1,168.51	[PV]	PV=−1,168.51
[+/−][■][STO]3	1,168.51	[+/−][STO]3	1,168.51
[RCL]2[−][RCL]3[=]	8.57	[RCL]2[−]	1,177.08−
[÷]2[÷][RCL]1	1,172.79	[RCL]3[=]	8.57
[÷]0.001[=]	3.65	[÷]2[÷][RCL]1	4.28÷1,172.79
		[÷]0.001[=]	3.65

답 3.65

유제 1 액면금액 1만 원, 만기 10년, 표면이율 8%, 연단위 이자지급, 만기수익률 6.8%인 채권의 수정듀레이션을 구하라.

답 6.90

유제 2 액면금액 1만 원, 만기 5년, 표면이율 7%, 반기단위 이자지급, 만기수익률 8.4%인 채권의 수정듀레이션을 구하라.

답 4.11

기본예제 IV-3-9 **채권가격 변동률**

매컬리듀레이션(Macaulay Duration)이 3.00인 만기수익률 8.5%인 채권의 수익률이 100베이시스 포인트 하락한 경우 채권가격의 변동률을 구하시오.

$$\frac{\Delta P}{P}(\text{채권가격변동률}) = -\frac{3}{1+0.085}\times(-0.01)$$

HP 12C		BA Ⅱ PLUS	
키 입력	화면 표시	키 입력	화면 표시
3[CHS][ENTER]	−3.00	3.00[+/−][÷]	−3.00
1[ENTER]0.085[+]	1.09	[(]1[+]0.085[)]	1.09
[÷]	−2.76	[×]0.01[=]	−0.03
0.01[CHS][×]	0.03	[+/−]	0.03
100[×]	2.76	[×]100[=]	2.76

HP 10B Ⅱ		HP 17B Ⅱ	
키 입력	화면 표시	키 입력	화면 표시
3.00[+/−][÷]	−3.00	3.00[+/−][÷]	−3.00÷
[■][(]1[+]0.085	1.09	[(]1[+]0.085[)][×]	−2.76×
[■][)][×]	−2.76	0.01[=][+/−]	0.03
0.01[=][+/−]	0.03	[×]100[=]	2.76
[×]100[=]	2.76		

답 2.76%

유제 1 매컬리듀레이션(Macaulay Duration)이 4.67인 만기수익률 7.58%인 채권의 수익률이 150베이시스 포인트 상승한 경우 채권가격의 변동률을 구하시오.

답 −6.51%

유제 2 수정듀레이션(Modified Duration)이 5.95인 만기수익률 8.56%인 채권의 수익률이 50베이시스 포인트 하락한 경우 채권가격의 변동률을 구하시오.

답 2.98%

바. 볼록성

(1) 개요

채권가격은 채권의 이자율, 즉 만기수익률이 커질수록 하락하게 된다. 채권가격과 만기수익률간의 관계를 나타낸 선은 원점에 대하여 볼록한 곡선모양을 하게 된다. 이에 따라 채권가격의 이자율에 대한 1차 미분값을 채권가격으로 나눈 값인 듀레이션만을 이용하여 추정된 채권가격의 변동폭은 오차를 나타내게 된다. 만기수익률이 하락하는 경우 실제 채권가격 상승폭보다 과소 평가되는 반면, 만기수익률이 상승하는 경우 실제 채권가격 하락폭보다 과대평가된다. 이러한 오차는 채권가격의 변동폭이 클수록 크게 나타난다. 이 때 다음과 같이 채권가격의 이자율에 대한 2차미분값을 채권가격으로 나누어 볼록성(Convexity)을 측정하여 이를 채권가격 변동폭 추정시 활용함으로써 오차값을 줄일 수 있다.

(2) 산출식

$$Convexity = \frac{\frac{d^2P}{dr^2}}{P} = \frac{\sum_{t=1}^{n} \frac{t(t+1)CF_t}{(1+r)^{t+2}}}{P}$$

볼록성은 위식과 같이 발생되는 현금흐름에 대하여 일일이 계산하여 산출할 수도 있지만, 아래식과 같이 소폭의 이자율변동(+ 및 -)이 있는 것으로 가정하여 각각의 경우의 채권가격을 구하여 산출하는 약식방법에 의하여 계산할 수도 있다.

$$Convexity = \frac{P_+ + P_- - 2P_0}{P_0 . (\Delta r)^2}$$

P_0 : 현재 만기수익률에 대한 채권가격
P_+ : 만기수익률이 Δr만큼 증가할 때의 채권가격
P_- : 만기수익률이 Δr만큼 감소할 때의 채권가격
Δr : 만기수익률의 변동폭

(3) 채권가격의 변동

이자율 변동시 채권가격의 변동을 정밀하게 추정하고자 하는 경우에는 앞에서 다룬 수정듀레이션과 볼록성을 모두 사용하여야 한다.

채권가격변동폭은

$\Delta P \fallingdotseq [-D_M \times \Delta r \times P] + [\frac{1}{2} \times Convexity \times (\Delta r)^2 \times P]$에 의하여,

채권가격변동률은

$\frac{\Delta P}{P} \fallingdotseq [-D_M \times \Delta r] + [\frac{1}{2} \times Convexity \times (\Delta r)^2]$에 의하여 산출된다.

(4) 주의점

약식방법에 의하여 볼록성을 계산하는 경우 $Convexty = \frac{P_+ + P_- - 2P_0}{P_0 . (\Delta r)^2}$ 을 사용하지 않고, 경우에 따라 $Convexty = \frac{P_+ + P_- - 2P_0}{2 \cdot P_0 . (\Delta r)^2}$ 을 사용하는 경우도 있다.

이때에는 채권가격변동률을 $\frac{\Delta P}{P} \fallingdotseq [-D_M \times \Delta r] + [\frac{1}{2} \times Convexity \times (\Delta r)^2]$로 계산하는 것이 아니라 $\frac{\Delta P}{P} \fallingdotseq [-D_M \times \Delta r] + [Convexity \times (\Delta r)^2]$로 계산하여야 함에 주의하여야 한다.

(5) 예시

잔존기간이 3년이고, 표면이율이 6%인 연 단위 후급 이표채의 만기수익률이 10%일 때 이 채권의 가격, 듀레이션, 수정듀레이션, 볼록성을 각각 구하라

<방법 1> 현금흐름에 따른 산출식에 의한 방법

t	CF_t	$P=CF_t/(1+r)^t$	$t\times CF_t/(1+r)^t$	$t(t+1)CF_t$	$t(t+1)CF_t/(1+r)^{t+2}$
1	600	545.46	545.46	1,200.00	901.58
2	600	495.87	991.74	3,600.00	2,458.85
3	10,600	7,963.94	23,891.81	127,200.00	78,981.19
합계		9,005.26	25,429.00		82,341.62

채권가격 : 9,005원

듀레이션 : 2.82(25,429.00÷9,005.26)

수정듀레이션 : 2.57(2.82÷1.10)

볼록성 : 9.14(82,341.62÷9,005.269)

<방법 2> 약식계산방법(예 : 10베이시스 포인트 이자율변동이 있는 것으로 가정)

현재이자율의 채권가격 : 9,005.26(FV=−10,000, PMT=−600, N=3, i=10)

이자율상승시 채권가격 : 8,982.18(FV=−10,000, PMT=−600, N=3, i=10.1)

이자율하락시 채권가격 : 9,028.42(FV=−10,000, PMT=−600, N=3, i=9.9)

수정듀레이션 : 2.57($= \dfrac{9,028.42-8,982.18}{2\times 9,005.26\times 0.001}$)

매컬리 듀레이션 : 2.82($=2.57\times 1.10$)

볼록성 : 9.14($= \dfrac{8,982.18+9,028.42-2\times 9,005.26}{9,005.26\times(0.001)^2}$)

기본예제 IV-3-10 볼록성

액면금액이 10,000원이고 표면이율이 8%로 연 단위 지급되는 이표채의 만기가 10년이고, 만기수익률이 11%일 때 이 채권의 수정듀레이션과 볼록성을 계산하라.

※ 기말급 설정

HP 12C		BA Ⅱ PLUS	
키 입력	화면 표시	키 입력	화면 표시
[f][CLEAR FIN]	0.00	[2nd][CLR TVM]	0.00
10[n]	10.00	10[N]	N=10.00◁
11[i]	11.00	11[I/Y]	I/Y=11.00◁
800[CHS][PMT]	−800.00	800[+/−][PMT]	PMT=−800.00◁
10000[CHS][FV]	−10,000.00	10000[+/−][FV]	FV=−10,000.00◁
[PV]	8,233.23	[CPT][PV]	PV=8,233.23*
[STO]1	8,233.23	[STO]1	8,233.23
11.1[i]	11.10	11.1[I/Y]	I/Y=11.10◁
[PV]	8,181.97	[CPT][PV]	PV=8,181.97*
[STO]2	8,181.97	[STO]2	8,181.97
10.9[i]	10.90	10.9[I/Y]	I/Y=10.90◁
[PV]	8,284.94	[CPT][PV]	8,284.94*
[STO]3	8,284.94	[STO]3	8,284.94
[RCL]2[−]2[÷]	51.48	[−][RCL]2[÷]2[÷]	51.48
[RCL]1[÷]	0.01	[RCL]1[÷]	0.01
0.001[÷]	**6.25**	0.001[=]	**6.25**
[RCL]1	8,233.23	[RCL]1[×]2[=]	16,466.46
2[×][CHS]	−16,466.46	[+/−][+]	−16,466.46
[RCL]2[+]	−8,284.49	[RCL]2[+]	−8,284.49
[RCL]3[+]	0.44	[RCL]3[=]	0.44
[RCL]1[÷]	0.00	[÷][RCL]1[÷]	0.00
0.000001[÷]	**54.04**	0.000001[=]	**54.04**

HP 10BⅡ		HP 17BⅡ	
키 입력	화면 표시	키 입력	화면 표시
[■][C ALL]	0.00	[FIN][TVM]	
10[N]	10.00	[■][CLEAR DATA]	
11[I/YR]	11.00	10[N]	N=10.00
800[+/−][PMT]	−800.00	11[I%YR]	I%YR=11.00
10000[+/−][FV]	−10,000.00	800[+/−][PMT]	PMT=−800.00
[PV]	8,233.23	10000[+/−][FV]	FV=−10,000.00
[■][STO]1	8,233.23	[PV]	PV=8,233.23
11.1[I/YR]	11.10	[STO]1	PV=8,233.23
[PV]	8,181.97	11.1[I%YR]	I%YR=11.10
[■][STO]2	8,181.97	[PV]	PV=8,181.97
10.9[I/YR]	10.90	[STO]2	PV=8,181.97
[PV]	8,284.94	10.9[I%YR]	I%YR=10.90
[■][STO]3	8,284.94	[PV]	PV=8,284.94
[−][RCL]2[÷]2[÷]	51.48	[STO]3	PV=8,284.94
[RCL]1[÷]	0.01	[−][RCL]2[÷]2[÷]	51.48÷
0.001[=]	**6.25**	[RCL]1[÷]	0.01÷
[RCL]1[×]2[=]	16,466.46	0.001[=]	**6.25**
[+/−][+]	−16,466.46	[RCL]1[×]2[=]	16,466.46
[RCL]2[+]	−8,284.49	[+/−][+]	−16,466.46+
[RCL]3[=]	0.44	[RCL]2[+]	−8,284.49+
[÷][RCL]1[÷]	0.00005	[RCL]3[=]	0.44
0.000001[=]	**54.04**	[÷][RCL]1[÷]	0.0001÷
		0.000001[=]	**54.04**

답 수정듀레이션 6.25, 볼록성 54.04

유제 1 액면금액이 10,000원이고 표면이율이 7.4%로 연 단위로 이자가 지급되는 이표채의 만기가 10년이고, 만기수익률이 8.4%일 때 이 채권의 수정듀레이션과 볼록성을 계산하라.

답 수정듀레이션 6.74, 볼록성 60.85

유제 2 액면금액이 10,000원이고 표면이율 8.6%로 반년 단위로 이자가 지급되는 이표채의 만기가 5년이고, 만기수익률이 9.5%일 때 이 채권의 수정듀레이션과 볼록성을 계산하라.

답 수정듀레이션 3.96, 볼록성 19.47

기본예제 Ⅳ-3-11 볼록성을 이용한 채권가격 변동률

시장이자율의 변동에 따라 만기수익률이 1% 감소할 때 수정듀레이션이 5이고 볼록성이 52인 채권의 가격변동률은 얼마인가?

채권가격변동률 $\fallingdotseq [-5\times(-0.01)] + [\frac{1}{2}\times52\times(-0.01)^2] = 5.26\%$

※ 자릿수를 소수점 4자리로 설정

HP 12C		BA Ⅱ PLUS	
키 입력	화면 표시	키 입력	화면 표시
5[CHS][ENTER]	−5.0000	5[+/−][×]	−5.0000
0.01[CHS][×]	0.0500	[(].01[+/−][)][+]	0.0500
1[ENTER]2[÷]	0.5000	[(].01[+/−][x^2]	0.0001
52[×]	26.0000	[×]52[÷]2[)][=]	0.0526
0.01[CHS][ENTER]	−0.0100		
2[y^x][×][+]	0.0526		

HP 10B Ⅱ		HP 17B Ⅱ	
키 입력	화면 표시	키 입력	화면 표시
5[+/−][×]	−5.0000	5[+/−][×]	−5.0000×
[■][(]0.01[+/−][■][)][+]	0.0500	[−]0.01[+]	0.0500+
[■][(]0.01[+/−		[(]0.01[+/−][■][x^2]	0.0500+(0.0001
[■][x^2]	0.0001	[×]52[÷]2[)]	0.0500+0.0026
[×]52[÷]2[■][)][=]	0.0526	[=]	0.0526

답 5.26%

유제 1 어떤 채권의 만기수익률이 150베이시스 포인트 감소할 경우 수정듀레이션이 4.5이고, 볼록성이 14.5인 채권의 가격변동률은 얼마인가?

답 6.91%

유제 2 어떤 채권의 만기수익률이 100베이시스 포인트 증가할 때, 수정듀레이션이 2.5이고, 볼록성이 23.5인 채권의 가격변동률은 얼마인가?

답 −2.38%

4. 주식

가. 배당모형의 기본형태

(1) 개요

배당모형(Dividend Model)은 현재의 주식가격을 주식으로 인한 현금흐름의 현가, 즉 주식처분시까지의 현금배당금의 현가와 매도시의 주식가격의 현가의 합으로 나타낸 것이다. 이때 주식에 대한 할인율을 투자자의 요구수익률(required rate of return)이라 한다.

(2) 현금흐름과 산출식

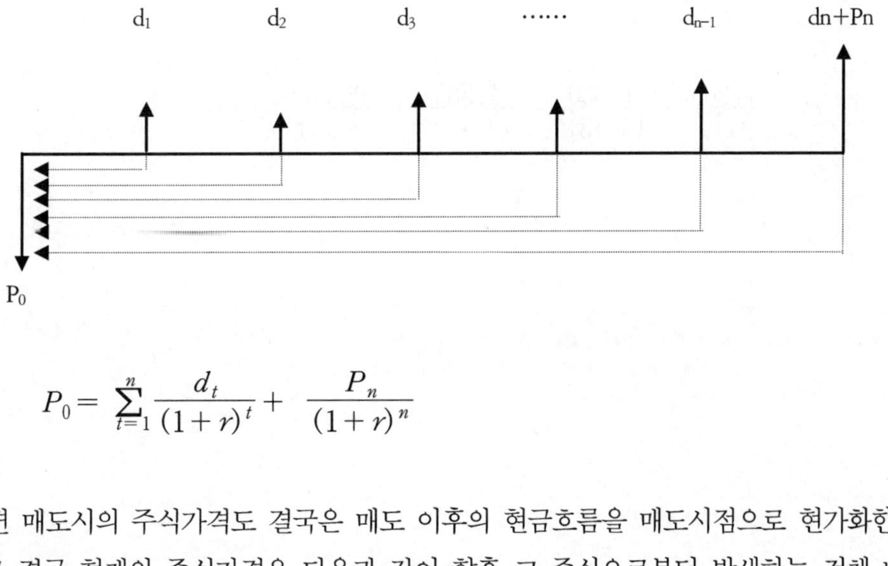

$$P_0 = \sum_{t=1}^{n} \frac{d_t}{(1+r)^t} + \frac{P_n}{(1+r)^n}$$

한편 매도시의 주식가격도 결국은 매도 이후의 현금흐름을 매도시점으로 현가화한 것이므로 결국 현재의 주식가격은 다음과 같이 향후 그 주식으로부터 발생하는 전체 배당금의 현가로 표시될 수 있다.

$$P_0 = \sum_{t=1}^{\infty} \frac{d_t}{(1+r)^t}$$

(3) 예시

투자자 김갑식씨는 상도기업이 향후 3년간 1주당 1,200원, 1,300원, 1,500원을 배당으로 지급할 것으로 예상하고 있으며, 3년 후 동 주식의 가격이 2만 3,000원으로 예상하고 있다. 요구수익률이 13%라 할 때 이 주식의 현재가격은 얼마일까?

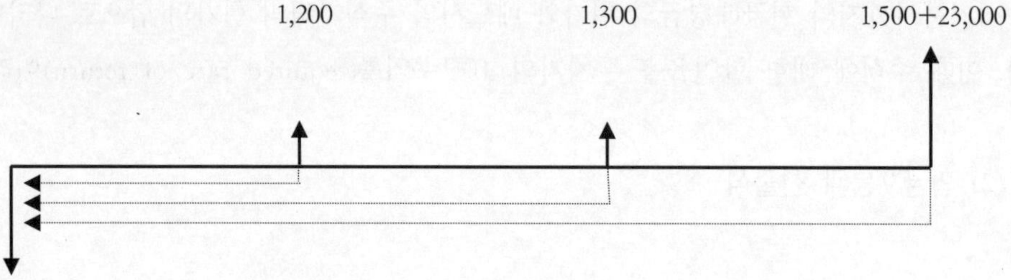

$$P_0 = \frac{1,200}{1.13} + \frac{1,300}{(1.13)^2} + \frac{1,500}{(1.13)^3} + \frac{23,000}{(1.13)^3} = 19,060\text{원}$$

기본예제 IV-4-1 배당모형에 의한 주식가격

애널리스트 정희선씨는 신촌산업주식의 향후 5년간 배당예상액 및 5년 후 주식가격을 다음과 같이 예상하고 있다. 요구수익률이 13%라 할 때 이 주식의 연초 시장가격 1만 9,000원은 적절한 것인가?

<배당예상액>					<5년도말 예상가격>
1년도말	2년도말	3년도말	4년도말	5년도말	
1,000	1,200	1,300	1,300	1,500	24,000

HP 12C		BA Ⅱ PLUS	
키 입력	화면 표시	키 입력	화면 표시
[f][CLEAR REG]	0.00	[CF]	
1000[g][CFj]	1,000.00	[2nd][CLR WORK]	CF0=0.00
1200[g][CFj]	1,200.00	0[ENTER]	CF0=0.00◁
1300[g][CFj]	1,300.00	[↓]1000[ENTER]	C01=1,000.00◁
2[g][Nj]	2.00	[↓][↓]1200[ENTER]	C02=1,200.00◁
1500[ENTER]		[↓][↓]1300[ENTER]	C03=1,300.00◁
24000[+]	25,500.00	[↓][↓]1300[ENTER]	C04=1,300.00◁
[g][CFj]	25,500.00	[↓][↓]25500[ENTER]	C05=25,500.00◁
13[i]	13.00	[NPV]13[ENTER]	I=13.00◁
[f][NPV]	17,363.39	[↓][CPT]	NPV=17,363.39*

HP 10BⅡ		HP 17BⅡ	
키 입력	화면 표시	키 입력	화면 표시
[■][C ALL]	0.00	[FIN][CFLO]	FLOW(0)=?
0[CFj]	0.00	[■][CLEAR DATA]	CLEAR THE LIST?
1000[CFj]	1,000.00	[YES]	FLOW(0)=?
1200[CFj]	1,200.00	0[INPUT]	FLOW(1)=? 0.00
1300[CFj]	1,300.00	1000[INPUT]	# TIMES(1)=? 1.00
2[■][Nj]	2.00	[INPUT]	FLOW(2)=? 1.00
1500[+]24000[CFj]	25,500.00	1200[INPUT]	TIMES(2)=1 1.00
13[I/YR]	13.00	[INPUT]	FLOW(3)=? 1.00
[■][NPV]	17,363.39	1300[INPUT]	# TIMES(3)=1 1.00
		2[INPUT]	FLOW(4)=? 2.00
		1500[+]24000[INPUT]	# TIMES(4)=1 1.00
		[INPUT]	FLOW(5)=? 1.00
		[EXIT]	FLOW(5)=?
		[CALC]13[I%]	I%=13.00
		[NPV]	NPV=17,363.39

답 시장가격 19,000원은 배당모형으로 산출한 적정가격 17,363원보다 크므로 이 주식은 과대평가됨

유제 1 세종문고(주)는 금년말부터 5년간 1,200원, 1,300원, 1,700원, 1,900원, 2,000원의 배당을 실시할 것으로 예상되며, 5년 후 주식가격은 약 17,000원이 될 것으로 예상된다. 요구수익률이 13.5%일 때, 연초 시점에서의 세종문고(주)의 주식가치를 평가하라.

답 14,461원

유제 2 건영실업(주)은 금년말부터 3년간 500원, 700원, 800원의 배당을 실시하고, 4년 후부터는 매년 1,000원의 배당을 실시할 것으로 예상된다. 요구수익률이 14%일 때 연초 시점에서의 건영실업 주가가치를 구하라.

답 6,338원

나. 정률배당 성장모형

(1) 개요

정률배당 성장모형(Constant Dividend Growth Model)은 기업의 이익과 배당이 매년 일정한 성장률로 지속적으로 성장한다고 가정할 경우의 주식가치를 산출하는 방식이다.

(2) 현금흐름과 산출식

매기의 배당금이 g만큼 증가하여 현금흐름이 무한히 증가하는 것을 가정하므로 주식가격은 공비가 (1+g)/(1+r)인 무한등비수열의 합으로 나타난다.

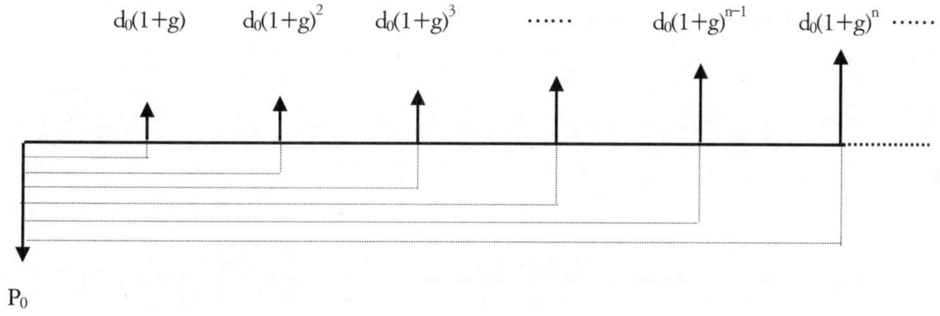

$$P_0 = \frac{d_0(1+g)}{(1+r)} + \frac{d_0(1+g)^2}{(1+r)^2} + \cdots\cdots + \frac{d_0(1+g)^\infty}{(1+r)^\infty} = \frac{d_0(1+g)}{r-g}$$

P_0 : 주식의 가격

d_0 : 현재의 배당액

r : 투자자 요구수익률

g : 배당성장률 (g는 양수이거나 음수일 수도 있으며, 0일수도 있다)

여기서 성장률 g는 요구수익률 r보다 작아야 한다. 만약 성장률 g가 요구수익률 r보다 크면 분모가 마이너스로 나타나므로 주식가치에 대한 평가가 곤란하게 된다. 이와 같이 정률성장모형은 요구수익률 이상의 성장세를 보이는 고성장기업에 대한 주식평가로서는 적절하지 않다.

주식가치를 평가함에 있어서 분자가 현재의 배당금인 d_0가 아닌 $d_0(1+g)$, 즉 1년도말의 예상배당금 d_1을 사용함에 주의하여야 한다.

(3) 예시

진영실업(주)은 최근 주당 2,000원의 배당을 실시하였다. 이 배당액은 매년 7% 증가할 것으로 예상되고 있다. 만약 투자자의 요구수익률이 11%라면 이 주식의 가격은 얼마로 평가할 수 있는가?

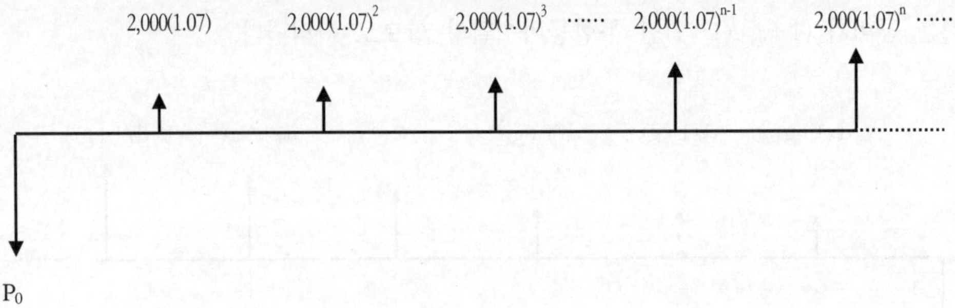

$$P_0 = \frac{2,000(1.07)}{(1.11)} + \frac{2,000(1.07)^2}{(1.11)^2} + \cdots\cdots = \frac{2,000(1.07)}{0.11-0.07} = 53,500$$

기본예제 IV-4-2 정률배당 성장모형의 주식가치

이철수씨는 최근 주당 1,000원의 배당금을 지급한 영주운송(주)의 주식을 살 것을 고려하고 있다. 이 기업은 향후 매년 5%의 이익 및 배당금의 증가가 예상된다. 만약 이철수씨의 이 주식에 대한 요구수익률이 12%이라면 이 주식의 가격은 얼마로 평가될까? 그리고 이를 성장률이 10%로 증가할 때와 비교할 때 주식가격은 얼마나 차이가 있나?

HP 12C		BA II PLUS	
키 입력	화면 표시	키 입력	화면 표시
1000[ENTER]1.05[×]	1,050.00	1000[×]1.05[÷]	1,050.00
0.12[ENTER]0.05[−][÷]	15,000.00	[(].12[−].05[)][=]	15,000.00
[STO]1	15,000.00	[STO]1	15,000.00
1000[ENTER]1.1[×]	1,100.00	1000[×]1.1[÷]	1,100.00
0.12[ENTER]0.1[−][÷]	55,000.00	[(].12[−].1[)][=]	55,000.00
[RCL]1[−]	40,000.00	[−][RCL]1[=]	40,000.00

HP 10B II		HP 17B II	
키 입력	화면 표시	키 입력	화면 표시
1000[×]1.05[÷]	1,050.00	1000[×]1.05[÷]	1,050.00÷
[■][(].12[−].05		[(].12[−].05[)][=]	15,000.00
[■][)][=]	15,000.00	[STO]1	15,000.00
[■][STO]1	15,000.00	1000[×]1.1[÷]	1,100.00÷
1000[×]1.1[÷]	1,100.00	[(].12[−].1[)][=]	55,000.00
[■][(].12[−].1		[−][RCL]1[=]	40,000.00
[■][)][=]	55,000.00		
[−][RCL]1[=]	40,000.00		

답 15,000원으로 10% 성장시 대비 4만 원의 차이 발생

유제 1 한국상사(주)는 작년말 주당 1,200원의 배당을 실시하였다. 한국상사는 매년 6%의 이익 및 배당금의 성장을 예상하고 있다. 만약 투자자의 한국상사 주식에 대한 요구수익률이 10.5%일 때 연초 시점에서의 한국상사 주가를 예측하라.

답 28,267원

유제 2 국일기업(주)은 금년말 주당 2,500원의 배당을 실시할 것으로 기대되며, 매년 배당금은 5%씩 증가할 것으로 예상된다. 만약 투자자의 국일기업(주)에 대한 요구수익률이 12.8%일 때 금년초 시점에서의 국일기업(주)의 주가를 예측하라.

답 32,051원

다. 2단계 배당성장모형

(1) 개요

2단계 배당성장모형은 기업이 계속적으로 동일한 성장률을 보인다는 배당성장모형의 가정을 다소 현실성 있게 수정한 것으로서 기업의 성장단계를 두 개의 단계로 구분하여 배당금을 고찰한 것이다. 기업이 안정성장궤도에 진입한 이후인 2단계에서 안정적 배당성장률이 나타나겠지만, 그 이전 1단계에서는 매기의 배당금을 별도로 추정하거나, 아니면 2단계 보다 높은 배당성장률 또는 낮은 배당성장률을 나타낼 수도 있을 것이다.

(2) 현금흐름과 산출식

2단계 배당성장모형에서 현금흐름은 1단계 기간동안 매기 별도로 발생된 배당금과 n기 이후 일정한 성장률을 보이는 배당금으로 나타난다. 이에 따라 주식가치도 1단계 기간동안 발생된 배당금을 현가화한 금액과 n기 시점에서 배당평가모형에 따라 구해진 주식가격을 현재시점으로 현가화한 금액을 합쳐서 구한다.

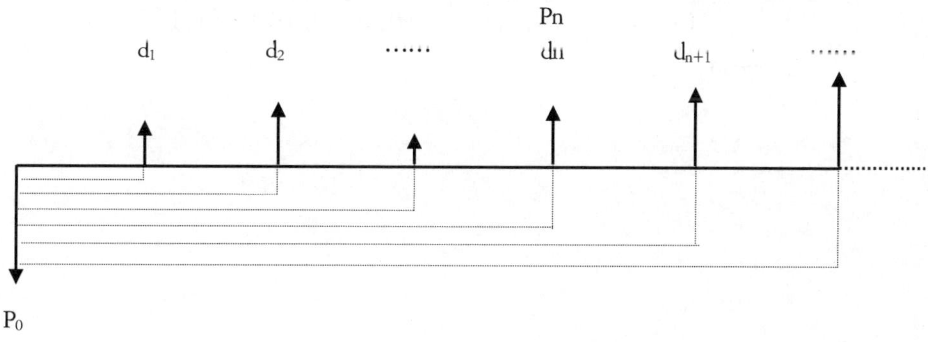

$$P_0 = \sum_{t=1}^{n} \frac{d_t}{(1+r)^t} + \frac{P_n}{(1+r)^n}, \quad \text{여기서 } P_n = \frac{d_{n+1}}{r_n - g_n}$$

만약 1단계에서의 성장률이 일정하게 나타나는 경우에는 위의 산식은 다음과 같은 식으로 변형될 수 있다.

$$P_0 = \frac{d_1}{r-g}\left\{1-\left(\frac{1+g}{1+r}\right)^n\right\} + \frac{d_{n+1}}{(r_n-g_n)(1+r)^n}$$

(3) 예시

갑을식품은 향후 3년간 1주당 200원, 400원, 800원의 배당을 실시하고, 그 이후에는 매년 배당금이 7%씩 증가할 것으로 예상된다. 만약 요구수익률이 14%이라면 이 회사의 주가는 얼마로 추정되나?

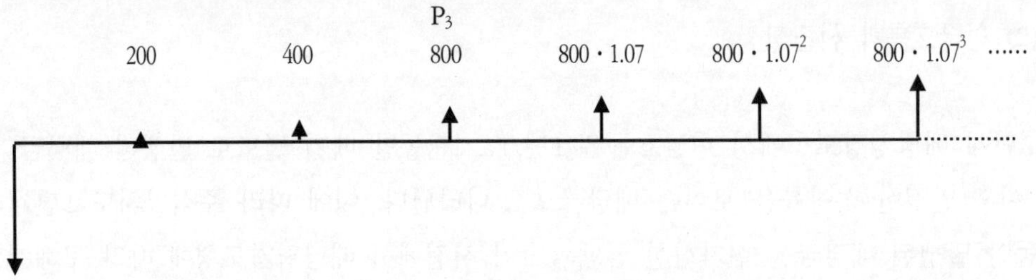

$$P_0 = \frac{200}{1.14} + \frac{400}{(1.14)^2} + \frac{800}{(1.14)^3} + \frac{800(1.07)}{(0.14-0.07)\cdot(1.14)^3}$$

$$= 9,277\text{원}$$

기본예제 IV-4-3 2단계 배당성장모형의 주식가치 1

대성기계는 향후 3년간 1주당 1,000원, 1,200원, 1,400원의 배당을 실시할 것으로 예상되며, 4년 후부터는 배당금이 매년 12%씩 증가할 것으로 예상된다. 요구수익률이 13%일 때 대성기계 주식의 가치는 얼마인가?

이 경우는 3년말 시점에서 정률성장모형에 따른 주식가치를 구한 다음 이를 3년말 배당과 합쳐서 현금흐름 계산방법에 따라 계산한다.

$$주식가치 = \frac{1,000}{1+0.13} + \frac{1,200}{(1+0.13)^2} + \frac{1,400 + \frac{1,400(1+0.12)}{0.13-0.12}}{(1+0.13)^3}$$

HP 12C		BA II PLUS	
키 입력	화면 표시	키 입력	화면 표시
[f][CLEAR REG]	0.00	1400[×]1.12[÷]	1,568.00
1000[g][CFj]	1,000.00	[(].13[−].12[)][=]	156,800.00
1200[g][CFj]	1,200.00	[STO]1	156,800.00
1400[ENTER]1.12[×]	1,568.00	[CF]	CF0=0.00
0.13[ENTER]0.12[−][÷]	156,800.00	[2nd][CLR WORK]	CF0=0.00
1400[+][g][CFj]	158,200.00	[↓]1000[ENTER]	C01=1,000.00◁
13[i]	13.00	[↓][↓]1200[ENTER]	C02=1,200.00◁
[f][NPV]	111,465.27	[↓][↓]1400[+]	C02 1,400.00
		[RCL]1[=][ENTER]	C03=158,200.00◁
		[NPV]13[ENTER]	I=13.00◁
		[↓][CPT]	111,465.27*

HP 10BⅡ		HP 17BⅡ	
키 입력	화면 표시	키 입력	화면 표시
[■][C ALL]	0.00	[FIN][CFLO]	FLOW(0)=?
0「CFj]	0.00	[■][CLEAR DATA]	CLEAR THE LIST?
1000[CFj]	1,000.00	[YES]	FLOW(0)=?
1200[CFj]	1,200.00	[# T?]	# TIMES
1400[×]1.12[÷]	1,568.00		PROMPTING: OFF
[■][(].13[−].12[■]			FLOW(0)=?
[)][=]	156,800.00	0[INPUT]	FLOW(1)=? 0.00
[+]1400[CFj]	158,200.00	1000[INPUT]	FLOW(2)=? 1.00
13[I/YR]	13.00	1200[INPUT]	FLOW(3)=? 1,200.00
[■][NPV]	111,465.27	1400[×]1.12[÷]	
		[(].13[−].12[)]	FLOW(3)=?
		[+]1400[INPUT]	FLOW(4)=? 158,200.00
		[EXIT][CALC]	
		13[I%]	I%=13.00
		[NPV]	NPV=111,465.27

답 111,465원

유제 1 (주)가을음료는 금년말부터 향후 3년간 1,500원, 1,700원, 1,900원의 배당을 실시할 것으로 예상되며, 4년 후부터는 배당금이 매년 10%씩 증가할 것으로 기대된다. 요구수익률이 14%일 때 (주)가을음료의 주식가치는 얼마인가?

답 39,174원

유제 2 (주)한가위는 금년말부터 향후 5년간 700원, 1,200원, 1,500원, 1,700원, 1,900원의 배당을 실시할 것으로 예상되며, 6년 후부터는 배당금이 매년 7%씩 증가할 것으로 기대된다. 요구수익률이 11%일 때 (주)한가위의 주식가치는 얼마인가?

답 35,111원

기본예제 IV-4-4 2단계 배당성장모형의 주식가치 2

(주)BBC는 작년 주당 1,000원의 수익을 올려 주당 200원의 배당을 실시하였다. 이 회사는 향후 5년간 25%의 이익성장률과 20%의 배당지급률을 유지할 것으로, 5년 후에는 매년 5%의 안정된 이익성장률과 40%의 배당지급률을 유지할 것으로 예상하고 있다. 만약 이 회사의 요구수익률을 향후 5년간은 18%로, 이후에는 12%로 한다면, 이 회사의 주가는 얼마인가?

$$P_0 = \frac{1,250\times0.2}{0.18-0.25}\left\{1-\left(\frac{1.25}{1.18}\right)^5\right\} + \frac{1,000\times1.25^5\times1.05\times0.4}{(0.12-0.05)(1.18)^5}$$

<방법 1>: 공식을 이용하는 방법

HP 12C		BA II PLUS	
키 입력	화면 표시	키 입력	화면 표시
1000[ENTER]	1,000.00	1000[×]	1,000.00
1.25[ENTER]5[y^x][×]	3,051.76	[(]1.25[y^x]5[)][×]	3,051.76
1.05[×]0.4[×]	1,281.74	1.05[×].4[÷]	1,281.74
0.12[ENTER]0.05[−]	0.07	[(].12[−].05[)][÷]	18,310.55
1.18[ENTER]5[y^x][×]	0.16	[(]1.18[y^x]5[)][=]	8,003.71
[÷]	8,003.71	[STO]1	8,003.71
[STO]1	8,003.71	1.25[÷]1.18[y^x]	1.06
1.25[ENTER]1.18[÷]	1.06	5[=]	1.33
5[y^x]	1.33	[+/−][+]	−1.33
[CHS]1[+]	−0.33	1[×]	−0.33
1250[×].2[×]	−83.49	1250[×].2[÷]	−83.49
0.18[ENTER]0.25[−]	−0.07	[(]0.18[−]0.25[)][=]	1,192.68
[÷]	1,192.68	[+][RCL]1[=]	9,196.39
[RCL]1[+]	9,196.39		

HP 10BⅡ		HP 17BⅡ	
키 입력	화면 표시	키 입력	화면 표시
1000[×]	1,000.00	1000[×]	1,000.00×
[■][(]1.25[■][y^x]5[■][)][×]	3,051.76	[(]1.25[■][y^x]5[)][×]	3,051.76×
1.05[×].4[÷]	1,281.74	1.05[×].4[÷]	1,281.74÷
[■][(].12[−].05		[(].12[−].05[)][÷]	18,310.55÷
[■][)][÷]	18,310.55	[(]1.18[■][y^x]5[)][=]	8,003.71
[■][(]1.18[■][y^x]5[■][)][=]	8,003.71	[STO]1	8,003.71
[■][STO]1	8,003.71	1.25[÷]1.18	1.25÷1.18
1.25[÷]1.18[■][y^x]	1.06	[■][y^x]5[=]	1.33
5[=]	1.33	[+/−][+]	−1.33+
[+/−][+]	−1.33	1[×]	−0.33×
1[×]	−0.33	1250[×].2[÷]	−83.49÷
1250[×].2[÷]	−83.49	[(]0.18[−]0.25[)][=]	1,192.68
[■][(]0.18[−]		[+][RCL]1[=]	9,196.39
0.25[■][)][=]	1,192.68		
[+][RCL]1[=]	9,196.39		

<방법 2>: 현금흐름 계산법 활용

HP 12C		BA Ⅱ PLUS	
키 입력	화면 표시	키 입력	화면 표시
[f][CLEAR REG]	0.00	◆ 5년 후 주가 예상	
1000[ENTER]1.25		1000[×]	1,000.00
[×]0.2[×]	250.00	[(]1.25[y^x]5[)][×]	3,051.76
[g][CFj]	250.00	1.05[×]0.4[÷]	1,281.74
1000[ENTER]		[(]0.12[−]0.05[)][=]	18,310.55
1.25[ENTER]		[STO]1	18,310.55
2[y^x][×]0.2[×]	312.50	◆ 현금흐름 계산	
[g][CFj]	312.50	[CF]	CF0= (이전숫자)
1000[ENTER]		[2nd][CLR WORK]	CF0=0.00
1.25[ENTER]		[↓]1000[×]1.25[×]	C01 1,250.00
3[y^x][×]0.2[×]	390.63	.2[=][ENTER]	C01=250.00◁
[g][CFj]	390.63	[↓][↓]1000[×]	C02 1,000.00
1000[ENTER]		[(]1.25[y^x]2[)][×]	C02 1.56
1.25[ENTER]		.2[=][ENTER]	C02=312.50◁
4[y^x][×]0.2[×]	488.28	[↓][↓]1000[×]	C03 1,000.00
[g][CFj]	488.28	[(]1.25[y^x]3[)][×]	C03 1,953.13
1000[ENTER]		.2[=][ENTER]	C03=390.63◁
1.25[ENTER]		[↓][↓]1000[×]	C04 1,000.00
5[y^x][×]0.2[×]	610.35	[(]1.25[y^x]4[)][×]	C04 2,441.41
1000[ENTER]		.2[=][ENTER]	C04=488.28◁
1.25[ENTER]5[y^x][×]	1,281.74	[↓][↓]1000[×]	C05 1,000.00
1.05[×]0.4[×]	1,281.74	[(]1.25[y^x]5[)][×]	C05 3,051.76
0.12[ENTER]0.05[−]	0.07	.2[+][RCL]1[=]	C05 18,920.90
[÷]	18,310.55	[ENTER]	C05=18,920.90◁
[+][g][CF]	18,920.90	[NPV]18[ENTER]	I=18.00◁
18[i]	18.00	[↓][CPT]	9,196.39*
[f][NPV]	9,196.39		

HP 10BⅡ		HP 17BⅡ	
키 입력	화면 표시	키 입력	화면 표시
◆5년 후 주가 예상		◆ 5년 후 주가 예상	
1000[×][■][(]1.25		1000[×][(]1.25[■][y^x]5[)]][×]	3,051.76×
[■][y^x]5[■][)][×]	3,051.76	1.05[×]0.4[÷]	1,281.74÷
1.05[×]0.4[÷]	1,281.74	[(]0.12[−]0.05[)][=]	18,310.55
[■][(]0.12[−]0.05		[STO]1	18,310.55
[■][)][=]	18,310.55	◆ 현금흐름 계산	
[■][STO]1	18,310.55	[FIN][CFLO]	0.00
◆ 현금흐름 계산		[■][CLEAR DATA]	CLEAR THE LIST?
[C ALL]	0.00	[YES]	
0[CFj]	0.00	[# T?]	# TIMES
1000[×]1.25[×]			PROMPTING: OFF
.2[CFj]	250.00		FLOW(0)=?
1000[×][■][(]1.25		0[INPUT]	FLOW(1)=? 0.00
[■][y^x]2[■][)][×]		1000[×]1.25[×]	
.2[CFj]	312.50	.2[INPUT]	FLOW(2)=? 250.00
1000[×][■][(]1.25		1000[×][(]1.25	
[■][y^x]3[■][)][×]		[■][y^x]2[)][×].2[INPUT]	FLOW(3)=? 312.50
.2[CFj]	390.63	1000[×][(]1.25	
1000[×][■][(]1.25		[■][y^x]3[)][×].2[INPUT]	FLOW(4)=? 390.63
[■][y^x]4[■][)][×]		1000[×][(]1.25	
.2[CFj]	488.28	[■][y^x]4[)][×].2[INPUT]	FLOW(5)=? 488.28
1000[×][■][(]1.25		1000[×][(]1.25	
[■][y^x]5[■][)][×]		[■][y^x]5[)][×]	
.2[+][RCL]1	18,310.55	.2[+][RCL]1[INPUT]	FLOW(2)=? 18,920.90
[CFj]	18,920.90	[EXIT]	FLOW(6)=?
18[I/YR]	18.00	[CALC]	
[■][NPV]	9,196.39	18[I%]	I%=18.00
		[NPV]	NPV=9,196.39

<방법 3> K율에 의한 계산

증가율 조정이율 $\left(\frac{1.18}{1.25}-1\right)\times 100$을 사용하여 PMT와 PV에 증가율이 적용되지 않은 금액을 입력하여 현가를 구하되 FV에는 5기말 시점의 주식가격을 입력한다.

HP 12C		BA Ⅱ PLUS	
키 입력	화면 표시	키 입력	화면 표시
[f][CLEAR FIN]	0.00	[2nd][CLR TVM]	
5[n]	5.00	5[N]	N=5.00◁
1.25[ENTER]1.18	1.18	1.18[÷]1.25[−]	0.94
[△%][i]	−5.60	1[×]100[=][I/Y]	I/Y=−5.60◁
200[PMT]	200.00	200[PMT]	PMT=200.00◁
1000[ENTER]1.05[×]	1,050.00	1000[×]1.05[×]0.4[÷]	420.00
0.4[×]	420	[(]0.12[−]0.05[)]	0.07
0.12[ENTER]0.05[−]	0.07	[=][FV]	FV=6,000.00◁
[÷][FV]	6,000.00	[CPT][PV]	PV=−9,196.39*
[PV]	-9,196.39		

HP 10B Ⅱ		HP 17B Ⅱ	
키 입력	화면 표시	키 입력	화면 표시
[■][C ALL]	0.00	[FIN][TVM]	
5[N]	5.00	[■][CLEAR DATA]	1 P/YR END MODE
1.25[INPUT]1.18	1.18	5[N]	N=5.00
[■][%CHG][I/YR]	−5.60	1.18[÷]1.25[−]	0.94−
200[PMT]	200.00	1[×]100[I/YR]	I%YR=−5.60
1000[×]1.05[×]0.4[÷]	420.00	200[PMT]	PMT=200.00
[■][(]0.12[−]0.05[■][)]	0.07	1000[×]1.05[×]0.4[÷]	420.00÷
[FV]	6,000.00	[(]0.12[−]0.05[)]	420÷0.07
[PV]	−9,196.39	[FV]	FV=6,000.00
		[PV]	PV=−9,196.39

답 9,196원

유제 1 최근 연도말 주당 1,000원의 배당을 실시한 우주산업은 향후 3년간은 이익 및 배당금이 7%의 성장률, 이후에는 5%의 성장률이 예상된다. 요구수익률이 12%일 때, 배당모형에 따를 경우 우주산업의 주식가치는 얼마인가?

답 15,819원

유제 2 동방식품은 작년 주당 5,000원의 이익을 올렸다. 동방식품은 향후 4년간 20%의 이익성장률과 15%의 배당지급률을, 그 이후에는 6%의 이익성장률과 50%의 배당지급률을 유지할 것으로 예상된다. 요구수익률이 13%라면, 이 회사의 주식가치는 얼마인가?

답 51,640원

5. 부동산

부동산에 대한 평가방법은 평가자마다 다르다고 할 정도로 다양하지만, 기본적으로 비용접근법(Cost Approach), 시장접근법(Market Approach), 수입접근법(Income Approach) 등 세 가지 접근법을 근간으로 하고 있다.

가. 비용접근법

비용접근법(Cost Approach)은 건물의 재생산비용에서 감가상각을 차감하여 건물의 가치를 구하고, 여기에 토지의 가치를 합쳐서 부동산의 가치를 구하는 방식이다.

- 대상부동산의 가치 = 건물가치(재생산비용 − 감가상각누계) + 토지 가치

재생산비용은 평가대상인 건물과 동일한 건물을 현 시점에서 다시 만드는 데 소요되는 비용을 말한다. 또, 감가상각은 회계상의 감가상각이 아니라 실제가치의 경제적 손실을 의미한다. 따라서, 단순한 물리적 훼손 이외도 기술변화나 디자인 변화에 따른 기능적 구조적 결함, 소음이나 오염 등으로 인한 외부로부터의 결함 등을 모두 포함한다. 또한 건물의 연수나 수명을 계산하는 경우에도 건물의 완성에서부터 현재까지의 실제 경과연수를 적용하는 방법도 있지만, 건물의 상태나 효용에 따른 유효연수(effective age)를 적용하기도 한다.

나. 시장접근법

시장접근법(Market Approach)은 대상부동산과 유사한 부동산의 최근 매매사례를 기준으로 하여 비교요소를 사용하여 대상부동산을 평가하는 방식으로 거래사례 접근법(Sales Comparison Approach)이라고도 한다. 시장접근법에서 가장 일반적인 비교단위로는 면적당(평방미터 또는 평방피트) 가격이나, 체적당 가격이 활용되지만, 최근에는 부동산으로 인한 수입을 비교할 수 있는 "총수입승수(Gross Income Multipliers)"라는 개념

이 도입되어 이를 활용한 부동산 평가가 이루어지고 있다. 한편, 일반부동산에 통용되는 총수입승수와는 달리 임대부동산에 대하여 별도로 적용할 수 있는 총임대승수(Gross Rent Multiplier)라는 개념도 도입되어 활용되고 있으며, 이들 승수는 다음과 같이 산출된다.

- 총수입승수 = 매매가격 / 월별 총수입
- 총임대승수 = 매매가격 / 월별 총임대료수입

다. 수입접근법

수입접근법(Income Approach)은 부동산으로 인해 발생되는 현금흐름을 기준으로 하여 평가하는 방식으로서 대상부동산으로부터 발생하는 미래 수입의 현가를 평가하여 부동산의 가치를 산정하는 방법이다. 책에 따라 소득접근법이라고도 소개되기도 하며, 수익환원법(Income Capitalization Approach)이라고도 한다. 세 가지 접근법 중 가장 다양한 평가방법이 있다.

(1) 수입접근법의 종류

수입접근법의 대상이 되는 수입으로는 ① 부동산으로 인한 가능총수입(가능조소득, potential gross income)에서 공실 및 불량부채에 대한 충당금을 차감한 유효총수입(유효조소득, effective gross income)을 기준으로 할 수도 있고, ② 유효총수입에서 운영경비(operating expenses)를 차감한 순영업수입(NOI: Net Operating Income)을 기준으로 할 수도 있다. ③ 최근에는 순영업수입에서 모기지상환액(mortgage payment)을 차감한 금액을 활용하거나, ④ 세후현금흐름(after-tax cash flow)를 기준으로 하기도 한다. ①의 방법이 총수입승수법, ②의 방법이 잔여환원법(Residual Capitalization Method), ③의 방법이 저당지분환원법(Mortgage-equity Capitalization Method), ④의 방법이 할인현금흐름분석법(Discounted Cash Flow Analysis) 등으로 일컬어지고 있다.

또한, 대상수입의 기간에 따라 직접환원법(Direct Capitalization Method)과 수익환원법(Yield Capitalization Method)으로 구분되는데, 직접환원법은 한 해를 기준으로 추계된 소득을 자본환원율로 할인해서 대상부동산의 가치를 구하는 방법인 반면, 수익환원법은 여러 해의 미래소득을 현재가치로 환원해서 대상부동산의 가치를 구하는 방법이다. 일반적으로 순영업수입을 기준으로 한 잔여환원법은 한 해의 소득에 의한 직접환원법으로 산출하는 반면, 저당지분환원법이나 할인현금수지분석법의 경우에는 여러 해의 소득에 의하여 산출되는 수익환원법에 의하여 평가한다.

(2) 직접환원법

직접환원법(Direct Capitalization Method)은 부동산가치를 평가함에 있어 초년도의 순영업수입(NOI: Net Operating Income)을 자본환원율로 나누는 것으로 수입접근법 중 가장 단순하면서 일반적인 부동산 평가방법이다.

$$\text{부동산의 시장가치} = \frac{NOI\,(\text{가능총수입} - \text{공실 및 불량부채 손실} - \text{운영경비})}{R\,(\text{자본환원율})}$$

위 식에서 운영경비에는 감가상각과 모기지상환액이 제외됨에 주의하여야 한다. 감가상각은 현금흐름이 아니며, 모기지원금과 모기지미상환잔금에 대한 고려없이 모기지상환액만 고려함은 의미가 없기 때문이다. 자본환원율은 미래의 현금흐름을 할인하여 현재의 부동산의 가치를 계산하는 데 사용되는 율을 말한다.

(3) 할인현금흐름분석법

할인현금흐름분석법(Discounted Cash Flow Analysis)은 수입접근법 중 대표적인 수익환원법으로서, 부동산투자로 인해서 지분투자자에게 돌아오는 매기간의 세후현금흐름(after-tax cash flow)과 기간말 세후지분복귀액(after-tax cash equity reversion)을 지분수익률(투자자의 요구수익률을 의미한다)로 할인하고 여기에 최초의 모기지차입액을 합쳐 부동산의 가치를 평가하는 방법이다.

$$\text{부동산의 가치} = \sum_{t=1}^{n} \frac{\text{세후현금흐름}}{(1+i)^t} + \frac{\text{세후지분복귀액}}{(1+i)^n} + \text{모기지차입액}$$

세후현금흐름 : 유효총수입－(운영경비, 모기지상환액, 소득세)

세후지분복귀액 : 부동산매도가－(매도경비, 모기지미상환잔금, 양도소득세)

이와 같이 부동산가치를 산정함에 있어 모기지가 있는 경우 이의 원금과 미상환잔액을 포함하여 계산하는 이유는 세후현금흐름에는 매기간의 모기지상환액이 차감되어 있기 때문이다. 만약 모기지가 없는 경우에는 위 식에서 모기지차입액과 모기지미상환잔금은 '0'이 된다. 할인현금흐름분석법은 마치 주식에 있어서 매기의 배당금(세후)과 일정기간 후 매도가격(세후)을 현가화하여 주식가격을 평가하는 배당평가모형과 유사하다 하겠다.

기본예제 IV-5-1 비용접근법에 의한 부동산평가 1

경제적 수명이 40년이고, 유효연수가 7년인 사무용 임대빌딩의 재생산비용이 18억 원이고, 토지의 가격이 25억 원이라 할 때, 비용접근법에 따른 이 빌딩의 가치를 구하라.

$$건물가치 = 재생산비용 - 감가상각누계 \ \left(= \frac{18억\ 원}{40년} \times 7년\right)$$

HP 12C		BAⅡ PLUS	
키 입력	화면 표시	키 입력	화면 표시
180000[ENTER]	180,000.00	180000[−]	180,000.00
180000[ENTER]40		[(]180000[÷]40[×]7[)]	
[÷]7[×][−]	148,500.00	[+]250000[=]	398,500.00
250000[+]	398,500.00		

HP 10BⅡ		HP 17BⅡ	
키 입력	화면 표시	키 입력	화면 표시
180000[−]	180,000.00	180000[−]	180,000.00−
[■][(]180000[÷]		[(]180000[÷]	
40[×]7[■][)]	31,500.00	40[×]7[)][+]	148,500.000+
[+]250000[=]	398,500.00	250000[=]	398,500.00

답 39억 8,500만 원

유제 1 경제적 수명이 40년이고, 유효연수가 12년인 사무용 임대빌딩의 재생산비용이 21억 원이고, 토지의 가격이 13억 원이라 할 때, 비용접근법에 따른 이 빌딩의 가치는 얼마인가?

답 27억 7,000만 원

유제 2 유효연수가 2년인 아파트건물을 재건축하는 데 134억 원이 소요된다. 이 아파트의 경제적 수명은 50년이고, 토지의 가격은 75억 원이다. 비용접근법에 따른 이 아파트의 건물가치를 구하라.

답 203억 6,400만 원

기본예제 IV-5-2 비용접근법에 의한 부동산평가 2

최근 이선진씨는 다음의 비교부동산 개량 자료를 이용하여 7년 전 건립된 건물의 재생산비용을 추계하고자 한다. 대상부지는 총 6,700㎡(67×100)이고, 건축면적은 3,650㎡이며, 이 중 310㎡는 사무실공간으로 구성되어 있다. 나머지 부지는 주차장과 통행로로 사용되며, 담벽설치비용은 1m당 40만 원이다. 면적비용을 기준으로 하는 경우 이 부동산의 재생산비용은 얼마인가?

<구 분>		<비 용>	<면적>
비교부동산 ①	건물	28억 2,000만 원	4,000㎡
	사무실	2억 9,000만 원	300㎡(건물내)
	주차장 및 통행로	7,200만 원	2,800㎡
비교부동산 ②	건물	26억 1,000만 원	3,600㎡
	사무실	3억 4,000만 원	350㎡(건물내)
	주차장 및 통행로	7,000만 원	2,600㎡
비교부동산 ③	건물	25억 2,000만 원	3,400㎡
	사무실	2억 5,000만 원	250㎡(건물내)
	주차장 및 통행로	7,500만 원	3,000㎡

줄탁(茁啄)

대상부동산의 건물면적은 비교부동산 ②와, 사무실면적은 비교부동산 ①과, 또한 대상부동산의 주차장 및 통행로의 면적 3,050㎡는 비교부동산 ③에 가장 근접하므로 근접한 면적을 기준으로 재생산비용을 산출한다.

HP 12C		BA II PLUS	
키 입력	화면 표시	키 입력	화면 표시
261000[ENTER]	261,000.00	261000[÷]	261,000.00
3600[÷]3650[×]	264,625.00	3600[×]3650[=]	264,625.00
[STO]1	264,625.00	[STO]1	264,625.00
29000[ENTER]	29,000.00	29000[÷]	29,000.00
300[÷]310[×]	29,966.67	300[×]310[=]	29,966.67
[STO][+]1	29,966.67	[STO][+]1	29,966.67
7500[ENTER]	7,500.00	7500[÷]	7,500.00
3000[÷]3050[×]	7,625.00	3000[×]3050[=]	7,625.00
[STO][+]1	7,625.00	[STO][+]1	7,625.00
2[ENTER]167[×]		2[×]167[×]40[=]	13,360.00
40[×]	13,360.00	[STO][+]1	13,360.00
[STO][+]1	13,360.00	[RCL]1	315,576.67
[RCL]1	315,576.67		

HP 10B II		HP 17B II	
키 입력	화면 표시	키 입력	화면 표시
261000[÷]3600[×]		261000[÷]3600[×]	
3650[=]	264,625.00	3650[=]	264,625.00
[■][STO]1	264,625.00	[STO]1	264,625.00
29000[÷]300[×]		29000[÷]300[×]	
310[=]	29,966.67	310[=]	29,966.67
[■][STO][+]1	29,966.67	[STO][+]1	29,966.67
7500[÷]3000[×]		7500[÷]3000[×]	
3050[=]	7,625.00	3050[=]	7,625.00
[■][STO][+]1	7,625.00	[STO][+]1	7,625.00
2[×]167[×]40[=]	13,360.00	2[×]167[×]40[=]	13,360.00
[■][STO][+]1	13,360.00	[STO][+]1	13,360.00
[RCL]1	315,576.67	[RCL]1	315,576.67

답 31억 5,576.67만 원

유제 1 어떤 부동산의 재생산비용을 구하고자 한다. 대상부지 총 7,200㎡(80m×90m)이고 대상부지 주위로는 폭 20㎝의 담벽을 설치코자 한다. 건축면적은 2,800㎡이고, 이 중 1,200㎡는 사무실로 이용되며 건축부지 외는 주차장으로 활용할 계획이다. 만약 건축면적 ㎡당 비용이 72만 원, 사무실 ㎡당 추가비용이 107만 원, 주차장 포장비용이 ㎡당 4만 원이고, 담벽설치비용이 1m당 53만 원이라면 이 건물의 재생산비용은 얼마인가?

답 36억 5,620만 원

유제 2 어떤 부동산의 재생산비용을 구하려고 한다. 대상부지 총 9,000㎡(90m×100m)이고 대상부지 주위로는 폭 22㎝의 담벽을 설치코자 한다. 건축면적은 3,200㎡이고, 이 중 2,500㎡는 사무실로 이용되며, 건축부지 외는 주차장으로 활용할 계획이다. 만약 건축면적 ㎡당 비용이 84만 원, 사무실 ㎡당 추가비용이 125만 원, 주차장 포장비용이 ㎡당 5만 원이고, 담벽설치비용이 1m당 45만 원이라면 이 건물의 재생산비용은 얼마인가?

답 62억 7,400만 원

기본예제 IV-5-3 시장접근법에 의한 부동산 평가 1

다음은 최근 거래된 임대건물의 매매가격 및 월수입임대료 자료이다. 이들의 총임대승수(Gross Rent Multiplier)의 평균을 이용하여 월임대료 수입이 685만 원인 임대건물의 적정 매매가격을 추정하라.

<구 분>	<매매가격>	<월수입임대료>
임대건물 1	15억 7,467만 원	1,245만 원
임대건물 2	17억 8,370만 원	1,398만 원
임대건물 3	15억 6,858만 원	1,259만 원
임대건물 4	18억 2,303만 원	1,451만 원
임대건물 5	17억 844만 원	1,378만 원

HP 12C		BA II PLUS	
키 입력	화면 표시	키 입력	화면 표시
157467[ENTER]	157,467.00	157467[÷]	157,467.00
1245[÷][STO]1	126.48	1245[=][STO]1	126.48
178370[ENTER]	178,370.00	178370[÷]	178,370.00
1398[÷][STO][+]1	127.59	1398[=][STO][+]1	127.59
156858[ENTER]	156,858.00	156858[÷]	156,858.00
1259[÷][STO][+]1	124.59	1259[=][STO][+]1	124.59
182303[ENTER]	182,303.00	182303[÷]	182,303.00
1451[÷][STO][+]1	125.64	1451[=][STO][+]1	125.64
170844[ENTER]	170,844.00	170844[÷]	170,844.00
1378[÷][STO][+]1	123.98	1378[=][STO][+]1	123.98
[RCL]1[ENTER]5[÷]	125.66	[RCL]1[÷]5[=]	125.66
685[×]	86,074.02	[×]685[=]	86,074.02

HP 10BⅡ		HP 17BⅡ	
키 입력	화면 표시	키 입력	화면 표시
157467[÷]	157,467.00	157467[÷]	157,467.00÷
1245[=][■][STO]1	126.48	1245[=][STO]1	126.48
178370[÷]	178,370.00	178370[÷]	178,370.00÷
1398[=]	127.59	1398[=][STO][+]1	127.59
[■][STO][+]1	127.59	156858[÷]	156,858.00÷
156858[÷]	156,858.00	1259[=][STO][+]1	124.59
1259[=]	124.59	182303[÷]	182,303.00÷
[■][STO][+]1	124.59	1451[=][STO][+]1	125.64
182303[÷]	182,303.00	170844[÷]	170,844.00÷
1451[=]	125.64	1378[=][STO][+]1	123.98
[■][STO][+]1	125.64	[RCL]1[÷]5[=]	125.66
170844[÷]	170,844.00	[×]685[=]	86,074.02
1378[=]	123.98		
[■][STO][+]1	123.98		
[RCL]1[÷]5[=]	125.66		
[×]685[=]	86,074.02		

답 8억 6,074.02만 원

유제 1 최근 거래된 10건의 임대건물의 매매가격과 월수입임대료를 조사한 결과, 이들의 평균 총임대승수(Gross Rent Multiplier)가 138.5로 나타났다. 이를 이용하여 월임대료 1,257만 원인 임대건물의 적정 매매가격을 평가하라. 답 17억 4,095만 원

유제 2 다음은 최근 거래된 임대건물의 매매가격 및 월수입임대료 자료이다. 이들의 총임대승수(Gross Rent Multiplier)의 평균을 이용하여 월임대료 수입이 1,268만 원인 임대건물의 매매가격을 추정하라.

<구 분>	<매매가격>	<월수입임대료>
임대건물 1	19억 원	1,560만 원
임대건물 2	18억 9,630만 원	1,492만 원
임대건물 3	16억 7,505만 원	1,349만 원
임대건물 4	17억 6,428만 원	1,359만 원

답 15억 9,414만 원

기본예제 IV-5-4 시장접근법에 의한 부동산평가 2

아래는 최근 사무실건물의 매매자료이다. 이를 이용하여 토지가치가 6억 원이고 전체 건물의 임대가능면적(rentable area)이 10,500㎡인 대상 부동산의 시산가치의 범위를 구하라.

<사 례>	<매매가격>	<토지가치>	<임대가능면적>
①	55억 원	8억 6,000만 원	14,456㎡
②	32억 7,000만 원	5억 1,200만 원	8,900㎡
③	35억 8,000만 원	5억 3,000만 원	9,875㎡
④	41억 5,000만 원	6억 7,000만 원	11,210㎡
⑤	30억 5,000만 원	4억 8,500만 원	8,225㎡

줄탁(茁啄)

먼저 비교부동산의 건물가치(매매가격 − 토지가치)를 임대가능면적으로 나누어 ㎡당 가격을 산출하고 이 중 최고값과 최저값을 구분한다. 대상부동산의 건물가치는 ㎡당 최고값과 최저값으로 각각 구한 토지가치를 합쳐서 계산한다.

HP 12C		BA II PLUS	
키 입력	화면 표시	키 입력	화면 표시
550000[ENTER]		550000[−]86000	
86000[−]		[÷]14456[=]	32.10
14456[÷]	32.10	327000[−]51200	
327000[ENTER]		[÷]8900[−]	30.99
51200[−]		358000[−]53000	
8900[÷]	30.99	[÷]9875[=]	30.89
358000[ENTER]		415000[−]67000	
53000[−]		[÷]11210[=]	31.04
9875[÷]	30.89	305000[−]48500	
415000[ENTER]		[÷]8225[=]	31.19
67000[−]		10500[×]30.89	
11210[÷]	31.04	[+]60000[=]	384,345.00
305000[ENTER]		10500[×]32.10	
48500[−]		[+]60000[=]	397,050.00
8225[÷]	31.19		
10500[ENTER]			
30.89[×]			
60000[+]	384,345.00		
10500[ENTER]			
32.10[×]			
60000[+]	397,050.00		

HP 10BⅡ		HP 17BⅡ	
키 입력	화면 표시	키 입력	화면 표시
550000[−]86000		550000[−]86000	
[÷]14456[=]	32.10	[÷]14456[=]	32.10
327000[−]51200		327000[−]51200	
[÷]8900[=]	30.99	[÷]8900[=]	30.99
358000[−]53000		358000[−]53000	
[÷]9875[=]	30.89	[÷]9875[=]	30.89
415000[−]67000		415000[−]67000	
[÷]11210[=]	31.04	[÷]11210[=]	31.04
305000[−]48500		305000[−]48500	
[÷]8225[=]	31.19	[÷]8225[=]	31.19
10500[×]30.89[+]6000		10500[×]30.89[+]6000	
00[=]	384,345.00	00[=]	384,345.00
10500[×]32.10		10500[×]32.10	
[+]60000[=]	397,050.00	[+]60000[=]	397,050.00

답 시산가치는 38억 4,000만 원(반올림)에서 39억 7,000만 원(반올림) 범위 내에 있음

유제 1 다음은 최근에 조사된 임대건물의 매매자료들이다. 이를 이용하여 토지가치가 8억 원이고 전체 건물의 임대가능면적(rentable area)이 12,000㎡인 대상부동산의 시산가치의 범위를 구하라.

<사 례>	<매매가격>	<토지가치>	<임대가능면적>
①	74억 원	9억 2,000만 원	15,200㎡
②	55억 원	6억 7,000만 원	11,200㎡
③	64억 원	7억 2,000만 원	13,100㎡

답 59억 1,560만~60억 320만 원

유제 2 다음은 최근에 조사된 임대건물의 매매자료들이다. 이를 이용하여 토지가치가 13억 원이고 전체 건물의 임대가능면적(rentable area)이 28,100㎡인 대상부동산의 시산가치의 범위를 구하라.

<사 례>	<매매가격>	<토지가치>	<임대가능면적>
①	28억 원	9억 원	24,800㎡
②	34억 원	12억 원	28,700㎡
③	35억 원	14억 원	27,300㎡

답 34억 5,246만~34억 6,089만 원

기본예제 IV-5-5 수입접근법 중 직접환원법에 의한 부동산평가 1

어떤 임대아파트의 연간 순영업수입이 2,500만 원이고, 자본환원율이 14%이라면, 직접환원법에 의하여 평가할 경우 이 임대아파트의 가격은 얼마로 추정할 수 있는가?

HP 12C		BAⅡ PLUS	
키 입력	화면 표시	키 입력	화면 표시
2500[ENTER] 0.14[÷]	17,857.14	2500[÷]0.14[=]	17,857.14

HP 10BⅡ		HP 17BⅡ	
키 입력	화면 표시	키 입력	화면 표시
2500[÷]0.14[=]	17,857.14	2500[÷]0.14[=]	17,857.14

답 1억 7,857.14만 원

유제 1 어떤 임대아파트의 연간 유효총수입이 3,700만 원이고, 연간 운영경비가 1,100만 원이다. 자본환원율이 12%이라면, 직접환원법에 의하여 평가할 경우 이 임대아파트의 가격은 얼마로 추정할 수 있는가?

답 2억 1,667만 원

유제 2 어떤 사무용 빌딩의 연간 유효총수입이 2억 7,000만 원이고, 연간 운영경비가 5,000만 원이다. 자본환원율이 13%라 할 때, 직접환원법에 의한 이 빌딩의 가격은 얼마로 추정할 수 있는가?

답 16억 9,231만 원

기본예제 IV-5-6 **수입접근법 중 직접환원법에 의한 부동산평가 2**

다음은 최근의 어떤 부동산에 대한 손익계산서이다. 만약 자본환원율이 12%라고 할 때 이 부동산의 가치를 구하시오.

<손익계산서>

－가능총수입		2억 5,000만 원
－공실 @8%		2,000만 원
－유효총수입		2억 3,000만 원
－운영경비		
o 감가상각	2,500만 원	
o 보험료	328만 7,000원	
o 수선비	642만 원	
o 관리비	1,029만 8,000원	
o 모기지이자	1,900만 원	
o 기타	159만 8,000원	
		6,560만 3,000원
－영업이익		1억 6,439만 7,000원

HP 12C		BA II PLUS	
키 입력	화면 표시	키 입력	화면 표시
16439.7[ENTER]	16,439.70	16439.7[+]	16,439.70
2500[+]	18,939.70	2500[+]	18,939.70
1900[+]	20,839.70	1900[=]	20,839.70
0.12[÷]	173,664.17	[÷].12[=]	173,664.17

HP 10B II		HP 17B II	
키 입력	화면 표시	키 입력	화면 표시
16439.7[+]	16,439.70	16439.7[+]	16,439.70+
2500[+]	18,939.70	2500[+]	18,939.70+
1900[=]	20,839.70	1900[=]	20,839.70
[÷].12[=]	173,664.17	[÷].12[=]	173,664.17

답 17억 3,664.17만 원

줄탁(茁啄)

문제에서 감가상각과 모기지이자가 표시된 경우 이들은 운영경비에서 제외됨에 주의하여야 한다.

유제 1 어떤 임대부동산의 가능총수입이 연 4억 원이고, 공실이 10%이며, 운영경비가 연 5,000만 원이다. 만약 이 부동산의 자본환원율이 15%이라면 이 부동산의 가치는 얼마인가?

답 20억 6,666.67만 원

유제 2 다음은 최근의 어떤 부동산에 대한 손익계산서이다. 만약 자본환원율이 14%라 할 때 이 부동산의 가치를 구하시오.

<손익계산서>

– 가능총수입		3억 원
– 공실 @10%		3,000만 원
– 유효총수입		2억 7,000만 원
– 운영경비		
• 감가상각	3,200만 원	
• 보험료	435만 4,000원	
• 수선비	578만 원	
• 관리비	1,358만 2,000원	
• 모기지이자	2,100만 원	
• 기타	178만 9,000원	

답 17억 4,639.29만 원

기본예제 IV-5-7 **수입접근법 중 할인현금흐름분석법에 의한 부동산평가 1**

김정호씨는 본인 자금과 은행으로부터 빌린 모기지 2억 원으로 5년간 임대부동산에 투자하고자 한다. 동 임대부동산의 5년간 예상수지는 다음과 같고, 5년 후 예상매도가격은 3억 원이며, 매도에 따른 양도소득세가 750만 원으로 추정된다. 5년 후 시점에서 모기지 미상환잔금은 1억 9,000만 원으로 예상된다. 요구수익률이 13%일 때 이 부동산의 적정가치는 어떻게 되나?

<구 분>	<연도별 수지현황(단위: 만 원)>				
	1년도	2년도	3년도	4년도	5년도
－유효총수입	5,500	6,050	6,655	7,321	8,053
－운영경비	3,360	3,763	4,215	4,721	5,297
－모기지상환	1,500	1,500	1,500	1,500	1,500
－소득세	10	15	20	25	30
(세후현금흐름)	630	772	920	1,075	1,226

$$\text{부동산의 가치} = \sum_{t=1}^{n} \frac{\text{세후현금흐름}}{(1+i)^t} + \frac{\text{세후지분복귀액}}{(1+i)^n} + \text{모기지차입액(2억 원)}$$

HP 12C		BA II PLUS	
키 입력	화면 표시	키 입력	화면 표시
[f][CLEAR REG]	0.00	[CF][2nd][CLR WORK]	0.00
630[g][CFj]	630.00	[↓]630[ENTER]	C01=630.00
772[g][CFj]	772.00	[↓][↓]772[ENTER]	C02=772.00
920[g][CFj]	920.00	[↓][↓]920[ENTER]	C03=920.00
1075[g][CFj]	1,075.00	[↓][↓]1075[ENTER]	C04=1,075.00
1226[ENTER]	1,226.00	[↓][↓]1226[ENTER]	C05=1,226.00
30000[+]19000[−]	12,226.00	[NPV]13[ENTER]	I=13.00
750[−][g][CFj]	11,476.00	[↓][CPT]	NPV=3,124.46
13[i]	13.00	[CE/C][STO]1	3,124.46
[f][NPV]	8,687.75	30000[−]19000[−]	11,000.00
20000[+]	28,687.75	750[÷]	10,250.00
		[(]1.13[y^x]5[)][=]	5,563.29
		STO[+]1	5,563.29
		[RCL]1[+]20000[=]	28,687.75

HP 10BⅡ		HP 17BⅡ	
키 입력	화면 표시	키 입력	화면 표시
[■][C ALL]	0.00	[FIN][CFLO]	0.00
0[CFj]	0.00	[■][CLEAR DATA]	CLEAR THE LIST?
630[CFj]	630.00	[YES]	FLOW=?
772[CFj]	772.00	[# T?]	# TIMES PROMPTING: OFF
920[CFj]	920.00	0[INPUT]	FLOW(1)=? 0.00
1075[CFj]	1,075.00	630[INPUT]	FLOW(2)=? 630.00
1226[CFj]	1,226.00	772[INPUT]	FLOW(3)=? 772.00
13[I/YR]	13.00	920[INPUT]	FLOW(4)=? 920.00
[■][NPV]	3,124.46	1075[INPUT]	FLOW(5)=? 1,075.00
[■][STO]1	3,124.46	1226[INPUT]	FLOW(6)=? 1,226.00
30000[−]19000[−]	11,000.00	[EXIT][CALC]	
750[÷]	10,250.00	13[I%]	I%=13.00
[■][(]1.13[■][y^x]	1.13	[NPV]	NPV=3,124.46
5[■][)][=]	5,563.29	[STO]1	NPV=3,124.46
[■][STO][+]1	5,563.29	30000[−]19000[−]	11,000.00−
[RCL]1[+]20000[=]	28,687.75	750[÷]	10,250.00+
		[(]1.13[■][y^x]5[)][=]	5,563.29
		STO[+]1	5,563.29
		[RCL]1[+]20000[=]	28,687.75

답 2억 8,687.75만 원

유제 1 나동수씨는 자기 자금과 은행으로부터 빌린 모기지 3억 원을 합쳐 5년 동안 임대부동산에 투자하고자 한다. 동 임대부동산의 5년간 세후현금흐름은 다음과 같으며, 5년 후 예상매도가격은 4억 5,000만 원이다. 매도에 따른 양도소득세가 970만 원으로 추정된다. 한편, 5년 후 시점에서 모기지 미상환잔금은 2억 8,000만 원으로 예상된다. 요구수익률이 13%일 때 이 부동산의 적정가치는 어떻게 되나?

	1년도	2년도	3년도	4년도	5년도
세후현금흐름	870만 원	980만 원	1,090만 원	1,200만 원	1,330만 원

답 4억 2,451.11만 원

유제 2 원일연씨는 자기 자금과 은행으로부터 빌린 모기지 2억 5,000만 원을 합쳐 4년 동안 임대부동산에 투자하고자 한다. 동 임대부동산의 5년간 세후현금흐름은 다음과 같으며, 4년 후 예상매도가격은 3억 7,000만 원이다. 매도에 따른 양도소득세가 750만 원으로 추정된다. 한편, 4년 후 시점에서 모기지 미상환잔금은 2억 2,000만 원으로 예상된다. 요구수익률이 14%일 때 이 부동산의 적정가치는 어떻게 되나?

	1년도	2년도	3년도	4년도	5년도
세후현금흐름	760만 원	850만 원	950만 원	1,060만 원	1,170만 원

답 3억 5,598.21만 원

기본예제 IV-5-8 수입접근법 중 할인현금흐름분석법에 의한 부동산평가 2

어떤 부동산이 시장에 매물로 나왔다. 대상부동산의 유효총수입은 매년 4%씩, 운영경비는 매년 5%씩 증가될 것으로 예상되며, 첫 해의 유효총수입은 10억 원, 운영경비는 4억 원으로 추정된다. 시장에서 산출된 대상부동산에 대한 자본환원율과 5년말 시점에서 재 매도시 재 매도가의 환원율이 13%인 반면, 투자자의 순영업수입에 대한 요구수익률이 16%이라고 할 때, 이 부동산에 대하여 투자하는 것이 적정한지 분석하라. 감가상각, 세금, 모기지 등은 고려하지 않는다.

이 문제를 풀기 위하여는 시장가치와 투자가치를 각각 구하여 비교하여야 한다. 시장가치 산정시는 시장에서 산출된 자본환원율을, 투자가치 산정시는 투자자의 요구수익률을 사용한다. 한편, 모기지가 없는 것으로 가정하였으므로 투자가치 산출시 모기지차입금은 고려하지 않으며, 세금도 감안하지 않으므로 투자가치 산출시 세후현금흐름은 순영업수입과 같은 것으로 보고 계산한다.

- 시장가치 : 첫 해의 순영업수입 ÷ 자본환원율
- 투자가치 : $\sum_{t=1}^{5} \frac{\text{세후현금흐름}}{(1+\text{요구수익률})^t} + \frac{\text{매도가}}{(1+\text{요구수익률})^5}$

여기서 투자가치 중 매도가는 6년도말 순영업수입을 재 매도환원율로 나누어 산출한다. 이 부동산으로 인한 순영업수입을 산출하면 다음표와 같다.

(단위 : 만 원)

연도	유효총수입	운영경비	순영업수입
1	100,000	40,000	60,000
2	104,000	42,000	62,000
3	108,160	44,100	64,060
4	112,486	46,305	66,181
5	116,986	48,620	68,366
6	121,665	51,051	70,614

HP 12C		BA Ⅱ PLUS	
키 입력	화면 표시	키 입력	화면 표시
[f][CLEAR REG]	0.00	60000[÷].13[=]	**461,538.46**
60000[ENTER].13[÷]	**461,538.46**	70614[÷].13[=]	543,184.62
70614[ENTER].13[÷]	543,184.62	[CF]	CF0=(이전숫자)
60000[g][CFj]	60,000.00	[2nd][CLR WORK]	CF0=0.00
62000[g][CFj]	62,000.00	[↓]60000[ENTER]	C01=60,000.00◁
64060[g][CFj]	64,060.00	[↓][↓]62000[ENTER]	C02=62,000.00◁
66181[g][CFj]	66,181.00	[↓][↓]64060[ENTER]	C03=64,060.00◁
68366[ENTER]	68,366.00	[↓][↓]66181[ENTER]	C04=66,181.00◁
543184.62[+][g][CFj]	611,550.62	[↓][↓]68366[+]	C05 68.366.00
16[i]	16.00	543184.62[=][ENTER]	C05=611.550.62◁
[f][NPV]	**466,559.16**	[NPV]16[ENTER]	I=16.00◁
		[↓][CPT]	**466,559.16***

HP 10B Ⅱ		HP 17B Ⅱ	
키 입력	화면 표시	키 입력	화면 표시
60000[÷].13[=]	**461,538.46**	60000[÷].13[=]	**461,538.46**
70614[÷].13[=]	543,184.62	70614[÷].13[=]	543,184.62
[■][C ALL]		[FIN][CFLO]	0.00
0[CFj]	0.00	[■][CLEAR DATA]	CLEAR THE LIST?
60000[CFj]	60,000.00	[YES]	FLOW=?
62000[CFj]	62,000.00	[# T?]	# TIMES PROMPTING: OFF
64060[CFj]	64,060.00	0[INPUT]	FLOW(1)=? 0.00
66181[CFj]	66,181.00	60000[INPUT]	FLOW(2)=?60,000.00
68366[+]		62000[INPUT]	FLOW(3)=?62,000.00
543184.62[CFj]	611,550.62	64060[INPUT]	FLOW(4)=?64,060.00
16[I/YR]	16.00	66181[INPUT]	FLOW(5)=?66,181.00
[■][NPV]	**466,559.16**	68366[+]	
		543184.62[INPUT]	FLOW(6)=? 611,550.62
		[EXIT][CALC]	
		16[I/YR]	I%=16.00
		[NPV]	NPV=**466,559.16**

답 시장가치 46억 1,538만 원, 투자가치는 46억 6,559만 원이므로 투자하는 것이 적절함

유제 1 어떤 부동산이 시장에 매물로 나왔다. 이 부동산의 첫 해의 유효총수입은 7억 원, 운영경비는 3억 원으로 추정되며, 시장에서 자본환원율은 14%이다. 세후현금흐름은 첫 해 2억 5,000만 원이고 매년 18%씩 증가할 것으로 예상된다. 대상부동산은 5년말 시점에 33억 원에 매도할 수 있을 것으로 사료된다. 투자자의 요구수익률이 15%일 때 이 부동산의 시장가치와 투자가치를 비교하시오. 모기지 및 양도소득세는 고려하지 않는다.

답 시장가치 28억 5,714만 원, 투자가치 27억 8,585만 원으로
투자하지 않음이 적절함

유제 2 어떤 부동산이 시장에 매물로 나왔다. 이 부동산의 첫 해의 유효총수입은 5,300만 원, 운영경비는 1,400만 원으로 추정되며, 시장에서 평가된 자본환원율은 13%이다. 세후현금흐름은 첫 해 1,600만 원이며, 5년간 매년 15%씩 증가할 것으로 예상된다. 대상부동산은 5년말 시점에 2억 9,000만 원에 매도할 수 있을 것으로 사료되며, 이 때 매도경비와 양도소득세 등으로 1,030만 원의 지출이 예상된다. 또한, 부동산 구입시 은행으로부터 모기지 1억 8,000만 원을 빌려, 5년말 시점의 미상환잔금은 1억 6,000만 원일 것으로 추정된다. 투자자의 요구수익률이 14%일 때 이 부동산의 시장가치와 투자가치를 비교하시오.

답 시장가치 3억 원, 투자가치 3억 1,359만 원으로
투자하는 것이 적절함

6. 성과분석

가. 일반적 성과분석

(1) 보유수익률

보유수익률(Holding Period Return)이란 투자자산이 증가 또는 감소하는 것에 대한 가장 기본적인 평가방법이다. 보유수익률은 자산의 증가 또는 감소를 기초자산으로 나누어 계산하는 것으로서 투자자산의 보유기간에 대한 관념이 포함되지 않는다. 따라서 어떤 투자안의 보유수익률이 다른 투자안의 보유수익률보다 높다고 하여 반드시 좋은 투자안이라고 할 수는 없다.

$$\text{보유수익률} = \frac{\text{기말자산가치} - \text{기초자산가치} \pm \text{현금유출입}}{\text{기초자산가치}}$$

기본예제 IV-6-1 보유수익률

고수씨는 세기물산의 주식을 주당 2만 원에 100주를 구입하였다. 2년 후 고수씨는 주당 2만 4,000원에 동 주식을 처분하였으며, 첫 해에는 주당 1,000원, 두번째 해에는 주당 2,000원의 배당을 받았다. 고수씨의 보유수익률은 얼마인가?

HP 12C		BA II PLUS	
키 입력	화면 표시	키 입력	화면 표시
24000[ENTER]100[×]	2,400,000.00	24000[×]100[−]	2,400,000.00
20000[ENTER]100[×][−]	400,000.00	[(]20000[×]100[)][+]	400,000.00
1000[ENTER]2000		[(]1000[×]100[)][+]	500,000.00
[+]100[×][+]	700,000.00	[(]2000[×]100[)][÷]	700,000.00
20000[ENTER]100[×][÷]	0.35	[(]20000[×]100[)][=]	0.35

HP 10B II		HP 17B II	
키 입력	화면 표시	키 입력	화면 표시
2400000[−]	2,400,000.00	2400000[−]	2,400,000.00−
2000000[+]	400,000.00	2000000[+]	400,000.00+
300000[÷]	700,000.00	300000[÷]	700,000.00÷
2000000[=]	0.35	2000000[=]	0.35

답 35%

유제 1 도종식씨는 오성전자 주식을 주당 3만 원에 800주를 매입하였다. 5년 후 도종식씨는 이 주식을 주당 5만 원에 매도하였다. 그리고 매년 주당 1,000원의 배당을 받았다. 도종식씨의 보유수익률은 얼마인가?

답 83.3%

유제 2 강길영씨가 7년 전 7,000만 원을 주고 구입한 오피스텔이 현재 시가 1억 원이다. 강길영씨는 처음 3년 동안은 매월 40만 원씩, 이후 4년간은 매월 50만 원씩 월세를 받았다. 강길영씨의 보유수익률은 얼마인가?

답 97.7%

(2) 인플레이션 조정수익률

인플레이션 조정수익률이란 인플레이션율에 따라 화폐의 구매력 감소부분을 반영한 수익률을 말한다. 실제수익률을 명목수익률(Nominal Return)에서 인플레이션율을 차감하여 산출하기도 하지만, 이는 정확하지 않으며 다음의 식과 같이 계산되어야 한다.

$$\text{인플레이션 조정수익률} = \left(\frac{1 + \text{명목수익률}}{1 + \text{인플레이션율}} - 1\right) \times 100$$

기본예제 IV-6-2 인플레이션 조정수익률

어떤 투자자산에 대한 수익률이 8%이다. 만약 투자기간중 물가가 4% 상승하였다면, 이 투자자산에 대한 실제수익률은 얼마인가?

HP 12C		BAⅡ PLUS	
키 입력	화면 표시	키 입력	화면 표시
1.04[ENTER]	1.04	1.08[÷]	1.08
1.08[△%]	3.85	1.04[−]	0.04
		1[×]100[=]	3.85

HP 10BⅡ		HP 17BⅡ	
키 입력	화면 표시	키 입력	화면 표시
1.04[INPUT]	1.04	1.08[÷]	1.08÷
1.08[■][%CHG]	3.85	1.04[−]	0.04−
		1[×]100[=]	3.85

답 3.85%

유제 1 1년 전의 소비자 물가지수가 113이었는데, 현재의 물가지수가 118이라면 최근 1년간 물가상승률은 얼마인가?

답 4.42%

유제 2 투자수익률이 6%이고, 인플레이션율이 4%일 경우 인플레이션 조정수익률은 얼마인가?

답 1.92%

나. 펀드의 성과분석

펀드의 성과분석은 펀드의 수익률과 함께 펀드의 위험을 같이 고려하여야 한다. 일반적으로 펀드의 평가에 사용되는 지표로는 샤프지수, 트레이너지수, 젠센지수 등이 있다.

(1) 샤프지수

샤프지수(Sharpe Performance Measure)는 자본자산 가격결정모형(CAPM; capital asset pricing model)과 자본시장선(CML; capital market line)에 기초한 것으로서 포트폴리오의 총위험(체계적 위험과 비체계적위험)에 대한 위험조정수익을 상대적으로 측정한 것이다. 이 지수의 크기가 클수록 위험당 수익이 크다고 할 수 있다.

$$S_p = \frac{R_p - R_f}{\sigma_p}$$

S_p : 포트폴리오p에 대한 샤프지수
R_p : 포트폴리오p의 실현수익률
R_f : 동기간의 무위험이자율
σ_p : 포트폴리오p의 수익률 표준편차

(2) 트레이너지수

트레이너지수(Treynor Performance Measure)는 샤프지수와 마찬가지로 특정 포트폴리오의 위험조정수익을 평가하기 위한 것이다. 따라서 이 지수의 수가 클수록 위험당 수익은 크다고 할 수 있다. 트레이너지수도 자본자산 가격결정모형에 기초하고 있지만, 분모를 체계적 위험, 즉 시장위험에 대한 평가치인 베타를 사용한다는 점에서 총위험을 나타내는 표준편차를 사용하는 샤프지수와 다르다. 다만, 포트폴리오가 충분히 분산투자되어 포트폴리오의 비체계적인 위험이 제거된 경우에는 샤프지수와 트레이너지수가 동일하게 나타난다.

$$T_p = \frac{R_p - R_f}{\beta_p}$$

T_p : 포트폴리오p에 대한 트레이너지수
β_p : 포트폴리오p의 베타값

(3) 젠센지수

젠센지수(Jensen Performance Index) 는 자본자산 가격결정모형을 이용한다는 측면에서 샤프지수나 트레이너지수와 동일하지만, 샤프지수나 트레이너지수가 위험당 수익을 측정하는 상대적 방식을 채택한 반면, 젠센지수는 성과에 대한 절대적 측정치를 나타낸다. 젠센지수는 다음 식과 같이 표현된다.

$$\alpha_p = R_p - [R_f + (R_m - R_f)\beta_p] = (R_p - R_f) - (R_m - R_f)\beta_p$$

α_p : 알파, 젠센지수

β_p : 포트폴리오p의 베타값

R_m : 시장수익률

기본예제 Ⅳ-6-3 샤프지수

포트폴리오 수익률이 13%이고, 무위험이자율이 4%이며 포트폴리오의 표준편차는 20%이다. 이 포트폴리오의 샤프지수는 얼마인가?

HP 12C		BAⅡ PLUS	
키 입력	화면 표시	키 입력	화면 표시
0.13[ENTER]	0.13	0.13[−]	0.13
0.04[−]	0.09	0.04[÷]	0.09
0.20[÷]	0.45	0.20[=]	0.45

HP 10BⅡ		HP 17BⅡ	
키 입력	화면 표시	키 입력	화면 표시
0.13[−]	0.13	0.13[−]	0.13−
0.04[÷]	0.09	0.04[÷]	0.09÷
0.20[=]	0.45	0.20[=]	0.45

답 0.45

유제 1 포트폴리오의 수익률이 17%이고, 무위험이자율이 3.5%이다. 만약 이 포트폴리오의 표준편차가 13%라면 샤프지수는 얼마인가?

답 1.04

유제 2 포트폴리오의 수익률이 16.3%이고, 무위험이자율이 4.2%이다. 만약 이 포트폴리오의 표준편차가 15.9%라면 샤프지수는 얼마인가?

답 0.76

기본예제 Ⅳ-6-4 **트레이너지수**

포트폴리오 수익률이 15%이고, 무위험이자율이 5%이며 포트폴리오의 베타값이 1.5이면 트레이너지수는 얼마인가?

HP 12C		BA Ⅱ PLUS	
키 입력	화면 표시	키 입력	화면 표시
0.15[ENTER]	0.15	0.15[−]	0.15
0.05[−]	0.10	0.05[÷]	0.10
1.5[÷]	0.07	1.5[=]	0.07

HP 10B Ⅱ		HP 17B Ⅱ	
키 입력	화면 표시	키 입력	화면 표시
0.15[−]	0.15	0.15[−]	0.15−
0.05[÷]	0.10	0.05[÷]	0.10÷
1.5[=]	0.07	1.5[=]	0.07

답 0.07

유제 1 포트폴리오 수익률이 16%이고 무위험이자율이 4%이며, 포트폴리오의 베타값이 0.8이라면 트레이너지수는 얼마인가?

답 0.15

유제 2 포트폴리오 수익률이 16.3%이고 무위험이자율이 4.2%이며, 포트폴리오의 베타값이 1.3이라면 트레이너지수는 얼마인가?

답 0.09

기본예제 IV-6-5 젠센지수

무위험이자율이 4%이고 시장수익률이 12%일 때 어떤 포트폴리오의 수익률이 14%이고, 베타값이 1.2이라면 이 펀드의 젠센지수, 즉 알파값은 어떻게 되나?

※ 자릿수는 소수점 4자리로 설정

HP 12C		BA Ⅱ PLUS	
키 입력	화면 표시	키 입력	화면 표시
0.14[ENTER]	0.1200	0.12[−]	0.1200
0.04[−]	0.1000	0.04[×]	0.0800
0.12[ENTER]	0.1200	1.2[+]	0.0960
0.04[−]	0.0800	0.04[=]	0.1360
1.2[×]	0.0960	[+/−][+]	−0.1360
[−]	0.0040	0.14[=]	0.0040

HP 10B Ⅱ		HP 17B Ⅱ	
키 입력	화면 표시	키 입력	화면 표시
0.12[−]	0.1200	0.12[−]	0.1200−
0.04[×]	0.0800	0.04[×]	0.0800×
1.2[+]	0.0960	1.2[+]	0.0960+
0.04[=]	0.1360	0.04[=]	0.1360
[+/−][+]	−0.1360	[+/−][+]	−0.1360+
0.14[=]	0.0040	0.14[=]	0.0040

답 0.0040

유제 1 금년도 애플펀드의 수익률은 18.5%이었다. 반면에 시장수익률은 22.5%에 달했다. 만약 애플펀드의 베타값이 0.8이고 무위험이자율이 3.7%이라면 이 펀드의 알파값은 어떻게 되나?

답 −0.0024

유제 2 아마존펀드의 수익률은 17.8%이며, 시장수익률은 12.9%이다. 만약 아마존펀드의 베타값이 1.2이고 무위험이자율이 4.2%이라면 이 펀드의 젠센지수는 얼마인가?

답 0.0316

7. 기타

가. 손익분석

(1) 마진계산

마진계산(Profit Margin)은 상품의 매출원가와 매출가격이 정해져 있을 때 마진율을 산출하거나, 매출가격(또는 매출원가)과 마진율이 주어졌을 때 매출원가(또는 매출가격)를 산출하는 것을 말한다. 상세한 내용은 앞의 기초편을 참조하길 바란다.

$$\text{마진율} = \frac{\text{매출가격} - \text{매출원가}}{\text{매출가격}} \times 100$$

【재무계산기 사용키 및 레이블】

HP 12C	BA Ⅱ PLUS
• 별도의 기능키가 없으며 비율차(△%)를 이용함	• [CST] : 매출원가 • [SEL] : 매출가격 • [MAR] : 마진율
HP 10B Ⅱ	**HP 17B Ⅱ**
• [CST] : 원가 • [PRC] : 가격 • [MAR] : 마진율 • [MU] : 인상률 • [%CHG] : 인상률	• [BUS] : 메인메뉴 • [MU%C] : 원가가산율 • [MU%P] : 가격가산율 • [COST] : 원가 • [PRICE] : 가격 • [M%C] : 원가마진율 • [M%P] : 가격마진율

기본예제 Ⅳ-7-1 매출원가

현재 12만 5,000원에 판매되는 상품이 있다. 마진율이 27%라고 할 때 이 상품의 매출원가는 얼마인가?

HP 12C		BA Ⅱ PLUS	
키 입력	화면 표시	키 입력	화면 표시
125000[ENTER]	125,000.00	[2nd][PROFIT]	CST=(기존숫자)
1[ENTER]0.27[−]	0.73	[2nd][CLR WORK]	CST=0.00
[×]	91,250.00	[↓]125000[ENTER]	SEL= 125,000.00◁
		[↓]27[ENTER]	MAR=27.00◁
		[↓][CPT]	CST=91,250.00*

HP 10BⅡ		HP 17BⅡ	
키 입력	화면 표시	키 입력	화면 표시
[■][C ALL]		[BUS][MU%P]	0.00
125000[PRC]	125000.00	[■][CLEAR DATA]	
27[MAR]	27.00	125000[PRICE]	PRICE=125,000.00
[CST]	91,250.00	27[M%P]	MARKUP%P=27.00
		[COST]	COST=91,250.00

답 91,250원

유제 1 현재 5만 3,000원에 판매되는 상품이 있다. 마진율이 34%라고 할 때 이 상품의 매출원가는 얼마인가?

답 34,980원

유제 2 세실기업에서 제조한 인조가죽으로 된 장갑 하나의 가격은 백화점에서 12,000원이다. 만약 이 상품의 매출원가가 8,700원이라면 마진율은 얼마인가?

답 27.5%

(2) 손익분기점의 계산

손익분기점은 총매출액이 고정비용과 총변동비용을 넘어서는, 즉 손실에서 이익으로 전환되는 시점으로서 판매량이 일정수준 이상이 되는 경우에 나타난다.

$$Profit = P \cdot Q - (FC + VC \cdot Q) \geq 0$$

【재무계산기 사용키 및 레이블】

HP 12C	BAⅡ PLUS
<해당사항 없음>	• [FC] : 고정비용 • [VC] : 변동비용 • [P] : 상품단가 • [PFT] : 손익 • [Q] : 판매량
HP 10BⅡ	**HP 17BⅡ**
<해당사항 없음>	<해당사항 없음>

기본예제 IV-7-2 손익분기점에 도달하는 판매량

신발공장에서 생산된 신발은 한 켤레에 5만 원에 판매되고 있다. 한 켤레에 대한 변동비용은 3만 5,000원이고, 고정비용은 1억 4,000만 원이다. 손익분기점에 도달하려면 몇 켤레의 신발이 팔려야 하는가?

HP 12C		BA II PLUS	
키 입력	화면 표시	키 입력	화면 표시
140000000[ENTER]	140,000,000.00	[2nd][BREKEVN]	FC=(기존입력숫자)
50000[ENTER]	50,000.00	[2nd][CLR WORK]	FC=0.00
35000[−]	15,000.00	140000000[ENTER]	FC=140,000,000.00◁
[÷]	9,333.33	[↓]35000[ENTER]	VC=35,000.00◁
		[↓]50000[ENTER]	P=50,000.00◁
		[↓]	PFT=0.00
		[↓][CPT]	Q=9,333.33*

HP 10B II		HP 17B II	
키 입력	화면 표시	키 입력	화면 표시
140000000[÷]	140,000,000.00	140000000[÷]	140,000,000.00÷
[■][(]50000[−]	50,000.00	[(]50000[−]	
35000[■][)]	15,000.00	35000[)][=]	9,333.33
[=]	9,333.33		

답 9,334개

유제 1 어떤 지갑공장에서는 지갑 2만 개 판매시 손익분기점에 도달하도록 단가를 결정하고자 한다. 이 공장의 고정비용은 5,000만 원이고, 지갑 한 개당 변동비용은 1만 5,000원이다. 지갑 한 개당 가격을 얼마로 하는 것이 적절한가?

답 17,500원

유제 2 선풍기 제조회사인 (주)찬바람에서 최근 시장조사를 한 결과, 새로 출시되는 선풍기의 가격은 5만 원이 적정한 것으로 판단된다. 현재 선풍기제조를 위한 고정비용이 50억 원 투자된 상태이며, 선풍기 한 개당 발생되는 변동비용은 2만 2,000원이다. (주)찬바람은 몇 개의 선풍기를 팔아야 손익분기점을 넘어서는가? 답 178,572개

나. 세후수익률

부리된 이자에 대한 세금은 투자자에게 귀속되는 실제이자를 변동시키는 역할을 한다. 여러 가지 투자대안을 비교할 때 세후수익률을 기준으로 하는 것이 바람직하다. 경우에 따라 비과세의 낮은 이자율의 투자안이 과세되는 높은 이자율의 투자안보다 세후수익률이 높을 수 있기 때문이다.

$$\text{세후수익률} = \text{세전수익률} \times (1 - \text{세율})$$

기본예제 IV-7-3 세후수익률

한명선씨는 주식투자로 인하여 10%의 평가익과 2%의 배당익 합쳐 총 12%의 수익을 올렸다. 만약 배당소득에 대한 세율이 16.5%라 한다면, 그녀의 세후수익률은 어떻게 되나?

HP 12C		BA Ⅱ PLUS	
키 입력	화면 표시	키 입력	화면 표시
1[ENTER]	1.00	1[−]	1.00
0.165[−]	0.84	0.165[×]	0.84
0.02[×]	0.02	0.02[+]	0.02
0.1[+]	0.12	0.1[×]100[=]	11.67
100[×]	11.67		

HP 10B Ⅱ		HP 17B Ⅱ	
키 입력	화면 표시	키 입력	화면 표시
1[−]	1.00	1[−]	1.00−
0.165[×]	0.84	0.165[×]	0.84×
0.02[+]	0.02	0.02[+]	0.02+
0.1[×]100[=]	11.67	0.1[×]100[=]	11.67

답 11.67%

줄탁(茁啄)

배당익은 세금대상이 되나, 평가익은 비과세되는 것으로 계산.

유제 1 배정호씨가 가입한 정기예금은 연 4.5% 이율이 적용된다. 만약 이자소득세가 16.5%라 하면, 배정호씨 정기예금구좌의 세후수익률은 얼마인가?

답 3.76%

유제 2 캘리포니아에 사는 존슨씨는 주식투자로 14%의 수익을 올렸다. 이 중 9%는 미실현이익이고 5%는 배당수익이다. 만약 존슨씨의 적용세율이 38%라면, 존슨씨의 주식투자로 인한 세후수익률은 얼마인가?

답 12.10%

기본예제 IV-7-4 비과세에 상응하는 과세채권의 수익률 1

천연욱씨는 최근 비과세채권을 매입하여 연 6%의 수익을 올렸다. 만약 천연욱씨가 비과세 채권 대신 과세채권을 매입하였다면 동일한 수익을 보장하기 위하여 과세채권의 수익률이 얼마여야 하는가? 현재 채권이자에 대하여는 16.5%의 세금이 부과된다.

$$\text{과세채권 수익률} = \frac{\text{비과세채권 수익률}}{1 - \text{소득세율}}$$

HP 12C		BA Ⅱ PLUS	
키 입력	화면 표시	키 입력	화면 표시
0.06[ENTER]	0.06	0.06[÷]	0.06
1[ENTER]0.165[−]	0.84	[(]1[−]0.165[)]	0.84
[÷]100[×]	7.19	[×]100[=]	7.19

HP 10B Ⅱ		HP 17B Ⅱ	
키 입력	화면 표시	키 입력	화면 표시
0.06[÷]	0.06	0.06[÷]	0.06÷
[■][(]1[−]		[(]1[−]0.165[)]	0.06÷0.84
0.165[■][)]	0.84	[×]100[=]	7.19
[×]100[=]	7.19		

답 7.19%

유제 1 이성규씨는 비과세채권으로 연 5%의 수익률을 달성하였다. 이자소득세 10.5%가 부리되는 세금우대저축에서 몇 %의 수익률을 달성한 것과 동일한 효과가 있나?

답 5.59%

유제 2 김동화씨는 연이율 4.6%의 비과세저축, 연이율 5.0%의 세금우대저축, 연이율 5.3%의 일반정기예금을 두고 어떤 것을 선택할 것인지 고민중이다. 이자소득세율이 일반적인 경우 16.5%, 세금우대인 경우 10.5%이라면, 김동화씨가 어떤 저축을 선택함이 바람직한가?

답 연이율 4.6%의 비과세저축

기본예제 IV-7-5 비과세에 상응하는 과세채권의 수익률 2

캘리포니아에 살고 있는 스미스는 캘리포니아 주 주정부에 의하여 발행된 만기 수익률 5%의 지방채(Municipal Bond, 비과세)를 가지고 있다. 그의 주지방세는 5%이고, 연방소득세율은 28%이다. 스미스에게 있어서 이 채권수익률에 상응하는 과세채권의 수익률은?

비과세채권의 수익률을 과세채권의 수익률로 전환하는 것과 관련하여 책에 따라 아래 두가지 식으로 표시되지만, 연방소득세부분에 대하여 주소득세가 부과되지 않으므로 식 II가 올바른 식이라 생각되어 식II에 의한 계산만 표시하였다.

$$\langle \text{식 I} \rangle \ \text{과세채권 수익률} = \frac{\text{비과세수익률}}{1-(\text{연방소득세율}+\text{주소득세율})}$$

$$\langle \text{식 II} \rangle \ \text{과세채권 수익률} = \frac{\text{비과세수익률}}{1-\{\text{연방소득세율}+\text{주소득세율}(1-\text{연방소득세율})\}}$$

따라서, 이 문제의 값은 $\frac{0.05}{1-\{0.28+0.05(1-0.28)\}}$ 에 의해 7.31%이다.

HP 12C		BA II PLUS	
키 입력	화면 표시	키 입력	화면 표시
1[ENTER]0.28[−].05[×]	0.04	1[−].28[×].05[+]	0.04
.28[+][CHS]	−0.32	.28[=][+/−]	−0.32
1[+][1/x]	1.46	[+]1[=][1/x][×]	1.46
.05[×]100[×]	7.31	.05×100[=]	7.31

HP 10B II		HP 17B II	
키 입력	화면 표시	키 입력	화면 표시
1[−].28[×].05[+]	0.04	1[−].28[×].05[+]	0.04+
.28[=][+/−]	−0.32	.28[=][+/−]	−0.32
[+]1[=]	0.68	[+]1[=]	0.68
[■][1/x][×]	1.46	[■][1/x][×]	1.46×
.05×100[=]	7.31	.05×100[=]	7.31

답 7.31%

유제 1 시카고에 살고 있는 데이비드는 일리노이 주에서 발행한 지방채(비과세채권)를 보유하고 있다. 동 채권은 만기수익률이 8%이다. 데이비드의 적용세율은 연방세율이 32%, 주세율이 7%라면, 이 채권의 수익은 과세채권의 수익률이 얼마일 때와 동등한가?

답 12.65%

유제 2 플로리다에 살고 있는 샘은 주정부에서 발행한 연이율 7%의 비과세채권과 (주)티쓰의 연이율 10.5%의 회사채를 보유하고 있다. 샘에게 적용되는 연방세율이 28%이고 주세율이 8%라 한다면, 어느 채권이 샘에게 높은 수익을 가져다주는가? 수익률외 다른 요인은 무시한다.

답 비과세채권(과세채권 10.57%와 동일효과)

다. 일실이익

일실이익이라 함은 주로 배상책임과 관련하여 발생하는 것으로서 다른 사람에 의해 사망하거나 장해를 입은 경우 그 사망자 또는 장해자에게 발생된 소극적 손해인 상실수익액을 말한다. 다만, 장해시의 일실이익은 사망시와 달리, 노동능력상실률이 감안되고 생활비가 공제되지 않는 점에서 아래와 같은 차이가 있다.

사망시 일실이익 = (사망시 수입액 - 생활비)×수입가능기간 - 중간이자
장해시 일실이익 = (장해시 수입액×노동능력상실률×수입가능기간) - 중간이자

한편, 중간이자를 공제하는 방법도 복리방식인 라이프니찌식과 단리방식인 호프만식으로 구분되는데, 우리나라 법원에서는 종래 호프만식으로 사용하여 왔으나, 최근 혼용하는 경향이 있다. 한편, 호프만식 계산은 재무계산기로 간단히 계산하기는 곤란하므로 여기에서는 생략한다.

라이프니찌식 : $X = \sum_{t=1}^{n} \frac{A}{(1+i)^n}$, 호프만식 : $X = \sum_{t=1}^{n} \frac{A}{(1+n \cdot i)}$

X : 일실이익
A : (월평균현실소득액 - 생활비) 또는 (월평균현실소득액×노동능력상실률)
n : 수입가능기간
i : 연 5% (민사상 법정이자), 월복리

기본예제 IV-7-6 사망시의 일실이익

차지형씨는 길을 가던 중 공사중이던 건물에서 떨어진 철근에 머리가 부딪혀 사망했다. 차지형씨의 월평균현실소득액은 1,000만 원이고 향후 정년까지 240개월이 남은 상태이다. 라이프니쯔식으로 계산한 차지형씨의 일실이익은 얼마인가? 본인의 생활비는 월 350만 원이며, 민사에 대한 적용이율은 연 5%이다.

줄탁(茁啄)

화폐의 시간가치(TVM)에 의하여 계산한다.

※ 기말급 설정

HP 12C		BA Ⅱ PLUS	
키 입력	화면 표시	키 입력	화면 표시
[f][CLEAR FIN]	0.00	[2nd][CLR TVM]	0.00
240[n]	240.00	240[N]	n=240.00◁
5[g][12÷]	0.42	5[÷]12[=][I/Y]	I/Y=0.42◁
10000000[ENTER]	10,000,000.00	10000000[−]	10,000,000.00
3500000[−][PMT]	6,500,000.00	3500000[=][PMT]	PMT=6,500,000.00◁
[PV]	−984,914,534.98	[CPT][PV]	PV=−984,914,534.98

HP 10B Ⅱ		HP 17B Ⅱ	
키 입력	화면 표시	키 입력	화면 표시
[■][C ALL]	0.00	[FIN][TVM]	
240[N]	240.00	[■][CLEAR DATA]	1 P/YR END MODE
5[÷]12[I/YR]	0.42	240[N]	N=240.00
10000000[−]	10,000,000.00	5[÷]12[I%YR]	I%YR=0.42
3500000[PMT]	6,500,000.00	10000000[−]	10,000,000.00−
[PV]	−984,914,534.98	3500000[PMT]	PMT=6,500,000.00
		[PV]	PV=−984,914,534.98

답 984,914,535원

유제 1 고진호씨는 항공기 사고로 사망하였다. 세무자료에 의하면, 고진호씨의 월평균소득은 250만 원이고, 정년까지는 273개월 남은 상태이다. 본인 생활비가 100만 원이라면, 고진호씨의 일실이익은 얼마인가? (민사에 대한 적용이율은 연 5%이다)

답 244,303,861원

유제 2 강영준씨는 보행중 운전자 일방과실의 교통사고로 사망하였다. 세무자료에 의해 계산된 강영준씨 월평균소득은 200만 원이고, 정년까지는 344개월 남은 상태이다. 자동차보험약관에 의하면, 강영준씨의 경우 상실수익액 이외에도 장례비 200만 원과 위자료 3,200만 원을 추가로 지급하게 되어 있으며, 본인생활비는 월평균소득의 1/3로 하도록 되어 있다. 강영준씨에 대한 자동차보험약관상 지급기준은 얼마인가? (자동차보험약관은 라이프니찌식을 적용하며, 민사에 대한 적용이율은 연 5%이다)

답 277,448,363원

기본예제 IV-7-7 후유장해시의 일실이익

최우영씨는 자동차사고로 다쳐 29%의 후유장해평가를 받았다. 최우영씨의 월평균소득액이 300만 원이고 정년까지 취업가능월수가 360월이며, 민사에 대한 적용이율은 5%이다. 최우영씨의 상실수익액은 얼마인가? 피해자인 최우영씨에게는 과실이 없으며, 중간이자계산은 라이프니쯔방식으로 한다.

※ 기말급 설정

HP 12C		BA Ⅱ PLUS	
키 입력	화면 표시	키 입력	화면 표시
[f][CLEAR FIN]	0.00	[2nd][CLR TVM]	0.00
360[n]	360.00	360[N]	N=360.00◁
5[g][12÷]	0.42	5[÷]12[=][I/Y]	I/Y=0.42◁
3000000[ENTER]	3,000,000.00	3000000[×]	3,000,000.00
0.29[×][PMT]	870,000.00	0.29[=][PMT]	PMT=870,000.00◁
[PV]	−162,065,006.8	[CPT][PV]	PV=−162,065,006.83

HP 10B Ⅱ		HP 17B Ⅱ	
키 입력	화면 표시	키 입력	화면 표시
[■][C ALL]	0.00	[FIN][TVM]	
360[N]	360.00	[■][CLEAR DATA]	1 P/YR END MODE
5[÷]12[I/YR]	0.42	360[N]	N=360.00
3000000[×]	3,000,000.00	5[÷]12[I%YR]	I%YR−0.42
0.29[PMT]	870,000.00	3000000[×]	3,000,000.00×
[PV]	−162,065,006.83	0.29[PMT]	PMT=870,000.00
		[PV]	PV=−162,065,006.83

답 162,065,007원

유제 1 박용우씨는 화재사고로 다쳐 28%의 후유장해평가를 받았다. 박용우씨의 월평균현실소득액이 350만 원이고 정년까지 취업가능월수가 289월이다. 박용우씨의 상실수익액은 얼마인가? (이율은 5%이고, 중간이자계산은 라이프니쯔식으로 한다)

답 164,476,969원

유제 2 오한석씨는 보행중 자동차사고로 다쳐 34%의 후유장해평가를 받았다. 오한석씨의 월평균현실소득액이 250만 원이고 정년까지 취업가능월수가 165월이다. 오한석씨의 상실수익액은 얼마인가? (이율은 5%이고, 중간이자계산은 라이프니쯔식으로 한다)

답 101,275,739원

제 5 장 통계

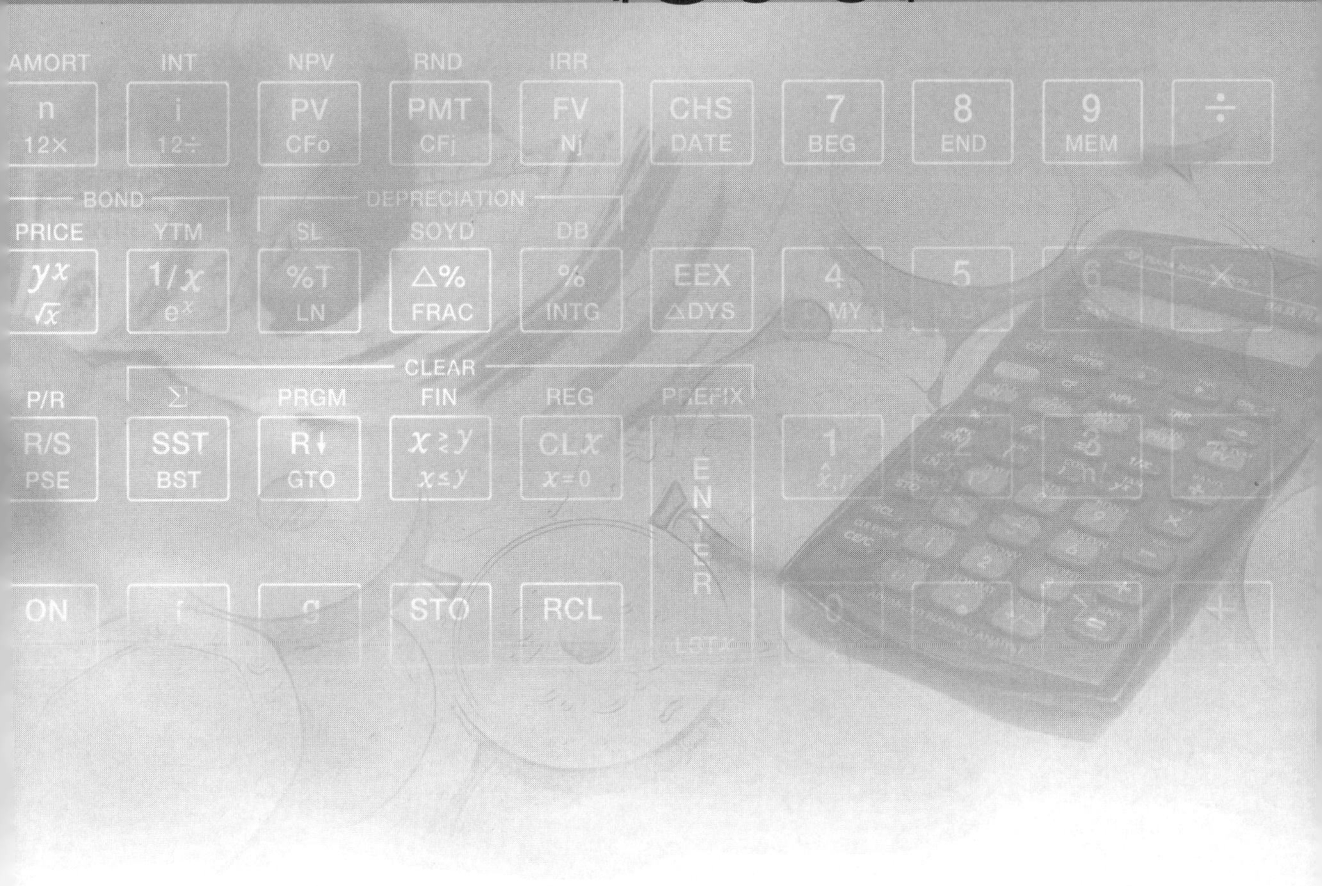

제5장 통계

1. 개요

재무계산기를 활용하는 경우 일반계산기에서도 처리할 수 있는 평균값 등을 구할 수 있는 것은 물론, 일반계산기로는 다루기 곤란한 분산, 표준편차, 공분산, 상관계수 등 복잡한 통계처리와 이러한 통계치를 활용한 회귀분석도 가능하며, 나아가 포트폴리오의 손익분석이나 위험분석도 가능하다.

이같은 재무계산기의 통계기능을 제대로 활용하기 위해서는 각 계산기의 기능키 등에 대하여 잘 알고 있어야 할 뿐만 아니라 산식에 대한 이해도 필요하다.

【재무계산기 사용키 및 레이블】

HP 12C	BA Ⅱ PLUS
• [$\bar{x}$] : x, y변수의 평균	• [Xnn] : 현재 X의 값
• [$\bar{x}$w] : 가중평균	• [Ynn] : 현재 Y의 값
• [s] : x, y변수의 표본표준편차	• [LIN] : 선형회귀분석 Y=a+bX
• [$\hat{y}$,r] : y추정치	• [LN] : 로그회귀분석 Y=a+bln(X)
• [$\hat{x}$,r] : x추정치	• [EXP] : 지수회귀분석 $Y=a+b^X$
• [Σ+] : 통계입력	• [PWR] : power회귀분석 $Y=a+X^b$
• [Σ−] : 통계제거	• [1-V] : 1개변수에 대한 통계 산출
• [f][CLEAR Σ] : 통계메모리 제거	• [n] : 관찰개수
• [$x \gtrless y$] : 타 통계치 상관계수	• [$\bar{x}$] : X변수의 평균
• 리지스터 저장내용	• [Sx] : X변수의 표본표준편차
·R1 : n	• [σx] : X변수의 모표준편차
·R2 : $\sum x$	• [$\bar{y}$] : Y변수의 평균

HP 12C	BA Ⅱ PLUS
·R3 : $\sum x^2$ ·R4 : $\sum y$ ·R5 : $\sum y^2$ ·R6 : $\sum xy$	• [Sy] : Y변수의 표본표준편차 • [σy] : Y변수의 모표준편차 • [a] : 선형회귀분석의 경우 Y절편 • [b] : 선형회귀분석의 경우 기울기 • [r] : 상관계수 • [X'] : X값의 예측치 • [Y'] : Y값의 예측치 • [∑X] : X값의 합 • [∑X2] : X값의 제곱의 합 • [∑Y] : Y값의 합 • [∑Y2] : Y값의 제곱의 합 • [∑XY] : XY의 합

HP 10B Ⅱ	HP 17B Ⅱ
• [$\overline{x}$, $\overline{y}$] : x, y변수의 평균 • [$\overline{x}$ w] : 가중평균 • [Sx,Sy] : x, y변수의 표본표준편차 • [σx,σy] : x, y변수의 모표준편차 • [$\hat{x}$,r] : x값 추정치 • [$\hat{y}$,m] : y값 추정치 • [CL∑] : 통계값 지우기 • [∑+] : 통계값 입력 • [∑−] : 입력된 통계값 제거 • [*n*] : 입력된 통계값 수 • [$\sum x$] : x변수 합계 • [$\sum y$] : y변수 합계 • [$\sum x^2$] : x제곱의 합 • [$\sum y^2$] : y제곱의 합 • [$\sum xy$] : x, y 곱의 합	[SUM] 메뉴 • [CALC] : 통계 계산 • [INSR] : 리스트에 숫자 삽입 • [DELETE] : 리스트에 숫자 제거 • [NAME] : 리스트 제목 지정 • [GET] : 신규 리스트 작성 • [TOTAL] : 모든 리스트 보이기 [CALC] 메뉴 • [TOTAL] : 합계 • [MEAN] : 평균값 • [MEDN] : 중앙값 • [STDEV] : 표준편차 • [RANG] : 범위 • [MIN] : 최소값 • [MAX] : 최대값 • [SQRT] : 오름차순 정렬 • [FRCST] : 회귀분석

2. 평균

가. 산술평균

가장 일반적인 대표값이 산술평균(Arithmetic Mean)이다. 이는 각 값의 합을 관찰수로 나누어 산출한다.

$$\mu_X = \frac{X_1 + X_2 + X_3 + \cdots\cdots + X_n}{n}$$

나. 기하평균

기하평균(Geometric Mean)은 다음과 같이 정의된다.

$$G_X = (X_1 \cdot X_2 \cdot X_3 \cdot \cdots\cdots \cdot X_n)^{1/n} = \sqrt[n]{X_1 \cdot X_2 \cdot X_3 \cdot \cdots\cdots \cdot X_n}$$

기하평균은 일정기간의 투자에 대한 평균복리수익률을 산출하기 위하여 사용되며, 이 때는 각 기간의 수익률에 1을 더한 값을 기준으로 아래와 같이 계산된다. 실제 재무계산기를 활용함에 있어서 "$\sqrt[n]{\ }$"를 직접 계산하기는 곤란하므로 제곱의 지수를 "$1/n$"으로 하여 계산하여야 한다.

$$G_X = \sqrt[n]{(1+R_1)(1+R_2)(1+R_3)\cdots\cdots(1+R_n)} - 1$$

다. 조화평균

조화평균(Harmonic Mean)은 여러 기의 투자금액이 일정액으로 고정된 경우, 즉 분자가 고정된 경우 투자안의 평균치를 구하는 데 주로 활용되는 것이기는 하지만, 가중평균의 특수한 형태로서 다른 평균값에 비해 그렇게 많이 사용되지 않는다.

$$H_X = \frac{N}{\Sigma\ 1/x}$$

라. 가중평균

가중평균(Weighted Average)은 각각의 사상에 대한 가중치에 따라서 다음과 같이 표현된다

$$\mu_W = \frac{w_1x_1 + w_2x_2 + w_3x_3 + \cdots\cdots + w_nx_n}{w_1 + w_2 + w_3 + \cdots\cdots + w_n}$$

마. 이동평균

이동평균(Moving Average)은 기간의 경과에 따라 새로운 관찰치를 포함하는 대신 제일 앞선 관찰치를 제거하여 관찰수를 항상 동일하게 유지함으로써 평균을 계산하는 방식이다. 이동평균은 기간의 경과에 따른 변동폭을 완화시키는 특성을 지닌다.

기본예제 V-2-1 산술평균

다음은 펀드매니저 최상수씨의 과거 4년간 수익률이다. 산술평균수익률은 얼마인가?

• 1998년: 27.3% • 1999년: 15.4% • 2000년: 10.6% • 2001년: 9.8%

HP 12C		BA II PLUS	
키 입력	화면 표시	키 입력	화면 표시
[f][CLEAR ∑]	0.00	27.3[+]	27.30
27.3[∑+]	1.00	15.4[+]	42.70
15.4[∑+]	2.00	10.6[+]	53.30
10.6[∑+]	3.00	9.8[÷]	63.10
9.8[∑+]	4.00	4[=]	15.78
[g][$\bar{x}$]	15.78		

HP 10B II		HP 17B II	
키 입력	화면 표시	키 입력	화면 표시
[■][CL∑]	0.00	[SUM]	
27.3[∑+]	1.00	[■][CLEAR DATA]	CLEAR THE LIST?
15.4[∑+]	2.00	[YES]	ITEM(1)=?
10.6[∑+]	3.00	27.3[INPUT]	TOTAL=27.30
9.8[∑+]	4.00	15.4[INPUT]	TOTAL=42.70
[■][$\bar{x},\bar{y}$]	15.78	10.6[INPUT]	TOTAL=53.30
		9.8[INPUT]	TOTAL=63.10
		[EXIT][CALC]	63.10
		[MEAN]	MEAN=15.78

답 15.78%

유제 1 다음 값들의 산술평균은 얼마인가?

23, 57, 45, 38, 26, 29

답 36.33

유제 2 다음 수익률의 산술평균은 얼마인가?

1996	1997	1998	1999	2000
10.2%	−5.1%	23.2%	15.1%	14.9%

답 11.66

기본예제 V-2-2 기하평균

다음은 펀드매너저 최상수씨의 과거 4년간 수익률이다. 기하평균수익률은 얼마인가?

• 1998년: 27.3% • 1999년: 15.4% • 2000년: 10.6% • 2001년: 9.8%

※ 자릿수를 소수점 4자리로 설정

HP 12C		BA II PLUS	
키 입력	화면 표시	키 입력	화면 표시
1.273[ENTER]	1.2730	1.273[×]	1.2730
1.154[×]	1.4690	1.154[×]	1.4690
1.106[×]	1.6248	1.106[×]	1.6248
1.098[×]	1.7840	1.098[=]	1.7840
4[1/x][y^x]	1.1557	[y^x]4[1/x][=]	1.1557
1[−]	0.1557	[−]1[=]	0.1557

HP 10B II		HP 17B II	
키 입력	화면 표시	키 입력	화면 표시
1.273[×]	1.2730	1.273[×]	1.2730×
1.154[×]	1.4690	1.154[×]	1.4690×
1.106[×]	1.6248	1.106[×]	1.6248×
1.098[=]	1.7840	1.098[=]	1.7840
[■][y^x]4		[■][y^x]4	1.7840^4
[■][1/x][=]	1.1557	[■][1/x][=]	1.1557
[−]1[=]	0.1557	[−]1[=]	0.1557

답 15.57%

유제 1 다음 수익률의 기하평균은 얼마인가?

1996	1997	1998	1999	2000
11.2%	−7.5%	19.8%	12.3%	5.7%

답 7.90%

유제 2 다음은 김영일씨가 보유하고 있는 주식의 전년도 수익률이다. 이들의 기하평균은 얼마인가?

A주식	B주식	C주식	D주식	E주식
7.59%	12.68%	−2.38%	5.98%	18.23%

답 8.20%

기본예제 V-2-3 조화평균

투자자 정석대씨는 병정전자주식을 3월달에 100만 원으로 주당 1만 원에 매입하고, 4월달에 100만 원으로 주당 2만 원에 매입하고, 5월달에 100만 원으로 주당 2만 5,000원에 매입하였다. 정석대씨의 평균매입단가는 얼마인가?

※ 자릿수를 소수점 4자리로 설정

HP 12C		BA II PLUS	
키 입력	화면 표시	키 입력	화면 표시
10000[1/x]	0.0001	10000[1/x]	0.0001
[STO]1	0.0001	[STO]1	0.0001
20000[1/x]	0.0001	20000[1/x]	0.0001
[STO][+]1	0.0001	[STO][+]1	0.0001
25000[1/x]	0.00004	25000[1/x]	0.0000
[STO][+]1	0.00004	[STO][+]1	0.0000
3[ENTER][RCL]1[÷]	15,789.4737	3[÷][RCL]1[=]	15,789.4737

HP 10B II		HP 17B II	
키 입력	화면 표시	키 입력	화면 표시
10000[■][1/x]	0.0001	10000[■][1/x]	0.0001
[■][STO]1	0.0001	[STO]1	0.0001
20000[■][1/x]	0.0001	20000[■][1/x]	0.0001
[■][STO][+]1	0.0001	[STO][+]1	0.0001
25000[■][1/x]	0.00004	25000[■][1/x]	0.00004
[■][STO][+]1	0.00004	[STO][+]1	0.0000
3[÷][RCL]1[=]	15,789.4737	3[÷][RCL]1[=]	15,789.4737

답 15,789원

줄탁(茁啄)

이는 가중평균 계산방법에 따라 총 투자금액 300만 원을 총 매입주식수 190주(3월 100주+4월 50주+5월 40주)로 나눈 값과 동일하다.

유제 1 4월에 영업을 개시하는 경일상사는 3개월간 상품을 구매하면서 매월 1,200만 원으로 1월에는 개당 10,000원에, 2월에는 개당 12,000원에, 3월에는 개당 12,500원에 매입하였다. 경일상사의 상품 평균매입단가는 얼마인가?

답 11,392원

유제 2 주식투자자 황당해씨는 부도기계주식을 3월달에 10만 원으로 주당 1,000원에 매입하고, 4월달에 10만 원으로 주당 800원에 매입하고, 5월달에 10만 원으로 주당 500원에 매입하였다. 황당해씨의 평균매입단가는 얼마인가?

답 705.9원

기본예제 V-2-4 가중평균

가나다펀드는 세 가지 주식으로 구성되어 있으며, 각 주식에 대한 연초보유비중과 1년간 수익률이 다음과 같을 때 이 펀드의 가중평균수익률은 얼마인가?

A : 연초보유 8억 원(1년간 수익률 5%)

B : 연초보유 4억 원(1년간 수익률 25%)

C : 연초보유 3억 원(1년간 수익률 50%)

※ 자릿수를 소수점 4자리로 설정

HP 12C		BA Ⅱ PLUS	
키 입력	화면 표시	키 입력	화면 표시
[f][CLEAR ∑]	0.0000	8[÷]15[×].05[=]	0.0267
0.05[ENTER]8[∑+]	1.0000	[STO]1	0.0267
0.25[ENTER]4[∑+]	2.0000	4[÷]15[×].25[=]	0.0667
0.5[ENTER]3[∑+]	3.0000	[STO][+]1	0.0667
[g][$\bar{x}$w]	0.1933	3[÷]15[×].5[=]	0.1000
100[×]	19.3333	[STO][+]1	0.1000
		[RCL]1[×]100[=]	19.3333

HP 10B Ⅱ		HP 17B Ⅱ	
키 입력	화면 표시	키 입력	화면 표시
[■][CL∑]	0.0000	[SUM]	
0.05[INPUT]8[∑+]	1.0000	[■][CLEAR DATA]	CLEAR THE LIST?
0.25[INPUT]4[∑+]	2.0000	[YES]	ITEM(1)=?
0.5[INPUT]3[∑+]	3.0000	0.05[INPUT]	TOTAL=0.0500
[■][$\bar{x}$w]	0.1933	0.25[INPUT]	TOTAL=0.3000
[×]100[=]	19.3333	0.5[INPUT]	TOTAL=0.8000
		[EXIT][NAME]	
		YIELD[INPUT]	알파벳 메뉴이용
		[GET][*NEW]	ITEM(1)=?
		8[INPUT]	TOTAL=8.0000
		4[INPUT]	TOTAL=12.0000
		3[INPUT]	TOTAL=15.0000
		[EXIT][CALC]	
		[MORE][FRCST]	SELECT X VARIABLE
		[YIELD]	SELECT Y VARIABLE
		[*CURR][MORE]	
		[W.MN][×]100[=]	19.3333

답 19.33%

유제 1 안정수씨는 A, B, C 세 가지 주식에 각각 100주씩 투자하고 있다. 이들 주식의 가격과 기대수익률은 A가 12,000원 12%, B가 31,000원 15%, C가 17,000원 14%라 한다면, 안정수씨의 포트폴리오의 가중평균 수익률은 얼마인가?

답 14.12%

유제 2 국내경기가 지금보다 좋아질 확률은 30%, 나빠질 확률은 20%, 현행과 유사할 확률은 50%이다. 국내경기가 지금보다 좋아질 경우 경제성장률은 10%로 예상되고, 국내경기가 지금보다 나빠질 경우 경제성장률은 2%로 예상되며, 국내경기가 현행과 유사할 경우 경제성장률은 6%로 예상된다. 경제성장률의 기대치는 얼마인가?

답 6.40%

기본예제 V-2-5 이동평균

다음은 풍낙상회의 연매출액이다. 1999년부터 3개년 동안의 5년 이동평균을 구하라.

(연도)	1995	1996	1997	1998	1999	2000	2001
(매출액)	25억	18억	19억	27억	24억	31억	21억

HP 12C		BA Ⅱ PLUS	
키 입력	화면 표시	키 입력	화면 표시
[f][CLEAR ∑]	0.00	25[+]18[+]	43.00
25[∑+]	1.00	19[+]27[+]	89.00
18[∑+]	2.00	24[÷]5[=]	22.60
19[∑+]	3.00	[×]5[+]31[−]	144.00
27[∑+]	4.00	25[÷]5[=]	23.80
24[∑+]	5.00	[×]5[+]21[−]	140.00
[g][$\bar{x}$]	22.60	18[÷]5[=]	24.40
31[∑+]	6.00		
25[g][∑−]	5.00		
[g][$\bar{x}$]	23.80		
21[∑+]	6.00		
18[g][∑−]	5.00		
[g][$\bar{x}$]	24.40		

HP 10BⅡ		HP 17BⅡ	
키 입력	화면 표시	키 입력	화면 표시
[■][CL∑]	0.00	25[+]18[+]	43.00+
25[∑+]	1.00	19[+]27[+]	89.00+
18[∑+]	2.00	24[÷]5[=]	22.60
19[∑+]	3.00	[×]5[+]31[−]	144.00−
27[∑+]	4.00	25[÷]5[=]	23.80
24[∑+]	5.00	[×]5[+]21[−]	140.00−
[■][$\bar{x}$, $\bar{y}$]	22.60	18[÷]5[=]	24.40
31[∑+]	6.00		
25[■][∑−]	5.00		
[■][$\bar{x}$, $\bar{y}$]	23.80		
21[∑+]	6.00		
18[■][∑−]	5.00		
[■][$\bar{x}$, $\bar{y}$]	24.40		

답 1999년 : 22.60억 원, 2000년 : 23.80억 원, 2001년 : 24.40억 원

유제 1 다음은 김포상회의 월별 매출액이다. 최근 8월부터 10월까지 3개월간의 3월 매출액 이동평균을 구하라.

(월)	6월	7월	8월	9월	10월
(매출액)	135억 원	103억 원	97억 원	125억 원	138억 원

답 111.67억 원, 108.33억 원, 120억 원

유제 2 다음은 6월 10일부터 6월 14일까지의 삼다식품 주가의 종가이다. 6월 12일부터 14일까지 주가 3일 이동평균을 구하라.

(일자)	6/10	6/11	6/12	6/13	6/14
(종가)	11,250원	11,350원	11,750원	11,600원	12,200원

답 11,450원, 11,567원, 11,850원

3. 분산과 표준편차

가. 분산 및 표준편차

데이터의 산포도 즉, 기대값(평균)과 얼마나 떨어져 있는가를 나타내는 방법으로는 범위(Range), 평균편차(Mean Deviation), 분산(Variance), 표준편차(Standard Deviation) 등이 사용하는데, 이 중 가장 자주 언급되는 것이 분산과 표준편차이다. 표준편차는 분산의 양의 제곱근으로서 현대 포트폴리오 이론에서 위험을 평가하는 척도로 활용되고 있다. 모집단의 분산과 표준편차는 다음과 같이 구한다.

$$\sigma^2 = \frac{\sum\{X - E(X)\}^2}{n}, \qquad \sigma = \sqrt{\sigma^2}$$

한편, 주어진 자료가 모집단 전체가 아닌 표본인 경우, 표본의 분산이나 표준편차를 구할 때는 일반적으로 σ^2, σ 대신 S_X^2, S_X로 표시되며, 아래 식과 같이 분모를 관찰수에서 1을 차감한 N-1로 하여 구한다.

$$S_X^2 = \frac{\sum\{X - E(X)\}^2}{N-1}, \qquad S_X = \sqrt{S_X^2}$$

기본예제 V-3-1 표준편차

다음은 마라도펀드의 수익률을 예측하기 위한 자료로서, 마라도펀드의 시장수익률 대비 초과수익률에 대한 10년간 데이터이다. 평균초과수익률과 표준편차를 구하라.

<구 분>	<초과수익률>	<구 분>	<초과수익률>
1년도	3.50%	6년도	13.00%
2년도	2.00%	7년도	0.60%
3년도	−1.70%	8년도	1.50%
4년도	−2.00%	9년도	12.00%
5년도	7.00%	10년도	−0.80%

※ 자릿수를 소수점 4자리로 설정

HP 12C		BA Ⅱ PLUS	
키 입력	화면 표시	키 입력	화면 표시
[f][CLEAR ∑]	0.0000	[2nd][DATA]	X01=(이전숫자)
3.5[∑+]	1.0000	[2nd][CLR WORK]	X01 0.0000
2.0[∑+]	2.0000	3.5[ENTER]	X01=3.5000◁
1.7[CHS][∑+]	3.0000	[↓][↓]2.0[ENTER]	X02=2.0000◁
2[CHS][∑+]	4.0000	[↓][↓]1.7[+/−]	
7[∑+]	5.0000	[ENTER]	X03=−1.7000◁
13[∑+]	6.0000	[↓][↓]2.0[+/−]	
0.6[∑+]	7.0000	[ENTER]	X04=−2.0000◁
1.5[∑+]	8.0000	[↓][↓]7.0[ENTER]	X05=7.0000◁
12[∑+]	9.0000	[↓][↓]13.0[ENTER]	X06=13.0000◁
0.8[CHS][∑+]	10.0000	[↓][↓]0.6[ENTER]	X07=0.6000◁
[g][$\bar{x}$]	**3.5100**	[↓][↓]1.5[ENTER]	X08=1.5000◁
[g][s]	**5.4282**	[↓][↓]12.0[ENTER]	X09=12.0000◁
		[↓][↓]0.8[+/−]	
		[ENTER]	X10=−0.8000◁
		[2nd][STAT]	
		[2nd][CLR WORK]	
		[2nd][SET] (반복)	1-V
		[↓][↓]	$\bar{x}$ =**3.5100***
		[↓]	Sx=**5.4282**

HP 10BⅡ		HP 17BⅡ	
키 입력	화면 표시	키 입력	화면 표시
[■][CLΣ]	0.0000	[SUM]	0.00
3.5[Σ+]	1.0000	[■][CLEAR DATA]	CLEAR THE LIST?
2.0[Σ+]	2.0000	[YES]	ITEM(1)=?
1.7[+/−][Σ+]	3.0000	3.5[INPUT]	TOTAL=3.5000
2[+/−][Σ+]	4.0000	2.0[INPUT]	TOTAL=5.5000
7[Σ+]	5.0000	1.7[+/−][INPUT]	TOTAL=3.8000
13[Σ+]	6.0000	2[+/−][INPUT]	TOTAL=1.8000
0.6[Σ+]	7.0000	7[INPUT]	TOTAL=8.8000
1.5[Σ+]	8.0000	13[INPUT]	TOTAL=21.8000
12[Σ+]	9.0000	0.6[INPUT]	TOTAL=22.4000
0.8[+/−][Σ+]	10.0000	1.5[INPUT]	TOTAL=23.900
[■][$\bar{x}$, $\bar{y}$]	**3.5100**	12[INPUT]	TOTAL=35.9000
[■][Sx,Sy]	**5.4282**	0.8[+/−][INPUT]	TOTAL=35.1000
		[EXIT][CALC]	35.1000
		[MEAN]	MEAN=**3.5100**
		[STDEV]	STDEV=**5.4282**

답 평균초과수익률 3.51%, 표준편차 5.43%

유제 1 다음은 가나다회사의 5년간 ROE를 나타낸 것이다. 표준편차는 얼마인가?

1996	1997	1998	1999	2000
14.5%	12.8%	16.5%	16.7%	15.7%

답 1.61%

유제 2 다음은 대둔산보험 대리점의 6개월간 영업실적이다. 표준편차는 얼마인가?

1월	2월	3월	4월	5월	6월
1,236만 원	1,267만 원	1,329만 원	1,297만 원	1,409만 원	1,364만 원

답 63.68만 원

나. 추정손익

투자안의 추정손익(Projected Returns)은 손익에 대한 확률분포와 관련하여 나타낼 수도 있다. 일반적으로 향후 예상되는 시장상황의 변동확률과 각각의 시장상황에 따른 예상수익률에 의하여 향후의 기대수익률 및 분산이 산출된다.

$$E(X) = P_1(X_1) + P_2(X_2) + \cdots\cdots + P_n(X_n) = \sum P_t(X_t)$$

$$\sigma_X^2 = \sum\{X - E(X)\}^2 P(X) = \sum X^2 P(X) - E(X)^2$$

E(X) : 기대수익률

P_t : t상황의 발생확률 $\sum P_t = 1$

X_t : t상황에 있어서 X의 값

기본예제 V-3-2 확률에 의한 기대수익률 및 표준편차

향후 한국의 증권시장을 전망해본 결과, 고성장 가능성이 40%, 저성장 가능성이 50%, 경기침체 가능성이 10%로 각각 예상되었다. 대한전자 주식의 수익률은 이 각각의 경우에 50%, 10% -15%로 추정된다면, 이 대한전자 주식의 기대수익률과 표준편차는 얼마인가?

※ 자리수를 소수점 4자리로 설정

HP 12C		BA II PLUS	
키 입력	화면 표시	키 입력	화면 표시
.4[ENTER].5[×]	0.2000	.4[×].5[+]	0.2000
.5[ENTER].1[×][+]	0.2500	[(].5[×].1[)]	0.0500
.1[ENTER].15[CHS]	−0.15	[+][(].1[×].15	0.15
[×][+]	0.2350	[+/−][)][=]	0.2350
[STO]1 100[×]	**23.5000**	[STO]1[×]100[=]	**23.5000**
0.5[ENTER][RCL]1[−]	0.2650	.5[−][RCL]1[=]	0.2650
2[y^x].4[×]	0.0281	[x^2][×].4[=]	0.0281
[STO]2	0.0281	[STO]2	0.0281
.1[ENTER][RCL]1[−]	−0.1350	.1[−][RCL]1[=]	−0.1350
2[y^x].5[×]	0.0091	[x^2][×].5[=]	0.0091
[STO][+]2	0.0091	[STO][+]2	0.0091
.15[CHS][ENTER]	−0.1500	.15[+/−][−]	−0.1500
[RCL]1[−]	−0.3850	[RCL]1[=]	−0.3850
2[y^x].1[×]	0.0148	[x^2][×].1[=]	0.0148
[STO][+]2	0.0148	[STO][+]2	0.0148
[RCL]2[g][$\sqrt{x}$]	**0.2281**	[RCL]2[$\sqrt{x}$]	**0.2281**

HP 10BⅡ		HP 17BⅡ	
키 입력	화면 표시	키 입력	화면 표시
.4[×].5[+]	0.2000	.4[×].5[+]	0.2000+
[■][(].5[×].1[■][)]	0.0500	[(].5[×].1[)]	0.2000+0.0500
[+][■][(].1[×].15	0.15	[+][(].1[×].15	
[+/−][■][)][=]	0.2350	[+/−][)][=]	0.2350
[■][STO]1[×]100[=]	**23.5000**	[STO]1[×]100[=]	**23.5000**
.5[−][RCL]1[=]	0.2650	.5[−][RCL]1[=]	0.2650
[■][x^2][×].4[=]	0.0281	[■][x^2][×].4[=]	0.0281
[■][STO]2	0.0281	[STO]2	0.0281
.1[−][RCL]1[=]	−0.1350	.1[−][RCL]1[=]	−0.1350
[■][x^2][×].5[=]	0.0091	[■][x^2][×].5[=]	0.0091
[■][STO][+]2	0.0091	[STO][+]2	0.0091
.15[+/−][−]	−0.1500	.15[+/−][−]	−0.1500
[RCL]1[=]	−0.3850	[RCL]1[=]	−0.3850
[■][x^2][×].1[=]	0.0148	[■][x^2][×].1[=]	0.0148
[■][STO][+]2	0.0148	[STO][+]2	0.0148
[RCL]2[■][$\sqrt{x}$]	**0.2281**	[RCL]2[■][$\sqrt{x}$]	**0.2281**

답 기대수익률 23.50%, 표준편차 22.81%

유제 1 다음은 시장전망에 따른 삼영식품(주) 주식의 수익률 변동이다. 삼영식품(주) 주식의 기대수익률과 표준편차를 구하라

구분	경기침체	현행유지	경기활황
가능성	20%	50%	30%
A주식수익률	−10%	15%	20%

답 기대수익률 11.50%, 표준편차 10.97%

유제 2 다음은 시장전망에 따른 김도영펀드의 수익률변동이다. 김도영펀드의 기대수익률과 표준편차를 구하라

구분	경기침체	현행유지	경기활황
가능성	25%	40%	35%
김도영펀드 수익률	−2.5%	12.3%	18.7%

답 기대수익률 10.84%, 표준편차 8.18%

다. 상대위험계수

분산이나 표준편차의 경우에는 절대적 산포도, 즉 위험을 표현하는 것인 반면, 상대위험계수(Coefficient of Variation)는 평균의 크기에 따른 상대적인 위험을 표시하는 것이다. 따라서 상대위험계수는 기대수익률의 크기가 다른 투자대안의 위험을 상대적으로 비교하는 데 유용한 지표이다.

$$CV(\text{상대위험계수}) = \frac{\sigma}{E(Ri)} = \frac{\text{표준편차}}{\text{기대수익률}}$$

기본예제 V-3-3 상대위험계수

다음은 경기변동에 따른 A물산, B전자의 주가이다. 이들의 상대위험계수를 비교하라.

<경기변동>	<확률>	<A물산>	<B전자>
좋아짐	35%	16,000	32,000
현행유지	40%	14,000	25,000
나빠짐	25%	9,000	18,000

<방법 1> 제곱평균에서 평균의 제곱을 차감하여 분산 산출

HP 12C		BAⅡ PLUS	
키 입력	화면 표시	키 입력	화면 표시
▶ A물산		▶ A물산	
16000[ENTER].35[×]	5,600.00	16000[×].35[+]	5,600.00
14000[ENTER].4[×][+]	11,200.00	[(]14000[×].4[)][+]	11,200.00
9000[ENTER].25[×][+]	13,450.00	[(]9000[×].25[)][=]	13,450.00
[STO]1	13,450.00	[STO]1	13,450.00
16000[ENTER]2[y^x].35[×]	89,600,000.00	16000[x^2][×].35[+]	89,600,000.00
14000[ENTER]2[y^x].4[×][+]	168,000,000.00	[(]14000[x^2]	196,000,000.0
9000[ENTER]2[y^x].25[×][+]	188,250,000.00	[×].4[)][+]	168,000,000.0
[RCL]1[ENTER]2[y^x][−]	7,347,500.00	[(]9000[x^2]	81,000,000.00
[g][$\sqrt{x}$][RCL]1[÷]	0.20	[×].25[)][=]	188,250,000.00
		[−][(][RCL]1[x^2][)][=]	7,347,500.00
		[$\sqrt{x}$][÷][RCL]1[=]	0.20
▶ B전자		▶ B전자	
32000[ENTER].35[×]	11,200.00	32000[×].35[+]	11,200.00
25000[ENTER].4[×][+]	21,200.00	[(]25000[×].4[)][+]	21,200.00
18000[ENTER].25[×][+]	25,700.00	[(]18000[×].25[)][=]	25,700.00
[STO] 2	25,700.00	[STO]2	25,700.00
32000[ENTER]2[y^x].35[×]	358,400,000.0	32000[x^2][×].35[+]	358,400,000.0
25000[ENTER]2[y^x].4[×][+]	608,400,000.0	[(]25000[x^2]	625,000,000.0
18000[ENTER]2[y^x].25[×][+]	689,400,000.0	[×].4[)][+]	608,400,000.0
[RCL]2[ENTER]	25,700.00	[(]18000[x^2]	324,000,000.0
2[y^x][−]	28,910,000.00	[×].25[)][=]	689,400,000.0
[g][$\sqrt{x}$][RCL]2[÷]	0.21	[−][(][RCL]2[x^2][)][=]	28,910,000.00
		[$\sqrt{x}$][÷][RCL]2[=]	0.21

HP 10BⅡ		HP 17BⅡ	
키 입력	화면 표시	키 입력	화면 표시
▶ A물산		▶ A물산	
16000[×].35[+]	5,600.00	16000[×].35[+]	5,600.00+
[■][(]14000[×].4		[(]14000[×].4[)][+]	11,200.00+
[■][)][+]	11,200.00	[(]9000[×].25[)][=]	13,450.00
[■][(]9000[×]		[STO]1	13,450.00
.25[■][)][=]	13,450.00	16000[■][x^2][×]	256,000,000.00×
[■][STO]1	13,450.00	.35[+]	89,600,000.00+
16000[■][x^2][×].35[+]	89,600,000.00	[(]14000[■][x^2]	
[■][(]14000[■][x^2]	196,000,000.00	[×].4[)][+]	168,000,000.00+
[×].4[■][)][+]	168,000,000.00	[(]9000[■][x^2]	
[■][(]9000[■][x^2]	81,000,000.00	[×].25[)][−]	188,250,000.00-
[×].25[■][)]	20,250,000.00	[(][RCL]1[■][x^2]	
[−][RCL]1[■][x^2][=]	7,347,500.00	[)][=]	7,347,500.00
[■][$\sqrt{x}$][÷]	2,710.63	[■][$\sqrt{x}$][÷]	2,710.63÷
[RCL]1[=]	0.20	[RCL]1[=]	0.20
▶ B전자		▶ B전자	
32000[×].35[+]	11,200.00	32000[×].35[+]	11,200.00+
[■][(]25000[×]		[(]25000[×].4[)][+]	21,200.00+
.4[■][)][+]	21,200.00	[(]18000[×].25[)][=]	25,700.00
[■][(]18000[×]		[STO]2	25,700.00
.25[■][)][=]	25,700.00	32000[■][x^2][×]	
[■][STO]2	25,700.00	.35[+]	358,400,000.0
32000[■][x^2][×].35[+]	358,400,000.00	[(]25000[■][x^2]	
[■][(]25000[■][x^2]	625,000,000.00	[×].4[)][+]	608,400,000.0+
[×].4[■][)][+]	608,400,000.00	[(]18000[■][x^2]	
[■][(]18000[■][x^2]	324,000,000.00	[×].25[)][−]	689,400,000.00−
[×].25[■][)]	81,000,000.00	[(][RCL]2[■][x^2]	
[−][RCL]2[■][x^2][=]	28,910,000.00	[)][=]	28,910,000.00
[■][$\sqrt{x}$][÷]	5,376.80	[■][$\sqrt{x}$][÷]	5,376.80÷
[RCL]2[=]	0.21	[RCL]2[=]	0.21

답 A물산 0.20 B전자 0.21

<방법 2> 일반적인 분산계산

HP 12C		BA II PLUS	
키 입력	화면 표시	키 입력	화면 표시
▶ A물산		▶ A물산	
16000[ENTER].35[×]	5,600.00	16000[×].35[+]	5,600.00
14000[ENTER].4[×][+]	11,200.00	[(]14000[×].4[)][+]	11,200.00
9000[ENTER].25[×][+]	13,450.00	[(]9000[×].25[)][=]	13,450.00
[STO]1	13,450.00	[STO]1	13,450.00
16000[ENTER]		16000[−][RCL]1[=]	2,550.00
[RCL]1[−]	2,550.00	[x^2][×].35[=]	2,275,875.00
2[y^x].35[×]	2,275,875.00	[STO]2	2,275,875.00
[STO]2	2,275,875.00	14000[−][RCL]1[=]	550.00
14000[ENTER]		[x^2][×].40[=]	121,000.00
[RCL]1[−]	550.000	[STO][+]2	121,000.00
2[y^x].40[×]	121,000.00	9000[−][RCL]1[=]	−4,450.00
[STO][+]2	121,000.00	[x^2][×].25[=]	4,950,625.00
9000[ENTER]		[STO][+]2	4,950,625.00
[RCL]1[−]	−4,450.00	[RCL]2[$\sqrt{x}$]	2,710.63
2[y^x].25[×]	4,950,625.00	[÷][RCL]1[=]	0.20
[STO][+]2	4,950,625.00		
[RCL]2[g][$\sqrt{x}$]	2,710.63		
[RCL]1[÷]	0.20		
▶ B전자		▶ B전자	
32000[ENTER].35[×]	11,200.00	32000[×].35[+]	11,200.00
25000[ENTER].4[×][+]	21,200.00	[(]25000[×].4[)][+]	21,200.00
18000[ENTER].25[×][+]	25,700.00	[(]18000[×].25[)][=]	25,700.00
[STO]3	25,700.00	[STO]3	25,700.00
32000[ENTER]		32000[−][RCL]3[=]	6,300.00
[RCL]3[−]	6,300.00	[x^2][×].35[=]	13,891,500.00
2[y^x].35[×]	13,891,500.00	[STO]4	13,891,500.00
[STO]4	13,891,500.00	25000[−][RCL]3[=]	−700.00
25000[ENTER]		[x^2][×].40[=]	196,000.00
[RCL]3[−]	−700.00	[STO][+]4	196,000.00
2[y^x].40[×]	196,000.00	18000[−][RCL]3[=]	−7,700.00
[STO][+]4	196,000.00	[x^2][×].25[=]	14,822,500.00
18000[ENTER]		[STO][+]4	14,822,500.00
[RCL]3[−]	−7,700.00	[RCL]4[$\sqrt{x}$]	5,376.80
2[y^x].25[×]	14,822,500.00	[÷][RCL]3[=]	0.21
[STO][+]4	14,822,500.00		
[RCL]4[g][$\sqrt{x}$]	5,376.80		
[RCL]3[÷]	0.21		

HP 10BⅡ		HP 17BⅡ	
키 입력	화면 표시	키 입력	화면 표시
▶ A물산		▶ A물산	
16000[×].35[+]	5,600.00	16000[×].35[+]	5,600.00+
[■][(]14000[×].4[■][)][+]	11,200.00	[(]14000[×].4[)][+]	11,200.00+
[■][(]9000[×].25[■][)][=]	13,450.00	[(]9000[×].25[)][=]	13,450.00
[■][STO]1	13,450.00	[STO]1	13,450.00
16000[−][RCL]1[=]	2,550.00	16000[−][RCL]1[=]	2,550.00
[■][x^2][×].35[=]	2,275,875.00	[■][x^2][×].35[=]	2,275,875.00
[■][STO]2	2,275,875.00	[STO]2	2,275,875.00
14000[−][RCL]1[=]	550.00	14000[−][RCL]1[=]	550.00
[■][x^2][×].40[=]	121,000.00	[■][x^2][×].40[=]	121,000.00
[■][STO][+]2	121,000.00	[STO][+]2	121,000.00
9000[−][RCL]1[=]	−4,450.00	9000[−][RCL]1[=]	−4,450.00
[■][x^2][×].25[=]	4,950,625.00	[■][x^2][×].25[=]	4,950,625.00
[■][STO][+]2	4,950,625.00	[STO][+]2	4,950,625.00
[RCL]2[■][$\sqrt{x}$]	2,710.63	[RCL]2[■][$\sqrt{x}$]	2,710.63
[÷][RCL]1[=]	0.20	[÷][RCL]1[=]	0.20
▶ B전자		▶ B전자	
32000[×].35[+]	11,200.00	32000[×].35[+]	11,200.00+
[■][(]25000[×].4[■][)][+]	21,200.00	[(]25000[×].4[)][+]	21,200.00+
[■][(]18000[×].25[■][)][=]	25,700.00	[(]18000[×].25[)][=]	25,700.00
[■][STO]3	25,700.00	[STO]3	25,700.00
32000[−][RCL]3[=]	6,300.00	32000[−][RCL]3[=]	6,300.00
[■][x^2][×].35[=]	13,891,500.00	[■][x^2][×].35[=]	13,891,500.00
[■][STO]4	13,891,500.00	[STO]4	13,891,500.00
25000[−][RCL]3[=]	−700.00	25000[−][RCL]3[=]	−700.00
[■][x^2][×].40[=]	196,000.00	[■][x^2][×].40[=]	196,000.00
[■][STO][+]4	196,000.00	[STO][+]4	196,000.00
18000[−][RCL]3[=]	−7,700.00	18000[−][RCL]3[=]	−7,700.00
[■][x^2][×].25[=]	14,822,500.00	[■][x^2][×].25[=]	14,822,500.00
[■][STO][+]4	14,822,500.00	[STO][+]4	14,822,500.00
[RCL]4[■][$\sqrt{x}$]	5,376.80	[RCL]4[■][$\sqrt{x}$]	5,376.80
[÷][RCL]3[=]	0.21	[÷][RCL]3[=]	0.21

유제 1 다음은 경기변동에 따른 세계화학의 주가변동이다. 세계화학의 상대위험계수를 구하라.

경기변동	좋아짐	현행유지	나빠짐
확률	30%	40%	30%
세계화학	25,000원	17,000원	13,000원

답 0.26

유제 2 다음은 경기변동에 따른 국제건설(주)과 인천화재(주)의 주가변동이다. 이들의 상대위험계수를 구하라.

경기변동	확률	'국제건설'	'인천화재'
좋아짐	30%	26,000	37,000
현행유지	50%	18,000	23,000
나빠짐	20%	11,000	16,000

답 상대위험계수: 국제건설 0.28, 인천화재 0.30

라. 공분산과 상관계수

공분산(covariance)은 두 개의 확률을 결합하여 분석할 때, 두 확률변수 즉 확률변수 X의 증감에 따른 확률변수 Y의 증감의 경향에 대한 척도를 말하며, 구체적으로는 (X-μX)(Y-μY)의 기대값으로 나타낸다.

$$Cov(X, Y) = E[(X - \mu x) \cdot (Y - \mu y)] = E(XY) - E(X) \cdot E(Y)$$

한편, 상관계수(corelation coefficient)는 변수들의 단위에 관계없이 각 변수들간 어느 정도의 상관 관계를 지니고 있는가를 알아보기 위한 것으로서 공분산을 각 변수의 표준편차들로 나누어 구한 것을 말하며, 각 변수들간의 선형관계의 강도에 대한 척도를 나타낸다. 상관계수의 값은 1에서 −1까지이다.

$$r_{XY} = \frac{Cov(X, Y)}{\sigma_X \cdot \sigma_Y} = \frac{\sigma_{XY}}{\sigma_X \cdot \sigma_Y}$$

이에 따라 공분산은 $COV(X, Y) = \sigma_X \cdot \sigma_Y \cdot r_{XY}$으로 산출될 수 있다.

기본예제 V-3-4 상관계수

과거 A주식의 수익률(R_A)과 B주식의 수익률(R_B)이 다음과 같다고 할 때, 이들 주식의 수익률간의 상관계수를 구하라.

연도	R_A	R_B	연도	R_A	R_B
1992	10.8	12.3	1997	−15.8	−12.5
1993	19.8	17.5	1998	18.7	25.7
1994	15.7	13.8	1999	−7.2	4.6
1995	3.6	5.8	2000	5.9	12.8
1996	12.7	17.8	2001	12.8	8.9

※ 자릿수는 소수점 4자리로 설정

HP 12C		BA II PLUS	
키 입력	화면 표시	키 입력	화면 표시
[f][CLEAR ∑]		[2nd][DATA]	X01=(이전숫자)
10.8[ENTER]		[2nd][CLR WORK]	X01 0.00
12.3[∑+]	1.0000	10.8[ENTER]	X01=10.8000◁
19.8[ENTER]		[↓]12.3[ENTER]	Y01=12.3000◁
17.5[∑+]	2.0000	[↓]19.8[ENTER]	X02=19.8000◁
15.7[ENTER]		[↓]17.5[ENTER]	Y02=17.5000◁
13.8[∑+]	3.0000	[↓]15.7[ENTER]	X03=15.7000◁
3.6[ENTER]		[↓]13.8[ENTER]	Y03=13.8000◁
5.8[∑+]	4.0000	[↓]3.6[ENTER]	X04=3.6000◁
12.7[ENTER]		[↓]5.8[ENTER]	Y04=5.8000◁
17.8[∑+]	5.0000	[↓]12.7[ENTER]	X05=12.7000◁
15.8[CHS][ENTER]		[↓]17.8[ENTER]	Y05=17.8000◁
12.5[CHS][∑+]	6.0000	[↓]15.8[+/−][ENTER]	X06=−15.8000◁
18.7[ENTER]		[↓]12.5[+/−][ENTER]	Y06=−12.5000◁
25.7[∑+]	7.0000	[↓]18.7[ENTER]	X07=18.7000◁
7.2[CHS][ENTER]		[↓]25.7[ENTER]	Y07=25.7000◁
4.6[∑+]	8.0000	[↓]7.2[+/−][ENTER]	X08=−7.20000◁
5.9[ENTER]		[↓]4.6[ENTER]	Y08=4.6000◁
12.8[∑+]	9.0000	[↓]5.9[ENTER]	X09=5.9000◁
12.8[ENTER]		[↓]12.8[ENTER]	Y09=12.8000◁
8.9[∑+]	10.0000	[↓]12.8[ENTER]	X10=12.8000◁
[g][$\hat{y}$,r][x≷y]	0.9046	[↓]8.9[ENTER]	Y10=8.9000◁
		[2nd][STAT]	
		[2nd][CLR WORK]	
		[↓](10번연속)	r=0.9046*

HP 10BⅡ		HP 17BⅡ	
키 입력	화면 표시	키 입력	화면 표시
[■][CL ∑]		[SUM]	
10.8[INPUT]		[■][CLEAR DATA]	CLEAR THE LIST?
12.3[∑+]	1.0000	[YES]	ITEM(1)=?
19.8[INPUT]		10.8[INPUT]	TOTAL=10.8000
17.5[∑+]	2.0000	19.8[INPUT]	TOTAL=30.6000
15.7[INPUT]		15.7[INPUT]	TOTAL=46.3000
13.8[∑+]	3.0000	3.6[INPUT]	TOTAL=49.9000
3.6[INPUT]		12.7[INPUT]	TOTAL=62.6000
5.8[∑+]	4.0000	15.8[+/−][INPUT]	TOTAL=46.8000
12.7[INPUT]		18.7[INPUT]	TOTAL=65.5000
17.8[∑+]	5.0000	7.2[+/−][INPUT]	TOTAL=58.3000
15.8[+/−][INPUT]		5.9[INPUT]	TOTAL=64.2000
12.5[+/−][∑+]	6.0000	12.8[INPUT]	TOTAL=77.0000
18.7[INPUT]		[EXIT][NAME]	
25.7[∑+]	7.0000	AA[INPUT]	알파벳 메뉴이용
7.2[+/−][INPUT]		[GET][*NEW]	ITEM(1)=?
4.6[∑+]	8.0000	12.3[INPUT]	TOTAL=12.3000
5.9[INPUT]		17.5[INPUT]	TOTAL=29.8000
12.8[∑+]	9.0000	13.8[INPUT]	ITOTAL=43.6000
12.8[INPUT]		5.8[INPUT]	TOTAL=49.4000
8.9[∑+]	10.0000	17.8[INPUT]	TOTAL=67.2000
[■][$\hat{x}$,r]	−4.4213	12.5[+/−][INPUT]	TOTAL=54.7000
[■][SWAP]	0.9046	25.7[INPUT]	TOTAL=80.4000
		4.6[INPUT]	TOTAL=85.0000
		12.8[INPUT]	TOTAL=97.8000
		8.9[INPUT]	TOTAL=106.7000
		[EXIT][NAME]	
		BB[INPUT]	알파벳 메뉴이용
		[CALC]	
		[MORE][FRCST]	SELECT X VARIABLE
		[AA]	SELECT Y VARIABLE
		[BB]	LINEAR
		[CORR]	CORR=0.9046

답 0.9046

유제 1 다음은 현주철강과 대동음료의 과거 주식 수익률이다. 이 두 주식의 수익률간의 상관계수를 구하라.

구분	1997년	1998년	1999년	2000년	2001년
현주철강	−8.2%	27.3%	14.5%	18.9%	−6.2%
대동음료	12.7%	13.8%	16.9%	12.7%	17.9%

답 −0.2509

유제 2 다음은 지난 6년간 와일드펀드의 수익률과 시장수익률에 관한 자료이다. 이 둘의 상관계수를 구하라.

구분	1996년	1997년	1998년	1999년	2000년	2001년
와일드펀드	12.3%	2.9%	14.8%	11.9%	17.2%	−9.8%
시장수익률	12.7%	−2.4%	13.9%	9.7%	15.6%	2.9%

답 0.7880

4. 포트폴리오

가. 포트폴리오 기대수익률과 분산

포트폴리오의 기대수익률은 다음식과 같이 개별증권의 기대수익률을 투자금액의 비율로 가중평균하여 구한다.

$$E(R_p) = \sum_{i=1}^{n} w_i \cdot E(R_i)$$

w_i : i증권 비중

R_i : i증권의 기대수익률

따라서 포트폴리오가 A증권과 B증권 두 개의 증권으로만 구성되어 있다면 이 포트폴리오의 기대수익률은 다음과 같을 것이다.

$$E(R_p) = w_A \cdot E(R_A) + w_B \cdot E(R_B)$$

한편, 포트폴리오의 위험을 나타내는 포트폴리오 분산 또는 포트폴리오 표준편차는 단순히 각 증권의 분산 또는 표준편차를 가중평균한 것이 아님에 주의하여야 한다. 포트폴리오의 표준편차는 각 증권간의 상관계수에 의해 영향을 받으며, 다음 식과 같이 구해진다.

$$\sigma_p = \sqrt{\sum_{i=1}^{n} w_i^2 \cdot \sigma_i^2 + \sum_{i=1}^{n} \sum_{j=1}^{n} w_i \cdot w_j \cdot \sigma_i \cdot \sigma_j \cdot r_{ij}}\,, \qquad i \neq j$$

σ_i : i증권의 표준편차

σ_j : j증권의 표준편차

r_{ij} : i증권과 j증권의 상관계수(corelation)

만약, 포트폴리오가 두 개의 증권으로만 구성되어 있다면, 포트폴리오 표준편차는 다음 식과 같다.

$$\sigma_p = \sqrt{w_A{}^2 \cdot \sigma_A{}^2 + w_B{}^2 \cdot \sigma_B{}^2 + 2\,w_A \cdot w_B(\sigma_A \cdot \sigma_B \cdot r_{AB})}$$

기본예제 V-4-1 포트폴리오 수익률 및 표준편차

안희성씨는 5억 원을 투자하여 A, B 두 개의 주식에 대해 4 : 6의 비율로 포트폴리오를 구성하였다. 두 주식의 상관계수가 0.3이고, 각각의 기대수익률과 표준편차가 다음과 같을 때 포트폴리오의 기대수익률과 표준편차를 구하라.

구 분	기대수익률	표준편차	비 중
A	10.5%	12%	40%
B	12.7%	17%	60%

※ 자릿수를 소수점 4자리로 설정

HP 12C		BAⅡ PLUS	
키 입력	화면 표시	키 입력	화면 표시
.105[ENTER].4[×]	0.0420	.105[×].4[+]	0.0420
.127[ENTER].6[×][+]	0.1182	[(].127[×].6[)][×]	0.1182
100[×]	**11.8200**	100[=]	**11.8200**
.12[ENTER].4[×]2[y^x]	0.0023	.12[×].4[=][x^2]	0.0023
[STO]1	0.0023	[STO]1	0.0023
.17[ENTER].6[×]2[y^x]	0.0104	.17[×].6[=][x^2]	0.0104
STO[+]1	0.0104	STO[+]1	0.0104
2[ENTER].12[×].17[×]	0.0408	2[×].12[×].17[×]	0.0408
.4[×].6[×].3[×]	0.0029	.4[×].6[×].3[=]	0.0029
[STO][+]1	0.0029	[STO][+]1	0.0029
[RCL]1[g][$\sqrt{x}$]	0.1251	[RCL]1[$\sqrt{x}$]	0.1251
100[×]	**12.5082**	[×]100[=]	**12.5082**

HP 10BⅡ		HP 17BⅡ	
키 입력	화면 표시	키 입력	화면 표시
.105[×].4[+]	0.0420	.105[×].4[+]	0.0420+
[■][(].127[×]	0.1270	[(].127[×].6[)][×]	0.1182×
.6[■][)][×]100[=]	**11.8200**	100[=]	**11.8200**
.12[×].4[=][■][x^2]	0.0023	.12[×].4[=][■][x^2]	0.0023
[■][STO]1	0.0023	[STO]1	0.0023
.17[×].6[=][■][x^2]	0.0104	.17[×].6[=][■][x^2]	0.0104
[■]STO[+]1	0.0104	STO[+]1	0.0104
2[×].12[×].17[×]	0.0408	2[×].12[×].17[×]	0.0408×
.4[×].6[×].3[=]	0.0029	.4[×].6[×].3[=]	0.0029
[■][STO][+]1	0.0029	[STO][+]1	0.0029
[RCL]1[■][$\sqrt{x}$]	0.1251	[RCL]1[■][$\sqrt{x}$]	0.1251
[×]100[=]	**12.5082**	[×]100[=]	**12.5082**

답 기대수익률 11.82%, 표준편차 12.51%

유제 1 최유영씨는 기대수익률이 13.4%인 포트폴리오에 2억 원을, 기대수익률이 14.6%인 포트폴리오에 3억 원을 투자하고 있다. 이 두 개의 포트폴리오를 결합할 경우 기대수익률은 얼마인가?

답 14.12%

유제 2 양종수씨는 아래와 같은 A와 B 두 개의 포트폴리오를 보유하고 있다. 이 포트폴리오간의 상관계수가 각각 0.3, −0.7일 때, 이 두 개의 포트폴리오를 결합한 포트폴리오의 표준편차를 각각 구하라.

포트폴리오	현재가치	표준편차
A	3억 원	17.2%
B	7억 원	22.4%

답 0.3일 때 17.92, −0.7일 때 12.62

나. 최소분산 포트폴리오

여러 증권을 묶어 포트폴리오를 구성할 때 필요에 따라 포트폴리오 위험을 가장 작게 하는 투자대안을 구할 필요가 있을 수 있다. 이와 같이 포트폴리오 위험, 즉 분산을 가장 작게 하는 포트폴리오를 최소분산 포트폴리오(MVP: minimum variance portfolio)라 한다. 주식수가 많은 경우에는 최소분산 포트폴리오를 구성하는 각 주식의 비중을 구하는 것이 용이하지 않지만, 두 개의 주식으로 구성된 단순모형인 경우는 아래 식과 같이 최소분산 포트폴리오를 구성하는 각 주식 비중을 구할 수 있다.

$$w_x = \frac{\sigma_y{}^2 - \sigma_{xy}}{\sigma_x{}^2 + \sigma_y{}^2 - 2\sigma_{xy}} = \frac{\sigma_y{}^2 - \sigma_x\sigma_y r_{xy}}{\sigma_x{}^2 + \sigma_y{}^2 - 2\sigma_x\sigma_y r_{xy}}$$

$w_Y = 1 - w_X$

w_x, w_y : X주식, Y주식의 포트폴리오 비중

σ_x, σ_y : X주식, Y주식의 표준편차

r_{xy} : X주식, Y주식과의 상관계수

기본예제 V-4-2 최소분산 포트폴리오의 투자비중

조펀드씨는 갑을전자와 병정제철 두 개의 주식으로만 포트폴리오를 구성하려고 한다. 향후 각 주식에 대한 예상수익률은 과거자료와 유사한 패턴을 보일 것으로 가정할 때, 조펀드씨가 보유포트폴리오 위험(분산)을 최소로 하고자 하는 경우 갑을전자와 병정제철의 주식비중은 얼마로 하면 좋을까? 또, 이 때 포트폴리오의 기대수익률과 표준편차는 얼마인가?

연도	갑을전자	병정제철
1991	0.089	0.149
1992	0.148	0.057
1993	0.228	0.079
1994	0.098	0.107
1995	0.187	0.158
1996	0.235	0.021
1997	−0.127	0.028
1998	−0.039	0.099
1999	0.087	0.206
2000	0.156	0.056
2001	0.095	0.129

※ 보다 정확한 값을 산출하기 위하여 소수점 이하 6자리까지 여유있게 계산한다.

※ 계산은 각 재무계산기별로 왼쪽부터 시작하여 오른쪽으로 이동

HP 12C			
키 입력	화면 표시	키 입력	화면 표시
[f][CLEAR ∑]	0.000000	[RCL]9	0.108854
.149[ENTER]		[RCL].0[×]	0.006303
.089[∑+]	1.000000	[RCL].1[×][STO].2	0.000163
.057[ENTER]		[RCL]9 2[y^x]	0.011849
.148[∑+]	2.000000	[RCL].0 2[y^x][+]	0.015202
.079[ENTER]		2[ENTER][RCL].2[×][−]	0.014877
.228[∑+]	3.000000	[1/x]	67.219825
.107[ENTER]		[RCL].0[ENTER]2[y^x]	0.003353
.098[∑+]	4.000000	[RCL].2[−][×][STO].3	**0.214451**
.158[ENTER]		[RCL]7[ENTER]	0.105182
.187[∑+]	5.000000	[RCL].3[×]	0.022556
.021[ENTER]		[RCL]8[ENTER]	0.099000
.235[∑+]	6.000000	1[ENTER][RCL].3	
.028[ENTER]		[−][×]	0.077769
.127[CHS][∑+]	7.000000	[+]	**0.100326**
.099[ENTER]		[RCL]9[ENTER]	0.108854
.039[CHS][∑+]	8.000000	[RCL].3[×]2[y^x]	0.000545
.206[ENTER]		[RCL].0[ENTER]	0.057907
.087[∑+]	9.000000	1[ENTER][RCL].3	
.056[ENTER]		[−][×]	0.045489
.156[∑+]	10.000000	2[y^x]	0.002069
.129[ENTER]		[+]	0.002614
.095[∑+]	11.000000	2[ENTER][RCL]9[×]	0.217708
[g][$\bar{x}$]	0.105182	[RCL].3[×]	0.046688
[STO]7	0.105182	[RCL].0[×]	0.002704
[x⪤y]	0.099000	1[ENTER][RCL].3[−]	
[STO]8	0.099000	[×]	0.002124
[g][s]	0.108854	[RCL].1[×]	0.000055
[STO]9	0.108854	[+]	0.002669
[x⪤y]	0.057907	[g][$\sqrt{x}$]	**0.051663**
[STO].0	0.057907		
[g][$\hat{x}$,r][x⪤y]	0.025843		
[STO].1	0.025843		

BA II PLUS			
키 입력	화면 표시	키 입력	화면 표시
[2nd][DATA]	X01= (이전숫자)		
[2nd][CLR WORK]	X01 0.000000	[CE/C][CE/C][CE/C]	0.000000
0.089[ENTER]	X01=0.089000◁	[RCL]2[×]	0.108854
[↓].149[ENTER]	Y01=0.149000◁	[RCL]4[×]	0.006303
[↓].148[ENTER]	X02=0.148000◁	[RCL]5[=][STO]6	0.000163
[↓].057[ENTER]	Y02=0.057000◁	[RCL]2[x^2][+]	0.011849
[↓].228[ENTER]	X03=0.228000◁	[RCL]4[x^2][−]	0.015202
[↓].079[ENTER]	Y03=0.079000◁	[(]2[×][RCL]6[)][=]	0.014877
[↓].098[ENTER]	X04=0.098000◁	[1/*x*][×]	67.219825
[↓].107[ENTER]	Y04=0.107000◁	[(][RCL]4[x^2][−]	0.003353
[↓].187[ENTER]	X05=0.187000◁	[RCL]6[)][=][STO]7	**0.214451**
[↓].158[ENTER]	Y05=0.158000◁		
[↓].235[ENTER]	X06=0.235000◁	[RCL]1[×][RCL]7[=]	0.022556
[↓].021[ENTER]	Y06=0.021000◁	[RCL]3[×]	0.099000
[↓].127[+/−][ENTER]	X07=−0.127000◁	[(]1-[RCL]7[)][=]	0.077769
[↓].028[ENTER]	Y07=0.028000◁	[+]0.022556[=]	**0.100325**
[↓].039[+/−][ENTER]	X08=−0.039000◁		
[↓].099[ENTER]	Y08=0.099000◁	[RCL]2[×]	0.108854
[↓].087[ENTER]	X09=0.087000◁	[RCL]7[=][x^2]	0.000545
[↓].206[ENTER]	Y09=0.206000◁	[RCL]4[×]	0.057907
[↓].156[ENTER]	X10=0.156000◁	[(]1[−][RCL]7[)]	0.785549
[↓].056[ENTER]	Y10=0.056000◁	[=][x^2]	0.002069
[↓].095[ENTER]	X11=0.095000◁	2[×][RCL]2[×]	0.217708
[↓].129[ENTER]	Y11=0.129000◁	[RCL]7[×]	0.046688
[2nd][STAT]	LIN	[RCL]4[×]	0.002704
[2nd][CLR WORK]	LIN	[(]1[−][RCL]7[)][×]	0.002124
[↓][↓][STO]1	$\overline{x}$=0.105182*	[RCL]5[=]	0.000055
[↓][STO]2	Sx=0.108854*	[+].000545[+]	0.000600
[↓][↓][STO]3	$\overline{y}$=0.099000*	.002069[=]	0.002669
[↓][STO]4	Sy=0.057907*	[$\sqrt{x}$]	**0.051661**
[↓][↓][↓][↓][STO]5	r=0.025843*		

HP 10BII			
키 입력	화면 표시	키 입력	화면 표시
[■][CL ∑]	0.000000		
.089[INPUT]		[C]	0.000000
.149[∑+]	1.000000	[RCL]2[×]	0.108854
.148[INPUT]		[RCL]4[×]	0.006303
.057[∑+]	2.000000	[RCL]5[=][■][STO]6	0.000163
.228[INPUT]		[RCL]2[■][x^2][+]	0.011849
.079[∑+]	3.000000	[RCL]4[■][x^2][−]	0.015202
.098[INPUT]		[■][(]2[×][RCL]6	
.107[∑+]	4.000000	[■][)][=]	0.014877
.187[INPUT]		[■][1/x][×]	67.219825
.158[∑+]	5.000000	[■][(][RCL]4	
.235[INPUT]		[■][x^2][−]	0.003353
.021[∑+]	6.000000	[RCL]6[■][)][=]	0.214451
.127[+/−][INPUT]		[■][STO]7	**0.214451**
.028[∑+]	7.000000		
.039[+/−][INPUT]		[RCL]1[×][RCL]7[=]	0.022556
.099[∑+]	8.000000	[RCL]3[×]	0.099000
.087[INPUT]		[■][(]1-[RCL]7	
.206[∑+]	9.000000	[■][)][=]	0.077769
.156[INPUT]		[+].022556[=]	**0.100325**
.056[∑+]	10.000000		
.095[INPUT]		[RCL]2[×]	0.108854
.129[∑+]	11.000000	[RCL]7[=][■][x^2]	0.000545
[■][$\bar{x}$, $\bar{y}$]	0.105182	[RCL]4[×]	0.057907
[■][STO]1	0.105182	[■][(]1[−][RCL]7[■]	
[■][Sx,Sy]	0.108854	[)][=][■][x^2]	0.002069
[■][STO]2	0.108854	2[×][RCL]2[×]	0.217708
[■][$\bar{x}$, $\bar{y}$]	0.105182	[RCL]7[×]	0.046688
[■][SWAP]	0.099000	[RCL]4[×]	0.002704
[■][STO]3	0.099000	[■][(]1[−][RCL]7	
[■][Sx,Sy]	0.108854	[■][)][×]	0.002124
[■][SWAP]	0.057907	[RCL]5[=]	0.000055
[■][STO]4	0.057907	[+].000545[+]	0.000600
[■][$\hat{x}$,r]	−2.883890	.002069[=]	0.002669
[■][SWAP]	0.025843	[■][$\sqrt{x}$]	**0.051661**
[■][STO]5	0.025843		

HP 17BⅡ			
키 입력	화면 표시	키 입력	화면 표시
[SUM]		[STDEV]	STDEV=0.057907
[■][CLEAR DATA]	CLEAR THE LIST?	[STO]4	STDEV=0.057907
[YES]	ITEM(1)=?	[MORE][FRCST]	SELECT X VARIABLE
.089[INPUT]	TOTAL=0.089000	[CC]	SELECT Y VARIABLE
.148[INPUT]	TOTAL=0.237000	[DD]	LINEAR
.228[INPUT]	TOTAL=0.465000	[CORR]	CORR=0.025843
.098[INPUT]	TOTAL=0.563000	[STO]5	
.187[INPUT]	TOTAL=0.750000		
.235[INPUT]	TOTAL=0.985000	[RCL]2[×]	0.108854×
.127[+/−][INPUT]	TOTAL=0.858000	[RCL]4[×]	0.006303×
.039[+/−][INPUT]	TOTAL=0.819000	[RCL]5[=][STO]6	0.000163
.087[INPUT]	TOTAL=0.906000	[RCL]2[■][x^2][+]	0.011849+
.156[INPUT]	TOTAL=1.062000	[RCL]4[■][x^2][−]	0.015202−
.095[INPUT]	TOTAL=1.157000	[(]2[×][RCL]6[)][=]	0.014877
[EXIT][NAME]	알파벳 메뉴이용	[■][1/x][×]	67.219825×
CC[INPUT]	ITEM(12)=?	[(][RCL]4[■][x^2][−]	
[CALC][MEAN]	MEAN=0.105182	[RCL]6[)][=][STO]7	**0.214451**
[STO]1	MEAN=0.105182		
[STDEV]	STDEV=0.108854	[RCL]1[×][RCL]7[=]	0.022556
[STO]2	STDEV=0.108854	[RCL]3[×]	0.099000×
[EXIT]	ITEM(12)=?	[(]1-[RCL]7[)][=]	0.077769
[GET][*NEW]	ITEM(1)=?	[+].022556[=]	**0.100325**
.149[INPUT]	TOTAL=0.149000		
.057[INPUT]	TOTAL=0.206000	[RCL]2[×]	0.108854×
.079[INPUT]	TOTAL=0.285000	[RCL]7[=][■][x^2]	0.000545
.107[INPUT]	TOTAL=0.392000	[RCL]4[×]	0.057907
.158[INPUT]	TOTAL=0.550000	[(]1[−][RCL]7[)]	
.021[INPUT]	TOTAL=0.571000	[=][■][x^2]	0.002069
.028[INPUT]	TOTAL=0.599000	2[×][RCL]2[×]	0.217708×
.099[INPUT]	TOTAL=0.698000	[RCL]7[×]	0.046688×
.206[INPUT]	TOTAL=0.904000	[RCL]4[×]	0.002704×
.056[INPUT]	TOTAL=0.960000	[(]1[−][RCL]7[)][×]	0.002124×
.129[INPUT]	TOTAL=1.089000	[RCL]5[=]	0.000055
[EXIT][NAME]	알파벳 메뉴이용	[+].000545[+]	0.000600+
DD[INPUT]	ITEM(12)=?	.002069[=]	0.002669
[CALC][MEAN]	MEAN=0.099000	[■][$\sqrt{x}$]	**0.051661**
[STO]3	MEAN=0.099000		

답 갑을전자 비중 21.45%, 병정기계 비중 78.55%, 포트폴리오수익률 10.03%, 표준편차 5.17%

유제 1 이종태씨는 태원기공과 대아은행 두 개의 주식만으로 포트폴리오를 구성하고자 한다. 만약 이 두 주식의 향후 수익률이 아래의 과거 주식수익률과 유사한 패턴을 보일 것이라 예상된다면, 최소분산 포트폴리오를 구성하려면 이들 주식의 비중은 각각 얼마로 하는 것이 적절한가?

구분	1997년	1998년	1999년	2000년	2001년
태원기공	10.7%	18.9%	13.7%	7.9%	14.8%
대아은행	8.9%	17.8%	6.7%	25.8%	15.9%

답 태원기공 72.56%, 대아은행 27.44%

유제 2 심플리안 펀드에서는 영남상선과 호남은행 두 개의 주식으로만 포트폴리오를 구성하려고 한다. 향후 각 주식에 대한 예상수익률은 과거자료와 유사한 패턴을 보일 것이라 가정할 때, 심플리안 펀드의 포트폴리오 위험(분산)을 최저로 하는 주식비중은 얼마인가? 그리고 이 때 포트폴리오의 기대수익률과 표준편차는 얼마인가?

연도	영남상선	호남은행
1991	0.123	0.098
1992	0.208	0.128
1993	0.028	−0.157
1994	−0.052	0.099
1995	0.108	0.207
1996	0.097	0.137
1997	0.208	0.158
1998	0.085	0.131
1999	−0.109	−0.038
2000	0.158	0.198
2001	0.137	0.122

답 영남상선비중 57.72%, 호남은행비중 42.28%
포트폴리오 수익률 9.36%, 표준편차 9.19%

다. 증권시장선

개별주식 또는 포트폴리오의 기대수익률은 이 주식 또는 포트폴리오의 체계적 위험(β)과의 관계로도 표현될 수 있는데, 이들간의 선형관계를 나타낸 것이 증권시장선이다. 증권시장선은 무위험이자율을 초과하는 개별주식(또는 포트폴리오)의 초과수익률은 시장포트폴리오의 무위험이자율 초과수익률에다 개별주식(또는 포트폴리오)의 베타값을 곱하여 $E(R_i)-R_f=[E(R_m)-R_f]\cdot\beta_i$ 와 같이 산출할 수 있으며, 이는 다시 $E(R_i) = R_f+[E(R_m)-R_f]\cdot\beta_i$ 로 표현될 수 있다.

여기서 개별주식(또는 포트폴리오)의 베타값 βi는 i주식(또는 i포트폴리오)과 시장포트폴리오의 공분산을 시장포트폴리오 분산으로 나눈 값, 즉 σ_{im}/σ_m^2 으로 나타난다. 재무계산기에서는 X값이 시장수익률로 주어진 경우 통계워크시트에서 최소자승법으로 구해진 b를 베타값으로 사용할 수 있다.

기본예제 V-4-3 증권시장선 도출 및 주식평가

다음 자료는 A주식의 수익률과 시장수익률에 관한 과거 일정기간의 자료이다(무위험이자율 R_f = 6.6%). 미래의 예상수익률도 과거와 같을 것으로 예상된다. 이 자료를 이용하여 증권시장선을 도출하고, 이로부터 이 주식이 과소 또는 과대평가되었는지를 평가하라.

월	시장수익률(R_{mt})	A사 수익률(R_{At})
1	0.14	0.18
2	0.21	0.25
3	0.18	0.19
4	0.09	0.04
5	−0.05	−0.02
6	0.17	0.24
7	0.10	0.15

※ 자릿수는 소수점 4자리로 설정

HP 12C		BAⅡ PLUS	
키 입력	화면 표시	키 입력	화면 표시
[f][CLEAR ∑]	0.00	[2nd][DATA]	X01 0.0000
.18[ENTER].14[∑+]	1.0000	[2nd][CLR WORK]	X01 0.0000
.25[ENTER].21[∑+]	2.0000	.14[ENTER]	X01=0.1400◁
.19[ENTER].18[∑+]	3.0000	[↓].18[ENTER]	Y01=0.1800◁
.04[ENTER].09[∑+]	4.0000	[↓].21[ENTER]	X02=0.2100◁
.02[CHS][ENTER]		[↓].25[ENTER]	Y02=0.2500◁
.05[CHS][∑+]	5.0000	[↓].18[ENTER]	X03=0.1800◁
.24[ENTER].17[∑+]	6.0000	[↓].19[ENTER]	Y03=0.1900◁
.15[ENTER].10[∑+]	7.0000	[↓].09[ENTER]	X04=0.0900◁
[g][$\bar{x}$]	**0.1200**	[↓].04[ENTER]	Y04=0.0400◁
[x≷y]	**0.1471**	[↓].05[+/−][ENTER]	X05=−0.0500◁
0[g][$\hat{y}$,r]	0.0167	[↓].02[+/−][ENTER]	Y05=−0.0200◁
1[g][$\hat{y}$,r][x≷y]	0.9275	[↓].17[ENTER]	X06=0.1700◁
[R↓][x≷y][−]	**1.0871**	[↓].24[ENTER]	Y06=0.2400◁
0.1200[ENTER]	0.1200	[↓].10[ENTER]	X07=0.1000◁
0.066[−]1.0871[×]	0.0587	[↓].15[ENTER]	Y07=0.1500◁
0.066[+]	**0.1247**	[2nd][STAT]	LIN
		[2nd][CLR WORK]	LIN
		[↓][↓]	$\bar{x}$ =**0.1200***
		[↓][↓][↓]	$\bar{y}$ =**0.1471***
		[↓][↓][↓][↓]	b=**1.0871***
		0.1200[−]0.066[×]	**0.0540**
		1.0871[+]0.066[=]	**0.1247**

HP 10BⅡ		HP 17BⅡ	
키 입력	화면 표시	키 입력	화면 표시
[■][CL ∑]	0.00	[SUM]	
.14[INPUT].18[∑+]	1.0000	[■][CLEAR DATA]	CLEAR THE LIST?
.21[INPUT].25[∑+]	2.0000	[YES]	ITEM(1)=?
.18[INPUT].19[∑+]	3.0000	.18[INPUT]	TOTAL=0.1800
.09[INPUT].04[∑+]	4.0000	.25[INPUT]	TOTAL=0.4300
.05[+/−][INPUT]		.19[INPUT]	TOTAL=0.6200
.02[+/−][∑+]	5.0000	.04[INPUT]	TOTAL=0.6600
.17[INPUT].24[∑+]	6.0000	.02[+/−][INPUT]	TOTAL=0.6400
.10[INPUT].15[∑+]	7.0000	.24[INPUT]	TOTAL=0.8800
[■][$\overline{x}$, $\overline{y}$]	**0.1200**	.15[INPUT]	TOTAL=1.0300
[■][$\hat{y}$,m]	**0.1471**	[EXIT][NAME]	
0[■][$\hat{y}$,m]	0.0167	EE[INPUT]	알파벳 메뉴이용
[■][$\hat{x}$,r]	−2.6678E−14	[CALC][MEAN]	MEAN=0.1471
[■][SWAP]	0.9275	[EXIT]	ITEM(8)=?
[■][$\hat{y}$,m]		[GET][*NEW]	ITEM(1)=?
[■][SWAP]	**1.0871**	.14[INPUT]	TOTAL=0.1400
0.1200[−]0.066[×]	0.0540	.21[INPUT]	TOTAL=0.3500
1.0871[+]0.066[=]	**0.1247**	.18[INPUT]	TOTAL=0.5300
		.09[INPUT]	TOTAL=0.6200
		.05[+/−][INPUT]	TOTAL=0.5700
		.17[INPUT]	TOTAL=0.7400
		.10[INPUT]	TOTAL=0.8400
		[EXIT][NAME]	
		FF[INPUT]	알파벳 메뉴이용
		[CALC][MEAN]	MEAN=**0.1200**
		[MORE][FRCST]	SELECT X VARIABLE
		FF	SELECT Y VARIABLE
		EE	LINEAR
		[M]	M=**1.0871**
		0.1200[−]0.066[×]	**0.0540**×
		1.0871[+]0.066[=]	**0.1247**

답 ① 증권시장선 : $E(R_i) = 0.066 + 0.054\beta i$

② A주식 요구수익률 : 12.47% = 0.066 + 0.054×1.0871

A주식의 기대수익률은 14.71%로 요구수익률보다 높아 과소평가됨

유제 1 다음 자료는 시장수익률과 비둘기 펀드의 수익률에 관한 과거 5년간 자료이다(무위험이자율 $R_f = 4.0\%$). 이 펀드의 예상수익률이 과거와 같다고 할 때, 이 펀드의 기대수익률과 예상수익률을 구하라.

구분	1997	1998	1999	2000	2001
시장수익률	7.5%	10.2%	11.8%	9.6%	8.7%
비둘기 펀드	10.4%	12.9%	15.3%	14.2%	10.8%

답 기대수익률 12.72%, 요구수익률 10.61%

유제 2 다음 자료는 시장수익률과 부흥증권 주식의 수익률에 관한 과거 5년간 자료이다(무위험이자율 $R_f = 4.5\%$). 미래의 예상수익률도 과거와 같을 것으로 예상된다고 할 때, 이 자료를 이용하여 증권시장선을 도출하고, 이로부터 이 주식이 과소 또는 과대평가되었는지를 평가하라.

구분	1997	1998	1999	2000	2001
시장수익률	13.1%	8.9%	12.8%	18.9%	2.8%
부흥증권	8.0%	15.9%	14.8%	22.3%	0.5%

답 증권시장선 $E(R_i) = 0.045 + 0.068\beta i$

기대수익률 12.3%, 요구수익률 12.4%로 과대평가된 상태

라. CAPM모형에 의한 자본비용

포트폴리오의 투자로 인한 현금흐름에 대한 할인율은 자본자산 가격결정모형(Capital Asset Pricing Model)에 따라 포트폴리오의 베타값을 이용하여 자본비용(Cost of Capital)을 산출하여 활용할 수 있다.

$$k = E(R_p) = R_f + [\,E(R_m) - R_f\,]\beta_p$$

이 때 포트폴리오 베타는 포트폴리오를 구성하는 개별주식의 베타계수를 그 주식에 대한 투자비율에 따라 가중평균함으로써 구할 수 있다.

$$\beta_p = \sum_{i=1}^{n} w_i \cdot \beta_i$$

기본예제 V-4-4 포트폴리오 베타 및 자본비용

풍납그룹이 영위하고 있는 3개의 사업에 대한 자료가 다음과 같다. 국채수익률은 6%이고, 시장포트폴리오 수익률은 10%라 할 때, 이 포트폴리오의 베타(β_p)와 자본비용 및 NPV를 구하라.

사업명	베타계수	투자비중	현금흐름					
			0	1	2	3	4	5
전자	1.4	50%	−20억	1억	5억	9억	9억	8억
식품	0.8	20%	−8억	2억	2억	3억	3억	4억
기계	1.1	30%	−12억	1억	1억	3억	7억	7억

※ 자릿수는 소수점 4자리로 설정

HP 12C		BA II PLUS	
키 입력	화면 표시	키 입력	화면 표시
1.4[ENTER].5[×]	0.7000	1.4[×].5[+]	0.7000
.8[ENTER].2[×][+]	0.8600	[(].8[×].2[)][+]	0.8600
1.1[ENTER].3[×][+]	**1.1900**	[(]1.1[×].3[)][=]	**1.1900**
[STO]1	1.1900	[STO]1	1.1900
.1[ENTER].06[−]	0.0400	.1[−].06[×]	0.0400
[RCL]1[×].06[+]	0.1076	[RCL]1[+].06[=]	0.1076
100[×]	**10.7600**	[×]100[=]	**10.7600**
[f][CLEAR REG]	0.0000	[CF][2nd][CLR WORK]	CF0=0.0000
40[CHS][g][CFo]	−40,000	40[+/−][ENTER]	CF0=−40,0000 ◁
4[g][CFj]	4.0000	[↓]4[ENTER]	C01=4.0000 ◁
8[g][CFj]	8.0000	[↓][↓]8 [ENTER]	C02=8.0000 ◁
15[g][CFj]	15.0000	[↓][↓]15[ENTER]	C03=15.0000 ◁
19[g][CFj]	19.0000	[↓][↓]19[ENTER]	C04=19.0000 ◁
2[g][Nj]	2.0000	[↓]2[ENTER]	F04=2.0000 ◁
10.76[i]	10.7600	[NPV]10.76[ENTER]	I=10.76 ◁
[f][NPV]	**5.1949**	[CPT]	NPV=**5.1949***

HP 10B II		HP 17B II	
키 입력	화면 표시	키 입력	화면 표시
1.4[×].5[+]	0.7000	1.4[×].5[+]	0.7000+
[■][(].8[×].2[■][)][+]	0.8600	[(].8[×].2[)][+]	0.8600+
[■][(]1.1[×].3[■][)][=]	**1.1900**	[(]1.1[×].3[)][=]	**1.1900**
[■][STO]1	1.1900	[STO]1	1.1900
.1[−].06[×]	0.0400	.1[−].06[×]	0.0400×
[RCL]1[+].06[=]	0.1076	[RCL]1[+].06[=]	0.1076
[×]100[=]	**10.7600**	[×]100[=]	**10.7600**
[■][C ALL]	0.0000	[FIN][CFLO]	0.0000
40[+/−][CFj]	−40.0000	[■][CLEAR DATA]	CLEAR THE LIST?
4[CFj]	4.0000	[YES]	FLOW(0)=?
8[CFj]	8.0000	40[+/−][INPUT]	FLOW(1)=? −40.0000
15[CFj]	15.0000	4[INPUT][INPUT]	FLOW(2)=? 1.0000
19[CFj]	19.0000	8[INPUT][INPUT]	FLOW(3)=? 1.0000
2[■][Nj]	2.0000	15[INPUT][INPUT]	FLOW(4)=? 1.0000
10.76[I/YR]	10.7600	19[INPUT]	TIMES(4)=1 1.0000
[■][NPV]	**5.1949**	2[INPUT]	FLOW(5)=? 2.0000
		[EXIT][CALC]	
		10.76[I%]	I%=10.7600
		[NPV]	NPV=**5.1949**

답 포트폴리오 베타(β_p) : 1.19

포트폴리오 자본비용 : 10.76%

포트폴리오의 NPV : 5억 1,949만 원

유제 1 신성기업이 영위하는 3개의 사업에 대한 베타계수와 투자비중이 다음과 같다. 만약 국채수익률이 4.5%이고, 시장포트폴리오 수익률이 12%이면, 이 포트폴리오의 베타(β_p)와 자본비용은 얼마인가?

사업명	A	B	C
베타계수	1.06	0.87	1.28
투자비중	27%	42%	31%

답 β_p : 1.05, 자본비용 : 12.4%

유제 2 강철그룹에서 경영하는 3개 사업에 대한 자료가 다음과 같다. 무위험이자율이 3.5%이고, 시장포트폴리오 수익률이 8.5%일 때, 이 포트폴리오의 베타(β_p)와 자본비용 및 NPV를 구하라.

사업명	베타계수	투자비중	현금흐름					
			0	1	2	3	4	5
갑	1.0	50%	−5억	1억	1억	1억	2억	2억
을	0.7	20%	−8억	1억	2억	2억	3억	4억
병	1.3	30%	−10억	1억	1억	1억	7억	7억

답 β_p : 1.03, 자본비용 : 8.65%, NPV : 3억 4,655만 원

5. 회귀분석

회귀분석(Regression Analysis)은 변수들간의 함수적인 관련성을 규명하기 위하여 어떤 수학적 모형을 가정하고, 이 모형을 측정된 변수들의 자료로부터 추정하는 통계적 분석방법을 말한다.

회귀분석에 있어 각 변수는 다른 변수의 영향을 받는 종속변수(dependent variable)와 다른 변수에 영향을 주는 독립변수(independent variable)로 구분된다.

【회귀모형의 종류와 활용】

회귀모형의 종류	회귀모형 기본공식
선형회귀모형(Linear)	$Y = a + bX$
로그회귀모형(Logarithmic)	$Y = a + b\ln(X)$
지수회귀모형(Exponential)	$Y = a\,b^X$
멱회귀모형(Power function)	$Y = aX^b$
곡선회귀모형(Polynomial)	$Y = a + bX + cX^2 + \cdots\cdots + kX^n$

일반적으로 회귀모형 중 가장 단순한 형태인 단순 선형회귀모형은 다음과 같은 식으로 표현된다.

$Y_i = \alpha + \beta X_i + \varepsilon_i\,(i = 1, 2, \cdots\cdots, n)$, ε는 잔차

X_1, X_2, ……, X_n : 독립변수

Y_1, Y_2, ……, Y_n : 종속변수

기본예제 V-5-1 회귀분석의 산출

다음은 상암생명보험회사 각 지점의 모집인수와 지점별 월수입보험료를 나타낸 것이다. 선형회귀모형을 이용하여 모집인수와 월수입보험료간의 관계식을 도출하라.

(단위: 만 원)

모집인 수	23명	35명	18명	27명	12명	21명
월수입보험료	1,352	1,828	1,028	1,527	872	1,129

※ 자릿수는 소수점 4자리로 설정

HP 12C		BA Ⅱ PLUS	
키 입력	화면 표시	키 입력	화면 표시
[f][CLEAR ∑]	0.0000	[2nd][DATA]	X01 (이전숫자)
1352[ENTER]23[∑+]	1.0000	[2nd][CLR WORK]	X01 0.0000
1828[ENTER]35[∑+]	2.0000	23[ENTER]	X01=23.0000◁
1028[ENTER]18[∑+]	3.0000	[↓]1352[ENTER]	Y01=1,352.0000◁
1527[ENTER]27[∑+]	4.0000	[↓]35[ENTER]	X02=35.0000◁
872[ENTER]12[∑+]	5.0000	[↓]1828[ENTER]	Y02=1,828.0000◁
1129[ENTER]21[∑+]	6.0000	[↓]18[ENTER]	X03=18.0000◁
0[g][ŷ,r]	**290.3879**	[↓]1028[ENTER]	Y03=1,028.0000◁
1[g][ŷ,r][x⇄y]	0.9854	[↓]27[ENTER]	X04=27.0000◁
[R↓][x⇄y][−]	**44.0711**	[↓]1527[ENTER]	Y04=1,527.0000◁
		[↓]12[ENTER]	X05=12.0000◁
		[↓]872[ENTER]	Y05=872.0000◁
		[↓]21[ENTER]	X06=21.0000◁
		[↓]1129[ENTER]	Y06=1,129.0000◁
		[2nd][STAT]	LIN
		[2nd][CLR WORK]	LIN
		[↓](8번 계속 누름)	a=**290.3879***
		[↓]	b=**44.0711***

HP 10BⅡ		HP 17BⅡ	
키 입력	화면 표시	키 입력	화면 표시
[■][CL ∑]	0.0000	[SUM]	
23[INPUT]1352[∑+]	1.0000	[■][CLEAR DATA]	CLEAR THE LIST?
35[INPUT]1828[∑+]	2.0000	[YES]	ITEM(1)=?
18[INPUT]1028[∑+]	3.0000	23[INPUT]	TOTAL=23.0000
27[INPUT]1527[∑+]	4.0000	35[INPUT]	TOTAL=58.0000
12[INPUT]872[∑+]	5.0000	18[INPUT]	ITOTAL=76.0000
21[INPUT]1129[∑+]	6.0000	27[INPUT]	TOTAL=103.0000
0[■][ŷ,m]	**290.3879**	12[INPUT]	TOTAL=115.0000
[■][SWAP]	**44.0711**	21[INPUT]	TOTAL=136.0000
		[EXIT][NAME]	
		MAN[INPUT]	알파벳 메뉴이용
		[GET][*NEW]	ITEM(1)=?
		1352[INPUT]	TOTAL=1,352.0000
		1828[INPUT]	TOTAL=3,180.0000
		1028[INPUT]	TOTAL=4,208.0000
		1527[INPUT]	TOTAL=5,735.0000
		872[INPUT]	TOTAL=6,607.0000
		1129[INPUT]	TOTAL=7,736.0000
		[EXIT][NAME]	
		PRE[INPUT]	알파벳 메뉴이용
		[CALC]	
		[MORE][FRCST]	SELECT X VARIABLE
		[MAN]	SELECT Y VARIABLE
		[PRE]	LINEAR
		[B]	**290.3879**
		[M]	**44.0711**

답 월수입보험료 = 290.3879 + 44.0711 × 모집인 수

유제 1 다음은 월평균 국고채수익률과 BBB급의 회사채수익률을 나타낸 것이다. 이 둘간의 관계를 단순 선형회귀식으로 표시하라.

구분	1월	2월	3월	4월	5월
국고채수익률	5.12%	5.13%	5.07%	5.02%	5.22%
회사채수익률	6.26%	6.28%	6.21%	6.23%	6.41%

답 회사채수익률 = 1.36%+0.96×국고채수익률

유제 2 다음은 2002년 1월초의 종합주가지수와 정보통신지수(KOSPI-IT)를 나타낸 것이다. 정보통신지수의 변동에 따른 종합주가지수의 변동을 단순 선형회귀식으로 표시하라.

일자	종합주가지수	KOSPI-IT
2002.01.02	724.95	563.09
2002.01.03	727.66	559.80
2002.01.04	747.72	579.70
2002.01.07	751.48	572.92
2002.01.08	734.76	560.39
2002.01.09	751.61	576.41
2002.01.10	728.23	554.02
2002.01.11	727.36	553.61
2002.01.14	744.03	581.02
2002.01.15	718.64	554.66
2002.01.16	710.95	542.34
2002.01.17	713.50	541.61

답 종합주가지수 = 182.02 + 0.98 × KOSPI-IT

참고문헌

권수영·이재경 공저. 2002, 『중급 재무회계』, 박영사.

그레고리 N. 맨큐 저. 2001, 『맨큐의 경제학』(김경환·김종석 옮김), 교보문고.

김우철 외 7인. 1988, 『현대통계학』, 삼영사.

대우증권. 1996, 『채권투자』, 대우증권.

박정식 외 2인. 2001, 『현대재무관리』, 다산출판사.

브루에그만·피셔 저. 신창득 외 2인 옮김. 2002 『부동산금융과 투자』, 부연사.

송영출. 2001, 『EXCEL로 배우는 재무분석』, 신영사.

신상헌. 1998, 『이자계산 방법론』, 삼우사.

안상형·이명호. 2002, 『경영경제통계학』, 박영사.

안정근. 2000, 『부동산평가실무』, 법문사.

_____. 2001, 『부동산평가이론』, 법문사.

유성희. 2001, 『Excel에 의한 재무관리』, 도서출판 탐진.

이래영. 2000, 『부동산투자론』, 삼영사.

이정호. 1997, 『회계원리』, 경문사.

장영광. 2002, 『EXCEL활용 포트폴리오관리』, 신영사.

정운찬. 2001, 『화폐와 금융시장』, 율곡출판사.

조지프 E. 스티글리츠 저. 김균 외 3인 옮김. 2002, 『스티글리츠의 경제학』, 도서출판 한울.

증권감독원. 1997, 『증권의 이론과 실제』, 증권감독원.

증권연수원. 2000, 『금융자산관리사(FP)자격시험대비교재 Ⅰ~Ⅳ』, 형설출판사.

_____. 2002, 『2종투자상담사자격시험대비교재 Ⅰ~Ⅳ』, 형설출판사.

(주)에듀스탁. 2001, 『HP 12C manual』.

한국FP협회. 2002, 『개인재무설계 사례집』, (사)한국FP협회.

_____. 2002, 『위험관리와 보험설계』, (사)한국FP협회.

_____. 2002, 『은퇴설계와 종업원 복리후생』, (사)한국FP협회.

_____. 2002, 『파이낸셜플래닝 프로세스』, (사)한국FP협회.
_____. 2002, 『화폐의 시간가치』, (사)한국FP협회.

David M. Cordell. 2001, *Readings in Financial Planning*(5th. ed.), The American College
Donald E. Lutz. 1999, *The Mathematics of Personal Finance*, toExcel.
E. Thomas Garman, Jing J. Xiao, Bruce H. Brunson. 2000, *The Mathematics Financial Planning: Using Calculator and Computers*(2nd. ed.), Dame, a division of Thomson Learning.
Frank J. Fabozzi. 2000, *Fixed Income Analysis*, Association for Investment Management and Research.
Frank K. Reilly, Keith C. Brown. 1997, *Investment Analysis and Portfolio Management*, Dryden Press Harcourt Brace College Publishers.
Gene Wright. 2001, *Quantitative Analysis For Business : The Time Value of Money and Basic Business Statistics Using a Business Calculator(*3rd. ed.).
George Gaines, David S. Coleman and Linda L. Crawford. 1996, *Real Estate Math*, Real Estate Education Company.
Hewlett-Packard Company. 1989. *HP-17BII Owner's Manual*(3rd. ed.).
_____. 2000. *HP 10BII User's Guide.*
_____. 1982, *HP-12C Owner's Handbook and Problems-Solving Guide*(3rd. ed.).
James F. Dalton. 2001, *Understanding Your Financial Calculator for the CFA Exam*, Dalton Publications.
_____. 2001, *Understanding Your Financial Calculator*(3rd. ed.), Dalton Publishing.
John A. Tirone, 1997, *Professional Real Estate Problem Solving Using the HP 12C*(2nd. ed.)
John Downes. Jordan Elliot Goodman. 1998, *Dictionary of Finance and Investment Terms*(5th. ed), Barron's Educational Series.
Kaplan Professional Company. 2001, *Schweser Study Program-Level 2 Study Notes for CFA exam.*
Norman Toy. 1998, *Introduction to Financial Math(using the HP 17B/19B Calculator)*, Adkins Matghett & Toy.
Pamela L. Hall. 2000, *Effective Use of Financial Calculator(Includes Keystrokes for TI BA II Plus, HP 10B, and HP 17B II),* The Dryden Press Harcourt Brace College Publishers.
Robert J. Donohue. 1998, *An Introduction to Cashflow Analysis*, The Regent School Press.
Robert J. Stalla. 1999, *Stalla Seminar for the CFA exam Level 1.*

Robert Steiner. 1999, *mastering financial calculations : a step-by-step guide to the mathematics of financial market instruments, market edition*, Financial Times Prentice Hall.

Simon Benninga. 2001, *Financial Modeling*(2nd. ed.), The MIT Press

Texas Instruments Incorporated. 2000. *BA II Plus Guidebook*.

Gerald I. White, Ashwinpaul C. Sondhi, Dov Fried. 1997, *Financial Statements*, John Wiley & Sons, Inc.

Richard A. Defusco, Dennis W. Mcleavey, Jerald E. Pinto, David E. Runkle. 2001, *Quantitative Methods for Investment Analysis*, Association for Investment Management and Research.

Michael A. Dalton, James F. Dalton. 2002, *Case and Applications-Dalton pfp Series*(2nd. ed.), Dalton Publications.

Michael A. Dalton, James F. Dalton, and Scott A. Wasserman. 2002, *Dalton Review for the CFP-Volume II Problems and Solutions*(6th. ed.), Dalton Publications.

Michael A. Dalton, James F. Dalton, and Patricia P. Houlihan. 2002, *Dalton Review for the CFP-Volume III Case Exam Book*(6th. ed.), Dalton Publications.

Kenn Beam Taccino David A. Littell, 2001, *Planning for Retirement Needs*(4th. ed.), American College.

David M. Cordell, 1999, *Fundamantals of Financial Planning*(4th. ed.), American College.

College for Financial Planning. 2000, *Introduction to the Financial Planning Process: Module 1*.

_____. 2000, *Regulatory & Ethical Considerations for Financial Planners : Module 2*.

_____. 2000, *Introduction to the Time Value of Money : Module 3*.

_____. 2000, *Introduction to the Insurance Industry : Module 4*.

_____. 2000, *Introduction to Risk Management & Related Legal Issues : Module 5*.

_____. 2000, *Introduction to Life Insurance & Annuities : Module 6*.

_____. 2000, *The life Insurane Selection Process : Module 7*.

_____. 2000, *Health Care Plans : Module 8*.

_____. 2000, *Disability Income & Long-Term Care Insurance : Module 9*.

_____. 2000, *Property & Liability Insurance : Module 10*.

■ 지은이 소개

김선호(CFP)

서울대학교 경영대학 경영학과를 졸업했고, 동아생명, 대신생명, 한일생명, 한독약품, 영풍생명에서 일했다. 현재는 PFM연구소 소장, 한국 FPSB 교육분과 위원장이다.
지은 책으로는『재무계산기』(김선호 · 조영삼 · 이형종 공저),『AFPK 위험관리와 보험설계』(안용운 외 공저),『CFP 위험관리와 보험설계』(이준승 외 공저),『개인재무설계 사례집』(임계희 외 공저),『모기지 컨설팅』(이성제 외 공저) 등이 있다. 옮긴 책으로는『재무상담사를 위한 스토리셀링』(김선호 · 조영삼 · 이형종 공역),『금융전문가를 위한 고객설득전략』(김선호 · 조영삼 · 이형종 공역),『재무상담사를 위한 고객 재무설계』(김선호 · 조영삼 · 이형종 공역),『재무설계사를 위한 개인재무설계 컨설팅 I』(김선호 · 이형종 · 김사헌 공역),『재무설계사를 위한 개인재무설계 컨설팅 II』(김선호 · 이형종 · 강성호 공역) 등이 있다.
E-mail : yahogoma@unitel.co.kr

조영삼

서울대학교 사회과학대학 정치학과를 졸업했다. 보험감독원, 영풍생명, PFM연구소에서 일했고, 현재 하나생명 마케팅 팀장이다.
지은 책으로는『재무계산기』(김선호 · 조영삼 · 이형종 공저),『AFPK 위험관리와 보험설계』(안용운 외 공저),『보험업법』,『객관식 보험업법』,『보험계약법』(문기정 · 조영삼 공저)이 있다. 옮긴 책으로는『재무상담사를 위한 스토리셀링』(김선호 · 조영삼 · 이형종 공역),『금융전문가를 위한 고객설득전략』(김선호 · 조영삼 · 이형종 공역),『재무상담사를 위한 고객 재무설계』(김선호 · 조영삼 · 이형종 공역)『재무상담사를 위한 자산배분 전략』 등이 있다.
E-mail : yscho@allianz.hana.com

이형종

중앙대학교 문과대학 사학과를 졸업했다. 대신생명, (주)로우시콤에서 일했고, 현재 PFM연구소 수석연구원이며 한국FP협회가 발간하는 ≪Financial Planning≫誌에 지속적으로 기고활동을 하고 있다.
지은 책으로는『재무계산기』(공저)가 있고, 옮긴 책으로는『재무상담사를 위한 스토리셀링』(공역),『금융전문가를 위한 고객설득전략』(공역),『재무상담사를 위한 고객 재무설계』(공역),『재무설계사를 위한 개인재무설계 컨설팅 I』(공역),『재무설계사를 위한 개인재무설계 컨설팅 II』(공역) 등이 있다.
E-mail : acemn@freechal.com

개인재무관리 총서 1
재무계산기

지은이 | 김선호 · 조영삼 · 이형종
펴낸이 | 김종수
펴낸곳 | 서울출판미디어

편집 | 백은정

초판 1쇄 발행 | 2002년 11월 20일
초판 8쇄 발행 | 2008년 5월 10일

주소 | 413-832 파주시 교하읍 문발리 507-2 (본사)
121-801 서울시 마포구 마포구 공덕1동 105-90 서울빌딩 3층 (서울사무소)
전화 | 영업 326-0095(대표) 편집 336-6183(대표)
팩스 | 333-7543
홈페이지 | www.hanulbooks.co.kr
등록 | 2003년 12월 23일, 제406-2003-053호

Printed in Korea.
ISBN 978-89-7308-122-6 93320

* 책값은 겉표지에 표시되어 있습니다.
** 서울출판미디어는 도서출판 한울의 자회사입니다.